权威·前沿·原创

皮书系列为
"十二五""十三五""十四五"时期国家重点出版物出版专项规划项目

BLUE BOOK

智库成果出版与传播平台

医药企业蓝皮书

BLUE BOOK OF PHARMACEUTICAL ENTERPRISES

中国医药企业研发指数报告
（2024）

CHINESE PHARMACEUTICAL ENTERPRISES
R&D INDEX (2024)

姚立杰 等 / 著

社会科学文献出版社
SOCIAL SCIENCES ACADEMIC PRESS (CHINA)

图书在版编目(CIP)数据

中国医药企业研发指数报告.2024/姚立杰等著.
北京：社会科学文献出版社，2025.5.--（医药企业蓝皮书）.-- ISBN 978-7-5228-4968-3

Ⅰ.F426.7

中国国家版本馆 CIP 数据核字第 2025FD2485 号

医药企业蓝皮书
中国医药企业研发指数报告（2024）

著　　者／姚立杰 等

出 版 人／冀祥德
责任编辑／路　红
责任印制／岳　阳

出　　版／社会科学文献出版社·皮书分社（010）59367127
　　　　　地址：北京市北三环中路甲 29 号院华龙大厦　邮编：100029
　　　　　网址：www.ssap.com.cn
发　　行／社会科学文献出版社（010）59367028
印　　装／三河市东方印刷有限公司

规　　格／开　本：787mm×1092mm　1/16
　　　　　印　张：25.5　字　数：380 千字
版　　次／2025 年 5 月第 1 版　2025 年 5 月第 1 次印刷
书　　号／ISBN 978-7-5228-4968-3
定　　价／168.00 元

读者服务电话：4008918866

版权所有 翻印必究

感谢广东省二十一世纪教育基金会对本书出版的资助

《中国医药企业研发指数报告（2024）》课题组

课题组组长	姚立杰	北京交通大学教授、博士生导师
课题组成员	王一舒	北京交通大学经济管理学院硕士研究生
	韦　炜	深圳华大智造科技股份有限公司高级副总裁、董事会秘书
	孔令君	山东新华医疗器械股份有限公司研发管理专员
	孔鲁佳	北京交通大学经济管理学院硕士研究生
	叶霖青	北京交通大学经济管理学院博士研究生
	史文玲	北京市春立正达医疗器械股份有限公司执行董事、法定代表人
	冯　微	北京交通大学詹天佑学院本博连读生
	巩报贤	山东新华医疗器械股份有限公司总经理
	成希革	山东新华医疗器械股份有限公司副总工程师
	朱宇辰	北京交通大学经济管理学院硕士研究生
	朱欣悦	北京交通大学经济管理学院硕士研究生
	刘　庆	北京交通大学经济管理学院硕士研究生
	刘　希	北京九强生物技术股份有限公司总经理

刘明一	上海复星医药（集团）股份有限公司媒体公关高级总监
刘　瑶	北京九强生物技术股份有限公司研发经理
许奎雪	北京市春立正达医疗器械股份有限公司研发总监
孙旭光	GE 医疗中国首席技术官
孙涛舰	北京市春立正达医疗器械股份有限公司研发经理
苏燕琪	北京交通大学经济管理学院硕士研究生
李西蒙	华润三九医药股份有限公司博士后
杨　逸	北京交通大学詹天佑学院本博连读生
杨朝丹	华润三九医药股份有限公司中医中药研究院药理药效专员
邹左军	北京九强生物技术股份有限公司董事长
张志聪	山东新华医疗器械股份有限公司研发管理专员
张晓筠	山东新华医疗器械股份有限公司科研管理负责人
陈　菁	GE 医疗中国研发总监
陈梦菲	深圳华大智造科技股份有限公司公共关系主管
易锦媛	上海复星医药（集团）股份有限公司品牌与公众传播部总经理
季媛媛	21 世纪新健康研究院副院长
单　毓	北京市春立正达医疗器械股份有限公司研发经理

胡泽华　北京交通大学经济管理学院硕士研究生
黄　峰　GE医疗中国数字总经理
章润菁　华润三九医药股份有限公司中医中药研究
　　　　院药理毒理研究主任
韩利明　21世纪新健康研究院研究员
Jiang Hsieh　GE医疗中国首席科学家

主编简介

姚立杰 中共党员，管理学博士，北京交通大学经济管理学院教授、博士生导师、高质量发展研究院院长、中国医药会计学会副秘书长、中国价格协会医药价格专业委员会副秘书长、北京产业经济学会副秘书长、美国会计学会国际会计中国区负责人、中国国际经济交流中心理事、中国会计学会理事、中国资产评估协会绩效评价专业委员会委员、中国资产评估协会企业价值评估专业委员会委员、中国税务学会理事、中国卫生经济学会公立医院高质量发展分会常务理事、中国内部审计协会职业发展委员会委员、*China Journal of Accounting Studies* 特约编辑，入选全国高端会计人才、全国税务领军人才、国际化高端会计人才、北京市高等学校青年英才等人才项目。主要研究方向为绩效评价和数智财税，带领团队构建的"中国医药企业研发指数"填补了国内医药研发评价体系的空白。主持国家社会科学基金重点项目、国家自然科学基金面上项目、国家自然科学基金其他项目、教育部博士点新教师基金等多项国家级及省部级科研项目，出版教材及专著2部，在《会计研究》《审计研究》《中国软科学》《税务研究》《财务研究》以及 *Accounting Horizons* 等国内外权威期刊发表学术论文40余篇。曾荣获美国会计学会国际会计全球最佳博士学位论文奖（首位获奖华人）、美国会计学会国际会计新教师奖、北京市课程思政教学名师、国家铁路局铁路重大创新成果、中国医药会计学会科技进步奖特等奖、中国税务学会优秀成果奖二等奖、中国铁道学会科学技术奖二等奖、北京交通大学MBA新锐教师奖、青年教师教学基本功比赛一等奖等多项奖励及荣誉称号。

前　言

人民健康，是衡量我国社会主义现代化水平的重要标尺。在党的十九大报告中，习近平同志首次将"健康中国"提升至国家发展的战略高度。党的二十大报告中，习近平同志再次强调，推进健康中国建设，把保障人民健康放在优先发展的战略位置，完善人民健康促进政策。党的二十届三中全会审议通过的《中共中央关于进一步全面深化改革、推进中国式现代化的决定》，将深化医药卫生体制改革作为全面深化改革、推进中国式现代化的重要任务，这充分彰显了以习近平同志为核心的党中央维护人民健康的坚定决心和非凡魄力。

医药产业，是健康中国建设的坚固基石，是满足人民群众日益增长的健康需求的物质基础和科技支撑，也是我国经济发展的重要支柱产业。近年来，我国医药产业蓬勃发展，取得了令人瞩目的成就。"十四五"期间，我国医药全行业研发投入持续增长，年均增速超过20%。2022年，中国制药研发投入总额达326亿美元，占全球药品研发支出的13.5%。预计2030年，中国制药研发支出将达到675亿美元，2022~2030年复合年增长率为9.5%。

在医药制造领域，国产创新药崭露头角，在全球药物创新舞台上的地位日益提高。2023年，我国新药注册申请受理量和审结量均创下近5年新高，批准上市创新药40个品种、罕见病用药45个品种、儿童用药产品92个品种。其中，国产创新药达36个，数量较2022年大幅提升。此外，近年来我国新药研发项目的对外授权数量和金额均实现大幅增长，这标志着我国创新药研发正逐渐获得国际市场的认可。

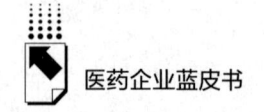

在医疗器械领域,创新医疗器械的质量和数量也取得了显著进步。2023年,国家药品监督管理局共批准创新医疗器械61个,优先审批医疗器械12个,创新医疗器械批准数量再创历史新高。这些创新医疗器械不仅数量增加,而且"含金量"不断提升,更好地满足了公众对高端医疗器械的需求。

然而,我国医药产业仍面临诸多亟待解决的问题。与欧美国家一流企业相比,我国医药企业的研发创新水平仍有待进一步提高。在全球制药公司五十强中,美国、日本和欧盟国家入选企业数量均多于中国。此外,虽然近年来我国医药企业研发投入快速增长,但规模相对较小,研发成果转化率不高。我国生物医药成果转化率远低于欧美国家平均水平,且创新药物中真正达到同类最优水平的药物较少,突破性疗法更是寥寥无几。同时,我国医药研发存在扎堆热门靶点、缺乏差异化创新的问题。

我国医药企业的研发创新发展还面临诸多挑战。一方面,研发资金短缺制约研发活动开展。创新药行业投融资热度下降,资本寒冬导致药物研发受限。另一方面,随着国际化进程的推进,我国医药企业的研发质量将面临更严格的考验。

在高质量发展的今天,进一步引领和促进我国医药产业创新发展至关重要。这需要构建并进一步优化全面支持研发创新的系统性制度体系,为我国医药产业的高质量发展营造更优的研发创新生态环境。在这一系列制度安排中,科学评价尤为重要。

在数字化时代,信息如潮水般汹涌澎湃,如何从纷繁复杂的信息中筛选出有价值的内容与数据,如何准确评价事物的优劣、成效与潜力,成为医药企业研发创新面临的巨大挑战。科学的评价体系,犹如一把精准的标尺,能够客观、公正地衡量各种现象与成果,为决策提供依据。它不仅关乎效率与公平,更是推动社会正义、促进资源合理配置的关键所在。

科学评价是指导实践的"导航仪"。它能够精准定位个体或组织在特定领域的坐标,明确其优势与短板。在科研探索的道路上,它能确保研究方向的正确性,加快科学发现的步伐。正如航海者依赖星辰指引方向,医药行业在追求目标的征途中,同样需要这样一套体系来校准航向,确保每一步都坚实有力。

科学评价是激发潜能的"催化剂"。通过设立明确的标准与激励机制，它能有效激发人们的创新热情与创造力。它如同竞技场上的规则，既是对参与者能力的考验，也是对其卓越成就的认可。在这样的环境下，个体或团队为获得更高的评价，会不断挑战自我、探索未知，从而推动整个社会的创新与发展。

科学评价是社会正义的"守护者"。在构建和谐社会的进程中，科学的评价体系是确保公平、公正的重要工具。它通过量化分析，减少了主观臆断与偏见的影响，使得每一个个体或群体都能基于实际表现获得应有的认可与回报。正如天平两端，科学的评价让每一份付出都能得到应有的平衡与尊重，让每一份努力都能收获应有的回报。

科学评价是引领时代的"风向标"。它能基于历史数据与当前趋势，预测未来的发展方向，为政策制定、战略规划提供具有前瞻性的指导。在这个快速变化的时代，拥有这样一套体系，就如同拥有了洞察未来的慧眼，能够帮助我们更好地把握机遇、应对挑战，确保在时代的洪流中乘风破浪、稳健前行、行稳致远。

科学的评价体系，犹如灯塔之于夜行船只，不仅指引方向，更确保航行的安全与效率。它如同一座桥梁，连接着理想与现实、过去与未来，让我们在探索与创造的征途中，既有方向可循，又有力量可依。

然而，当前针对研发的评价体系普遍存在过度聚焦研发投入而忽视研发成果与研发质量的问题。更为关键的是，我国在医药领域尚未建立起一套充分契合该产业特性的专属研发评价体系。鉴于此，构建一个既全面又科学且具备高度客观性的医药研发评价体系，对于推动我国医药产业实现创新驱动发展具有重要价值。

为响应这一呼唤，中国医药企业研发指数应运而生。该指数从研发投入、研发成果、研发质量、研发支持四个维度系统构建，不仅弥补了我国医药研发评价体系的空白，更打破了传统评价模式的局限，实现了对研发投入、研发成果、研发数量、研发质量的全面关注，为医药企业研发创新提供

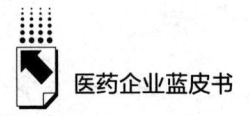

了一个更为科学、全面的评价体系。通过赋予研发成果与研发质量更高的权重，该指数让真正致力于研发创新、产出丰硕、质量卓越的企业脱颖而出，从而推动我国医药产业高质量发展。中国医药企业研发指数的数据来源广泛且权威，涵盖自2013年以来所有境内外上市的中资医药企业，每项指标均基于上市公司公开披露的信息，确保数据的可验证性，从而保证指数的客观性和公信力。

本书依托境内外上市的所有中资医药企业，采用时间与空间交织的双重视角，对中国医药企业研发指数进行深入剖析。在时间维度，通过选取2013~2023年的数据，纵向追溯了中国医药企业研发指数、医药制造和医疗器械两大领域以及六大细分行业的发展历程。在空间维度，本书从行业、上市地、内地上市板块以及实际运营地等多个角度入手，展示了我国医药研发领域的差异化特征和竞争格局。

除了客观数据的分析，我们还邀请了国内优秀企业代表和国际知名药企代表，不仅聚焦这些企业在其所在细分行业中研发创新的独到之处，还深刻剖析了它们在研发过程中面临的痛点、难点和堵点，旨在为我国医药企业的研发创新之路开辟新的思考维度，提供富有前瞻性和洞察力的见解，从而助力我国医药产业蓬勃发展。

在全面建设社会主义现代化国家的新征程中，我们希望中国医药企业研发指数能够得到更多的关注和更为广泛的应用，真正发挥好其作为"导航仪""催化剂""守护者""风向标"的作用。政府、企业、投资者和社会各界都能从中受益，共同推动创新型国家建设和健康中国战略的实施。

迄今为止，中国医药企业研发指数已经连续发布两届，赢得了广泛的社会关注和赞誉。这些关注既是对我们工作的认可，也是对我们不断精进的督促和鞭策。我们将持续锤炼评价指标，完善研究方法论，为我国医药产业的高质量发展与中国式现代化建设贡献更多的专业智慧与力量。

在本书撰写过程中，我们得到了来自社会各界的大力支持与真切关怀。首先，我们向中国国际经济交流中心、中国经济信息社有限公司、工业和信息化部中国中小企业发展促进中心、国家卫生健康委员会医药卫生科技发展

前言

研究中心、北京交通大学、中国医药会计学会、广东省二十一世纪教育基金会以及中国医药工业信息中心等机构致以最诚挚的谢意！

其次，我们还要衷心感谢以下专家学者，他们在繁忙的日程中抽出宝贵时间，为本书提出了诸多富有价值的建议与洞见：中国药学会理事长、国家食品药品监督管理局原副局长孙咸泽先生，国家医疗保障局原副局长陈金甫先生，国家食品药品监督管理局药品审评中心原主任、党委书记许嘉齐先生，中国医学装备协会理事长侯岩女士，中国财政科学研究院博士研究生导师、中国证监会原首席会计师陈毓圭先生，中国经济信息社党委常委、副总裁杨苜先生，中国国际经济交流中心社会发展部（卫生健康部）部长张焕波先生，华大集团董事、副总裁李斌先生，中国医疗器械行业协会副秘书长苏文娜女士，新华指数研究院副院长亓芳芳女士，北京索译咨询有限责任公司副总经理孙舰先生，以及北京医装数胜科技有限公司副总经理杨雳先生等。他们的真知灼见，无疑为本书增色不少。

再次，我们还衷心感谢华润三九、复星医药、新华医疗、华大智造、春立医疗、九强生物、GE 医疗 7 家优秀企业，它们分享了宝贵的研发经验，不仅为本书增添了浓墨重彩的一笔，更为整个行业提供了富有价值的参考与启示。

最后，特别感谢北京交通大学的王钰琪、李政豪、李吟晓、朱孟杰、顾书畅、崔岩徽、叶霖青、杨逸、冯微、朱欣悦、王一舒、王玥颖、邓嘉宜、孔鲁佳、刘庆、赵诗怡、朱宇辰、胡泽华、苏燕琪、高宇洁、刘雨薇、王开颜以及孙畅等同学的辛勤付出和所做出的重要贡献。

限于作者水平，本书可能存在不足之处，恳请读者批评指正，激励我们不断努力、持续前行。

姚立杰

2025 年 3 月

摘 要

党的十九大报告中，将"健康中国"提升至国家发展战略的高度，为全民健康描绘了宏伟蓝图。随后，《"健康中国 2030"规划纲要》及《健康中国行动（2019—2030 年）》的相继颁布为这一战略的实施奠定了坚实的政策基础。步入"十四五"规划的新征程，《"十四五"医药工业发展规划》重申了医药产业应坚守生命至上的原则，秉持创新驱动的发展理念，深化国际合作，引领行业向更高层次迈进。

在高质量发展的时代背景下，推动我国医药企业研发创新，已成为关乎全局的战略要务。为此，亟须构建一套全面、系统的制度体系，旨在优化研发创新制度和环境，为我国医药产业的高质量发展提供支撑。在这套制度体系中，科学评价机制的构建尤为重要。基于此，中国医药企业研发指数应运而生。该指数从研发投入、研发成果、研发质量、研发支持四个维度进行构建，不仅弥补了我国医药研发评价体系的空白，更打破了传统评价模式的局限，实现对研发投入、研发成果、研发数量与研发质量的全面关注，为医药企业提供了一个更为科学、全面的评价体系。通过赋予研发成果与研发质量更高的权重，该指数让真正致力于研发创新、产出丰硕、质量卓越的企业脱颖而出，从而推动我国医药产业高质量发展。

本书围绕"中国医药企业研发指数"这一核心议题，精心编排了五大篇章，共计 20 篇报告，旨在从宏观至微观，从国内至国际，深入剖析中国医药企业研发的现状与未来发展趋势。本书深入分析了 2013~2023 年中国医药企业研发指数的情况，发现其总体呈波动增长趋势，主要得益于研发投

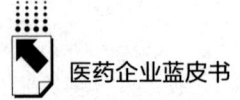

入指数和研发成果指数的显著提升,研发质量指数与研发支持指数虽有所提升,但增速相对平缓,且这一增长动力主要来自头部企业的拉动。然而,2023年,中国医药企业研发指数呈下降趋势,主要是因为研发成果指数的下降,研发投入指数和研发支持指数下降的幅度相对较小,研发质量指数有所增长,彰显了我国医药企业在提升研发质量上作出不懈努力。此外,本书还对中国医药制造与医疗器械两大关键领域,化学制药、中药、生物制品、医疗设备、医疗耗材及体外诊断六大细分行业,进行了全面而深入的剖析。此外,还邀请了国内优秀企业代表和国际知名药企代表,深入探讨了研发创新管理之路以及细分行业研发过程中的痛点、难点和堵点,旨在为我国医药产业的研发创新提供新的思路和洞见。

关键词: 医药企业 研发评价 医药制造 医疗器械

目 录

Ⅰ 总报告

B.1 2023年中国医药企业研发指数报告
　　　　　　　　　　　　　　　　　　　姚立杰　叶霖青 / 001

Ⅱ 成分指数篇

B.2 2023年中国医药制造企业研发指数报告
　　　　　　　　　　　　　　　　　　　姚立杰　朱欣悦 / 047

B.3 2023年中国医疗器械企业研发指数报告
　　　　　　　　　　　　　　　　　　　姚立杰　胡泽华 / 064

B.4 2023年中国医药企业研发投入指数报告
　　　　　　　　　　　　　　　　　　　姚立杰　孔鲁佳 / 080

B.5 2023年中国医药企业研发成果指数报告
　　　　　　　　　　　　　　　　　　　姚立杰　刘　庆 / 100

B.6 2023年中国医药企业研发质量指数报告
　　　　　　　　　　　　　　　　　　　姚立杰　王一舒 / 123

B.7 2023年中国医药企业研发支持指数报告
　　　　　　　　　　　　　　　　　　　姚立杰　王一舒 / 145

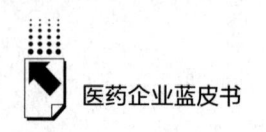

Ⅲ 行业篇

B.8 2023年中国化学制药企业研发指数报告
　　　　………………………………………………… 姚立杰　冯　微 / 163

B.9 2023年中国中药企业研发指数报告
　　　　………………………………………………… 姚立杰　杨　逸 / 178

B.10 2023年中国生物制品企业研发指数报告
　　　　………………………………………………… 姚立杰　朱宇辰 / 192

B.11 2023年中国医疗设备企业研发指数报告
　　　　………………………………………………… 姚立杰　苏燕琪 / 207

B.12 2023年中国医疗耗材企业研发指数报告
　　　　………………………………………………… 姚立杰　朱宇辰 / 221

B.13 2023年中国体外诊断企业研发指数报告
　　　　………………………………………………… 姚立杰　孔鲁佳 / 236

Ⅳ 案例篇

B.14 华润三九中医药传承与创新之路
　　　　………………………………… 章润菁　李西蒙　杨朝丹 / 251

B.15 复星医药创新研发与国际化之路
　　　　………………… 季媛媛　韩利明　易锦媛　刘明一 / 261

B.16 为健康创新界：从"一剪一镊"到"大国重器"
　　　　——新华医疗八十余载创新路
　　　　………………… 巩报贤　成希革　张晓筠　孔令君　张志聪 / 278

B.17 华大智造：长短读长测序技术"双剑合璧"，开启
　　　　生命科学 6D 时代 ………………………… 霍世杰　陈梦菲 / 290

B.18 春立医疗研发之路 ………… 史文玲　许奎雪　单　毓　孙涛舰 / 302
B.19 九强生物的中国 IVD 企业研发成长之路
　　　………………………………… 邹左军　刘　希　刘　瑶 / 313

Ⅴ　国际借鉴篇

B.20 GE 医疗：无界创新，引领医疗设备高端研发
　　　……………… 孙旭光　Jiang Hsieh　黄　峰　陈　菁 / 331

附录一
2023年中国医药企业研发指数构建 ……………………… / 346

附录二
2023年中国医药企业研发指数的企业排名 ……………… / 351

Abstract ……………………………………………………… / 355
Contents ……………………………………………………… / 357

皮书数据库阅读使用指南

总报告

B.1
2023年中国医药企业研发指数报告

姚立杰 叶霖青*

摘　要： 本报告系统性地探究了中国医药企业研发指数在2013~2023年的总体表现与演变趋势，并对2023年的具体情况进行了详细分析。研究发现，2013~2023年，中国医药企业研发指数总体呈波动上升趋势，主要得益于研发投入的显著增加与研发成果的持续产出，研发质量指数与研发支持指数虽然有所提升，但其增速相对平稳。在此期间，中国医药企业研发指数的增长动力主要来自头部企业，这些行业领军者的迅猛发展不仅生动展现了行业内部的创新活力，也体现出它们在引领整个行业发展中作出的巨大贡献。然而，值得注意的是，2023年中国医药企业研发指数呈现下滑趋势，这主要是研发成果指数、研发投入指数与研发支持指数下降所致，其中研发成果指数的下降尤为显著。然而，研发质量指数却实现逆势上扬，这充分展现了

---

* 姚立杰，博士，北京交通大学经济管理学院教授、博士生导师、高质量发展研究院院长、中国医药会计学会副秘书长、中国价格协会医药价格专委会副秘书长、北京产业经济学会副秘书长，主要研究方向为绩效评价和数智财税；叶霖青，北京交通大学经济管理学院博士生，主要研究方向为创新评价和数智财税。

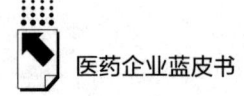

中国医药企业在提升研发质量方面做出的不懈努力。进一步分析发现，2023年中国医药企业研发指数的下滑主要源于头部医药企业研发指数显著下降，这表明我国头部医药企业正面临严峻挑战与调整压力，亟须寻找新的增长点与突破口。本报告还从行业、上市地以及内地上市板块等多个维度出发，对2023年中国医药企业研发指数及其百强企业进行了深入剖析，以期为我国医药产业创新发展提供有益的参考与借鉴。

关键词： 医药企业 研发指数 科技创新

《中华人民共和国国民经济和社会发展第十四个五年规划和2035年远景目标纲要》，明确指出要加大企业研发投入力度，通过标准化、质量提升与竞争规则的完善，为企业创新注入强劲动力。医药行业以其独特的性质——高资本投入、长研发周期、高风险并存，成为科技创新的关键领域。其独特性质对企业的创新能力和技术水准提出了严格要求，医药企业亟须增强科技创新能力，以驱动医药行业驶向高质量发展的快车道。

面对时代赋予的机遇与挑战，医药研发创新正站在新的历史起点上。一方面，人口老龄化趋势加剧与民众健康意识的觉醒，使得医药企业创新刻不容缓。另一方面，医疗改革的深入与国内医药市场竞争的加剧，宣告粗放增长时代的终结，预示着以细胞、基因及生物工程技术等为代表的前沿科技将成为医药产业突破发展的"关键引擎"，研发创新将成为医药企业未来发展的"主旋律"。

在利好政策与创新浪潮的双重驱动下，中国医药企业研发创新迎来前所未有的机遇。《2022年全国科技经费投入统计公报》显示，全国研发经费实现稳步增长，其中医药制造业表现尤为亮眼，研发经费与投入强度均实现双位数增长，彰显了行业对科技创新的高度重视与坚定决心。2022年，全国共投入研发经费30782.9亿元，比上年增加2826.6亿元，增长10.1%。其中，规模以上医药制造企业研发经费为1048.9亿元，同比增长11.30%，研发经费投入强度达到3.57%，同比增长11.91%。①

临床试验领域的蓬勃发展更是喜人，登记总量屡创新高。2023年，药物临床试验登记与信息公示平台登记临床试验总量达4300项，较2021年增加近1000项，较2022年增长26.1%，这不仅体现了我国医药研发活动日益活跃，也预示着更多创新药物即将面世，惠及广大患者。

与此同时，2023年医药上市公司年报数据显示，多家企业研发支出大幅增加，研发创新正在成为中国医药企业增强核心竞争力的关键。这一趋势不仅促进了企业自身的转型升级，更为中国医药产业的整体繁荣注入强劲动力。

在审视我国医药产业的创新发展路径时，需要正视其面临的挑战与局限，尤其是存在研发水平整体偏低，发展不均衡，重投入、轻产出，重数量、轻质量等问题，这些问题不利于行业整体竞争力与可持续发展能力的提升。在全球范围内，我国医药企业的研发创新能力与美国、日本和欧洲等发达国家和地区的一流企业相比，仍存在显著差距。在《制药经理人》(Pharmaceutical Executive)杂志发布的2023年全球制药公司50强榜单中，美国入选企业17家，日本入选企业6家，欧盟国家入选企业5家，而中国入选企业只有4家。2023年，国家药品监督管理局批准了191个新药申请，其中国产药物有75个，占比为39.27%，进口药物有116个，占比为60.73%。②

我国医药研发领域面临的核心问题之一在于"质"与"量"的失衡。尽管近年来研发投入实现快速增长，但其规模与强度仍未达到国际领先水平，高水平研发成果稀缺。近年来，我国临床试验数量高速增长，但这主要是因为仿制药临床试验数量大幅增加，而创新药临床试验数量虽有所增加，但仍处于较低水平。

---

① 《2022年全国科技经费投入统计公报》，中国政府网，2023年9月18日，https://www.gov.cn/lianbo/bumen/202309/content_6904759.htm。
② 国家药品监督管理局药品审评中心网站，https://www.cde.org.cn/main/xxgk/listpage/b40868bse2/1038abaa8b4319d21607d。

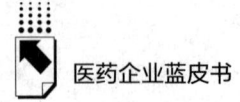

从药品获批的情况来看，我国医药产业的创新步伐仍处于追赶阶段。与美国食品药品监督管理局（FDA）批准的创新药数量及全球首创比例相比，在国家药品监督管理局批准的创新药中，本土企业研发的全球首创药物占比较小，这进一步凸显了我国在创新药研发方面的不足。以2020年为例，FDA批准了53款创新药，其中40款为全球范围内首次批准，而国家药品监督管理局同年批准48款创新药，但其中只有9款产品为本土企业研发且在全球首次获批。

值得关注的是，我国医药行业研发不平衡的问题日益突出。研发不平衡主要体现在以下几个方面。一是资源分配不均衡，部分大型药企凭借雄厚的资金实力和品牌优势，占据了研发资源的主要份额，而众多中小企业因资金短缺、技术壁垒等因素，难以获得足够的研发支持。二是领域发展失衡，某些热门或高利润领域吸引了过多的研发投入，而一些基础但至关重要的领域，如罕见病药物、公共卫生应急药物等却被忽视。三是创新能力差距较大，部分地区或企业凭借人才集聚、政策支持等优势，形成了较强的创新能力，而其他地区或企业因条件限制，创新动力不足。

在中国医药企业从高速增长迈向高质量发展的关键阶段，本报告开创性地构建了一套为中国医药行业量身定制的研发评价体系。此研发评价体系是我国首次以医药企业为对象，进行系统、全面、科学的研发实力评估，它将引领我国医药行业创新、指导产业升级。该研发评价体系历经多轮医药研发领域权威专家的深度研讨与论证，不断优化研究框架与方法论，确保每一个环节都紧密贴合行业实际，精准反映医药企业研发的真实面貌与潜在动能。其独特之处在于，它不仅是一个衡量工具，更是推动我国医药企业向高质量研发转型的"催化剂"。

首先，本报告构建的中国医药企业研发指数涵盖研发投入、研发成果、研发质量及研发支持四大维度，形成一套既全面又精细的评价体系。它不仅关注资金的投入规模，更重视资金使用的情况，从而为中国医药企业提供了宝贵的参考与借鉴。

其次，该研发指数实现从"重投入、轻产出"到"重投入更重产出，重数量更重质量"的深刻转变，特别是对研发成果给予了前所未有的重视，赋予其更高的评价权重。这一转变，不仅树立了中国医药企业高质量研发的新标杆，更激发了企业追求技术创新、提升研发效能的内在动力，为行业的可持续发展奠定坚实基础。

再次，通过对研发指数进行排名，为所有中资医药上市公司提供了一个直观的比较平台，让每家企业都能清晰地定位自身在行业研发版图中的位置，明确未来的发展方向与目标。这种透明的评价机制，无疑将激发行业内的良性竞争，促进整体研发水平的提升。

最后，为深入剖析我国医药企业研发实力的内在逻辑，本报告进一步细化了研发指数的构成维度，从研发投入、研发成果、研发质量及研发支持四个方面入手，进行了全方位、多层次的分析。这不仅有助于企业精准识别自身优劣势，制定更加科学合理的研发策略，更为政府及相关部门制定医药研发政策提供了数据支持与决策依据，共同推动中国医药产业高质量发展。

一 中国医药企业研发指数行业分类与指标体系

（一）中国医药企业研发指数行业分类

构建中国医药企业研发指数有助于推动医药行业创新发展，打破医药研发领域瓶颈。为此，该研发指数聚焦对研发创新具有深远影响且标准严苛的细分领域，对医药企业进行科学而细致的划分，确保评价过程客观公正。

通过广泛而深入的行业调研，结合实际情况，本报告对中国医药企业进行了细分，确保该评价体系既精准又具有普适性。总体而言，本报告聚焦医药制造与医疗器械两大核心领域。

在医药制造领域，可进一步将其细分为化学制药、中药和生物制品三大

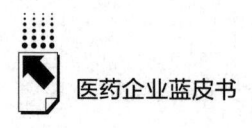

行业，它们虽然在生产工艺、原料、产品属性上各有不同，但是共同肩负着医药制造业的神圣使命——探索未知、研发新药、惠及苍生。

在医疗器械领域，可进一步将其细分为医疗设备、医疗耗材和体外诊断三大行业，它们以科技为翼，助力医学诊断与治疗更加精准与高效。本报告的行业分类以及对应的申万行业分类标准如表1所示。

表1 中国医药企业研发指数样本行业分类及申万行业分类

中国医药企业研发指数样本行业分类			申万行业分类（2021版）		
二级行业	三级行业（细分行业）	四级行业	一级行业	二级行业	三级行业
医药制造	化学制药	原料药	医药生物（370000）	化学制药（370100）	原料药（370101）
医药制造	化学制药	化学制剂	医药生物（370000）	化学制药（370100）	化学制剂（370102）
医药制造	中药	中药材	医药生物（370000）	中药Ⅱ（370200）	—
医药制造	中药	中药饮片	医药生物（370000）	中药Ⅱ（370200）	—
医药制造	中药	中成药	医药生物（370000）	中药Ⅱ（370200）	—
医药制造	生物制品	血液制品	医药生物（370000）	生物制品（370300）	血液制品（370302）
医药制造	生物制品	疫苗	医药生物（370000）	生物制品（370300）	疫苗（370303）
医药制造	生物制品	其他生物制品	医药生物（370000）	生物制品（370300）	其他生物制品（370304）
医疗器械	医疗设备	—	医药生物（370000）	医疗器械（370500）	医疗设备（370502）
医疗器械	医疗耗材	—	医药生物（370000）	医疗器械（370500）	医疗耗材（370503）
医疗器械	体外诊断	—	医药生物（370000）	医疗器械（370500）	体外诊断（370504）

本报告构建的中国医药企业研发指数的行业分类具体如图1所示。

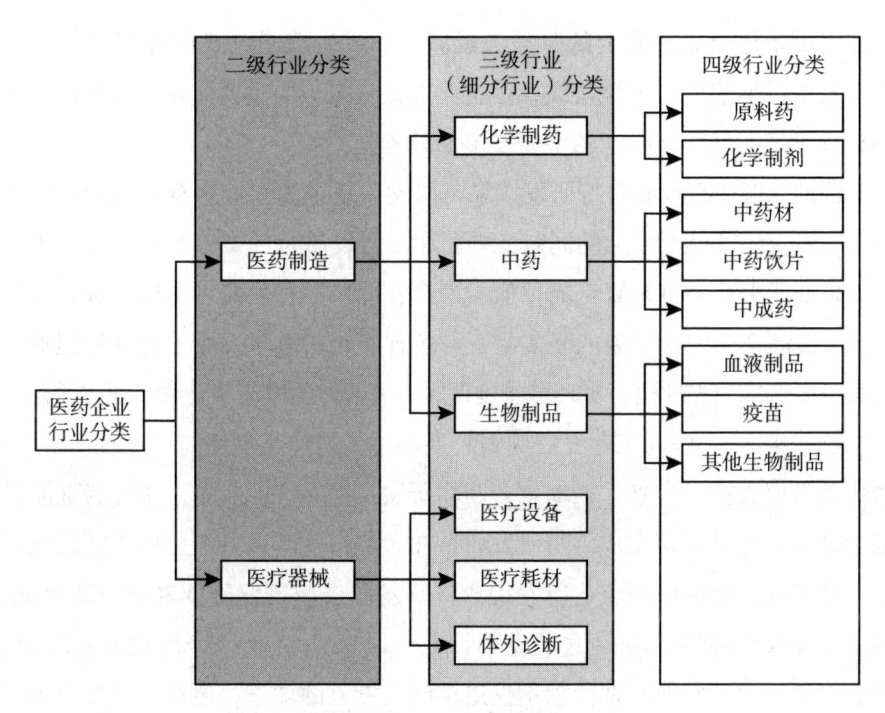

图1　中国医药企业研发指数样本行业分类

（二）中国医药企业研发情况的评价指标体系

医药制造和医疗器械这两大二级行业在研发活动上具有显著不同，尤其体现在研发成果方面。医药制造行业，其研发成就在于创新药与非创新药的成功上市及临床试验的顺利完成；而医疗器械行业，其研发成果体现在医疗器械注册证的顺利取得与专利技术的广泛授权。

本报告分别从医药制造和医疗器械企业的研发特点出发，构建了两套专属的研发指数——"中国医药制造企业研发指数"和"中国医疗器械企业研发指数"，两者均紧密贴合各自行业的研发特性与核心要素，力求为行业内外提供一份权威的医药企业研发实力指南。

研发成果与研发质量犹如医药企业的两翼，其重要性毋庸置疑，它们不仅是衡量企业创新能力的黄金标尺，更是驱动企业持续创新与高质量发展的核心引擎。研发成果，作为衡量医药企业创新能力的指标，直接反映了企业

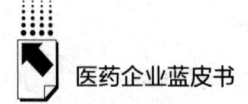

在技术创新与产品开发上的突破与成就；而研发质量，是确保药品安全有效、赢得市场信任的关键防线，是企业责任与担当的重要体现，保障每一项创新成果都能经受住时间的检验与市场的考验。

因此，医药企业必须将研发成果与研发质量视为企业生存和发展的生命线。在追求研发投入增加的同时，更要注重研发质量的提升，确保每一项研发成果都能为社会带来真正的价值，为患者带来福祉。两者相辅相成，共同构成了医药企业创新发展的坚实基石。唯有如此，医药企业才能在激烈的市场竞争中保持领先地位，实现可持续发展，为人类的健康事业作出更多贡献。

《"十四五"医药工业发展规划》明确将加速产品创新与产业技术革新、强化关键核心技术突破、推动创新药物研发及提升产业技术水平作为战略重点，进一步凸显了研发成果与研发质量在医药行业转型升级中的重要地位。

基于此，中国医药企业研发指数将研发成果与研发质量置于显著位置，两者合计权重高达65%。这一设计旨在激励医药企业持续优化研发环境，激发创新活力，确保研发活动不仅追求研发投入的增长，更注重研发成果和研发质量的飞跃，从而引领整个行业向更高水平的创新驱动型发展模式迈进，为实现医药产业的可持续、高质量发展奠定坚实基础。

具体而言，中国医药制造企业研发指数是一个多维度、综合性的评价体系，它由五大评价维度构成：研发投入（占比为25%）反映企业在研发活动中资金与资源的投入力度，阶段性成果（占比为22%）关注研发过程中企业取得的各类研发成果，最终成果（占比为28%）直接反映药品上市等重要的研发成果；研发质量（占比为15%）评估研发活动与研发成果的质量，研发支持（占比为10%）考察企业内外部对研发活动的支持与保障能力。图2直观展示了中国医药制造企业研发指数各评价维度的构成与权重分配，为精准评估医药制造企业的研发水平奠定了坚实基础。

中国医疗器械企业研发指数也是一个多维度、综合性的评价体系，它由四大评价维度构成，旨在全面且深入地分析企业的研发实力与创新能力。具体而言，这四个维度分别是：研发投入（占比为25%）用来评价企业在研发活动中的资金与资源投入力度，研发成果（占比为50%）直接体现了企业在

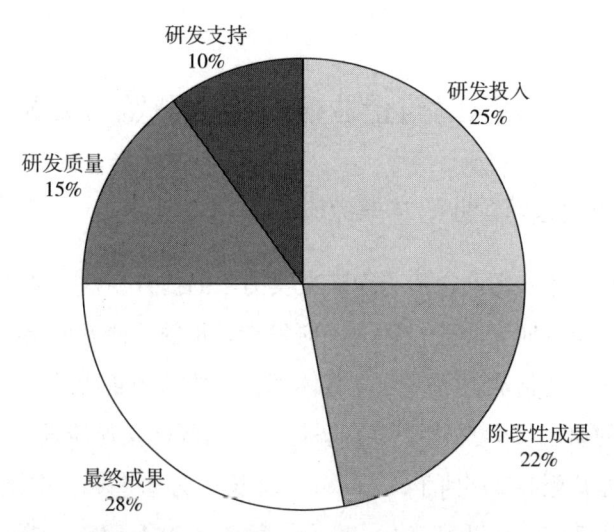

图 2　中国医药制造企业研发指数的评价维度与权重分配

技术创新与产品开发方面取得的成就，研发质量（占比为15%）聚焦研发过程与研发成果的质量，研发支持（占比为10%）考察企业为研发活动提供的内外部支持环境。图3直观地展示了中国医疗器械企业研发指数各评价维度的构成与权重分配，为精准评估中国医疗器械企业的研发水平提供了有力支撑。

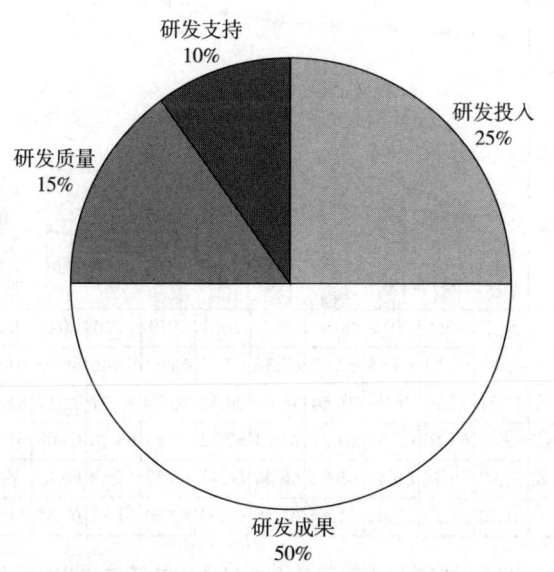

图 3　中国医疗器械企业研发指数的评价维度与权重分配

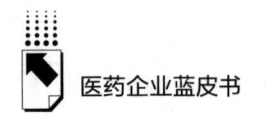

二 中国医药企业研发指数概览与分析

（一）中国医药企业研发指数概览

2013~2023年，中国医药行业研发实力不断提升，这一趋势在中国医药企业研发指数及其四大成分指数——研发投入指数、研发成果指数、研发质量指数及研发支持指数上均得到充分体现，具体如图4所示。总体来看，中国医药行业的研发实力总体呈增长态势，中国医药企业研发指数从2013年的66.85分提升至2023年的68.50分，增长率为2.47%。中国医药企业研发投入指数从77.71分跃升至81.23分，增长率为4.53%，成为推动中国医药企业研发指数增长的主要动力。与此同时，中国医药企业研发成果指数也实现稳步增长，从62.84分提升至64.22分，增长率为2.20%，彰显了研发活动转化为实际成果的有效性与持续性，进一步强化了研发成果对提升行业整体研发能力的支撑作用。

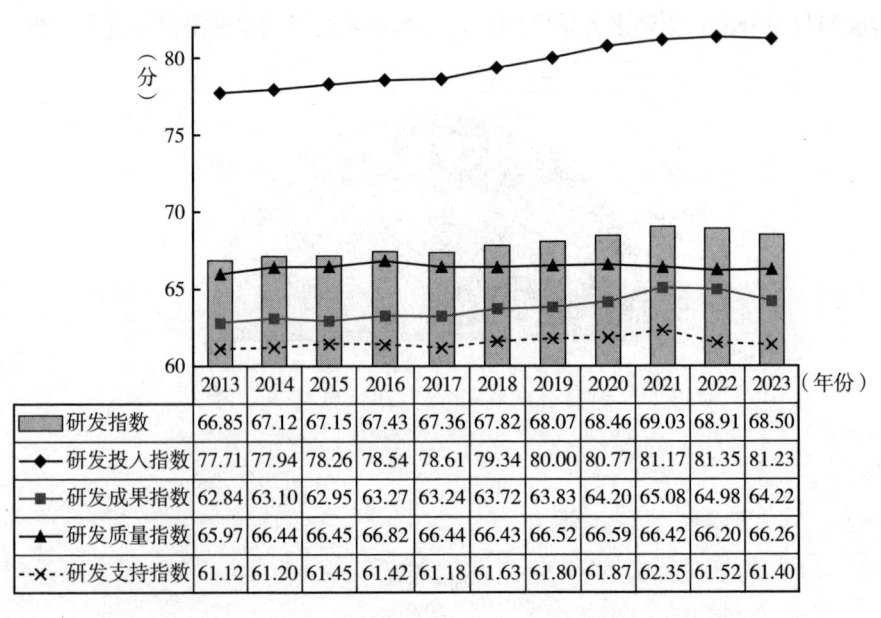

（分）	2013	2014	2015	2016	2017	2018	2019	2020	2021	2022	2023 (年份)
研发指数	66.85	67.12	67.15	67.43	67.36	67.82	68.07	68.46	69.03	68.91	68.50
研发投入指数	77.71	77.94	78.26	78.54	78.61	79.34	80.00	80.77	81.17	81.35	81.23
研发成果指数	62.84	63.10	62.95	63.27	63.24	63.72	63.83	64.20	65.08	64.98	64.22
研发质量指数	65.97	66.44	66.45	66.82	66.44	66.43	66.52	66.59	66.42	66.20	66.26
研发支持指数	61.12	61.20	61.45	61.42	61.18	61.63	61.80	61.87	62.35	61.52	61.40

图4 2013~2023年中国医药企业研发指数及其成分指数情况

然而，值得注意的是，相较于研发投入指数与研发成果指数的增长，中国医药企业研发质量指数和研发支持指数的增速较为平缓，分别仅实现0.44%和0.46%的小幅增长。这提示我们在追求研发深度和广度的同时，需关注研发质量的提升及研发支持体系的持续优化。

综上所述，2013~2023年，中国医药企业研发实力增强主要依赖研发投入的大幅增加，其次是研发成果的积累，而研发质量指数与研发支持指数虽有所提升，但增速相对平缓，是未来发展中需重点关注的方面。

聚焦2023年，中国医药企业研发指数呈回调态势，且主要是研发投入指数、研发成果指数以及研发支持指数共同下降所致，其中研发成果指数的下降尤为明显。具体地，中国医药企业研发指数从2022年的68.91分微降至2023年的68.50分，下降0.41分，降幅为0.59%，显示出微弱的回调态势。深入分析各成分指数，研发投入指数从81.35分降至81.23分，下降0.12分，降幅为0.15%；研发成果指数从64.98分下降至64.22分，下降0.76分，降幅为1.17%，反映出中国医药企业在研发成果产出上有一定压力；同时，研发支持指数略有下滑，从61.52分减少到61.40分，下降0.12分，降幅为0.20%，表明研发支持体系亦面临一定挑战。

然而，在整体下降的趋势下，研发质量指数却逆势增长，从2022年的66.20分提升至2023年的66.26分，成为唯一一个逆势上扬的成分指数。即便面临外部的重重压力，中国医药企业依然能够坚守初心，对研发质量保持高度重视。

（二）中国医药企业研发指数时间序列分析

1. 概览

2013~2021年，中国医药企业的研发实力显著增强，中国医药企业研发指数总体呈现稳定增长态势，研发指数平均值与中位数双双走高，体现出行业整体研发活动水平的稳步提升。然而，步入2022~2023年，研发指数的平均值和中位数均出现小幅度的回调现象。但从研发指数5年简单移动平均值来看，其增速始终保持在较高水平（见图5）。

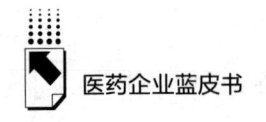

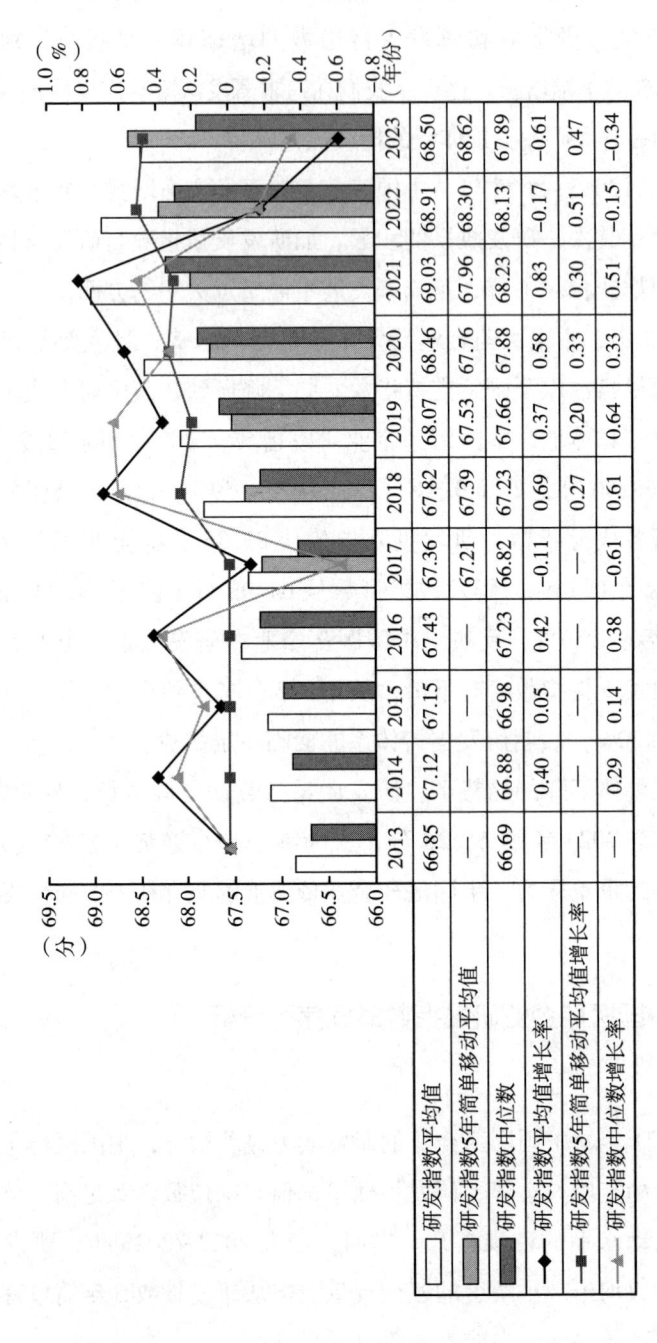

	2013	2014	2015	2016	2017	2018	2019	2020	2021	2022	2023
研发指数平均值	66.85	67.12	67.15	67.43	67.36	67.82	68.07	68.46	69.03	68.91	68.50
研发指数5年简单移动平均值	—	—	—	—	67.21	67.39	67.53	67.76	67.96	68.30	68.62
研发指数中位数	66.69	66.88	66.98	67.23	66.82	67.23	67.66	67.88	68.23	68.13	67.89
研发指数平均值增长率	—	0.40	0.05	0.42	-0.11	0.69	0.37	0.58	0.83	-0.17	-0.61
研发指数5年简单移动平均值增长率	—	—	—	—	—	0.27	0.20	0.33	0.30	0.51	0.47
研发指数中位数增长率	—	0.29	0.14	0.38	-0.61	0.61	0.64	0.33	0.51	-0.15	-0.34

图 5 2013~2023 年中国医药企业研发指数情况

注：5年简单移动平均值、平均值增长率、5年简单移动平均值增长率、中位数增长率由原始数据计算所得。全书同。

回顾历年数据不难发现，中国医药企业研发指数平均值与中位数呈现一致的增长趋势。值得一提的是，2021年中国医药企业研发指数平均值增长率跃升至0.83%，中位数增长率也达到0.51%，这表明行业整体具有强劲活力。

2017年，研发指数平均值与中位数首次出现负增长，其中平均值微降0.11%，而中位数下降幅度较大，为0.61%。

2022年，这一趋势非但未得到逆转，反而在一定程度上得到延续与深化。平均值继续走低，下降0.17%，中位数的降幅虽有所收窄，但仍保持0.15%的负增长，反映出调整与适应过程的复杂性。

2023年，研发指数平均值与中位数的下降幅度均有所扩大。平均值降幅为0.61%，而中位数下降幅度略小，为0.34%。这一系列数据不仅反映了市场的变化，更深刻地反映了各主体在逆境中寻求突破做出的努力与面临的挑战。

此外，纵观历年数据，中国医药企业研发指数平均值始终稳居中位数之上，揭示出中国医药行业内部研发实力的非均衡分布格局。具体而言，少数头部企业在研发领域表现卓越，大幅提升了研发指数平均值，它们在推动行业技术进步与创新方面发挥引领作用。

观察中国医药企业研发指数历年的离散程度发现，其呈日益扩大的趋势，这一趋势表明行业内研发能力的两极分化现象正在逐步加剧。具体而言，对比2013年和2023年的数据，不难发现：2013年，中国医药企业研发指数集中分布在［60.00，72.91］分，其区间长度为12.91分。然而，到了2023年，该区间大幅扩展至［60.21，87.75］分，区间长度激增113.39%至27.54分，相比于2022年增长了43.21%，表明研发水平的离散程度日趋增强，详见表2。

表2 2013~2023年中国医药企业研发指数分布区间

单位：分

年份	最小值	5%分位数	25%分位数	中位数	75%分位数	95%分位数	最大值	区间长度
2013	60.00	64.19	65.61	66.69	67.99	70.79	72.91	12.91
2014	60.00	64.26	65.70	66.88	68.42	71.19	76.79	16.79
2015	63.19	64.31	65.94	66.98	68.20	70.71	73.96	10.77

续表

年份	最小值	5%分位数	25%分位数	中位数	75%分位数	95%分位数	最大值	区间长度
2016	62.89	64.43	65.94	67.23	68.65	71.41	76.75	13.86
2017	62.58	64.30	65.63	66.82	68.50	72.52	78.60	16.02
2018	62.90	64.39	66.09	67.23	69.11	73.25	80.87	17.97
2019	62.97	64.46	66.29	67.66	69.48	73.33	79.91	16.94
2020	63.30	64.56	66.37	67.88	70.08	73.87	84.05	20.75
2021	63.86	64.61	66.50	68.23	70.99	75.93	83.04	19.18
2022	63.42	64.69	66.39	68.13	70.76	75.71	82.65	19.23
2023	60.21	64.48	65.91	67.89	70.26	74.85	87.75	27.54

注：区间长度，即最大值减去最小值。

2013~2021年，中国医药企业研发指数总体呈现增长态势（见图6），尤其是高分位数的医药企业群体，其增长势头尤为强劲。然而，自2021年以来，这一上升趋势出现变化，中国医药企业研发指数出现明显的回调现象，特别是高分位数的医药企业，其下降趋势更为显著。

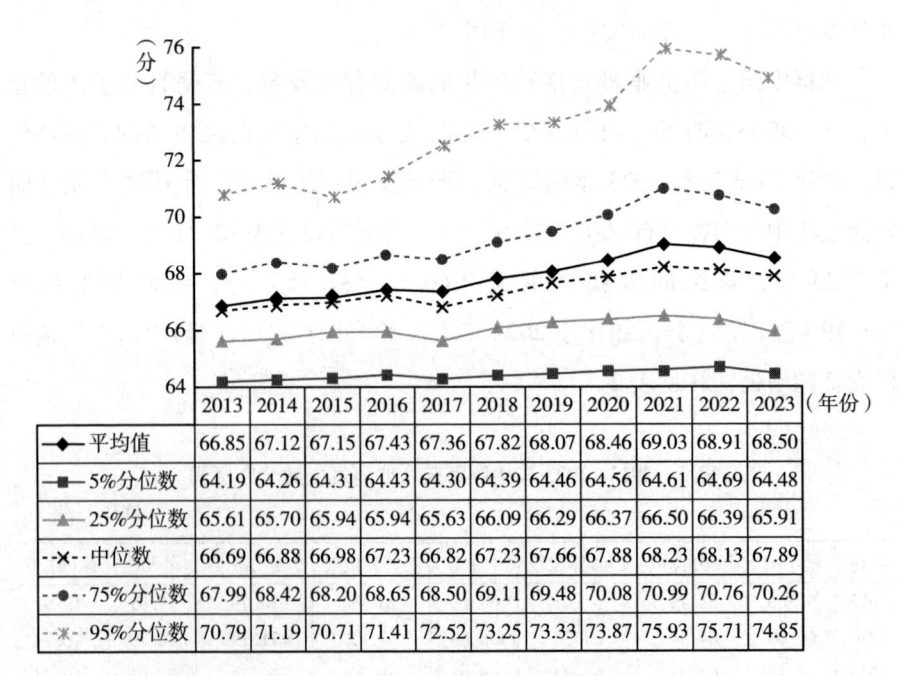

	2013	2014	2015	2016	2017	2018	2019	2020	2021	2022	2023
平均值	66.85	67.12	67.15	67.43	67.36	67.82	68.07	68.46	69.03	68.91	68.50
5%分位数	64.19	64.26	64.31	64.43	64.30	64.39	64.46	64.56	64.61	64.69	64.48
25%分位数	65.61	65.70	65.94	65.94	65.63	66.09	66.29	66.37	66.50	66.39	65.91
中位数	66.69	66.88	66.98	67.23	66.82	67.23	67.66	67.88	68.23	68.13	67.89
75%分位数	67.99	68.42	68.20	68.65	68.50	69.11	69.48	70.08	70.99	70.76	70.26
95%分位数	70.79	71.19	70.71	71.41	72.52	73.25	73.33	73.87	75.93	75.71	74.85

图6 2013~2023年中国医药企业研发指数分位数情况

进一步对比2022年和2023年的数据发现，不同分位数的医药企业在研发指数上的降幅存在差异。具体而言，对于5%分位数和25%分位数的医药企业，2023年研发指数分别下降0.21分和0.48分，降幅分别为0.32%和0.72%，波动幅度相对较小。对于75%分位数和95%分位数的医药企业，研发指数则出现明显下滑，分别下降0.50分和0.86分，降幅分别为0.71%和1.14%，显示出高分位数医药企业面临更大的挑战与调整压力。这一现象值得业界深思，并需进一步探讨其背后的深层次原因与应对策略。

为更精准地捕捉长期发展趋势，有效避免短期波动的干扰，进一步计算中国医药企业研发指数5年简单移动平均值。如表3和图7所示，中国医药企业研发指数的5年简单移动平均值离散程度同样呈现日益扩大的态势，这一趋势表明行业内研发能力的两极分化现象逐步加剧。具体而言，对比2017年和2023年的数据不难发现：2017年，中国医药企业研发指数的5年简单移动平均值分布于［61.73，73.94］分，区间长度为12.21分。然而，2023年，分布区间扩展至［63.67，81.45］分，区间长度增长至17.78分，相比2017年增长45.62%，相比2022年增长12.89%。

表3　2017~2023年中国医药企业研发指数5年简单移动平均值情况

单位：分

年份	最大值	75%分位数	中位数	25%分位数	最小值	四分位距	区间长度
2017	73.94	68.31	66.98	65.94	61.73	2.37	12.21
2018	74.44	68.71	67.14	66.05	62.31	2.66	12.13
2019	74.65	68.73	67.15	66.09	62.91	2.64	11.74
2020	75.71	69.22	67.26	66.10	63.17	3.12	12.54
2021	77.79	69.49	67.34	66.04	63.47	3.45	14.32
2022	79.52	69.91	67.57	66.21	63.77	3.70	15.75
2023	81.45	70.45	68.06	66.30	63.67	4.15	17.78

注：四分位距，即75%分位数减去25%分位数；区间长度，即最大值减去最小值。

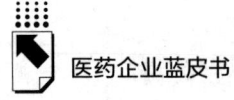

2017~2023年，中国医药企业研发指数5年简单移动平均值总体呈现增长趋势。其中，平均值从67.21分增长至68.62分，增长率为2.10%，表明行业整体研发实力得到提升。中位数则从66.98分增长至68.06分，增加1.08分，增长率为1.61%。

5%分位数虽略有增长，从64.36分增至64.74分，增加0.38分，增长率为0.59%，但值得注意的是，2023年相较于2022年的64.83分却出现0.09分的微降，降幅为0.14%，显示出行业底部企业在研发能力上的波动性。

2017~2023年，中国医药企业研发指数25%分位数从65.94分提升至66.30分，增加0.36分，增长率为0.55%；而75%分位数提升幅度较大，由68.31分增至70.45分，增加2.14分，增长率为3.13%。95%分位数从70.81分增长至74.04分，增加3.23分，增长率为4.56%，表明行业头部企业的研发能力实现较大幅度的提升。

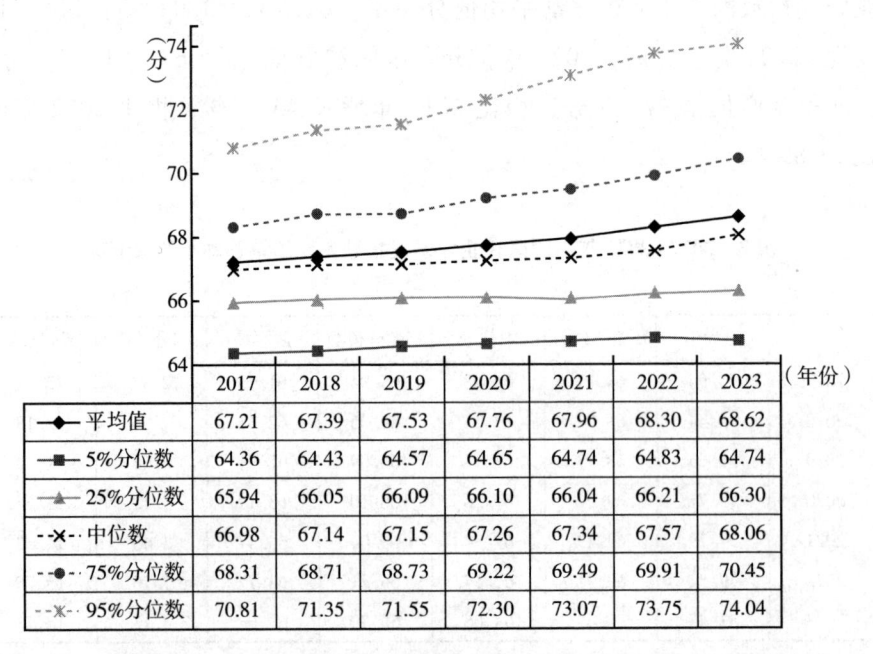

	2017	2018	2019	2020	2021	2022	2023
平均值	67.21	67.39	67.53	67.76	67.96	68.30	68.62
5%分位数	64.36	64.43	64.57	64.65	64.74	64.83	64.74
25%分位数	65.94	66.05	66.09	66.10	66.04	66.21	66.30
中位数	66.98	67.14	67.15	67.26	67.34	67.57	68.06
75%分位数	68.31	68.71	68.73	69.22	69.49	69.91	70.45
95%分位数	70.81	71.35	71.55	72.30	73.07	73.75	74.04

图7 2017~2023年中国医药企业研发指数5年简单移动平均值分位数情况

综上所述，中国医药企业研发指数整体呈现增长趋势，且随着分位数的提高，增长幅度逐渐扩大，反映出行业内部结构优化与强者恒强的特点。然而，在肯定行业整体进步的同时，需关注到位于行业底部的部分企业研发面临一定的挑战与压力。

2. 行业分析

（1）二级行业分析

在深入探讨中国医药行业的创新活力时，聚焦医药制造与医疗器械这两大二级行业，通过其研发指数的变化趋势，洞悉整个行业的研发情况。2013~2023年，中国医药制造企业研发指数和中国医疗器械企业研发指数均呈波动上升趋势，具体如图8所示。

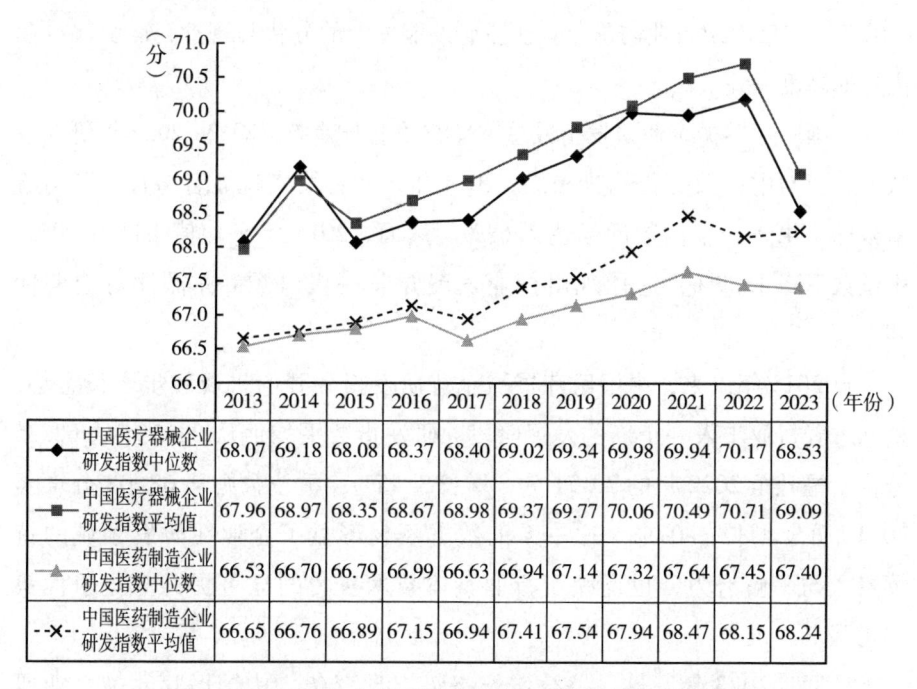

（年份）	2013	2014	2015	2016	2017	2018	2019	2020	2021	2022	2023
中国医疗器械企业研发指数中位数	68.07	69.18	68.08	68.37	68.40	69.02	69.34	69.98	69.94	70.17	68.53
中国医疗器械企业研发指数平均值	67.96	68.97	68.35	68.67	68.98	69.37	69.77	70.06	70.49	70.71	69.09
中国医药制造企业研发指数中位数	66.53	66.70	66.79	66.99	66.63	66.94	67.14	67.32	67.64	67.45	67.40
中国医药制造企业研发指数平均值	66.65	66.76	66.89	67.15	66.94	67.41	67.54	67.94	68.47	68.15	68.24

图8　2013~2023年中国医药企业研发指数二级行业情况

在分析中国医药制造企业研发指数时，不难发现，2013~2021年，该研发指数无论是中位数还是平均值，均展现出一种波动上升趋势。具体而言，研发指数平均值从2013年的66.65分上升至2021年的68.47分，增加1.82

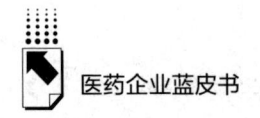

分，增长率为2.73%。中位数从66.53分提升至67.64分，增加1.11分，增长率为1.67%，体现出中国医药制造行业整体研发实力有所提升。

然而，2022年，这一持续上升的态势出现变化，中国医药制造企业研发指数中位数与平均值均出现小幅回调。平均值回落至68.15分，同比下降0.47%，而中位数微降至67.45分，降幅为0.28%。这一变化，虽为暂时性波动，却也反映出，在快速变化的市场环境中，保持研发创新的持续性与稳定性至关重要。

进入2023年，中国医药制造企业研发指数呈现更为复杂的波动态势，行业内部结构发生微妙变化。具体而言，平均值实现小幅回升，达到68.24分，同比增长0.13%。然而，中位数却略有下降，降至67.40分，同比下降0.07%，这反映出行业内部分企业在研发能力上的分化与调整，需引起行业内外的高度关注。

中国医疗器械企业研发指数总体呈波动上升趋势。2013~2023年研发指数平均值与中位数变化趋势相似。2014年，两者均实现显著增长，平均值增幅达1.49%，中位数增幅达1.63%。然而，2015年平均值下降0.90%，中位数下降1.59%，这体现出行业发展并非一帆风顺，亦需面对周期性调整。

自2015年以来，中国医疗器械企业研发指数开始呈现稳步增长态势，这标志着行业步入一个新的发展阶段。研发指数平均值从2015年的68.35分稳步提升至2022年的70.71分，增长3.45%，中位数则从68.08分增至70.17分，增长3.07%。这一系列数据不仅彰显了企业在研发领域的持续投入与不懈努力，也反映了行业整体技术实力的显著提升与竞争优势的增强。

然而，2023年，这一持续增长态势出现变化。中国医疗器械企业研发指数平均值与中位数分别回落至69.09分与68.53分，同比降幅分别为2.29%与2.34%。这一变化或许是受外部环境变化、市场竞争加剧或研发策略调整等多重因素的综合影响，也同时为行业未来发展提供了调整的契机。

（2）细分行业分析

在深入分析中国医药行业的细分领域时，本报告从医药制造与医疗器械两大行业的细分行业切入，如图9所示。

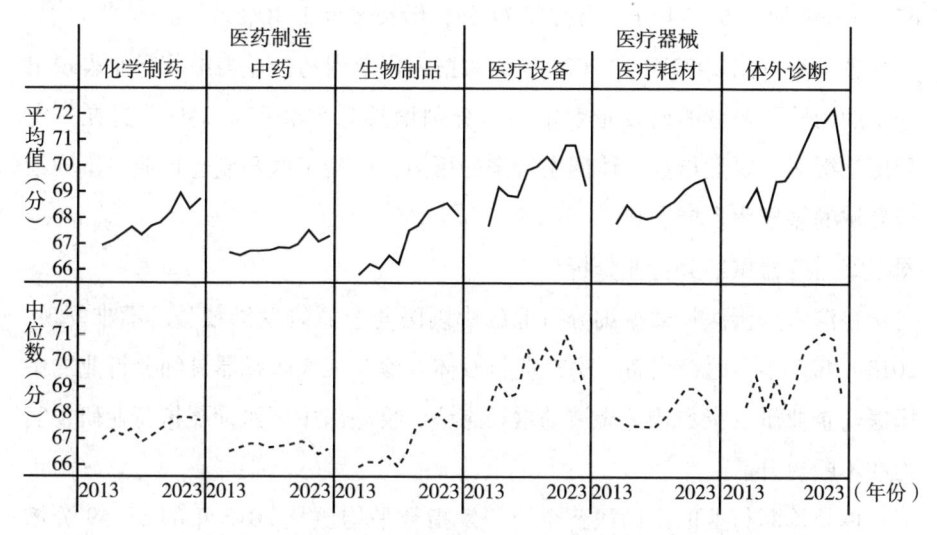

图9 2013~2023年中国医药企业研发指数细分行业情况

①医药制造细分行业分析

2013~2023年，生物制品行业尤为引人注目。自2013年以来，生物制品行业的中国医药企业研发指数持续走高，其平均值从65.87分持续跃升至2022年的68.57分，增加2.70分（增长率为4.10%）。2023年出现小幅回调，下降0.44分（降幅为0.64%）。2013~2023年，生物制品行业中国医药企业研发指数平均值增长3.43%，显示出强大的韧性与发展潜力。生物制品行业的中国医药企业研发指数中位数也呈现类似趋势，其从2013年的65.95分增长至2023年的67.50分，增加1.55分，增长率为2.35%。

中药行业与化学制药行业的中国医药企业研发指数增速则较为平缓。中药行业研发指数平均值从2013年的66.64分增加至2023年的67.26分，增长0.93%，体现出该行业在研发领域缺乏显著突破；中位数则在66.43分至66.90分之间小幅波动。其中，最高点在2020年度触及66.90分，较2013年

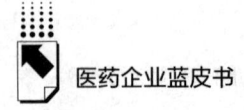

度的66.54分增长0.36分，增长率为0.54%，2013~2023年，仅增加0.47分。

化学制药行业中国医药企业研发指数平均值从2013年的66.99分波动增长至2023年的68.70分，增加1.71分，增长率为2.55%；中位数则从67.00分增加至67.74分，增长0.74分，增长率为1.10%。

进一步对比2022年和2023年的数据，化学制药行业与中药行业表现出一定的韧性，两者的研发指数平均值分别增长0.51%和0.24%，这在一定程度上缓解了研发指数整体回调带来的压力，体现了医药制造行业内不同细分领域的差异化发展态势。

②医疗器械细分行业分析

在深入分析医疗器械细分行业的中国医药企业研发指数时，不难发现，2013~2023年，医疗设备、医疗耗材及体外诊断三大医疗器械细分行业的中国医药企业研发指数均呈现波动增长态势，反映出中国医疗器械行业研发实力在不断提升。

体外诊断行业的中国医药企业研发指数平均值从2013年的68.49分增长至2023年的69.95分，增长1.46分，增长率为2.13%。

紧随其后的是医疗设备行业，其研发指数平均值从2013年的67.76分提升至2023年的69.31分，增长1.55分，增长率为2.29%。这一变化不仅体现了医疗设备技术的持续革新，也反映了市场对高质量、高性能医疗设备需求的日益增长。

相比之下，医疗耗材行业的研发指数增速较为平缓，从2013年的67.87分微增至2023年的68.30分，增长0.43分，增长率为0.63%。尽管增幅较小，但这仍体现出医疗耗材行业在技术创新和产品质量提升方面作出不懈努力。

与2022年相比，2023年医疗器械领域的三大细分行业研发指数平均值均有所下滑，这一变化体现出行业内部的动态调整。

值得关注的是，体外诊断行业的研发指数在2023年展现出最为显著的下降，相较于2022年，体外诊断行业2023年的中国医药企业研发指数平均值减少2.32分，降幅为3.21%。这一变化，很可能是行业内日益加剧的竞争态势、技术更新换代速度加快，以及市场需求调整等多重因素共同导致的。尽管如此，体外诊断行业依然凭借其69.95分的研发指数高分，稳居2023年医疗器械三大细分行业之首，彰显了其深厚的行业底蕴与持续的发展潜力。

紧随其后的是医疗设备行业，其研发指数平均值下降1.51分，降幅为2.14%。如何在保持技术领先的同时，有效应对市场需求的变化，成为该行业亟须解决的问题。

相较于前两者，医疗耗材行业的中国医药企业研发指数平均值下降1.23分，降幅为1.77%。尽管医疗耗材行业也受到外部环境的影响，但其产品特性或市场需求结构相对稳定，使其能够在一定程度上抵御外部冲击。

3. 上市地分析

2013~2021年，各大上市地的中国医药企业研发指数，除了北交所因样本规模限制未全面展现其趋势外，其余上市地均呈现波动上升态势，这一现象鲜明地反映了各上市地医药企业研发实力的提升。值得注意的是，美股[①]上市公司早在2021年便已初露下滑端倪，如图10所示。

深入分析各上市地中国医药企业研发指数平均值，不难发现，2013~2023年，港交所表现最为亮眼，其研发指数从67.11分增长至69.68分，增加2.57分（增长率为3.83%），其增长幅度居各上市地之首。紧随其后的是上交所，其研发指数由67.10分稳步提升至69.04分，增加1.94分（增长率为2.89%）。美股与深交所分别以2.01%和1.92%的增长率紧随其后，同样呈现积极的增长趋势。

2023年，不同上市地的中国医药企业研发指数均出现不同程度的下滑，反映了市场环境普遍面临调整压力。其中，美股下降最为明显，其平均值下降0.85分，同比下降1.25%；港交所紧随其后，其平均值下降0.39分，同比下降0.56%；而深交所与上交所的平均值分别下降0.31分（降幅为0.45%）和0.29分（降幅为0.42%）。

从2023年各上市地中国医药企业研发指数的横向对比来看，港交所凭

---

① 美股是指在美国纳斯达克证券交易所、美国纽约证券交易所、美国证券交易所上市的实际运营地在中国内地的上市公司。

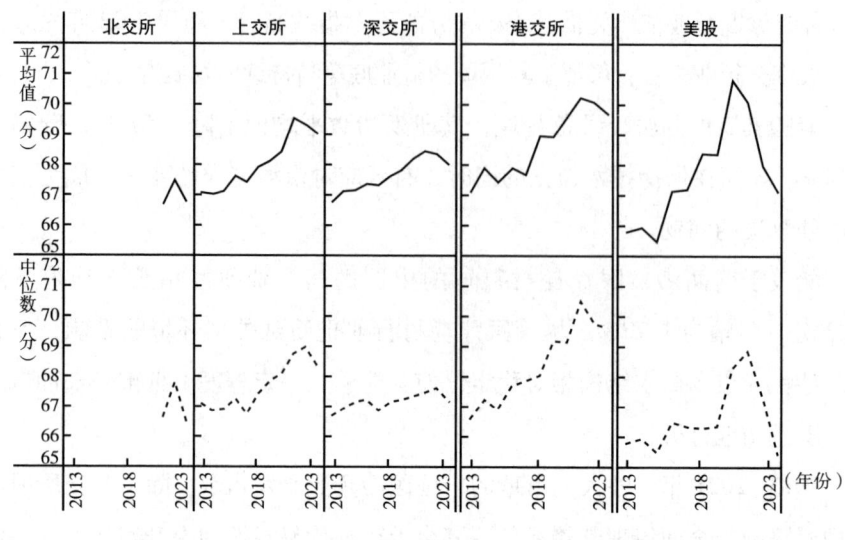

图 10　2013~2023 年中国医药企业研发指数各上市地情况

借 69.68 分的优异成绩继续领跑，上交所则以 69.04 分紧随其后，深交所以 68.05 分位列第三，美股以 67.12 分位列第四，北交所则以 66.77 分暂居末位。这一排名不仅反映了各上市地医药企业研发实力的现状，也为未来市场格局的演变提供了重要线索与参考。

为确保不同数据集间变异程度的可比较性，引入变异系数作为分析工具，对各上市地的中国医药企业研发指数进行深入剖析（见图 11）。

2013~2017 年，各上市地中国医药企业研发指数的变异系数均维持在较低水平，这一现象揭示了各上市地中国医药企业研发实力离散程度的相对一致性。然而，随着时间的推移，各上市地的变异系数开始呈现不同程度的增长态势，反映了市场内部发生动态变化。

值得关注的是，2021 年和 2023 年，各上市地变异系数的上升趋势越发显著。上交所、港交所及美股的变异系数均跃升至 5% 以上，这一转变不仅标志着研发绩效的波动性增强，也体现出不同上市地内部研发实力呈现分化趋势。特别是美股，其变异系数在 2021 年达到 9.35%，2023 年仍维持 8.58% 的高位，在各上市地中变异系数最高。

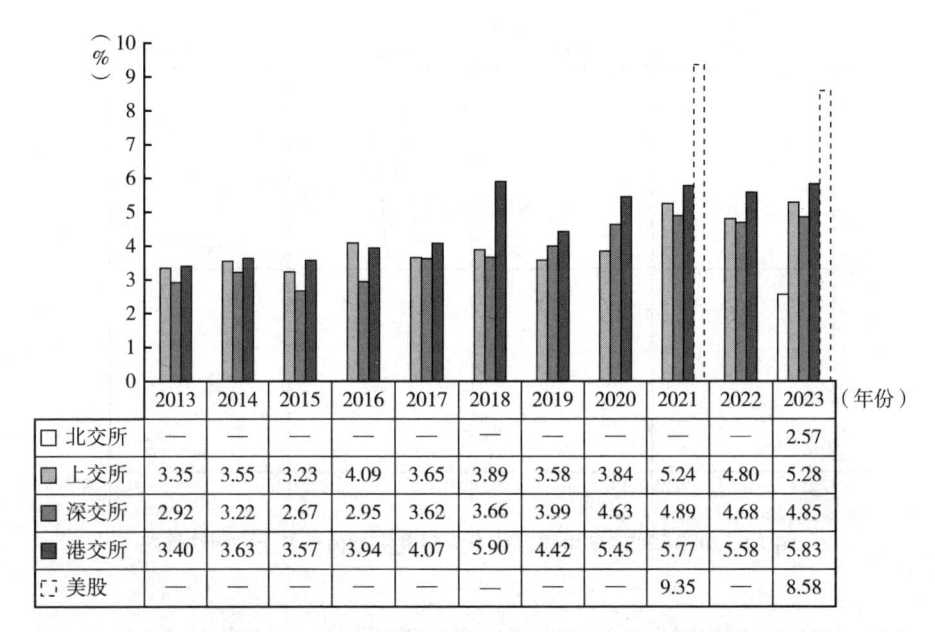

年份	2013	2014	2015	2016	2017	2018	2019	2020	2021	2022	2023
北交所	—	—	—	—	—	—	—	—	—	—	2.57
上交所	3.35	3.55	3.23	4.09	3.65	3.89	3.58	3.84	5.24	4.80	5.28
深交所	2.92	3.22	2.67	2.95	3.62	3.66	3.99	4.63	4.89	4.68	4.85
港交所	3.40	3.63	3.57	3.94	4.07	5.90	4.42	5.45	5.77	5.58	5.83
美股	—	—	—	—	—	—	—	—	9.35	—	8.58

图11　2013~2023年中国医药企业研发指数各上市地变异系数情况

注：为保证变异系数计算结果的可靠性和有效性，减少随机误差的影响，在进行变异系数计算之前，首先检查各分类下的样本数量。若某一分类下的样本数量少于10个，考虑到小样本可能带来的偏差和不确定性，则不再进行该分类下的变异系数计算。

4. 内地上市板块分析

2013~2023年，中国医药企业在各大内地上市板块①的研发指数平均值和中位数如图12所示。北交所受限于样本规模，其部分数据缺失；创业板与科创板在初期呈现波动上升，随后略有回调的态势。相较之下，主板表现稳健，研发指数平均值从2013年的66.74分上升至2023年的68.27分，增加1.53分（增长率为2.29%），其中2021年增长1.06%。

创业板的中国医药企业研发指数平均值从2013年的67.31分上升至2020年的69.02分，增加1.71分（增长率为2.54%），但是2021年开始出现回调，2023年降至68.19分，较2020年减少0.83分（降幅为1.20%）。科

---

① 内地上市板块包括北交所、上交所以及深交所三大上市地的各个板块，其中北交所包括北交所上市公司，创业板包括深交所创业板上市公司，科创板包括上交所科创板上市公司，主板包括上交所以及深交所的主板上市公司。

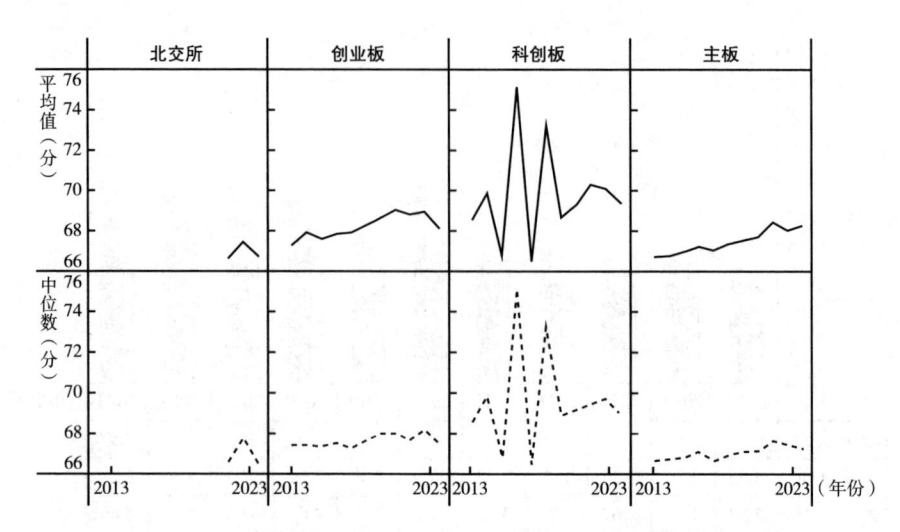

图12 2013~2023年中国医药企业研发指数内地各上市板块情况

创板则展现出更为剧烈的波动，研发指数平均值从2013年的68.60分增长至2021年的70.27分，增加1.67分（增长率为2.43%）。然而，其回调态势随之显现，但晚于创业板，自2022年起逐步下滑，2023年降至69.37分，相较于2021年下降0.90分（降幅为1.28%）。

2023年，北交所、创业板与科创板均出现不同程度的回调。北交所研发指数平均值从2022年的67.49分降至2023年的66.77分，下降0.72分（降幅为1.07%）；创业板研发指数平均值从68.96分降至68.19分，下降0.77分（降幅为1.12%）；科创板亦未能幸免，研发指数平均值从70.12分降至69.37分，同比下降0.75分（降幅为1.07%）。值得注意的是，主板在此期间依然保持了稳定的上升趋势，从68.04分增至68.27分，增加0.23分（增长率为0.34%）。

从2023年各上市板块中国医药企业研发指数平均值来看，科创板以69.37分领跑各上市板块，主板以68.27分紧随其后，创业板以68.19分位列第三，而北交所尚处于发展阶段，以66.77分暂居末位。此排名不仅反映了各上市板块医药企业研发实力的格局，也为预测未来市场走势提供了重要参考。

进一步分析研发指数中位数的变化趋势可以看出，虽然其总体趋势与平均值类似，但值得注意的是，2023年主板研发指数中位数并未延续平均值的增长势头，而是与其他板块一样出现下滑趋势，这表明主板头部企业研发实力的显著提升虽拉高了平均值，但主板腰部企业研发实力的提升仍面临一定的挑战。

图13为2013~2023年中国医药企业研发指数内地各上市板块的变异系数。除2018年外，各上市板块的变异系数较为接近，这一现象表明在大多数情况下，内地不同上市板块内部企业的研发指数离散程度具有较高的相似性。

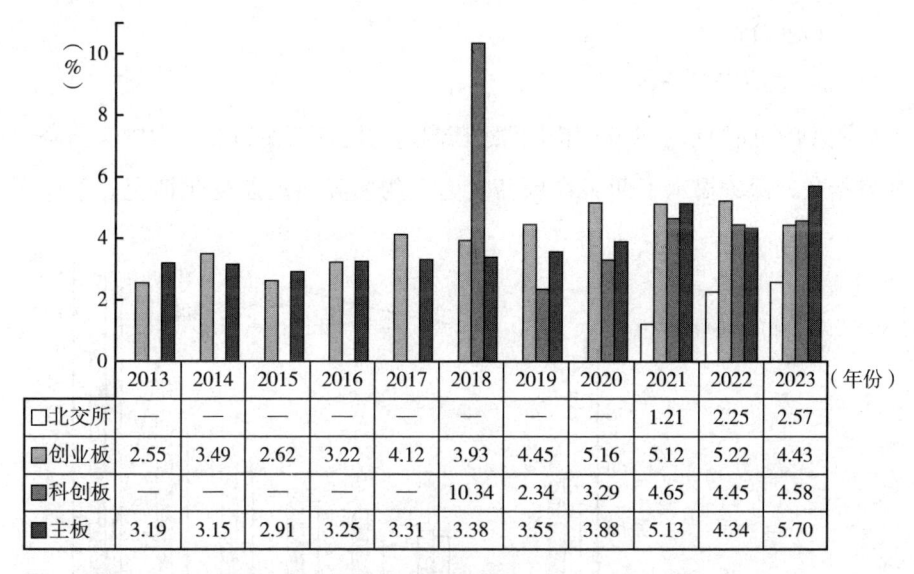

(%)	2013	2014	2015	2016	2017	2018	2019	2020	2021	2022	2023	（年份）
北交所	—	—	—	—	—	—	—	—	1.21	2.25	2.57	
创业板	2.55	3.49	2.62	3.22	4.12	3.93	4.45	5.16	5.12	5.22	4.43	
科创板	—	—	—	—	—	10.34	2.34	3.29	4.65	4.45	4.58	
主板	3.19	3.15	2.91	3.25	3.31	3.38	3.55	3.88	5.13	4.34	5.70	

图13 2013~2023年中国医药企业研发指数内地各上市板块变异系数情况

然而，2018年科创板以10.34%的变异系数远超同期的创业板（3.93%）与主板（3.38%），彰显了科创板作为新兴板块在推动医药企业研发方面所展现出的强劲实力，预示着市场新生态的崛起。

2023年，市场格局再次发生微妙变化。主板的变异系数跃居首位，达到5.70%，这反映出主板的医药企业研发实力间的差距有所扩大。紧随其后的是科创板，其变异系数为4.58%，虽较2018年有所回落，但仍保持较

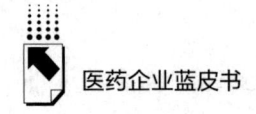

高水平。创业板则以 4.43%的变异系数位列第三，作为中小企业成长的"摇篮"，在研发活动上同样呈现一定的波动性。北交所则以 2.57%的变异系数稳居末位，体现了其市场内医药企业研发活动相对稳定且研发实力相当。

（三）2023年中国医药企业研发指数横截面分析

本报告将对 2023 年中国医药企业研发指数展开一次全面而深入的剖析，这一分析将涉及行业、上市地以及内地上市板块三大维度，力求从不同维度分析中国医药行业的创新发展情况。

1. 行业分析

（1）二级行业分析

图 14 全面展示了 2023 年中国医药制造与医疗器械行业的中国医药企业研发指数，深刻揭示了两者在创新实力上的差异与动态变化情况。总体而

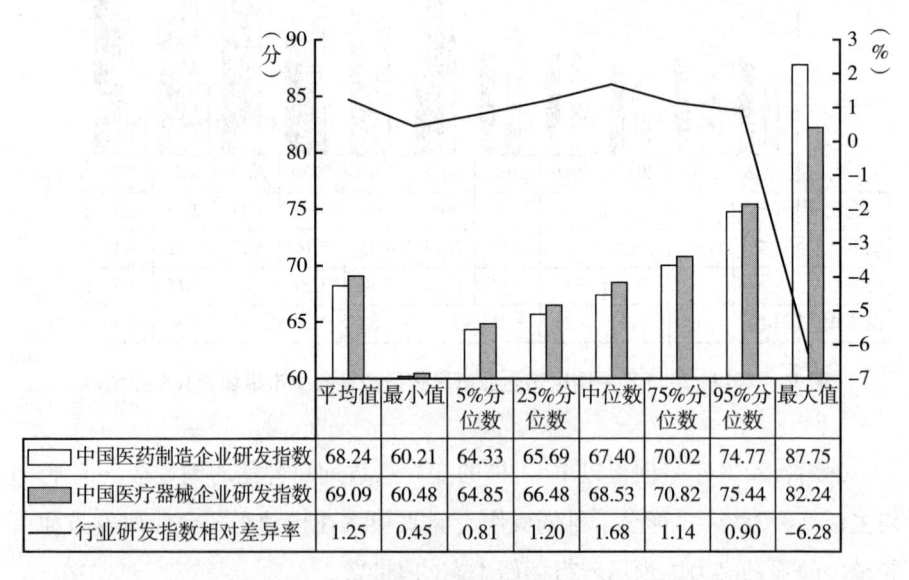

	平均值	最小值	5%分位数	25%分位数	中位数	75%分位数	95%分位数	最大值
中国医药制造企业研发指数	68.24	60.21	64.33	65.69	67.40	70.02	74.77	87.75
中国医疗器械企业研发指数	69.09	60.48	64.85	66.48	68.53	70.82	75.44	82.24
行业研发指数相对差异率	1.25	0.45	0.81	1.20	1.68	1.14	0.90	-6.28

图 14　2023 年中国医药企业研发指数二级行业情况

注：行业研发指数相对差异率 =（中国医疗器械企业研发指数/中国医药制造企业研发指数 -1）×100%。

言，中国医疗器械企业研发指数在各分位数上普遍优于医药制造企业，体现出其在研发领域处于相对优势地位，但在高分位数医药企业中，两行业间的差距正在逐步缩小，在研发实力的巅峰——最大值处，医药制造业更以87.75分的卓越表现实现反超。

仔细分析，不难发现，即便在25%这一较低分位数，中国医疗器械企业研发指数为64.48分，略高于中国医药制造业企业研发指数。中国医疗器械企业研发指数中位数为68.53分，比中国医药制造企业研发指数高1.13分，其在行业腰部企业研发水平上具有相对优势。

然而，从75%分位数来看，尽管医疗器械行业仍以70.82分保持领先，比中国医药制造企业研发指数高0.80分，但这一差距相较于中位数有所收窄。在95%分位数上，中国医疗器械企业研发指数仅比中国医药制造企业研发指数高0.67分，表明在高分位数中，两行业间的差距正在逐步缩小。

引人注目的是，在研发实力的巅峰——最大值处，中国医药制造企业研发指数为87.75分，比中国医疗器械企业研发指数高5.51分（6.28%）。这不仅体现出医药制造业具有较强的研发能力，也揭示了医疗器械行业在创新过程中所面临的挑战。尽管医疗器械行业整体研发水平较高，但相较于医药制造业仍存在一定的进步空间，未来需更加注重高端研发资源的集聚与创新能力的强化。

（2）细分行业分析

①化学制药

2023年，化学制药行业的中国医药企业研发指数位于［60.21，87.75］分，区间长度为27.54分，在六大细分行业中其区间长度最大，体现出该行业内企业研发实力差距较大：一端是研发领域的领航者，以卓越实力引领创新潮流；另一端则是面临困境的企业，亟待突破（见图15）。

2023年，化学制药行业的中国医药企业研发指数平均值为68.70分，居六大细分行业第三，且在医药制造三大细分领域中占据领先地位。然而，其中位数滑落至第4位，对于该行业而言：尽管存在少数顶尖企业以高研发

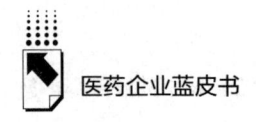

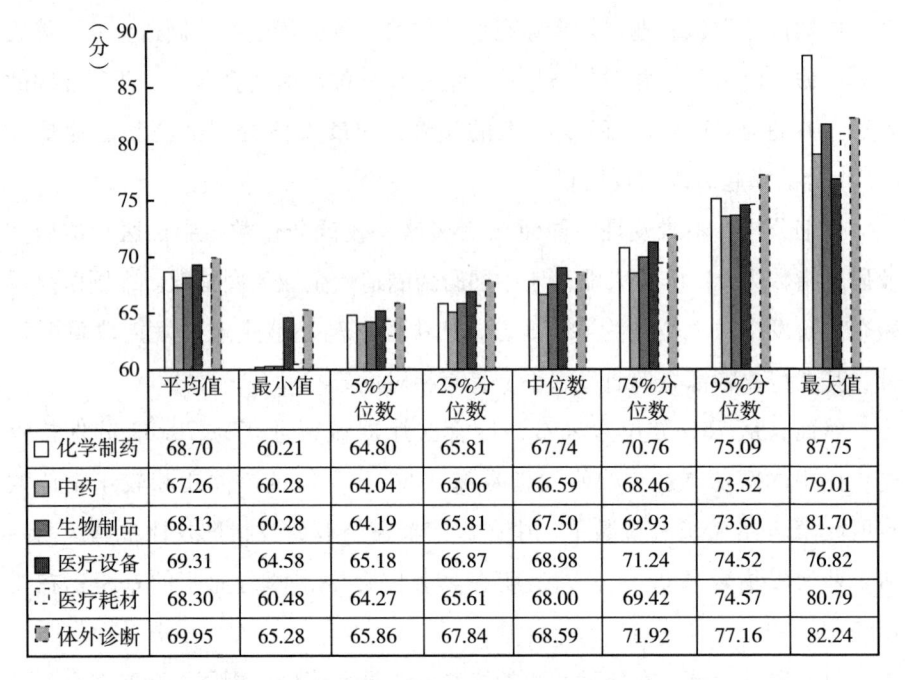

	平均值	最小值	5%分位数	25%分位数	中位数	75%分位数	95%分位数	最大值
化学制药	68.70	60.21	64.80	65.81	67.74	70.76	75.09	87.75
中药	67.26	60.28	64.04	65.06	66.59	68.46	73.52	79.01
生物制品	68.13	60.28	64.19	65.81	67.50	69.93	73.60	81.70
医疗设备	69.31	64.58	65.18	66.87	68.98	71.24	74.52	76.82
医疗耗材	68.30	60.48	64.27	65.61	68.00	69.42	74.57	80.79
体外诊断	69.95	65.28	65.86	67.84	68.59	71.92	77.16	82.24

图15 2023年中国医药企业研发指数细分行业情况

指数引领行业创新发展，但行业内众多企业的研发能力尚未达到平均水平，这种不均衡性极大地拉低了研发指数中位数，体现出提升行业整体研发实力、缩小能力差距的紧迫性。

深入分析化学制药行业研发指数的分位数发现，在75%分位数以下，该行业表现稳健，在六大细分行业中处于中游位置。然而，对于高分位数，化学制药行业的优势逐渐显现，特别是在95%分位数上，其研发指数提升至75.07分，在六大细分行业中排名第二，充分证明了行业内顶尖企业在研发领域的非凡实力与做出的卓越贡献。值得注意的是，化学制药行业的研发指数最大值为87.75分，在六大细分行业中居于首位，这体现出化学制药行业的企业研发实力强劲。

②中药

2023年，中药行业的医药企业研发指数位于[60.28，79.01]分，区间长度为18.73分，在医药制造三大细分行业中居于末位。这一数据不仅反映了中药行业研发水平较为稳定，而且揭示了行业内医药企业研发实力较为均衡，预示着中药领域蕴藏着巨大的创新潜能与广阔的发展前景，亟待深入探索与挖掘。

此外，2023年中药行业的医药企业研发指数平均值与中位数分别为67.26分与66.59分，在六大细分行业中排名靠后。进一步分析各分位数的表现，本报告发现，中药行业在各分位数的研发指数上普遍偏低，这一趋势无疑是对行业现状的直观反映，同时也向我们发出了明确的信号：中药行业亟须加速研发步伐，强化创新能力，以突破现有局限，迈向更高的发展台阶。

③生物制品

2023年，生物制品行业的研发指数分布在［60.28，81.70］分，区间长度为21.42分，虽略小于化学制药行业，却高于中药行业。2023年，生物制品行业的研发指数平均值为68.13分，中位数为67.50分。

进一步分析各分位数表现，不难发现，在95%及以下分位数，生物制品行业在六大细分行业中居于中下游位置。然而，生物制品行业的研发指数最大值为81.70分，不仅在医药制造三大细分行业中排名第二，更在六大细分行业位列第三，这不仅是对行业内顶尖企业研发实力的有力证明，也预示着生物制品行业在创新驱动下的广阔发展前景。

④医疗设备

2023年，医疗设备行业的研发指数分布在［64.58，76.82］分，区间长度为12.24分，在六大细分行业中区间长度最小，这表明医疗设备行业的企业研发实力相当。

2023年医疗设备行业研发指数的平均值为69.31分，中位数为68.98分，这两项指标在六大细分行业处于领先位置，体现出医疗设备行业整体研发实力强劲。

进一步分析各分位数的表现情况，本报告发现医疗设备行业在75%分位数及以下区间内，均保持了领先优势。然而，从95%分位数来看，医疗设备行业研发指数以74.52分在六大细分行业中位居第四。医疗设备行业研

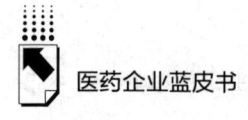

发指数最大值为76.82分。这些数据体现出医疗设备行业在攀登研发高峰的征途上，虽已取得明显成就，但仍需奋力拼搏，直面挑战。

⑤医疗耗材

2023年，医疗耗材行业的研发指数分布在［60.48，80.79］分，区间长度达20.31分。这揭示了医疗耗材行业内各企业在研发能力上差距显著，也映射出行业内创新活力迸发与差异化发展战略的实施。

2023年，医疗耗材行业研发指数平均值为68.30分，在六大细分行业中居于第4位。医疗耗材行业研发指数的中位数为68.00分在六大细分行业中位列第三。

深入分析各分位数的情况，2023年医疗耗材行业研发指数在5%分位数、25%分位数以及75%分位数均在医疗器械三个细分行业中排名靠后，但是其95%分位数和最大值在医疗器械三个细分行业中排第2位，表明该行业大量企业的研发水平较低，但是少数企业能够达到较高的研发水平。

⑥体外诊断

2023年，体外诊断行业的研发实力令人瞩目，其研发指数分布在［65.28，82.24］分，区间长度仅为16.96分，这表明行业内企业的研发水平较为接近。

值得注意的是，体外诊断行业的研发指数平均值高达69.95分，在六大细分行业中居于首位，这是对其研发能力的肯定。同时，该行业的研发指数中位数为68.59分，在六大细分行业中位列第二，这体现了体外诊断行业研发实力突出。

通过分析各分位数的表现，不难发现体外诊断行业的研发实力呈现全面领先的态势。除了中位数略逊于医疗设备行业外，其余所有分位数均稳居六大细分行业之首，这无疑是对体外诊断行业研发能力的高度认可，体现出体外诊断行业的研发实力强劲。

2. 上市地分析

2023年中国医药企业各上市地的研发表现如图16所示。

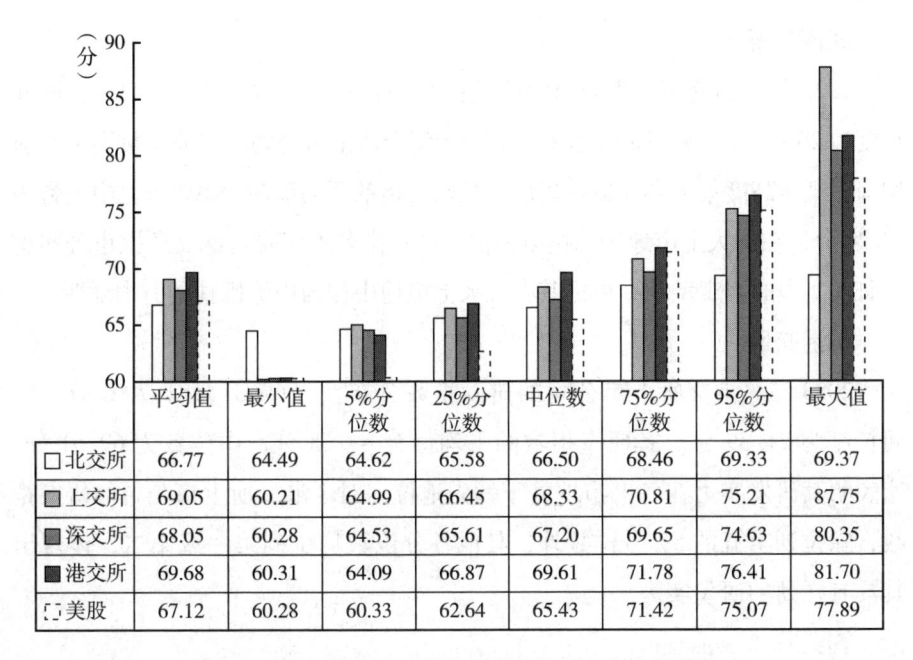

	平均值	最小值	5%分位数	25%分位数	中位数	75%分位数	95%分位数	最大值
北交所	66.77	64.49	64.62	65.58	66.50	68.46	69.33	69.37
上交所	69.05	60.21	64.99	66.45	68.33	70.81	75.21	87.75
深交所	68.05	60.28	64.53	65.61	67.20	69.65	74.63	80.35
港交所	69.68	60.31	64.09	66.87	69.61	71.78	76.41	81.70
美股	67.12	60.28	60.33	62.64	65.43	71.42	75.07	77.89

图16 2023年中国医药企业研发指数各上市地情况

①北交所

北交所作为新兴上市地，2023年，其上市公司在研发指数上呈现高度集中的特点，区间范围为［64.49，69.37］分，区间长度为4.88分，在五大上市地中最小。然而，无论是研发指数的平均值还是中位数，均处于相对较低水平，暗示其上市公司研发实力需进一步加强。尽管北交所上市公司研发实力较为均衡，但整体研发能力有待进一步提升。

②上交所

2023年，上交所的上市公司研发指数区间范围为［60.21，87.75］分，区间长度为27.54分，体现出企业间研发实力差距较大，这对于上市公司而言既是挑战也是机遇。上市公司研发指数的平均值为69.05分，中位数为68.33分，均位居第二，这表明上交所的上市公司在研发领域颇具优势。其研发指数最大值为87.75分，远超其他上市地，彰显了上交所顶尖医药企业的卓越研发能力。

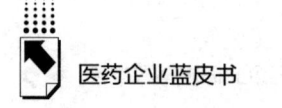

③深交所

2023年，深交所上市公司的研发指数分布在［60.28，80.35］分，区间长度为20.07分，区间长度适中，这表明深交所上市公司在研发领域实力相对均衡，既非高度集中亦非极端离散。其研发指数平均值为68.05分，中位数为67.20分，在五大上市地中均排第三位，这一排名不仅是对深交所上市公司整体研发实力的客观反映，更是其在五大上市地中作为中流砥柱的有力证明。

④港交所

2023年，港交所上市公司的研发指数分布在［60.31，81.70］分，区间长度为21.39分。其研发指数的平均值为69.68分，中位数为69.61分，这表明其研发实力在各上市地处于领先地位。对于港交所上市公司的研发指数，除位列第五的5%分位数外，其他各分位数均位列第一或第二，体现出其具有强劲的研发实力。

⑤美股

2023年，美股上市公司的研发指数分布在［60.28，77.89］分，区间长度为17.61分，区间长度适中。其研发指数的平均值为67.12分，位列第四；中位数为65.43分在五大上市地中排名靠后。尽管美股上市公司的研发指数低分位数的表现不够理想，但高分位数的亮眼表现，预示着其拥有巨大的发展潜力与提升空间。

3. 内地上市板块分析

2023年，内地各上市板块的中国医药企业研发指数如图17所示。2023年，北交所上市企业的研发指数分布于［64.49，69.37］分，区间长度仅为4.88分，体现出北交所上市企业在研发领域具有高度一致性。然而，2023年，北交所上市公司的研发指数无论是平均值还是中位数，均居于内地各上市板块的末位，提升整体研发效能将成为北交所未来发展的重要方向。

创业板上市公司的研发指数位于［64.03，79.58］分，区间长度达15.55分，体现了创业板不同企业间研发实力悬殊。其研发指数平均值与中位数分别位居第三和第二，各分位数亦保持中游态势。

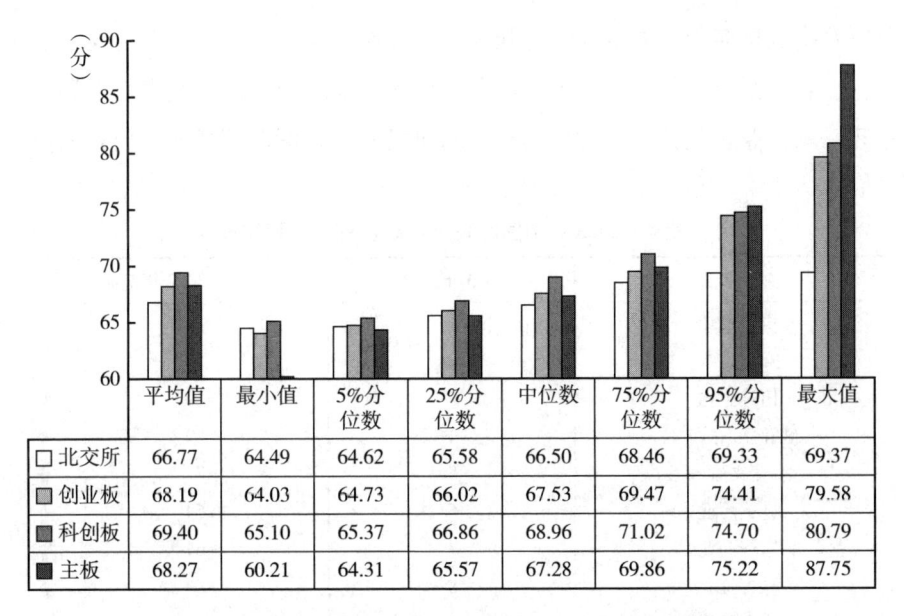

	平均值	最小值	5%分位数	25%分位数	中位数	75%分位数	95%分位数	最大值
北交所	66.77	64.49	64.62	65.58	66.50	68.46	69.33	69.37
创业板	68.19	64.03	64.73	66.02	67.53	69.47	74.41	79.58
科创板	69.40	65.10	65.37	66.86	68.96	71.02	74.70	80.79
主板	68.27	60.21	64.31	65.57	67.28	69.86	75.22	87.75

图 17　2023 年中国医药企业研发指数内地各上市板块情况

科创板上市公司的研发指数位于［65.10，80.79］分，区间长度为15.69 分，平均值与中位数均位居内地各上市板块首位，体现了科创板企业在科技创新与研发上处于领先地位。除 95%分位数外，其余各分位数均位列四大板块之首，体现出科创板作为"中国版纳斯达克"的强大研发实力与创新能力。

主板上市公司的研发指数位于［60.21，87.75］分，区间长度最大，达 27.54 分，反映了主板企业在研发能力上差距显著。其研发指数平均值与中位数分别位列第二和第三，表明主板市场既孕育了研发实力雄厚的领军企业，也拥有众多处于成长阶段的企业。

三　2023 年中国医药企业研发指数百强企业概览与分析

（一）2023年中国医药企业研发指数百强企业概览

2023 年中国医药企业研发指数百强如表 4 所示。2023 年，中国医药企

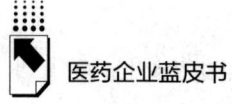

业研发指数排名前十的企业阵容强大，恒瑞医药位列榜首，安图生物、信达生物、春立医疗、信立泰、贝达药业、恩华药业、白云山、达安基因和迪哲医药9家企业紧随其后，均以其卓越的研发实力在医药领域处于领先地位。

表4　2023年中国医药企业研发指数百强榜单

企业名称	2023年排名	较2022年变动	
恒瑞医药	1	+8	↑
安图生物	2	0	—
信达生物	3	+40	↑
春立医疗	4	+2	↑
信立泰	5	+74	↑
贝达药业	6	+254	↑
恩华药业	7	+64	↑
白云山	8	+69	↑
达安基因	9	+10	↑
迪哲医药	10	+262	↑
百济神州	11	+25	↑
九强生物	12	+14	↑
新华医疗	13	+18	↑
以岭药业	14	+127	↑
四环医药	15	+45	↑
复星医药	16	+43	↑
百奥泰	17	+53	↑
易瑞生物	18	+9	↑
启明医疗-B	19	+248	↑
石药集团	20	+9	↑
迈瑞医疗	21	−13	↓
迈普医学	22	+91	↑
特宝生物	23	+385	↑
华海药业	24	+16	↑
人福医药	25	+3	↑
我武生物	26	+304	↑
科伦药业	27	+115	↑
君实生物	28	+39	↑
天智航	29	+34	↑

续表

企业名称	2023 年排名	较 2022 年变动	
华大智造	30	−7	↓
健民集团	31	−1	↓
新产业	32	−18	↓
微电生理	33	+16	↑
海思科	34	+60	↑
亚盛医药-B	35	+21	↑
宝莱特	36	−1	↓
微创医疗	37	−30	↓
苑东生物	38	+31	↑
联影医疗	39	−6	↓
东阳光	40	+162	↑
科美诊断	41	−25	↓
乐心医疗	42	+50	↑
康缘药业	43	+71	↑
赛诺医疗	44	−32	↓
东阳光药	45	+127	↑
舒泰神	46	+39	↑
天士力	47	+78	↑
凯普生物	48	+97	↑
迈威生物	49	+5	↑
翰森制药	50	−2	↓
仙琚制药	51	+105	↑
东方生物	52	−27	↓
众生药业	53	+38	↑
鱼跃医疗	54	−3	↓
荣昌生物	55	+6	↑
泽璟制药	56	+37	↑
新华制药	57	+69	↑
先健科技	58	+54	↑
三诺生物	59	−15	↓
万孚生物	60	+95	↑
绿叶制药	61	−56	↓
双鹭药业	62	+40	↑
歌礼制药-B	63	+59	↑

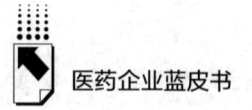

续表

企业名称	2023年排名	较2022年变动	
美康生物	64	-51	↓
再鼎医药-SB	65	+9	↑
微创机器人-B	66	-34	↓
新和成	67	+155	↑
长春高新	68	+10	↑
通化东宝	69	+138	↑
天境生物	70	NEW	
维力医疗	71	+10	↑
益方生物	72	+193	↑
广生堂	73	+102	↑
微芯生物	74	+72	↑
海正药业	75	+8	↑
华东医药	76	+157	↑
百奥赛图-B	77	-24	↓
诺诚健华-B	78	-3	↓
亚虹医药	79	+97	↑
福元医药	80	+69	↑
楚天科技	81	-5	↓
博瑞医药	82	+18	↑
先声药业	83	-19	↓
汇宇制药	84	+102	↑
浙江医药	85	+105	↑
加科思-B	86	-4	↓
科伦博泰生物-B	87	NEW	
珍宝岛	88	+148	↑
基石药业-B	89	-39	↓
辰欣药业	90	-6	↓
东富龙	91	+25	↑
爱康医疗	92	+15	↑
祥生医疗	93	+5	↑
东诚药业	94	+183	↑
乐普生物-B	95	-84	↓
开立医疗	96	-93	↓
西山科技	97	NEW	

续表

企业名称	2023年排名	较2022年变动	
华润双鹤	98	+107	↑
山外山	99	+156	↑
三鑫医疗	100	−55	↓

引人注目的是，特宝生物跃升至第 23 位，进步巨大；我武生物紧随其后，其排名较上年大幅提升 304 个名次；迪哲医药则较上年提升 262 个位次，贝达药业与启明医疗-B 分别较上年进步 254 个位次与 248 个位次。

与此同时，天境生物、科伦博泰生物-B 和西山科技等新兴势力的崭露头角，首次跻身百强便占据重要席位，分别排第 70 位、第 87 位和第 97 位，预示着医药创新生态中新生力量的蓬勃兴起，与行业未来的繁荣发展。

2023 年中国医药企业研发指数百强榜单的发布，不仅是对过去一年行业发展成果的全面检阅，更是对未来发展趋势的深刻洞察与预判。它激励着每一位行业参与者关注并学习领先企业的成功经验，同时提醒我们需时刻保持警惕，勇于面对挑战，持续推动创新，共同推动我国医药产业迈向高质量发展道路。

（二）2023年中国医药企业研发指数百强企业分析

1. 行业分析

通过分析 2023 年中国医药企业研发指数百强榜单发现，医药制造领域以绝对优势占据了榜单的 64 个席位（研发指数百强占比高达 64.00%）。

进一步从细分行业来看，在医药制造领域，化学制造行业有 40 家企业上榜，生物制品行业有 17 家企业入榜，中药行业则有 7 家企业入选。在医疗器械领域，医疗设备行业上榜企业最多，有 16 家企业跻身百强，医疗耗材行业与体外诊断行业各有 10 家企业上榜。

深入分析各行业上榜企业的占比情况，即各行业研发指数百强企业数量占该行业样本企业数量的比例，揭示行业的创新活力与竞争力情况。

医疗设备行业以较高的占比（30.19%）成为行业创新的"领头羊"，体外诊断（26.32%）、化学制药（23.95%）紧随其后，医疗耗材（19.86%）与生物制品（14.91%）亦展现出较大的发展潜力，而中药行业占比（10.77%）最低，但其独特的价值与贡献不容忽视（见表5）。

表5 2023年中国医药企业研发指数百强所属行业情况

所属行业	研发指数百强		全部企业		行业研发指数百强贡献比例与该行业样本企业数量比例差异（个百分点）	行业研发指数百强企业数量占该行业样本企业数量的比例（%）
	数量（家）	占比（%）	数量（家）	占比（%）		
医药制造	64	64.00	346	70.18	-6.18	18.50
化学制药	40	40.00	167	33.87	6.13	23.95
中药	7	7.00	65	13.18	-6.18	10.77
生物制品	17	17.00	114	23.12	-6.12	14.91
医疗器械	36	36.00	147	29.82	6.18	24.49
医疗设备	16	16.00	53	10.75	5.25	30.19
医疗耗材	10	10.00	56	11.36	-1.36	17.86
体外诊断	10	10.00	38	7.71	2.29	26.32
合计	100	100	493	100		

医药制造行业百强入选率为18.50%。其中，化学制药行业占比最高，为23.95%，生物制品行业紧随其后，占比为14.91%，中药行业占比为10.77%。医疗器械行业，其整体百强入选率高达24.49%，远超医药制造领域，体现出医疗器械领域研发创新的步伐加快。其中，医疗设备行业的占比最高，为30.19%，体外诊断行业紧随其后，占比为26.32%，医疗耗材则以17.86%的占比居于末位。

2. 上市地分析

通过分析2023年中国医药企业研发指数百强的上市地分布情况发现，除了美股与北交所因样本企业较少而导致其在百强榜单中不具有代表性以外，其余主要上市地展现出鲜明的差异化特征。具体而言，上交所以卓越表现独占鳌头，其百强企业数量高达45家，占据了榜单的45.00%，其在推动企业研发创新方面绝对优势。紧随其后的是深交所，以 34 家百强企业紧随其后，研发指数百强占比为 34.00%。港交所则以 27 家百强企业位列第三，研发指数百强占比为 27.00%（见表6）。

表6　2023年中国医药企业研发指数百强所属上市地情况

单位：家，%

所属上市地	研发指数百强		全部企业		上市地研发指数百强企业数量占该上市地样本企业数量的比例（百强入选率）
	数量	占比	数量	占比	
北交所	—	—	16	3.16	—
上交所	45	45.00	193	38.07	23.32
深交所	34	34.00	209	41.22	16.27
港交所	27	27.00	78	15.38	34.62
美股	3	3.00	11	2.17	27.27

然而，鉴于各上市地企业总数的显著差异，仅凭绝对数量评判其研发实力与活力不够全面。因此，将分析视角转向百强入选率，即各上市地研发指数百强企业数量占该上市地样本企业数量的比例，该指标直接映射了各上市地在促进创新方面的实力与竞争力。对于跨上市地的上市企业，本报告采取全面纳入的策略，以确保分析的全面性与准确性。

通过分析百强入选率，港交所脱颖而出，其百强入选率高达 34.62%，位居榜首。美股市场紧随其后，以 27.27% 的百强入选率展现了其作为全球资本市场在促进创新方面的强劲实力。上交所则以 23.32% 的百强入选率位列第三，其在国内创新版图中的核心地位得到巩固。而深交所，尽管在样本企业总数上占据优势，但百强入选率仅为 16.27%，位列第四，表明其在提升整体研发效能上仍有较大空间。

上交所虽拥有 193 家样本企业，占全部样本企业的 38.07%，但其百强入选率高出整体占比 5.85 个百分点，显示出较强的研发集中度与竞争力。反观深交所，尽管样本企业总数最多（209家，占全样本 42.39%），但其百强企业占比却低于整体占比 8.39 个百分点，揭示了其内部企业在研发能力

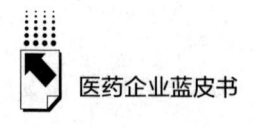

上的分布不均。

值得一提的是港交所,尽管其样本企业数量相对较少(78家,占比为15.38%),却有27家企业跻身研发指数百强,这不仅是对其上市环境与政策的肯定,也是其作为国际资本平台,对高质量研发企业有强大吸引力的有力证明。

至于美股市场,尽管其样本企业数量较少(11家,占比为2.17%),但其百强入选率较高,为27.27%,体现了美股市场具有推动高研发价值企业成长的能力。

2023年中国医药企业研发指数百强上市地情况如表7所示。2023年,研发百强中有8家企业在多地上市,其中4家同时在深交所和港交所上市,2家同时在上交所和港交所上市,1家同时在港交所和美股上市,1家同时在上交所、港交所和美股三地上市。

表7　2023年中国医药企业研发指数百强上市地情况

单位:家,分

上市地	研发百强数量	研发百强研发指数平均值	其他企业数量	其他企业研发指数平均值
多地上市	8	75.40	5	68.44
深交所+港交所	4	76.19	3	68.06
上交所+港交所	2	75.29	2	68.82
港交所+美股	1	72.24	—	—
上交所+港交所+美股	1	77.89	—	—
单地上市	92	73.29	388	66.58
合计	100		393	

总体来看,这些多地上市的企业,其研发指数平均值高达75.40分,显著高于仅在单一市场上市的其他百强企业(73.29分)。这一差距,不仅是对其研发实力与创新能力的直接肯定,也是对其全球化资源配置与战略眼光的高度认可。

进一步将视野拓宽至非百强企业,我们同样发现类似的现象。多地上市企业的研发指数平均值(68.44分)依然保持领先,超越了单地上市企业的平均水平（66.58分）。这一发现，深刻揭示了跨市场上市对促进企业整体研发实力提升、加快技术创新步伐具有积极作用。通过在不同市场的灵活布局与资源整合，企业能够更有效地获取资本支持、市场反馈与全球资源，从而为其研发活动注入更强劲的动力。

综上所述，多地上市已成为企业提升研发实力、增强国际竞争力的重要途径之一。未来，随着全球化进程的加速与资本市场的日益开放，我们有理由相信，将有更多企业选择这一战略，以更加开放的姿态拥抱世界，共同推动全球科技创新与产业升级。

3. 内地上市板块分析

在探讨2023年研发指数百强企业的上市板块差异时，不难发现，内地不同上市板块之间研发实力差距显著。主板，作为资本市场的基石，以其庞大的企业基数和深厚的市场积淀，引领研发百强企业发展，有34家企业上榜研发指数百强。紧随其后的是科创板，这一专为科技创新型企业量身打造的平台，有26家企业上榜，表现亮眼。创业板则以19家企业，位列第三，虽然在绝对数量上略逊一筹，但依然是激发中小企业创新活力、加速科技成果转化的重要平台（见表8）。

表8　2023年中国医药企业研发指数百强所属内地上市板块情况

单位：家，%

所属上市板块	研发指数百强		全部企业		所属上市板块研发指数百强企业数量占该上市板块样本企业数量的比例（百强入选率）
	数量	占比	数量	占比	
北交所	—	—	16	3.83	—
创业板	19	19.00	120	28.71	15.83
科创板	26	26.00	103	24.64	25.24
主板	34	34.00	179	42.82	18.99

创业板的研发指数百强企业占比（19.00%）低于其样本企业占比（28.71%），这一差距可能是创业板内企业多样性与成长阶段的差异造成的，部分初创及成长型企业虽潜力巨大，但尚未进入研发指数百强。

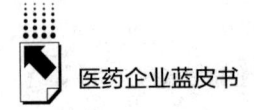

反观科创板，其研发指数百强企业占比（26.00%）不仅高于其样本企业占比（24.64%），更与其作为科技创新高地的定位相符合。这一结果是对科创板政策导向与市场机制的有效验证，这表明其在吸引和培育高科技、高成长型企业方面具有独特优势。

主板的研发指数百强企业占比（34.00%）虽低于样本企业占比（42.82%），但考虑到主板企业的广泛性与多元性，这一差距并不影响其作为资本市场核心板块的地位。

4. 实际运营地分析

产业集群，作为现代经济活动的高级形态，塑造了地理空间的经济格局。在此背景下，深入剖析医药企业研发指数实际运营地的区域影响力，不仅是洞察行业生态、把握发展脉搏的必然要求，更是推动医药产业高质量发展的关键举措。

首要之务，在于精准识别各地区的独特优势与鲜明特色，同时客观分析其存在的短板与不足。通过区域间的比较优势分析，能够更加清晰地认识到不同地区的资源禀赋与潜力所在，为后续的战略布局与资源配置奠定坚实基础。

基于此，进一步促进资源优化配置，强化区域间的协同创新，成为推动医药产业集群发展的核心动力。应积极构建开放合作的创新生态，通过资源共享、成果共转、风险共担，实现研发成本的降低与技术创新速度的加快。政府应发挥引导作用，优化政策环境，促进资金、人才、设备等关键要素的高效流动与合理配置，为医药产业的持续创新注入强劲动力。

提升区域品牌影响力，促进产业升级与转型，是医药产业集群发展的长远目标。通过深入挖掘医药企业的独特价值，不仅能够增强医药产业集群的整体吸引力与竞争力，还能吸引更多国内外优质资本与高端人才汇聚。

在党的二十大精神指引下，我们深刻认识到促进区域协调发展对实现高质量发展意义重大。区域协调发展战略不仅为国家长远发展绘制了宏伟蓝图，也为包括医药产业在内的各行各业发展指明了方向。

基于此背景，本报告将聚焦2023年中国医药企业研发指数百强，从区域、区域集群两个维度入手，进行深入分析。此举旨在深入探索医药企业在国家区域发展战略中的作用,揭示其如何通过创新驱动、协同发展,共同推动中国医药产业向更高水平迈进。

(1) 区域分析

按照国家统计局对经济地带的划分,本报告将我国分为东北、东部、西部和中部四个区域,这四个区域2023年中国医药企业研发指数百强情况如表9所示。

表9 2023年中国医药企业研发指数百强所属区域情况

所属区域	研发指数百强				所属区域研发指数百强企业数量占该区域样本企业数量的比例(即百强入选率)
	平均值	总分	企业数量	占比	
东部	74.08	6148.35	83	83	23.99
中部	74.35	520.46	7	7	10.77
西部	72.57	508.00	7	7	11.11
东北	71.88	215.65	3	3	15.79

东部地区研发实力强劲,在百强榜单中占据83席,研发指数百强占比高达83%,彰显出其在医药研发领域居于主导地位。中部与西部地区则各有7家企业上榜,表明其在医药创新方面具有一定的活力与潜力。而东北地区仅有3家企业上榜,表明该地区医药企业的研发实力有待提升。

进一步分析不同区域中国医药企业研发指数百强的表现,东部地区凭借6148.35分的总分,在各大区域居于首位。中部地区(520.46分)、西部地区(508.00分)和东北地区(215.65分)在总分方面仍有较大的提升空间。

考虑到各区域样本绝对数量的差异,为深入分析不同区域在医药研发领域的相对优势与潜力,本报告引入百强入选率,即各区域研发百强企业数量占其样本企业数量的比例。2023年,东部地区百强入选率为23.99%,在四大地区中居于首位,凸显了东部地区在医药研发领域的强劲实力与集聚效应。东北地区(15.79%)、西部地区(11.11%)以及中部地区(10.77%)也不甘示弱,其在医药研发领域奋起直追。

对于中国医药企业研发指数百强在各区域的研发指数平均值而言,中部地区（74.35分）和东部地区（74.08分）脱颖而出，展现出非凡的研发实力。西部地区（72.57分）和东北地区（71.88分）表现优异，同样在医药研发领域有较大的潜力。

（2）区域集群分析

为全面分析中国医药企业研发指数的区域集群特征，本报告将中国内地地区划分为九大区域集群，涵盖东北地区、京津冀地区、长江经济带上游、长江经济带中游、长江经济带下游（长三角地区）、粤港澳大湾区、东部其他地区、西部其他地区以及中部其他地区。

具体而言，东北地区包括黑龙江省、吉林省和辽宁省；京津冀地区包括北京市、天津市、河北省；长江经济带①可划分为上、中、下游，其中上游包括四川省、重庆市、贵州省和云南省；中游包括湖北省、湖南省和江西省；下游，即长三角地区，包括上海市、江苏省、浙江省和安徽省；粤港澳大湾区②包括广东省、香港特别行政区和澳门特别行政区；东部其他地区③包括山东省、福建省和海南省；中部其他地区④包括河南省和山西省；西部其他地区⑤包括陕西省、内蒙古自治区、广西壮族自治区、甘肃省、新疆维

---

① 根据推动长江经济带发展领导小组办公室的划分，长江经济带覆盖上海、江苏、浙江、安徽、江西、湖北、湖南、重庆、四川、贵州、云南11个省（市），面积为205.23万平方公里，占全国的21.4%。按上、中、下游划分，下游地区包括上海、江苏、浙江、安徽四省（市），面积为35.03万平方公里，占长江经济带的17.1%；中游地区包括江西、湖北、湖南三省，面积为56.46万平方公里，占长江经济带的27.5%；上游地区包括重庆、四川、贵州、云南四省（市），面积为113.74万平方公里，占长江经济带的55.4%。具体详见 https://cjjjd.ndrc.gov.cn/zoujinchangjiang/jingjishehuifazhan/201907/t20190713_941469.htm。

② 根据香港中联办的划分，粤港澳大湾区包括香港特别行政区、澳门特别行政区和广东省广州市、深圳市、珠海市、佛山市、惠州市、东莞市、中山市、江门市、肇庆市（以下简称"珠三角九市"），总面积为5.6万平方公里。本报告中为从地级行政区层面进行区域集群分析，将广东省全部纳入粤港澳大湾区进行分析，同时鉴于本指数主要关注将中国内地作为实际运营地的医药上市公司，为此暂未将香港和澳门作为实际运营地的上市公司纳入分析范围。

③ 东部其他地区：属于东部地区，但是未能划分至东北地区、京津冀地区、长江经济带、粤港澳大湾区的省份。

④ 中部其他地区：属于中部地区，但是未能划分至东北地区、京津冀地区、长江经济带、粤港澳大湾区的省份。

⑤ 西部其他地区：属于西部地区，但是未能划分至东北地区、京津冀地区、长江经济带、粤港澳大湾区的省份。

吾尔自治区、西藏自治区。

从中国医药企业研发指数百强企业数量来看，长江经济带下游（长三角地区），凭借其雄厚的产业基础与创新活力，在2023年中国医药企业研发指数百强榜单中独占鳌头，有38家企业上榜，该区域集群在医药研发领域拥有绝对领先地位与集聚效应。紧随其后的是粤港澳大湾区，拥有19家百强企业，以及京津冀地区，拥有18家百强企业，这两个区域集群同样展现了强大的研发实力（见表10）。

表10　2023年中国医药企业研发指数百强所属区域集群情况

所属区域集群	研发指数百强				所属区域集群研发指数百强企业数量占该区域集群样本企业数量的比例（即百强入选率，%）
	平均值	总分	企业数量	占比（%）	
长江经济带下游（长三角地区）	73.99	2811.80	38	38.00	21.23
粤港澳大湾区	74.60	1417.37	19	19.00	34.55
京津冀地区	74.12	1334.24	18	18.00	23.38
东部其他地区	73.12	584.94	8	8.00	18.18
长江经济带中游	73.04	438.23	6	6.00	15.00
长江经济带上游	72.32	433.91	6	6.00	16.22
东北地区	71.88	215.65	3	3.00	15.79
中部其他地区	82.24	82.24	1	1.00	6.25
西部其他地区	74.10	74.10	1	1.00	3.85
合计			100	100	

注：东北地区包括黑龙江省、吉林省和辽宁省。京津冀地区包括北京市、天津市、河北省。长江经济带上游包括四川省、重庆市、贵州省和云南省。长江经济带中游包括湖北省、湖南省和江西省。长江经济带下游，即长三角地区，包括上海市、江苏省、浙江省和安徽省。粤港澳大湾区包括广东省、香港特别行政区和澳门特别行政区，但鉴于本指数主要关注将中国内地作为实际运营地的医药上市公司，为此暂未将香港和澳门作为实际运营地的上市公司纳入分析范围。东部其他地区包括山东省、福建省和海南省。西部其他地区包括陕西省、内蒙古自治区、广西壮族自治区、甘肃省、新疆维吾尔自治区、西藏自治区。中部其他地区包括河南省和山西省。

对于各区域集群的中国医药企业研发指数百强而言，长江经济带下游（长三角地区）研发指数总分高达2811.80分，粤港澳大湾区（1417.37分）

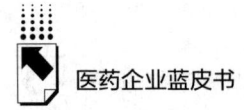

和京津冀地区（1334.24分）表现也很出色，显示出其强大的研发实力。

考虑到各区域集群样本绝对数量的差异，为深入分析不同区域集群在医药研发领域的相对优势与潜力，本报告引入百强入选率，即所属区域集群研发百强企业数量占该区域集群样本企业数量的比例。2023年，粤港澳大湾区百强入选率为34.55%，该指标在9个区域集群中居于首位，凸显了粤港澳大湾区在医药研发领域的强劲实力与集聚效应。京津冀地区（23.38%）和长江经济带下游（长三角地区）（21.23%）的百强入选率也较高，表明该区域集群内中国医药企业研发水平较高。从研发指数的平均值来看，粤港澳大湾区以74.60分领先，京津冀地区（74.12分）和长江经济带下游（长三角地区）（73.99分）研发指数的平均值同样位列第一梯队。

综上所述，2023年中国医药企业研发指数百强榜单呈现鲜明的集中态势，上榜的医药企业主要集中在长江经济带下游（长三角地区）、粤港澳大湾区及京津冀地区。这一分布格局，是上述区域集群在产业基础、创新资源、政策扶持以及企业综合实力等多方面因素综合作用下的产物。

参考文献

崔蓓、王磊：《我国生物医药创新能力评价指标体系构建研究》，《中国食品卫生杂志》2022年第2期。

崔也光、张悦、王肇：《创新驱动国策下公司研发指数的构建研究——公司研发综合实力的会计评价方法》，《会计研究》2020年第2期。

丁锦希等：《生物医药创新激励法律制度绩效的量化评价》，《上海医药》2012年第17期。

张悦：《中国上市公司研发指数的构建研究》，《会计之友》2016年第10期。

张建华、周尚成、潘华峰主编《中国中医药传承创新发展报告（2022）》，社会科学文献出版社，2022。

成分指数篇

B.2 2023年中国医药制造企业研发指数报告

姚立杰 朱欣悦[*]

摘　要： 本报告全面而深入地探讨了2013~2023年中国医药制造企业研发指数的总体发展情况，并对2023年的具体情况进行了细致剖析。研究发现，2013~2023年中国医药制造企业研发指数总体呈现波动上升趋势，其中，行业领军企业的卓越表现引人注目。这一显著的增长态势，主要是因为研发投入力度的加大，其次是因为取得了丰硕的最终研发成果。尽管阶段性成果指数、研发质量指数以及研发支持指数也呈现增长势头，但其增速稍显平缓。2023年中国医药制造企业研发指数有小幅增长，这主要是因为最终成果指数与研发质量指数显著提升。值得注意的是，研发投入指数、阶段性成果指数以及研发支持指数出现下滑，特别是阶段性成果指数，其下降幅度相对较大。此外，本报告还从多个维度——上市地、内地上市板块以及企业实际运营地等，

---

[*] 姚立杰，博士，北京交通大学经济管理学院教授、博士生导师、高质量发展研究院院长、中国医药会计学会副秘书长、中国价格协会医药价格专委会副秘书长、北京产业经济学会副秘书长，主要研究方向为绩效评价和数智财税；朱欣悦，北京交通大学经济管理学院硕士研究生，主要研究方向为创新评价和数智财税。

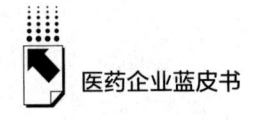

对2023年中国医药制造企业研发指数及其二十强企业进行了深入分析。

关键词： 医药制造 研发投入 研发成果 研发质量 研发支持

一 中国医药制造企业研发指数概览与分析

（一）中国医药制造企业研发指数概览

医药制造行业包括化学制药、中药以及生物制品三大细分行业，注重创新药与非创新药的研发，关注临床试验的进展情况。近年来，随着全球经济复苏、人口增长以及老龄化程度的加深，全球医药市场规模持续扩大，中国医药制造行业研发实力呈现稳步增强的趋势。2013~2023年，中国医药制造行业的综合研发能力得到一定程度的提升，这在中国医药制造企业研发指数及其四大成分指数——研发投入指数、研发成果指数（包括阶段性成果及最终成果指数）、研发质量指数和研发支持指数上均有不同程度的体现，如图1所示。

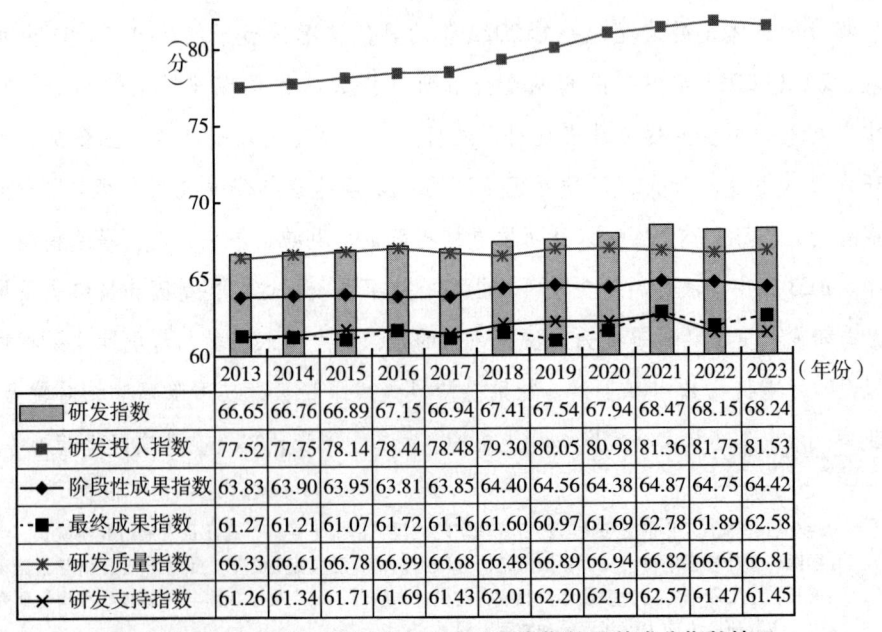

	2013	2014	2015	2016	2017	2018	2019	2020	2021	2022	2023
研发指数	66.65	66.76	66.89	67.15	66.94	67.41	67.54	67.94	68.47	68.15	68.24
研发投入指数	77.52	77.75	78.14	78.44	78.48	79.30	80.05	80.98	81.36	81.75	81.53
阶段性成果指数	63.83	63.90	63.95	63.81	63.85	64.40	64.56	64.38	64.87	64.75	64.42
最终成果指数	61.27	61.21	61.07	61.72	61.16	61.60	60.97	61.69	62.78	61.89	62.58
研发质量指数	66.33	66.61	66.78	66.99	66.68	66.48	66.89	66.94	66.82	66.65	66.81
研发支持指数	61.26	61.34	61.71	61.69	61.43	62.01	62.20	62.19	62.57	61.47	61.45

图1 2013~2023年中国医药制造企业研发指数及其成分指数情况

中国医药制造企业研发指数从2013年的66.65分增长至2023年的68.24分，增加1.59分（增长率为2.40%）。中国医药制造企业研发投入指数从77.52分增长至81.53分，增加4.01分，增长率高达5.17%。此外，中国医药制造企业最终成果指数也实现波动增长，从2013年的61.27分增长至2023年的62.58分，增加1.31分（增长率为2.14%）。

然而，值得关注的是，在分析中国医药制造企业的整体发展趋势时发现，研发投入指数与最终成果指数呈现显著的增长趋势，阶段性成果指数、研发质量指数以及研发支持指数增长步伐则有所放缓。

2023年中国医药制造企业研发指数较2022年略有增长，从68.15分增长至68.24分，增加0.09分（增长率为0.13%），这主要得益于最终成果指数和研发质量指数的增长，尤其是最终成果指数增长显著，从61.89分增长至62.58分，增加0.69分（增长率为1.11%）。然而，研发投入指数、阶段性成果指数和研发支持指数却出现小幅下降，其中阶段性成果指数下降最为显著，从64.75分下降至64.42分，下降0.33分（降幅为0.51%）。

（二）中国医药制造企业研发指数时间序列分析

1. 概览

2013～2023年，中国医药制造企业研发指数总体呈现增长趋势，其平均值从2013年的66.65分攀升至2023年的68.24分，增加1.59分，增长率为2.40%。同样地，中位数也呈现增长趋势，从2013年的66.53分增长至2023年的67.40分，增加0.87分，增长率为1.31%，研发指数的5年简单移动平均值也呈现类似的变化趋势，如图2所示。

2017年和2022年，中国医药制造企业研发指数出现回调。2017年，研发指数平均值与中位数首次出现下滑，分别下降0.21分（降幅为0.31%）和0.36分（降幅为0.54%）。2022年，研发指数平均值和中位数分别下降0.46%和0.27%。2023年，研发指数平均值与中位数则呈分化趋势：平均值

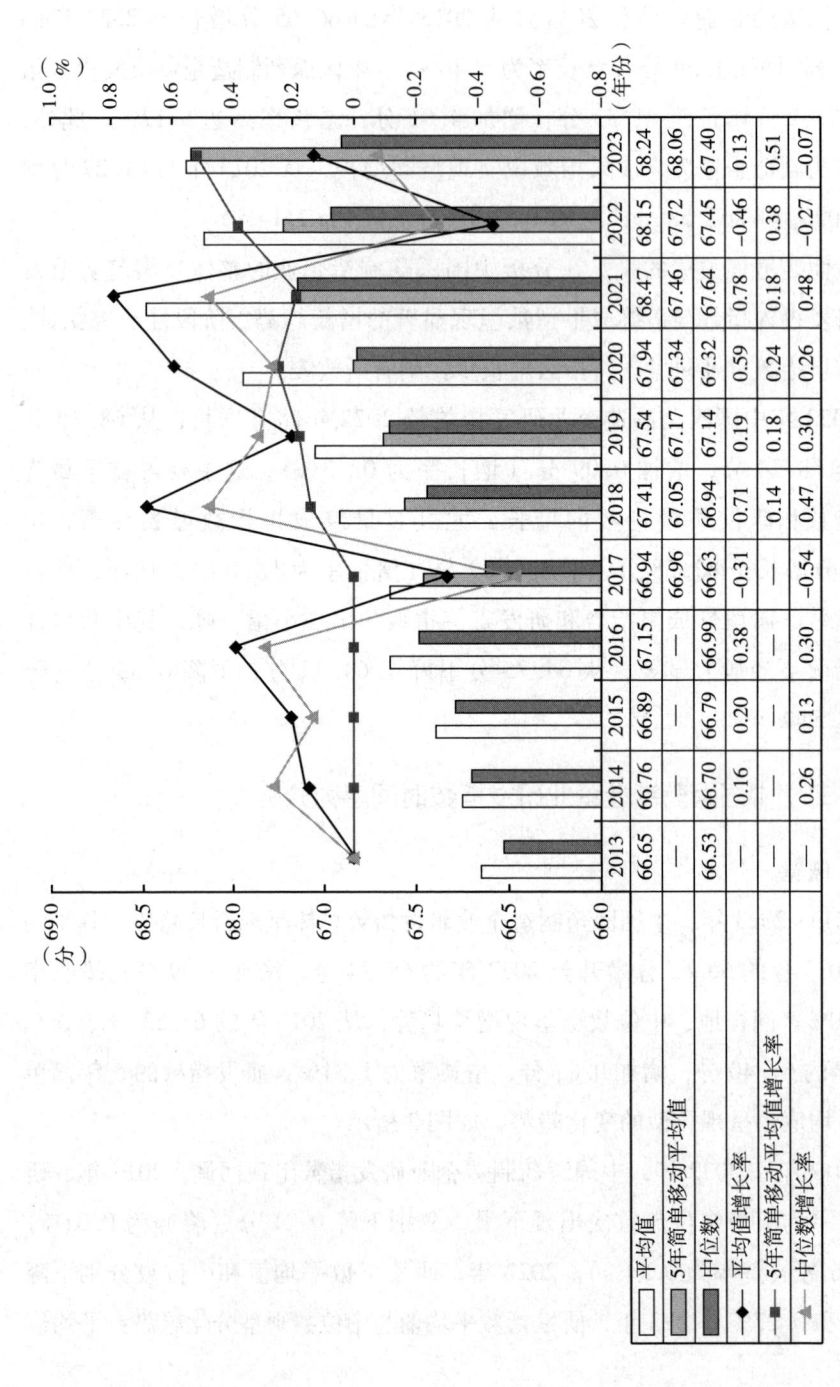

年份	2013	2014	2015	2016	2017	2018	2019	2020	2021	2022	2023
平均值	66.65	66.76	66.89	67.15	66.94	67.41	67.54	67.94	68.47	68.15	68.24
5年简单移动平均值	—	—	—	—	66.96	67.05	67.17	67.34	67.46	67.72	68.06
中位数	66.53	66.70	66.79	66.99	66.63	66.94	67.14	67.32	67.64	67.45	67.40
平均值增长率	—	0.16	0.20	0.38	-0.31	0.71	0.19	0.59	0.78	-0.46	0.13
5年简单移动平均值增长率	—	—	—	—	—	0.14	0.18	0.24	0.18	0.38	0.51
中位数增长率	—	0.26	0.13	0.30	-0.54	0.47	0.30	0.26	0.48	-0.27	-0.07

图 2 2013~2023 年中国医药制造企业研发指数情况

增长0.13%，中位数则略有下滑，降幅为0.07%。这一年研发指数平均值和中位数的不同表现，进一步凸显了研发指数动态变化的复杂性。

此外，中国医药制造企业研发指数的历年分布区间呈扩大趋势，这表明行业内企业研发能力分化程度加剧（见表1）。2013年，中国医药制造企业研发指数位于［60.00，72.69］分，区间长度为12.69分，这一数据表明当时行业内企业研发能力的分化程度维持在相对较低的水平。2023年，研发指数位于［60.21，87.75］分，区间长度增加至27.54分，较2013年增加14.85分（增长率为117.02%）。

表1 2013~2023年中国医药制造企业研发指数分布区间

单位：分

年份	最大值	75%分位数	中位数	25%分位数	最小值	四分位距	区间长度
2013	72.69	67.67	66.53	65.62	60.00	2.05	12.69
2014	73.87	67.93	66.70	65.42	60.00	2.52	13.87
2015	73.96	67.85	66.79	65.69	63.19	2.15	10.77
2016	76.75	68.34	66.99	65.78	62.89	2.56	13.86
2017	75.27	68.05	66.63	65.50	62.58	2.55	12.69
2018	80.87	68.35	66.94	65.87	62.90	2.48	17.97
2019	75.49	68.82	67.14	66.09	62.97	2.73	12.52
2020	84.05	69.16	67.32	66.18	63.54	2.98	20.51
2021	83.04	70.15	67.64	66.15	63.86	4.00	19.18
2022	82.65	69.76	67.45	66.04	63.42	3.72	19.23
2023	87.75	70.02	67.40	65.69	60.21	4.33	27.54

注：四分位距，即75%分位数减去25%分位数；区间长度，即最大值减去最小值。

2023年，企业研发能力的分化趋势仍在持续，研发指数的区间长度从2022年的19.23分增长至2023年的27.54分，增加8.31分（增长率为43.21%）。这不仅体现出行业内企业研发能力分化趋势加剧，也反映了中国医药制造行业在技术创新领域的竞争格局正在发生深刻变革。

2013~2023年，中国医药制造企业研发指数的各主要分位数均呈现增长趋势，且增幅各异。值得一提的是，95%分位数的企业表现尤为亮眼，其研

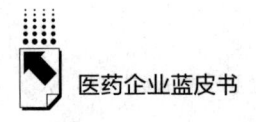

发指数从2013年的69.74分增长至2023年的74.77分，增加5.03分（增长率为7.21%），如图3所示。

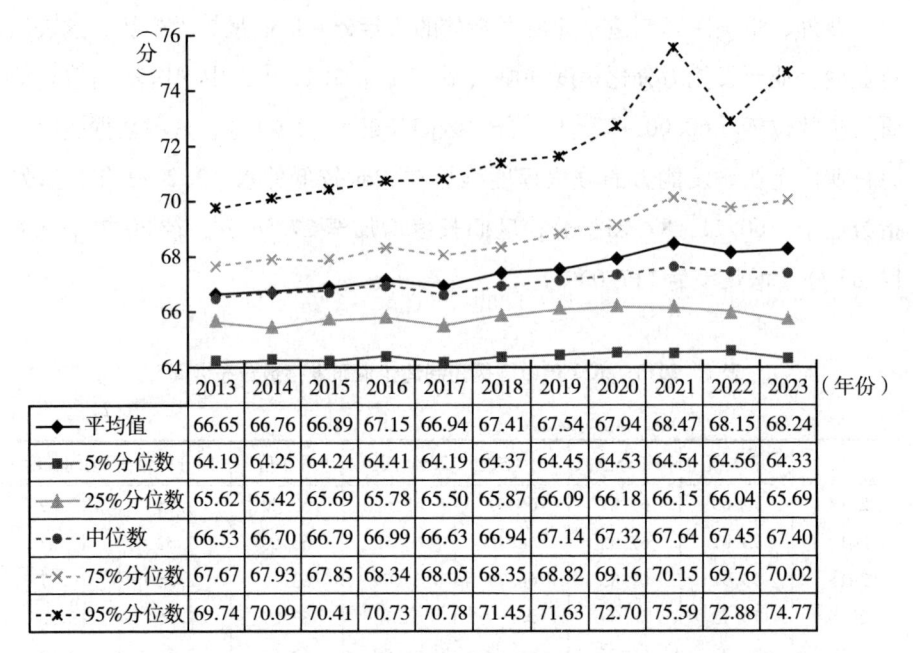

(分)	2013	2014	2015	2016	2017	2018	2019	2020	2021	2022	2023 (年份)
平均值	66.65	66.76	66.89	67.15	66.94	67.41	67.54	67.94	68.47	68.15	68.24
5%分位数	64.19	64.25	64.24	64.41	64.19	64.37	64.45	64.53	64.54	64.56	64.33
25%分位数	65.62	65.42	65.69	65.78	65.50	65.87	66.09	66.18	66.15	66.04	65.69
中位数	66.53	66.70	66.79	66.99	66.63	66.94	67.14	67.32	67.64	67.45	67.40
75%分位数	67.67	67.93	67.85	68.34	68.05	68.35	68.82	69.16	70.15	69.76	70.02
95%分位数	69.74	70.09	70.41	70.73	70.78	71.45	71.63	72.70	75.59	72.88	74.77

图3 2013~2023年中国医药制造企业研发指数分位数情况

2023年研发指数平均值较2022年有所增加，主要是75%分位数和95%分位数增长所致，且95%分位数表现相对突出，其研发指数从2022年的72.88分显著增长至2023年的74.77分，增加1.89分（增长率为2.59%）。然而，5%分位数、25%分位数及中位数均出现轻微下滑。

为避免短期波动的干扰，计算中国医药制造企业研发指数的5年简单移动平均值，具体见图4。2017~2023年，中国医药制造企业研发指数的5年简单移动平均值呈现增长趋势。区间长度从2017年的11.99分增长至2023年的15.81分，增加3.82分（增长率为31.86%）。2023年，研发指数5年简单移动平均值的离散程度呈扩大趋势，区间长度从2022年的14.32分增长至2023年的15.81分，增加1.49分（增长率为10.41%）。

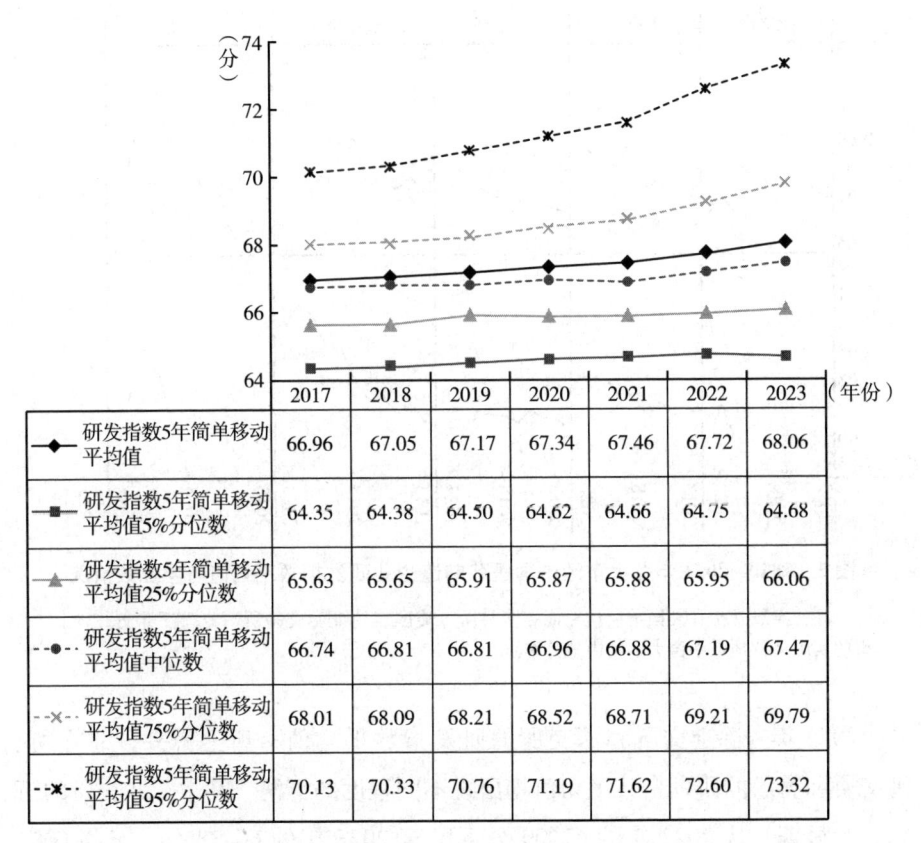

	2017	2018	2019	2020	2021	2022	2023
研发指数5年简单移动平均值	66.96	67.05	67.17	67.34	67.46	67.72	68.06
研发指数5年简单移动平均值5%分位数	64.35	64.38	64.50	64.62	64.66	64.75	64.68
研发指数5年简单移动平均值25%分位数	65.63	65.65	65.91	65.87	65.88	65.95	66.06
研发指数5年简单移动平均值中位数	66.74	66.81	66.81	66.96	66.88	67.19	67.47
研发指数5年简单移动平均值75%分位数	68.01	68.09	68.21	68.52	68.71	69.21	69.79
研发指数5年简单移动平均值95%分位数	70.13	70.33	70.76	71.19	71.62	72.60	73.32

图4 2017~2023年中国医药制造企业研发指数5年简单移动平均值情况

2. 上市地分析

2013~2023年，除北交所之外，其余各上市地的中国医药制造企业研发指数的平均值和中位数普遍呈上升趋势（见图5）。其中，港交所涨幅最大，平均值从2013年的67.12分增长至2023年的70.07分，增加2.95分（增长率为4.40%）；其次是上交所，其平均值从2013年的67.02分增长至2023年的68.98分，增加1.96分（增长率为2.92%）；美股和深交所紧随其后，其研发指数的平均值分别实现2.37%和1.56%的增长。然而，北交所研发指数的平均值从2021年设立之初的66.52分微降至2023年的66.38分，减少0.14分（降幅为0.21%）。

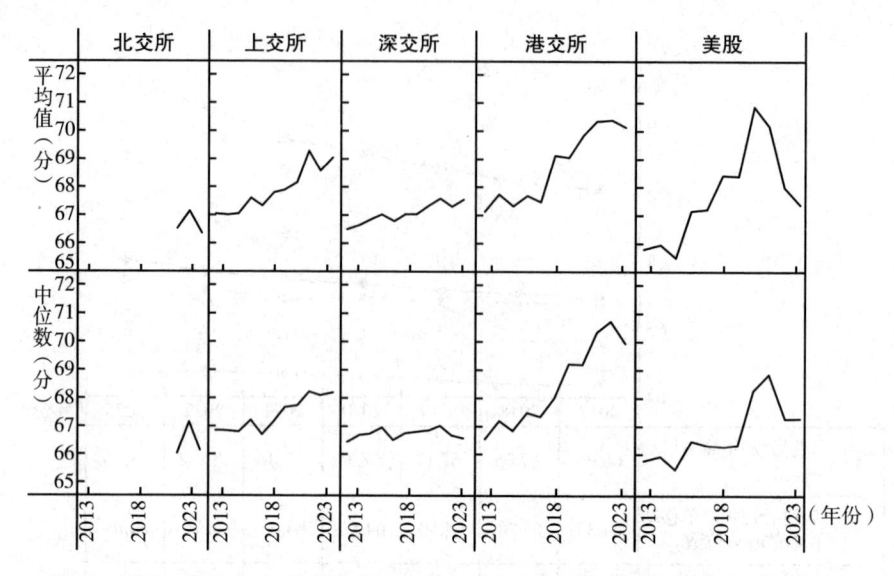

图5　2013~2023年各上市地中国医药制造企业研发指数平均值与中位数情况

注：美股是指在美国纳斯达克证券交易所、美国纽约证券交易所、美国证券交易所上市的实际运营地在中国大陆的内地公司。

2023年，除上交所和深交所的研发指数平均值有所上升外，北交所、港交所和美股的研发指数平均值均出现不同程度的下滑。其中，北交所的下降最为显著，从2022年的67.09分下降至2023年的66.38分，下降0.71分（降幅为1.06%）。

3. 内地上市板块分析

2013~2023年，除北交所之外，其他内地上市板块的中国医药制造企业研发指数的平均值均呈现上升趋势（见图6）。其中，主板的上市企业研发指数平均值增长最为显著，从2013年的66.61分增长至2023年的68.14分，增加1.53分（增长率为2.30%）。其次是科创板，研发指数平均值从2013年的68.60分增长至2023年的69.57分，增加0.97分（增长率为1.41%）。最后是创业板，研发指数平均值从2013年的66.93分增长至2023年的67.23分，增加0.30分（增长率为0.45%）。然而，北交所上市企业的研发指数平均值有所下降，从2021年的66.52分降至2023年的66.38分，下降0.14分（降幅为0.21%）。

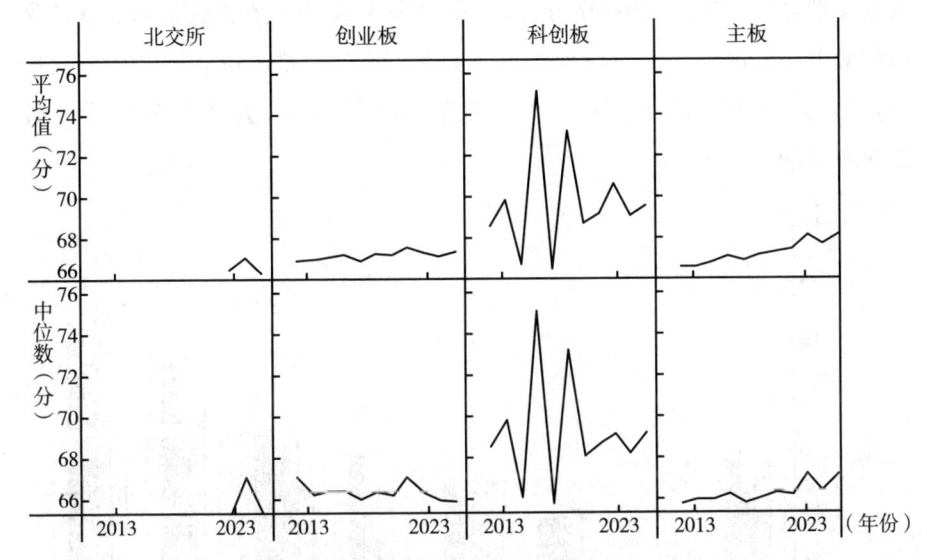

图 6 2013~2023 年中国医药制造企业研发指数内地各上市板块情况

2023 年，除北交所之外，其他内地上市板块的中国医药制造企业研发指数平均值均呈现上升趋势，其中主板的增长最为显著，从 2022 年的 67.75 分增长至 2023 年的 68.14 分，增加 0.39 分（增长率为 0.58%）。相比之下，北交所的中国医药制造企业研发指数平均值却出现下滑，从 2022 年的 67.09 分下降至 2023 年的 66.38 分，下降 0.71 分（降幅为 1.06%）。

（三）中国医药制造企业研发指数横截面分析

1. 上市地分析

2023 年，各上市地医药制造企业研发指数见图 7。港交所的中国医药制造企业研发指数平均值居于首位，为 70.07 分，上交所以 68.98 分位列其后，随后依次为深交所、美股和北交所，平均值分别为 67.52 分、67.36 分和 66.38 分。从研发指数的离散程度来看，上交所离散程度最大，区间长度为 27.54 分，随后依次为港交所、深交所、美股，最后为北交所，对应区间长度分别为 21.39 分、20.07 分、17.61 分和 4.88 分。在医药制造企业研发指数最大值方面，上交所位列第一，为 87.75 分，超出位居第二的港交所（81.70 分）6.05 分，随后依次为深交所（80.35 分）、美股（77.89 分）和北交所（69.37 分）。

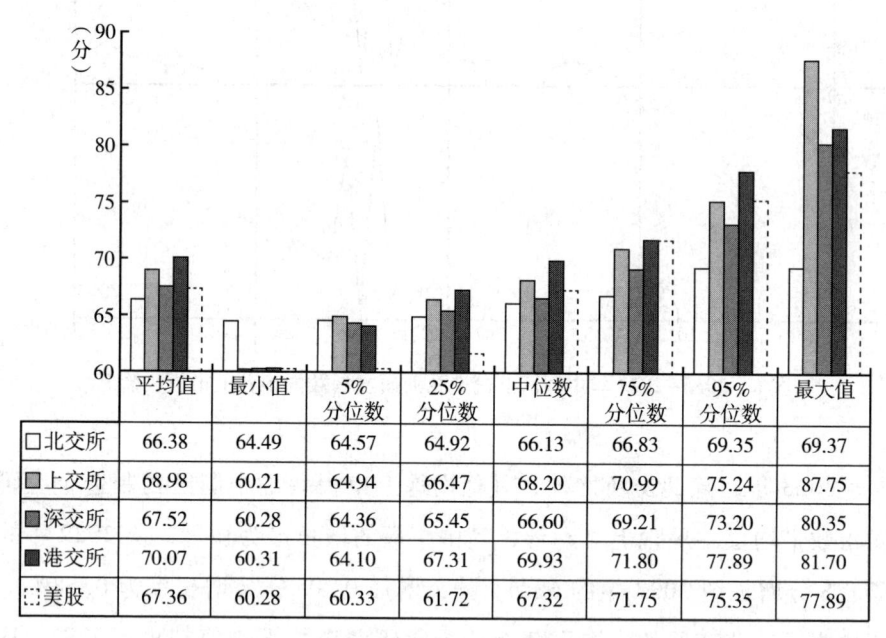

	平均值	最小值	5%分位数	25%分位数	中位数	75%分位数	95%分位数	最大值
北交所	66.38	64.49	64.57	64.92	66.13	66.83	69.35	69.37
上交所	68.98	60.21	64.94	66.47	68.20	70.99	75.24	87.75
深交所	67.52	60.28	64.36	65.45	66.60	69.21	73.20	80.35
港交所	70.07	60.31	64.10	67.31	69.93	71.80	77.89	81.70
美股	67.36	60.28	60.33	61.72	67.32	71.75	75.35	77.89

图 7　2023 年中国医药制造企业研发指数各上市地情况

2. 内地上市板块分析

2023 年，在各内地上市板块中，无论平均值还是中位数，科创板医药制造企业研发指数均位列榜首，其次是主板、创业板和北交所。从各上市板块中国医药制造企业研发指数的离散程度来看，主板离散程度最大，区间长度为 27.54 分，其次是创业板（15.46 分）、科创板（13.23 分）和北交所（4.88 分）。就中国医药制造企业研发指数的最大值而言，主板上市企业研发指数最大值最高，为 87.75 分，比排在第二位的创业板（79.58 分）高 8.17 分；科创板位列第三，为 78.54 分；北交所位列第四，为 69.37 分（见图 8）。

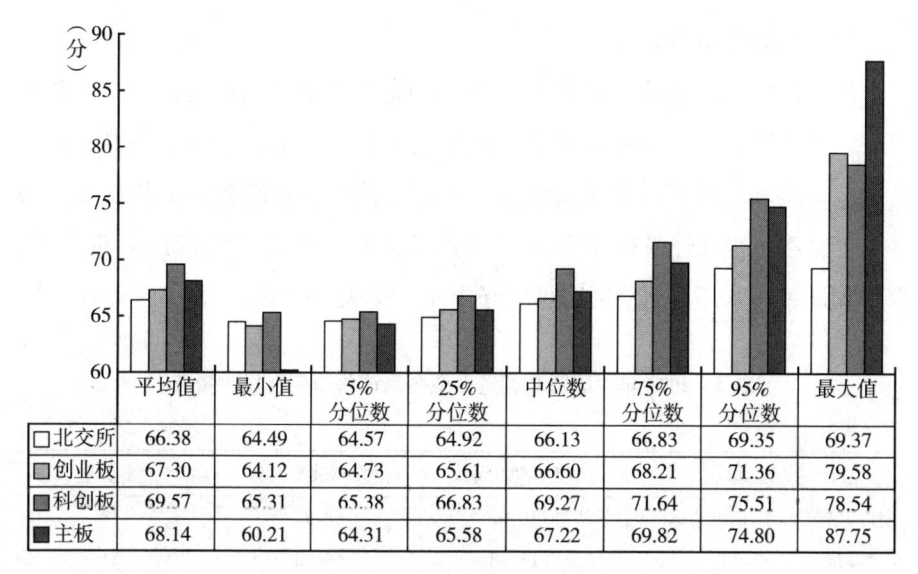

	平均值	最小值	5%分位数	25%分位数	中位数	75%分位数	95%分位数	最大值
北交所	66.38	64.49	64.57	64.92	66.13	66.83	69.35	69.37
创业板	67.30	64.12	64.73	65.61	66.60	68.21	71.36	79.58
科创板	69.57	65.31	65.38	66.83	69.27	71.64	75.51	78.54
主板	68.14	60.21	64.31	65.58	67.22	69.82	74.80	87.75

图8 2023年中国医药制造企业研发指数内地各上市板块情况

3. 实际运营地分析

（1）区域分析

从区域层面对2023年中国医药制造企业研发指数进行分析，我们发现，无论从研发指数总和还是从企业数量来看，东部地区均名列前茅，西部地区表现较好，东北地区有待进一步提升。从各地区研发指数平均值来看，东部地区表现优异，东北地区取得较好成绩，中部地区有待进一步提升（见表2）。

表2 2023年中国医药制造企业各区域研发指数情况

单位：分，家

区域	研发指数总和	研发指数平均值	企业数量
东部	15299.27	68.92	222
西部	3683.51	66.97	55
中部	3412.95	66.92	51
东北	1216.48	67.58	18

（2）区域集群分析

从区域集群层面对2023年中国医药制造企业研发指数进行分析，我们发现，无论从研发指数总和还是从企业数量来看，长江经济带下游（长三角地区）均名列前茅，京津冀地区和东部其他地区表现较好。从研发指数平均值来看，长江经济带下游（长三角地区）与粤港澳大湾区表现优异，京津冀地区和东部其他地区取得较好成绩（见表3）。

表3　2023年中国医药制造企业各区域集群研发指数情况

单位：分，家

区域集群	研发指数总和	研发指数平均值	企业数量
长江经济带下游（长三角地区）	8138.62	68.97	118
京津冀地区	3515.48	68.93	51
东部其他地区	2116.05	68.26	31
长江经济带上游	2103.63	67.86	31
长江经济带中游	2078.12	67.04	31
粤港澳大湾区	1931.15	68.97	28
西部其他地区	1579.88	65.83	24
东北地区	1216.48	67.58	18
中部其他地区	932.79	66.63	14

二　中国医药制造企业研发指数二十强概览与分析

（一）中国医药制造企业研发指数二十强概览

2023年中国医药制造企业研发指数二十强如表4所示。恒瑞医药以其卓越的研发实力与创新能力位列榜首。信达生物、信立泰、贝达药业、恩华药业、白云山、迪哲医药、百济神州、以岭药业和四环医药9家企业紧随其后。

表4 2023年中国医药制造企业研发指数二十强

企业名称	2023年排名	较2022年变动	
恒瑞医药	1	+2	↑
信达生物	2	+11	↑
信立泰	3	+35	↑
贝达药业	4	+147	↑
恩华药业	5	+27	↑
白云山	6	+30	↑
迪哲医药	7	+152	↑
百济神州	8	+2	↑
以岭药业	9	+63	↑
四环医药	10	+13	↑
复星医药	11	+11	↑
百奥泰	12	+19	↑
石药集团	13	−5	↓
特宝生物	14	+258	↑
华海药业	15	−4	↓
人福医药	16	−9	↓
我武生物	17	+186	↑
科伦药业	18	+55	↑
君实生物	19	+10	↑
健民集团	20	−11	↓

值得关注的是，特宝生物2023年研发指数排名较上年进步258名，我武生物以186名的显著进步紧随其后。此外，迪哲医药不仅成功跻身前十，更是实现了152名的进步，以卓越的表现成为榜单上的亮点。这三家企业的非凡成就，不仅是其研发实力与创新能力的有力证明，也为中国医药制造行业的蓬勃发展注入强劲动力。

在2023年中国医药制造企业研发指数排名中，恒瑞医药排名第一，这主要得益于其在阶段性成果指数、最终成果指数和研发质量指数上的杰出表现，这三个成分指数均居于2023年首位。然而，值得注意的是，恒瑞医药的研发投入指数和研发支持指数却均出现不同程度的下降，其中研发投入指数下降2位，降至第51位，研发支持指数下降48位，降至第56位。

信达生物在2023年中国医药制造企业研发指数的排名中位列第二，相较于2022年进步了11位，这主要得益于其阶段性成果指数（进步7个位次）和最终成果指数（进步94个位次）排名的进步。然而，值得注意的是，信达生物的研发投入指数、研发质量指数以及研发支持指数均出现不同程度的下降，其中研发质量指数排名退步了54个位次，降至第62位。

信立泰在2023年中国医药制造企业研发指数的排名中位列第三，相较于2022年进步了35个位次，这主要得益于其最终成果指数（进步63个位次）、研发投入指数（进步3个位次）和研发质量指数（进步2个位次）的进步。然而，值得注意的是，其阶段性成果指数和研发支持指数却出现不同程度的下降，其中研发支持指数下降最为显著，后退了13个位次，降至第56个位次。

2023年中国医药制造企业研发指数进步最大的3家企业，分别是特宝生物、我武生物和迪哲医药。其中，特宝生物进步了258个位次，主要得益于研发成果指数（进步264个位次）、阶段性成果指数（进步194个位次）和最终成果指数（进步94个位次）的进步；我武生物进步了186个位次，主要得益于研发成果指数（进步193个位次）和最终成果指数（进步99个位次）的进步；迪哲医药进步了152个位次，主要得益于研发成果指数（进步142个位次）和研发投入指数（进步106个位次）的进步。然而，值得注意的是，特宝生物、我武生物、迪哲医药在研发质量指数方面的排名均出现不同程度的下滑，分别下降了18个位次、125个位次和110个位次（见表5）。

表5 2023年中国医药制造企业研发指数二十强进步位次前三的企业各成分指数排名情况

企业名称	指标	研发投入指数	研发成果指数	阶段性成果指数	最终成果指数	研发质量指数	研发支持指数	研发指数
特宝生物	变动	−6	264	194	94	−18	−13	258
	2023年排名	105	9	66	8	317	56	14
我武生物	变动	−7	193	−57	99	−125	−13	186
	2023年排名	122	10	233	3	330	56	17
迪哲医药	变动	106	142	−53	94	−110	−13	152
	2023年排名	4	11	177	8	197	56	7

（二）中国医药制造企业研发指数二十强分析

1. 上市地分析

在2023年中国医药制造企业研发指数二十强中，从企业数量来看，上交所上榜企业数量最多，港交所和深交所分别位列第二和第三，美股位列第四，而北交所未有企业跻身研发指数二十强。从二十强入选率来看，港交所位列第一，美股位列第二，上交所和深交所分别位列第三和第四（见表6）。

表6　2023年中国医药制造企业研发指数二十强所属上市地情况

单位：家，%

所属上市地	研发指数二十强		全部企业		上市地研发指数二十强企业数量占该上市地样本企业数量的比例（二十强入选率）
	数量	占比	数量	占比	
北交所	0	0	10	2.89	0.00
上交所	11	55.00	128	36.99	8.59
深交所	6	30.00	151	43.64	3.97
港交所	8	40.00	61	17.63	13.11
美股	1	5.00	10	2.89	10.00

2. 内地上市板块分析

从企业数量来看，主板最多，科创板位列第二，创业板位列第三。从二十强入选率来看，科创板样本企业数量虽然较少，但入选率位列第一，主板位列第二，创业板位列第三，北交所没有企业入选二十强（见表7）。

表7　2023年中国医药制造企业研发指数二十强所属内地上市板块情况

单位：家，%

内地上市板块	研发指数二十强		全部企业		内地上市板块研发指数二十强企业数量占该上市板块样本企业数量的比例（二十强入选率）
	数量	占比	数量	占比	
北交所	0	0.00	10	2.89	0.00
创业板	2	10.00	70	20.23	2.86
科创板	5	25.00	51	14.74	9.80
主板	10	50.00	158	45.66	6.33

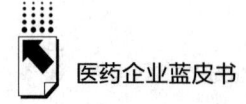

3. 实际运营地分析

（1）区域分析

针对2023年中国医药制造企业研发指数二十强，本报告从所属区域层面进行了深入剖析。无论从研发指数、企业数量还是二十强入选率来看，东部地区均名列前茅，中部地区取得较好成绩（见表8）。

表8　2023年中国医药制造企业研发指数二十强所属区域情况

公司所属区域	研发指数二十强				该区域全部样本企业数量（家）	占总样本比例（%）	区域研发二十强贡献比例与该区域样本企业数量比例差异（个百分点）	区域研发指数二十强企业数量占该区域样本企业数量的比例（二十强入选率，%）
	平均值（分）	总和（分）	企业数量（家）	占比（%）				
东部	77.89	1324.15	17	85.00	222	64.16	20.84	7.66
中部	74.69	149.37	2	10.00	51	14.74	-4.74	3.92
西部	74.79	74.79	1	5.00	55	15.90	-10.90	1.82
东北	0	0	—	0.00	18	5.20	-5.20	0.00
合计	—	—	20	100	346	100.00	—	—

（2）区域集群分析

深入剖析2023年中国医药制造企业研发指数二十强所属区域集群，可以看到，在研发指数总和、研发指数平均值及企业数量方面，长江经济带下游（长三角地区）均名列前茅，京津冀地区和粤港澳大湾区表现较好。从二十强入选率来看，粤港澳大湾区表现优异，京津冀地区和长江经济带下游（长三角地区）取得较好成绩（见表9）。

表9　2023年中国医药制造企业研发指数二十强企业所属区域集群情况

区域集群排名	区域集群	研发二十强				研发指数二十强企业数量占该区域集群样本企业数量的比例（二十强入选率，%）
		平均值（分）	总分（分）	企业数量（家）	占比（%）	
1	长江经济带下游（长三角地区）	78.59	707.35	9	45.00	7.63
2	京津冀地区	76.61	306.42	4	20.00	7.84
3	粤港澳大湾区	78.36	235.09	3	15.00	10.71

续表

区域集群排名	区域集群	研发二十强				研发指数二十强企业数量占该区域集群样本企业数量的比例（二十强入选率，%）
		平均值（分）	总分（分）	企业数量（家）	占比（%）	
4	长江经济带中游	74.69	149.37	2	10.00	6.45
5	东部其他地区	75.29	75.29	1	5.00	3.23
6	长江经济带上游	74.79	74.79	1	5.00	3.23
7	其他地区	0	0	0	0.00	0.00
	合计	—	—	20	100.00	—

参考文献

卜琳麟等：《我国医药制造业创新效率研究》，《中国新药杂志》2021年第18期。

孙峰、王红杰、姜玮：《江苏省医药制造业创新评价模型构建与实证》，《中国医药导报》2018年第21期。

吴玲霞等：《基于主成分分析的中国医药制造业技术创新能力评价研究》，《科学与管理》2019年第4期。

赵丽、梁静国：《医药制造业创新绩效评价指标体系与评价方法研究》，《现代管理科学》2010年第5期。

B.3
2023年中国医疗器械企业研发指数报告

姚立杰 胡泽华*

摘　要： 本报告深度分析了2013~2023年中国医疗器械企业研发指数的整体发展趋势，同时对2023年的具体情形进行了详细分析。研究发现，2013~2023年，中国医疗器械企业研发指数总体呈波动上升趋势，其中，行业领军企业的卓越表现引人注目。这一积极变化主要是研发投入大幅增加导致的，尽管研发成果指数、研发质量指数以及研发支持指数也有所提升，但其增长幅度相对较小。2023年，中国医疗器械企业研发指数出现下滑，这主要是研发成果指数、研发质量指数及研发支持指数下降所致，尤其以研发成果指数下滑最为明显，这在一定程度上反映出中国医疗器械企业在研发成果的有效转化方面面临严峻挑战。然而，值得注意的是，研发投入指数在这一背景下却逆势上扬，实现小幅增长，这不仅彰显了中国医疗器械企业对未来发展的坚定信念与决心，也体现出行业在逆境中寻求突破、不断前行的坚韧精神。本报告还从上市地、内地上市板块和实际运营地等维度入手，对2023年中国医疗器械企业研发指数及其二十强企业进行了深入分析。

关键词： 医疗器械　研发投入　研发成果　研发质量　研发支持

---

* 姚立杰，博士，北京交通大学经济管理学院教授、博士生导师、高质量发展研究院院长、中国医药会计学会副秘书长、中国价格协会医药价格专委会副秘书长、北京产业经济学会副秘书长，主要研究方向为绩效评价和数智财税；胡泽华，北京交通大学经济管理学院硕士研究生，主要研究方向创新评价和数智财税。

一 中国医疗器械企业研发指数概览与分析

（一）中国医疗器械企业研发指数概览

医疗器械包括医疗设备、医疗耗材以及体外诊断三大细分行业，这三者相辅相成，共同推动医疗器械行业的持续发展。2013~2023年，中国医疗器械企业的研发综合实力得到了一定的提升，这在中国医疗器械企业研发指数及其四大成分指数——研发投入指数、研发成果指数、研发质量指数和研发支持指数上均得到不同程度地体现（见图1）。

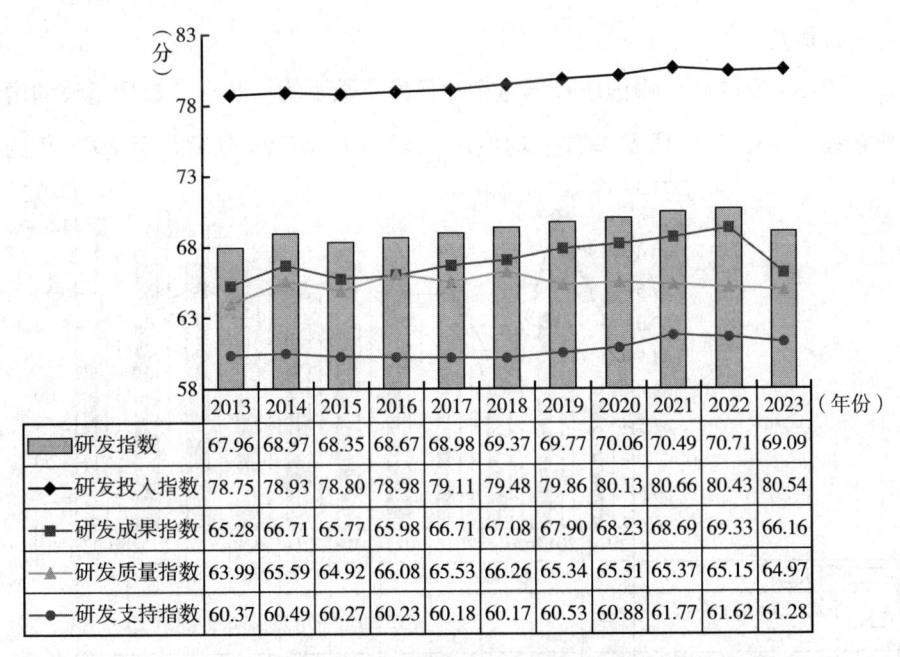

（分）	2013	2014	2015	2016	2017	2018	2019	2020	2021	2022	2023
研发指数	67.96	68.97	68.35	68.67	68.98	69.37	69.77	70.06	70.49	70.71	69.09
研发投入指数	78.75	78.93	78.80	78.98	79.11	79.48	79.86	80.13	80.66	80.43	80.54
研发成果指数	65.28	66.71	65.77	65.98	66.71	67.08	67.90	68.23	68.69	69.33	66.16
研发质量指数	63.99	65.59	64.92	66.08	65.53	66.26	65.34	65.51	65.37	65.15	64.97
研发支持指数	60.37	60.49	60.27	60.23	60.18	60.17	60.53	60.88	61.77	61.62	61.28

图1 2013~2023年中国医疗器械企业研发指数及其成分指数情况

2013~2023年，中国医疗器械企业研发指数从2013年的67.96分增长至2023年的69.09分，增加1.13分（增长率为1.66%）。这主要得益于研发投入指数的增长，其从2013年的78.75分增长至2023年的80.54分，

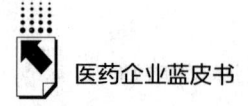

增加1.79分（增长率为2.27%）。虽然研发成果指数、研发质量指数和研发支持指数在2013~2023年也有所增长，但它们的增长率均不及研发指数。

2023年，中国医疗器械企业研发指数较2022年有所下降，从70.71分下降至69.09分，下降1.62分（降幅为2.29%），这主要由研发成果指数、研发质量指数和研发支持指数下降所致，降幅分别为4.57%、0.28%和0.55%，仅研发投入指数实现0.14%的小幅增长，表明中国医疗器械企业在研发成果转化上面临巨大挑战。

（二）中国医疗器械企业研发指数时间序列分析

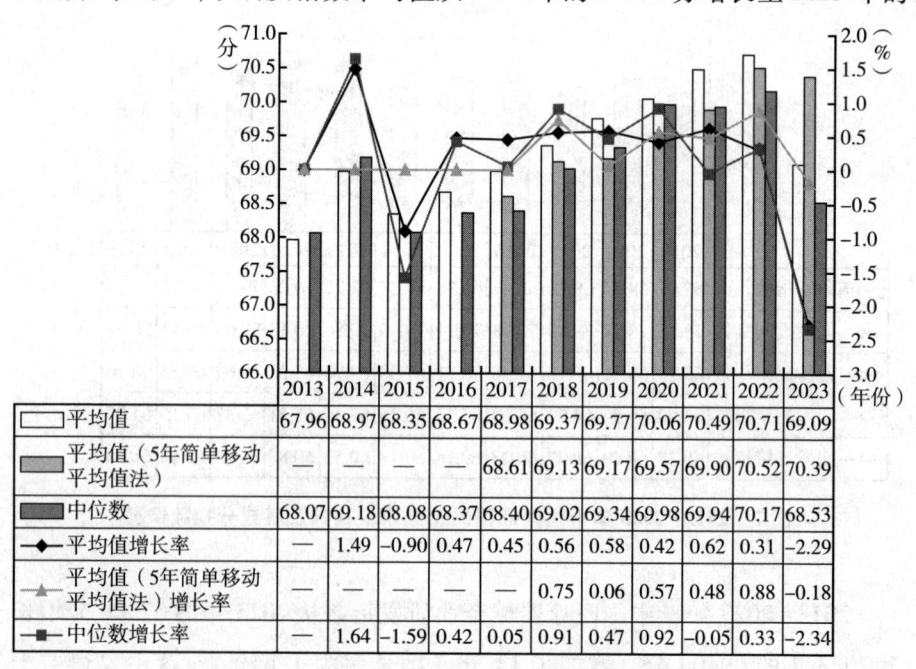

1. 概览

2013~2023年，中国医疗器械企业研发指数平均值和中位数均呈波动增长趋势（见图2）。研发指数平均值从2013年的67.96分增长至2023年的

	2013	2014	2015	2016	2017	2018	2019	2020	2021	2022	2023
平均值	67.96	68.97	68.35	68.67	68.98	69.37	69.77	70.06	70.49	70.71	69.09
平均值（5年简单移动平均值法）	—	—	—	—	—	68.61	69.13	69.17	69.57	69.90	70.52	70.39
中位数	68.07	69.18	68.08	68.37	68.40	69.02	69.34	69.98	69.94	70.17	68.53
平均值增长率	—	1.49	-0.90	0.47	0.45	0.56	0.58	0.42	0.62	0.31	-2.29
平均值（5年简单移动平均值法）增长率	—	—	—	—	—	—	0.75	0.06	0.57	0.48	0.88	-0.18
中位数增长率	—	1.64	-1.59	0.42	0.05	0.91	0.47	0.92	-0.05	0.33	-2.34

图2 2013~2023年中国医疗器械企业研发指数情况

69.09分，增加1.13分（增长率为1.66%）。值得一提的是，研发指数平均值在2015年和2023年均出现了回调，从2014年的68.97分下降至2015年的68.35分，下降0.62分（降幅为0.90%）；从2022年的70.71分下降至2023年的69.09分，下降1.62分（降幅为2.29%）。中国医疗器械企业研发指数中位数和研发指数5年简单移动平均值的变化趋势与平均值类似。

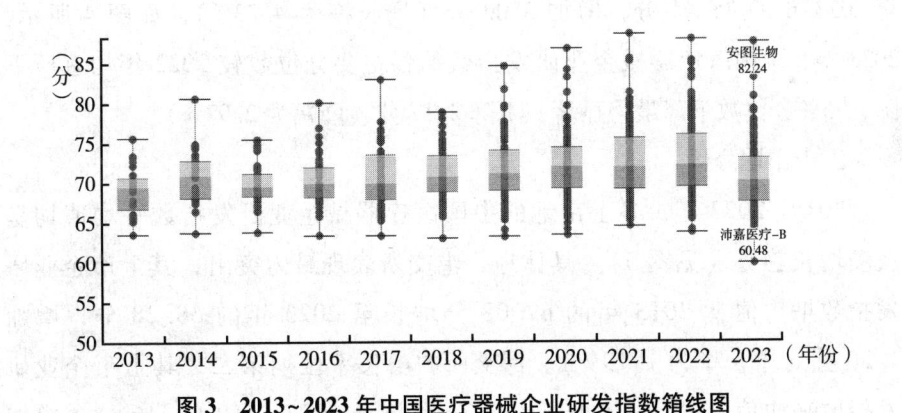

2013~2023年，中国医疗器械企业研发指数的离散程度呈扩大趋势，揭示了该行业内的企业研发能力呈现两极分化现象，研发指数的区间长度从2013年的9.48分增加至2023年的21.76分，增加12.28分（增长率为129.54%），如图3和表1所示。2023年，中国医疗器械企业研发指数的离散程度继续呈扩大趋势，区间长度从2022年的19.01分增加至2023年的21.76分，增加2.75分（增长率为14.47%）。

图3 2013~2023年中国医疗器械企业研发指数箱线图

表1 2013~2023年中国医疗器械企业研发指数分布区间

单位：分

年份	最大值	75%分位数	中位数	25%分位数	最小值	四分位距	区间长度
2013	72.91	68.99	68.07	65.92	63.43	3.07	9.48
2014	76.79	70.64	69.18	66.94	63.56	3.69	13.23
2015	72.74	69.31	68.08	67.11	63.61	2.19	9.13

续表

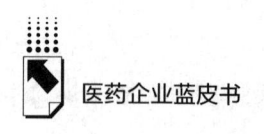

年份	最大值	75%分位数	中位数	25%分位数	最小值	四分位距	区间长度
2016	76.34	69.97	68.37	67.00	63.26	2.97	13.08
2017	78.60	71.20	68.40	66.79	63.24	4.40	15.37
2018	75.38	71.09	69.02	67.53	62.98	3.56	12.40
2019	79.91	71.61	69.34	67.65	63.15	3.96	16.76
2020	81.61	71.81	69.98	67.88	63.30	3.93	18.31
2021	83.03	72.82	69.94	67.78	64.15	5.04	18.89
2022	82.53	72.99	70.17	67.99	63.52	5.00	19.01
2023	82.24	70.82	68.53	66.48	60.48	4.34	21.76

注：四分位距，即75%分位数减去25%分位数；区间长度，即最大值减去最小值。

2013~2023年，中国医疗器械企业研发指数的各主要分位数均有不同程度的增长，尤其是95%分位数的增长最为显著，从2013年的72.38分增长至2023年的75.44分，增加3.06分（增长率为4.23%），如图4所示。2023年，中国医疗器械企业研发指数的各主要分位数较2022年均有所下降，75%分位数下降最为显著，下降2.17分（降幅为2.97%）。

2. 上市地分析

2017~2023年，各上市地的中国医疗器械企业研发指数平均值均呈波动增长趋势（见图5）。具体地，港交所表现最为突出，其上市企业研发指数平均值从2013年的67.08分增长至2023年的68.28分，增加1.20分（增长率为1.79%）。深交所的增长率位列第二，其上市企业研发指数平均值从2013年的68.25分增长至2023年的69.46分，增加1.21分（增长率为1.77%）。北交所的增长率居于末位，自2021年纳入统计以来，其平均值从67.22分微升至67.43分，增加0.21分（增长率为0.31%）。

2023年，各上市地的中国医疗器械企业研发指数平均值均出现了不同程度的下降，深交所下降最为显著，从71.32分下降至69.46分，下降1.86分（下降率为2.61%）；其次是上交所，其上市企业研发指数平均值从2022年

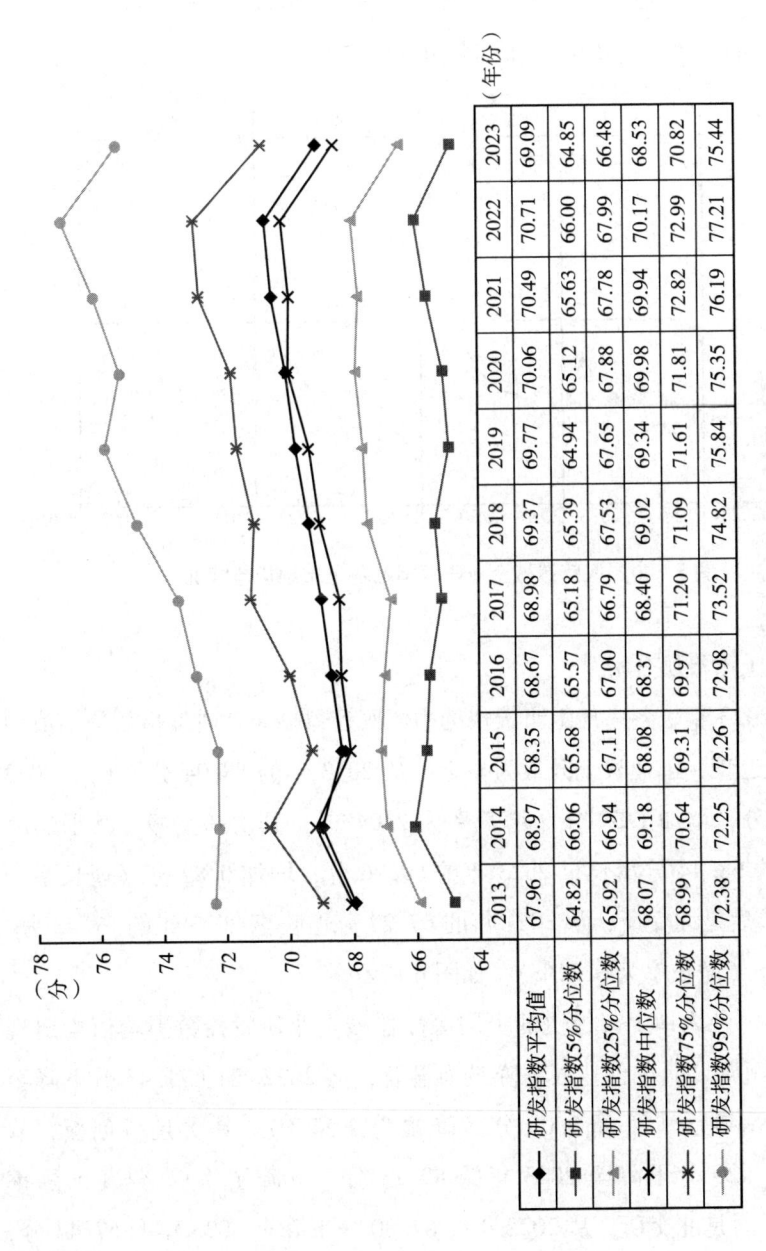

(年份)	2013	2014	2015	2016	2017	2018	2019	2020	2021	2022	2023
研发指数平均值	67.96	68.97	68.35	68.67	68.98	69.37	69.77	70.06	70.49	70.71	69.09
研发指数5%分位数	64.82	66.06	65.68	65.57	65.18	65.39	64.94	65.12	65.63	66.00	64.85
研发指数25%分位数	65.92	66.94	67.11	67.00	66.79	67.53	67.65	67.88	67.78	67.99	66.48
研发指数中位数	68.07	69.18	68.08	68.37	68.40	69.02	69.34	69.98	69.94	70.17	68.53
研发指数75%分位数	68.99	70.64	69.31	69.97	71.20	71.09	71.61	71.81	72.82	72.99	70.82
研发指数95%分位数	72.38	72.25	72.26	72.98	73.52	74.82	75.84	75.35	76.19	77.21	75.44

图 4　2013~2023 年中国医疗器械企业研发指数情况

的70.97分下降至2023年的69.19分，下降1.78分（降幅为2.51%）；北交所的降幅最小，其上市企业研发指数平均值从2022年的67.80分下降至2023年的67.43分，下降0.37分（降幅为0.55%）。

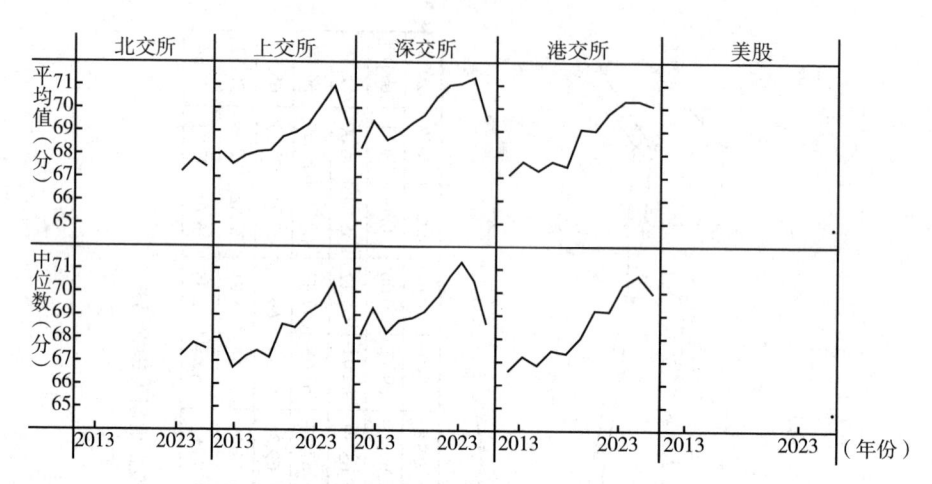

图5　中国医疗器械企业研发指数各上市地历年情况

3. 内地上市板块分析

2013~2023年，各内地上市板块的中国医疗器械企业研发指数平均值均呈波动上升趋势，创业板上升最为显著，从2013年的68.04分增长至2023年的69.43分，增加1.39分（增长率为2.04%）；其次是主板，其平均值从2013年的68.44分增长至2023年的69.26分，增加0.82分（增长率为1.20%）；最后是北交所，从2021年的67.22分增长至2023年的67.43分，增加0.21分（增长率为0.31%），如图6所示。

2023年，各内地上市板块的中国医疗器械企业研发指数平均值均出现不同程度的下降，其中创业板下降最为显著，从2022年的71.43分下降至2023年的69.43分，下降2.00分（降幅为2.80%）；其次是科创板，从2022年的71.20分下降至2023年的69.23分，下降了1.97分（下降率2.77%）；最后是北交所，从2022年的67.80分下降至2023年的67.43分，下降0.37分（降幅为0.55%）。

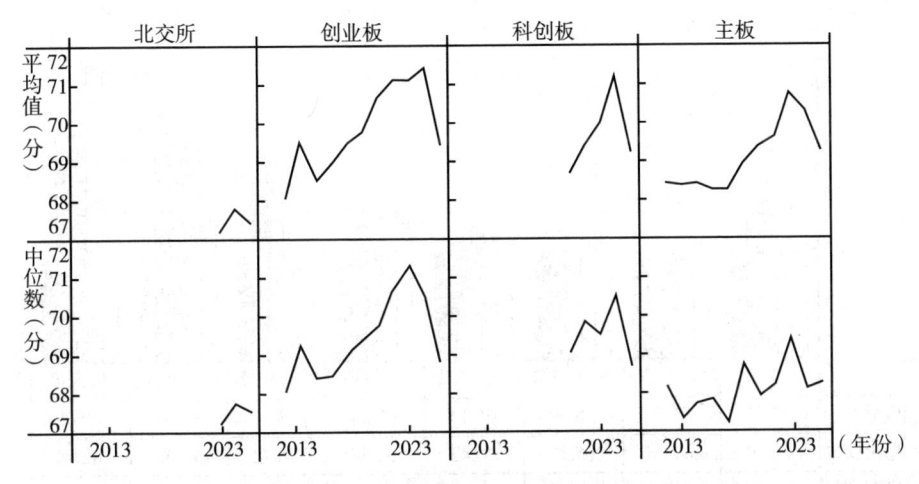

图6 中国医疗器械企业研发指数内地各上市板块历年情况

(三)中国医疗器械企业研发指数横截面分析

1. 上市地分析

2023年,从各上市地中国医疗器械企业研发指数来看,深交所以69.45分的平均值和68.62分的中位数位居各上市地之首;上交所位列第二,其平均值和中位数分别为69.19分和68.58分;美股居于末位,其平均值和中位数均为64.80分(见图7)。从研发指数的离散程度来看,上交所离散程度最大,其区间长度为18.18分;深交所位列第二,其区间长度为14.66分。因美股仅有一家样本企业,故其区间长度暂不考虑。对于各上市地中国医疗器械企业研发指数的最大值而言,上交所(82.24分)位列第一,深交所(78.69分)和港交所(75.60分)紧随其后。

2. 内地上市板块分析

2023年,在各内地上市板块中,创业板的中国医疗器械企业研发指数位列榜首,其平均值为69.43分;主板位列第二,其平均值为69.26分;科创板位列第三,其平均值为69.23分;北交所居于末位,其平均值为67.43分(见图8)。从各上市地中国医疗器械企业研发指数的离散程度来看,主

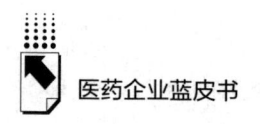

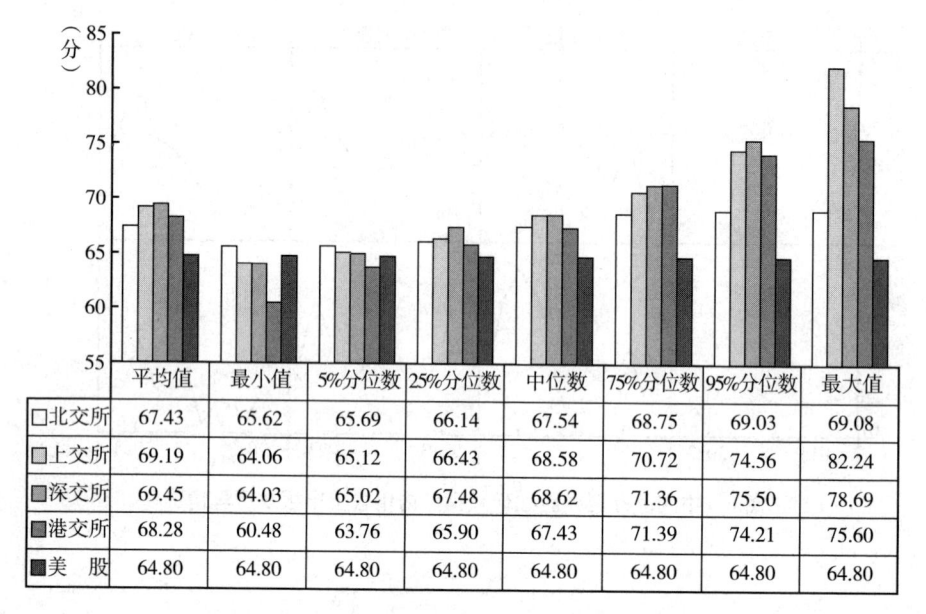

	平均值	最小值	5%分位数	25%分位数	中位数	75%分位数	95%分位数	最大值
北交所	67.43	65.62	65.69	66.14	67.54	68.75	69.03	69.08
上交所	69.19	64.06	65.12	66.43	68.58	70.72	74.56	82.24
深交所	69.45	64.03	65.02	67.48	68.62	71.36	75.50	78.69
港交所	68.28	60.48	63.76	65.90	67.43	71.39	74.21	75.60
美股	64.80	64.80	64.80	64.80	64.80	64.80	64.80	64.80

图 7　2023 年中国医疗器械企业研发指数各上市地情况

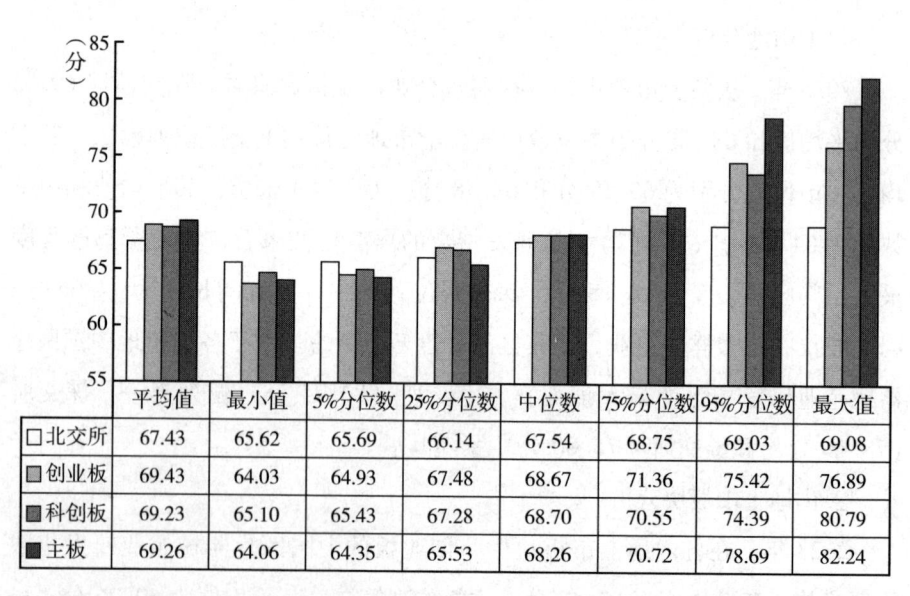

	平均值	最小值	5%分位数	25%分位数	中位数	75%分位数	95%分位数	最大值
北交所	67.43	65.62	65.69	66.14	67.54	68.75	69.03	69.08
创业板	69.43	64.03	64.93	67.48	68.67	71.36	75.42	76.89
科创板	69.23	65.10	65.43	67.28	68.70	70.55	74.39	80.79
主板	69.26	64.06	64.35	65.53	68.26	70.72	78.69	82.24

图 8　2023 年中国医疗器械企业研发指数内地各上市板块情况

板离散程度最大,其区间长度为 18.18 分;科创板位列第二,其区间长度为 15.69 分;创业板位列第三,其区间长度为 12.86 分;北交所居于末位,其区间长度为 3.46 分。从各上市地中国医疗器械企业研发指数的最大值来看,主板位列第一,为安图生物的 82.24 分;科创板位列第二,为春立医疗的 80.79 分;创业板位列第三,为九强生物的 76.89 分;北交所位列第四,为中科美菱的 69.08 分。

3. 实际运营地分析

(1) 区域分析

从区域层面对 2023 年中国医疗器械企业研发指数进行分析,无论从研发指数总和还是从企业数量来看,东部地区均名列前茅,中部地区表现较好,东北地区有待进一步提高。但从研发指数平均值来看,中部地区表现优异,东部地区取得较好成绩(见表2)。

表2　2023 年中国医疗器械企业各区域研发指数情况

单位:分,家

区域	研发指数总和	研发指数平均值	企业数量
东部地区	8559.06	69.02	124
中部地区	980.55	70.04	14
西部地区	548.03	68.50	8
东北地区	68.63	68.63	1

(2) 区域集群分析

从区域集群层面对 2023 年中国医疗器械企业研发指数进行分析,无论从研发指数总和还是从企业数量来看,长江经济带下游(长三角地区)均名列前茅,粤港澳大湾区和京津冀地区表现较好。但从研发指数平均值来看,中部其他地区表现优异,粤港澳大湾区和长江经济带中游取得较好成绩(见表3)。

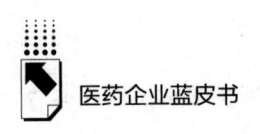

表3　2023年中国医疗器械企业各区域集群研发指数情况

单位：分，家

区域集群	研发指数总和	研发指数平均值	企业数量
长江经济带下游（长三角地区）	4162.42	68.24	61
粤港澳大湾区	1916.29	70.97	27
京津冀地区	1804.50	69.40	26
东部其他地区	880.04	67.70	13
长江经济带中游	627.31	69.70	9
长江经济带上游	412.40	68.73	6
中部其他地区	149.03	74.51	2
西部其他地区	135.63	67.81	2
东北地区	68.63	68.63	1

二　中国医疗器械企业研发指数二十强概览与分析

（一）中国医疗器械企业研发指数二十强概览

在2023年中国医疗器械企业研发指数二十强榜单中，安图生物居于首位，充分彰显了其卓越的研发实力。春立医疗、达安基因、九强生物、新华医疗、易瑞生物、启明医疗-B、迈瑞医疗、迈普医学和天智航9家企业依次位列其后（见表4）。

表4　2023年中国医疗器械企业研发指数二十强榜单

企业名称	2023年排名	较2022年变动	
安图生物	1	—	—
春立医疗	2	+2	↑
达安基因	3	+10	↑
九强生物	4	+16	↑
新华医疗	5	+17	↑
易瑞生物	6	+15	↑
启明医疗-B	7	+104	↑

续表

企业名称	2023年排名	较2022年变动	
迈瑞医疗	8	−2	↓
迈普医学	9	+44	↑
天智航	10	+28	↑
华大智造	11	+6	↑
新产业	12	−3	↓
微电生理	13	+22	↑
宝莱特	14	+12	↑
微创医疗	15	−10	↓
联影医疗	16	+8	↑
科美诊断	17	−6	↓
乐心医疗	18	+25	↑
赛诺医疗	19	−12	↓
凯普生物	20	+51	↑

从排名变化来看，较2022年相比进步名次最多的是启明医疗-B（进步104个位次），其次是凯普生物（进步51个位次）和迈普医学（进步44个位次）。

在2023年中国医药器械企业研发指数二十强中，安图生物夺得桂冠，主要得益于其研发成果指数（蝉联第一）、研发质量指数（进步19个位次）和研发支持指数（进步6个位次）的出色表现。值得关注的是，安图生物研发投入指数的排名下降了5个位次，降至第29位。

在2023年中国医药器械企业研发指数二十强中，春立医疗位列第二，较2022年排名上升2个位次，这主要得益于其研发成果指数（进步2个位次，位列第二）和研发支持指数（进步21个位次，位列第二）的出色表现。值得关注的是，春立医疗研发投入指数排名下降19个位次，降至第53位；研发质量指数排名下降5个位次，降至第68位。

在2023年中国医药器械企业研发指数二十强中，达安基因位列第三，与2022年相比排名上升10个位次，这主要得益于其研发投入指数（进步17个位次）、研发成果指数（进步8个位次）、研发质量指数（进步10个位次）和研发支持指数（进步21个位次，位列第二）的出色表现。

在2023年中国医药器械企业研发指数二十强进步位次前三的企业中，启明医疗-B以进步104个位次的成绩居于首位，这主要得益于其研发投入指数（进步138个位次）和研发成果指数（进步48个位次）的出色表现；紧随其后的凯普生物同样有着不俗的表现，其研发指数排名进步51个位次，这主要得益于其研发成果指数（进步65个位次）和研发质量指数（进步39个位次）的进步；迈普医学研发指数排名进步44个位次，这主要得益于其研发成果指数（进步80个位次）的提升。然而，值得注意的是，凯普生物和迈普医学在研发支持指数上均出现下滑，均下降了12个位次（见表5）。

表5　2023年中国医疗器械企业研发指数二十强进步位次前三的企业各成分指数排名情况

企业名称	指标	研发投入指数	研发成果指数	研发质量指数	研发支持指数	研发指数
启明医疗-B	变动	138	48	13	3	104
	2023年排名	2	37	2	20	7
凯普生物	变动	17	65	39	-12	51
	2023年排名	64	13	32	20	20
迈普医学	变动	-24	80	-2	-12	44
	2023年排名	49	7	20	20	9

（二）中国医疗器械企业研发指数二十强分析

1. 上市地分析

2023年，从企业数量来看，深交所和上交所并列第一，有9家企业入选研发指数二十强，港交所位列第三，有2家企业入选研发指数二十强；北交所和美股均无企业入选研发指数二十强。从二十强入选率来看，深交所位列第一，其二十强入选率为15.52%；上交所位列第二，其二十强入选率为13.85%；港交所位列第三，其二十强入选率为11.76%（见表6）。

表6 2023年中国医疗器械企业研发指数二十强所属上市地情况

单位：家，%

所属内地上市板块	研发指数二十强		全部企业		上市地研发指数二十强企业数量占该上市地样本企业数量的比例（二十强入选率）
	数量	占比	数量	占比	
北交所	—	—	6	4.08	—
上交所	9	45.00	65	44.22	13.85
深交所	9	45.00	58	39.46	15.52
港交所	2	10.00	17	11.56	11.76
美股	—	—	1	0.68	—

2. 内地上市板块分析

2023年，从企业数量来看，创业板位列第一，有8家企业入选研发指数二十强；科创板位列第二，有7家企业入选研发指数二十强；主板位列第三，有3家企业入选研发指数二十强。从二十强入选率来看，创业板位列第一，其二十强入选率为16.00%；主板位列第二，其二十强入选率为14.29%；科创板位列第三，其二十强入选率为13.46%；北交所则无企业入选研发指数二十强（见表7）。

表7 2023年中国医疗器械企业研发指数二十强所属内地上市板块情况

单位：家，%

所属内地上市板块	研发指数二十强		全部企业		内地上市板块研发指数二十强企业数量占该上市板块样本企业数量的比例（二十强入选率）
	数量	占比	数量	占比	
北交所	—	—	6	4.08	—
创业板	8	40.00	50	34.01	16.00
科创板	7	35.00	52	35.37	13.46
主板	3	15.00	21	14.29	14.29

3. 实际运营地分析

（1）区域分析

从区域层面分析2023年中国医疗器械企业研发指数二十强，我们发现，无论是从研发指数总和、研发指数二十强企业数量还是二十强入选率来看，东部地区均名列前茅，中部地区表现较好，西部地区和东北地区有待进一步提升。然而，从研发指数平均值来看，排序发生变化，中部地区表现优异，东部地区取得较好成绩（见表8）。

表8 2023年中国医疗器械企业研发指数二十强所属区域情况

区域排名	区域	研发指数二十强				区域研发指数二十强企业数量占该区域样本企业数量的比例（二十强入选率，%）
		平均值（分）	总和（分）	企业数量（家）	占比（%）	
1	东部	75.07	1426.41	19	95.00	15.32
2	中部	82.24	82.24	1	5.00	7.14
3	西部	—	—		0.00	—
4	东北	—	—		0.00	—
	合计			20	100	

（2）区域集群分析

从区域集群层面分析2023年中国医疗器械企业研发指数二十强，我们发现，无论从研发指数总和还是从研发指数二十强企业数量来看，粤港澳大湾区均表现优异，京津冀地区和长江经济带下游（长三角地区）取得较好成绩。从二十强入选率来看，中部其他地区名列前茅，粤港澳大湾区和京津冀地区表现较好。从研发指数平均值来看，中部其他地区表现优异，东部其他地区和京津冀地区取得较好成绩（见表9）。

表9 2023年中国医疗器械企业研发指数二十强所属区域集群情况

区域集群排名	区域集群	研发指数二十强				研发指数二十强企业数量占该区域集群样本企业数量的比例（二十强入选率，%）
		平均值（分）	总和（分）	企业数量（家）	占比（%）	
1	粤港澳大湾区	74.99	674.88	9	45.00	33.33
2	京津冀地区	75.91	379.55	5	25.00	19.23
3	长江经济带下游(长三角地区)	74.39	297.54	4	20.00	6.56
4	中部其他地区	82.24	82.24	1	5.00	50.00
5	东部其他地区	76.82	76.82	1	5.00	7.69
	合计			20	100.00	

参考文献

曹鑫、阮娴静：《基于因子分析法的我国医药企业创新发展能力评价研究》，《中国药房》2020年第16期。

高小宁等：《生物医药产业创新效率评价及提升路径研究——以湖北省为例》，《科技管理研究》2018年第14期。

B.4
2023年中国医药企业研发投入指数报告

姚立杰 孔鲁佳*

摘　要： 本报告分析了2013～2023年中国医药企业研发投入指数的变化趋势，并对2023年的具体情况进行了详细分析。研究发现，2013～2023年，中国医药企业研发投入指数总体呈上升趋势，行业领军企业的研发投入增速较快，这一增长趋势在医药制造与医疗器械两个行业均有所体现，且医药制造领域的研发投入指数增长幅度超过医疗器械行业。具体到细分行业，生物制品、化学制药以及体外诊断这三大细分行业在研发投入指数上的增长幅度位居前列。2023年，中国医药企业研发投入指数出现轻微回调，其中处于行业尾部的企业研发投入指数下滑较为明显，这主要是因为医药制造领域研发投入减少，尤其是生物制品行业研发投入大幅下降。相比之下，医疗器械领域的研发投入则呈现增长趋势，展现出该行业在研发活动上的投入持续增加。本报告还从上市地、内地上市板块和实际运营地等维度入手，对2023年中国医药企业研发投入指数及其百强企业进行了深入分析。

关键词： 研发投入　医药企业　上市地　上市板块

---

* 姚立杰，博士，北京交通大学经济管理学院教授、博士生导师、高质量发展研究院院长、中国医药会计学会副秘书长、中国价格协会医药价格专委会副秘书长、北京产业经济学会副秘书长，主要研究方向为绩效评价和数智财税；孔鲁佳，北京交通大学经济管理学院硕士研究生，研究方向创新评价和数智财税。

一 中国医药企业研发投入指数概览

2013~2023年，中国医药行业的研发实力逐渐增强，这主要得益于中国医药企业研发投入指数的出色表现，其总体呈波动上升趋势，彰显了该行业对创新与研发投入的重视。无论是医药制造行业还是医疗器械行业，其研发投入指数均呈现波动上升趋势。在深入分析医药制造企业和医疗器械企业的研发投入状况时，我们发现，医药制造企业研发投入指数的平均值高于医疗器械企业。医药制造行业因其涉及新药研发、生产工艺优化等多方面，往往需要更高的研发投入。

二 中国医药企业研发投入指数分析

（一）时间序列分析

1. 概览

2013~2023年，中国医药企业研发投入指数总体呈现增长趋势，这在平均值和中位数上均有所体现，其中，研发投入指数平均值从2013年的77.71分增长至2023年的81.23分，增加3.52分（增长率为4.53%）；研发投入指数中位数从2013年的78.04分增长至2023年的80.13分，增加2.09分（增长率为2.68%）。然而，2023年中国医药企业研发投入指数平均值略有下降，从2022年的81.35分下降至2023年的81.23分，下降0.12分（降幅为0.15%），如图1所示。

2013~2023年，中国医药企业研发投入指数的离散程度总体呈扩大趋势。中国医药企业研发投入指数的区间长度从2013年的23.88分波动增加至2023年的37.12分，增加13.24分（增长率为55.44%）。2023年，中国医药企业研发投入指数的离散程度仍呈扩大趋势，区间长度从2022年的

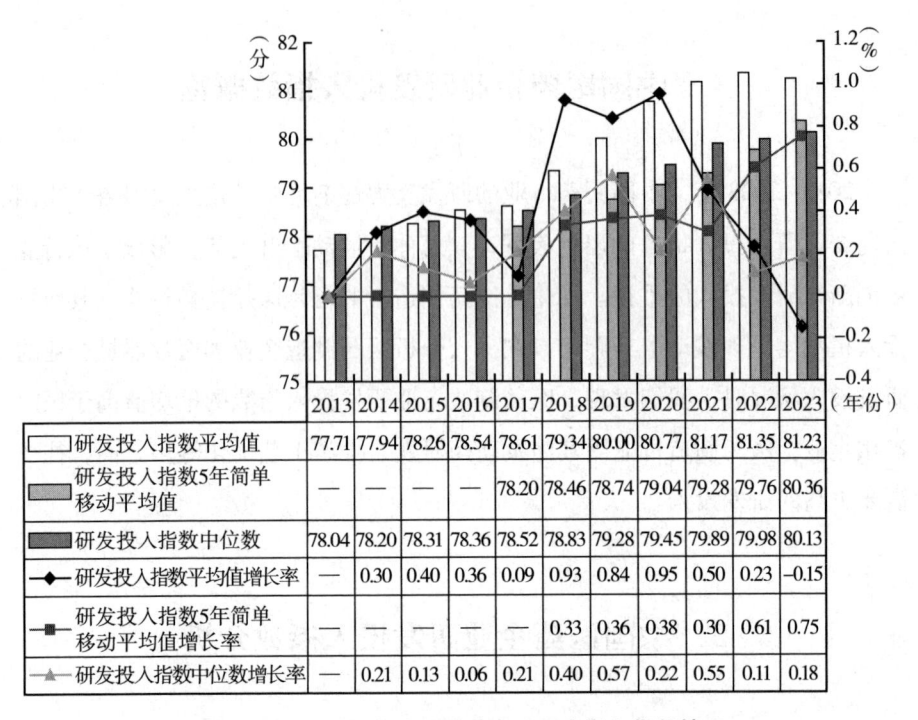

图1 2013~2023年中国医药企业研发投入指数情况

年份	研发投入指数平均值	研发投入指数5年简单移动平均值	研发投入指数中位数	研发投入指数平均值增长率	研发投入指数5年简单移动平均值增长率	研发投入指数中位数增长率
2013	77.71	—	78.04	—	—	—
2014	77.94	—	78.20	0.30	—	0.21
2015	78.26	—	78.31	0.40	—	0.13
2016	78.54	—	78.36	0.36	—	0.06
2017	78.61	78.20	78.52	0.09	—	0.21
2018	79.34	78.46	78.83	0.93	0.33	0.40
2019	80.00	78.74	79.28	0.84	0.36	0.57
2020	80.77	79.04	79.45	0.95	0.38	0.22
2021	81.17	79.28	79.89	0.50	0.30	0.55
2022	81.35	79.76	79.98	0.23	0.61	0.11
2023	81.23	80.36	80.13	-0.15	0.75	0.18

25.97分增加至2023年的37.12分，增加11.15分（增长率为42.93%），如表1所示。

表1 2013~2023年中国医药企业研发投入指数分布区间

年份	最大值	75%分位数	中位数	25%分位数	最小值	四分位距	区间长度
2013	83.88	78.83	78.04	77.04	60.00	1.79	23.88
2014	84.88	79.05	78.20	77.30	60.00	1.75	24.88
2015	83.36	79.22	78.31	77.39	72.77	1.83	10.59
2016	86.41	79.47	78.36	77.61	71.55	1.86	14.86
2017	88.05	79.62	78.52	77.66	70.33	1.96	17.72
2018	97.88	80.33	78.83	77.94	71.59	2.39	26.29
2019	97.63	80.67	79.28	78.20	71.88	2.48	25.75
2020	98.04	81.25	79.45	78.29	71.88	2.96	26.15

续表

年份	最大值	75%分位数	中位数	25%分位数	最小值	四分位距	区间长度
2021	98.21	81.65	79.89	78.51	74.27	3.14	23.95
2022	97.92	82.06	79.98	78.49	71.95	3.57	25.97
2023	97.12	82.32	80.13	78.39	60.00	3.93	37.12

注：四分位距，即75%分位数减去25%分位数；区间长度，即最大值减去最小值。

为更精准地识别中国医药企业研发投入指数变化趋势，本报告对各分位数的具体表现进行了深入分析（见图2）。2013~2023年，95%分位数的增长尤为显著，其从80.65分增长至96.08分，增加15.43分（增长率为19.13%）。2023年，中国医药企业研发投入指数的5%分位数有所下降，比上年下降0.36分（降幅为0.47%）。

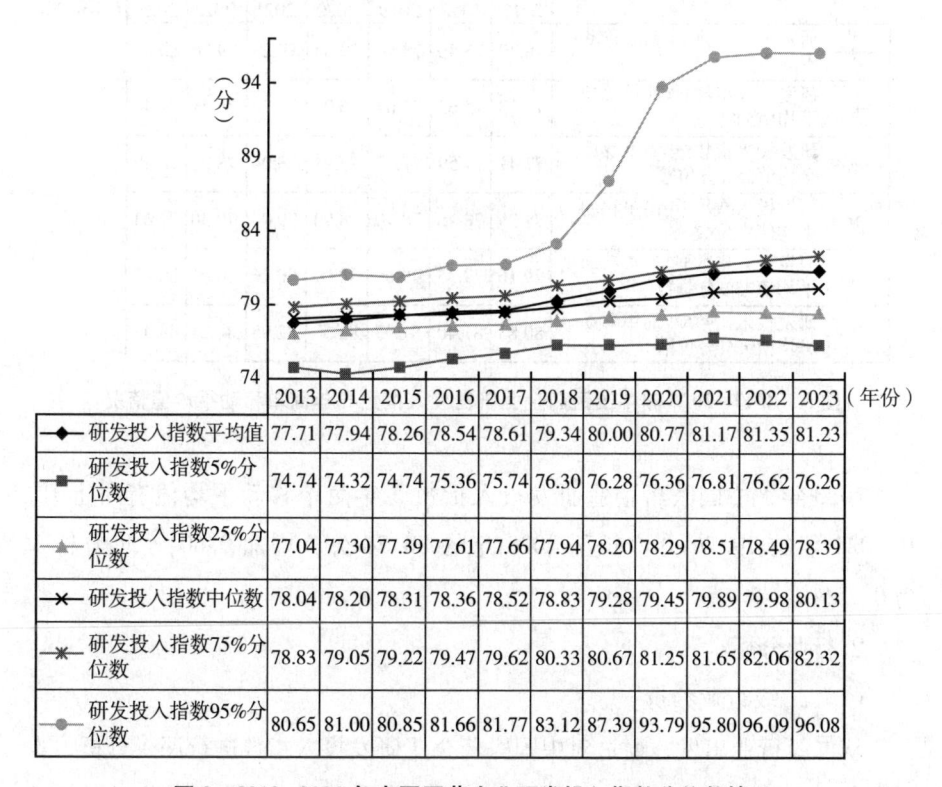

年份	2013	2014	2015	2016	2017	2018	2019	2020	2021	2022	2023
研发投入指数平均值	77.71	77.94	78.26	78.54	78.61	79.34	80.00	80.77	81.17	81.35	81.23
研发投入指数5%分位数	74.74	74.32	74.74	75.36	75.74	76.30	76.28	76.36	76.81	76.62	76.26
研发投入指数25%分位数	77.04	77.30	77.39	77.61	77.66	77.94	78.20	78.29	78.51	78.49	78.39
研发投入指数中位数	78.04	78.20	78.31	78.36	78.52	78.83	79.28	79.45	79.89	79.98	80.13
研发投入指数75%分位数	78.83	79.05	79.22	79.47	79.62	80.33	80.67	81.25	81.65	82.06	82.32
研发投入指数95%分位数	80.65	81.00	80.85	81.66	81.77	83.12	87.39	93.79	95.80	96.09	96.08

图2 2013~2023年中国医药企业研发投入指数分位数情况

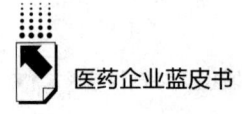

为减缓短期波动的影响,本报告计算了中国医药企业研发投入指数5年简单移动平均值(见图3)。2017~2023年,中国医药企业研发投入指数5年简单移动平均值总体呈上升趋势,从78.20分增长至80.36分,增加2.16分(增长率为2.76%)。

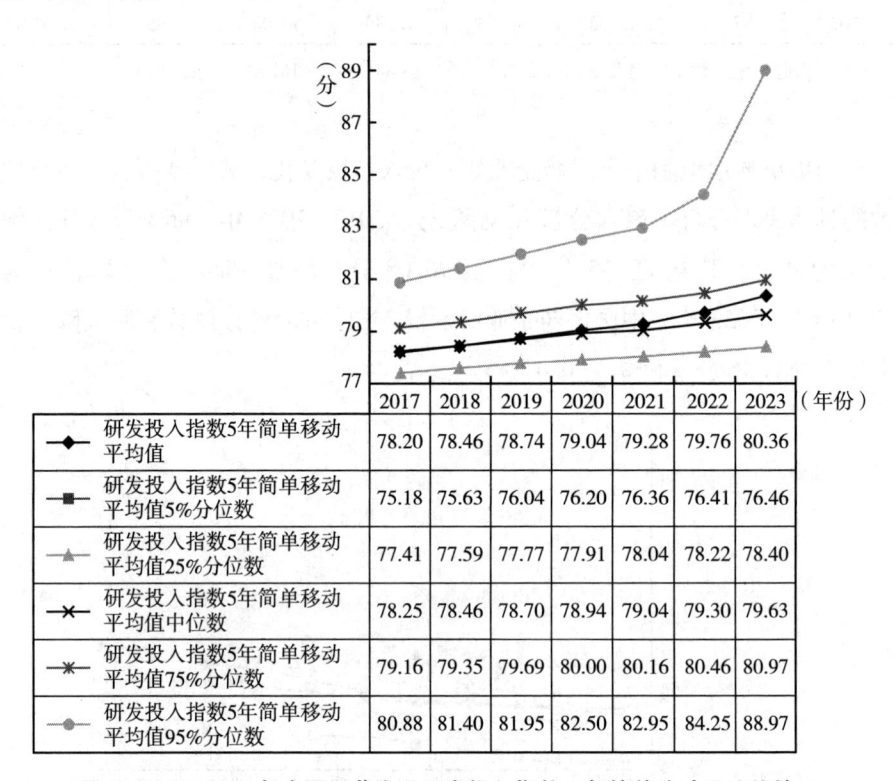

	2017	2018	2019	2020	2021	2022	2023
研发投入指数5年简单移动平均值	78.20	78.46	78.74	79.04	79.28	79.76	80.36
研发投入指数5年简单移动平均值5%分位数	75.18	75.63	76.04	76.20	76.36	76.41	76.46
研发投入指数5年简单移动平均值25%分位数	77.41	77.59	77.77	77.91	78.04	78.22	78.40
研发投入指数5年简单移动平均值中位数	78.25	78.46	78.70	78.94	79.04	79.30	79.63
研发投入指数5年简单移动平均值75%分位数	79.16	79.35	79.69	80.00	80.16	80.46	80.97
研发投入指数5年简单移动平均值95%分位数	80.88	81.40	81.95	82.50	82.95	84.25	88.97

图3 2017~2023年中国医药企业研发投入指数5年简单移动平均值情况

2023年,中国医药企业研发投入指数5年简单移动平均值有所上升,从2022年的79.76分增长至2023年的80.36分,增加0.60分(增长率为0.75%)。

2.行业分析

(1)二级行业分析

从二级行业出发,通过对中国医药企业研发投入指数进行深入分析,本报告发现,无论是医药制造行业还是医疗器械行业,其研发投入指数总体均呈波动上升趋势（见图4）。中国医药制造企业研发投入指数平均值从2013年的77.52分增长至2023年的81.53分，增加4.01分（增长率为5.17%），中国医疗器械企业研发投入指数平均值从2013年的78.75分增长至2023年的80.54分，增加1.79分（增长率为2.27%）。

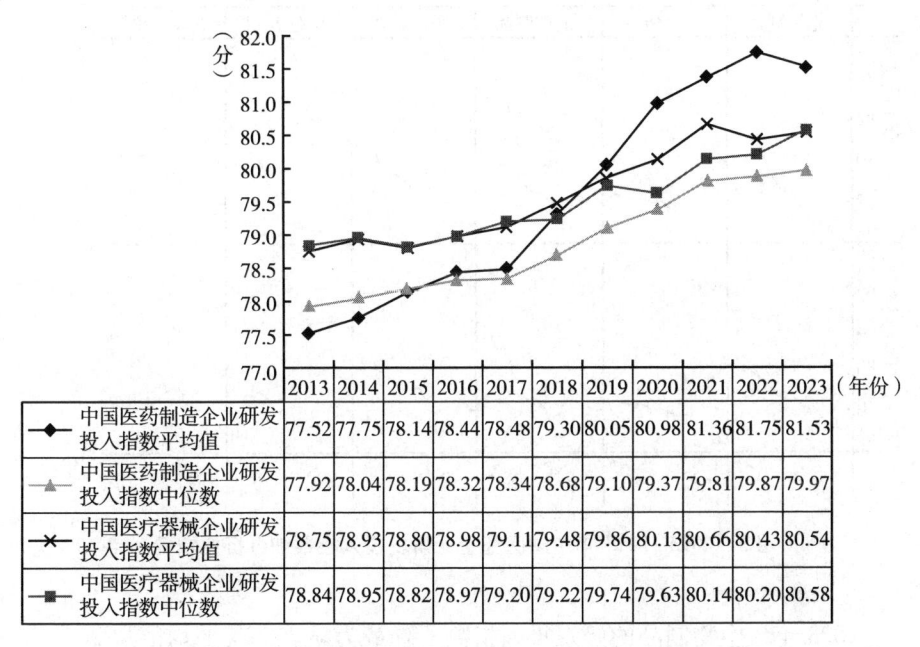

	2013	2014	2015	2016	2017	2018	2019	2020	2021	2022	2023
中国医药制造企业研发投入指数平均值	77.52	77.75	78.14	78.44	78.48	79.30	80.05	80.98	81.36	81.75	81.53
中国医药制造企业研发投入指数中位数	77.92	78.04	78.19	78.32	78.34	78.68	79.10	79.37	79.81	79.87	79.97
中国医疗器械企业研发投入指数平均值	78.75	78.93	78.80	78.98	79.11	79.48	79.86	80.13	80.66	80.43	80.54
中国医疗器械企业研发投入指数中位数	78.84	78.95	78.82	78.97	79.20	79.22	79.74	79.63	80.14	80.20	80.58

图4 2013~2023年中国医药企业研发投入指数二级行业情况

2023年，中国医药制造企业研发投入指数平均值从2022年的81.75分下降至81.53分，下降0.22分（降幅为0.27%）；中国医疗器械企业研发投入指数平均值从2022年的80.43分增长至2023年的80.54分，增长了0.11分（增长率0.14%）。

（2）细分行业分析

①医药制造下的细分行业分析

中国医药制造企业研发投入指数的增长趋势在医药制造下属三大细分行业中均有所体现（见图5）。2013~2023年，生物制品的研发投入指数平均值从77.20分增长至83.73分，增加6.53分（增长率为8.46%）；其次是化学制药，其研发投入指数平均值从 77.68 分增长至 81.34 分，增加 3.66 分（增长率为 4.71%）；最后是中药，其研发投入指数平均值从 77.48 分微增至 78.16 分，增加 0.68 分（增长率为 0.88%）。

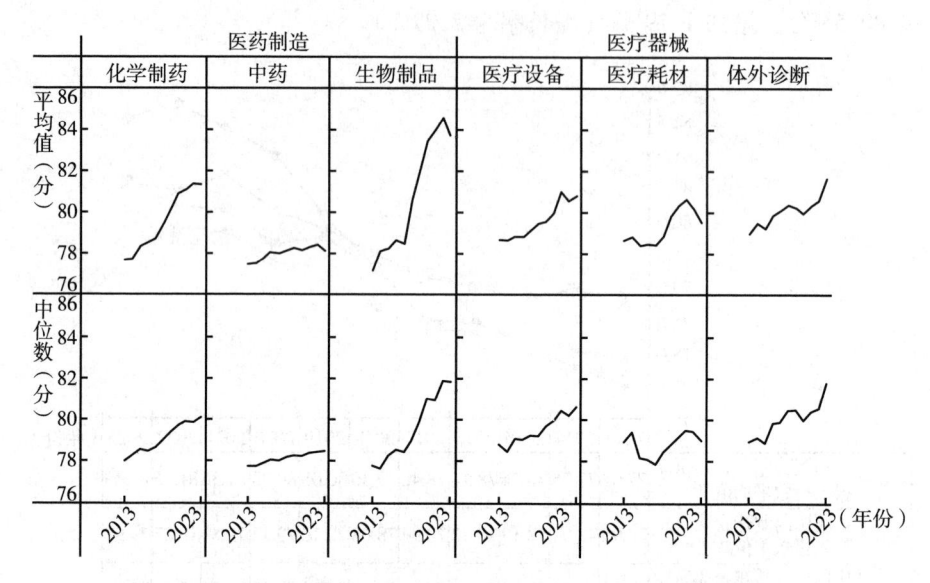

图 5　2013~2023 年中国医药企业研发投入指数细分行业情况

2023 年，生物制品的研发投入指数下降最为显著，其平均值从 2022 年的 84.52 分下降至 2023 年的 83.73 分，下降 0.79 分（降幅为 0.93%）；其次是中药，其研发投入指数平均值从 78.42 分下降至 78.16 分，下降 0.26 分（降幅为 0.33%）；最后是化学制药，其研发投入指数平均值从 81.38 分下降至 81.34 分，下降 0.04 分（降幅为 0.05%）。

②医疗器械下的细分行业分析

2013~2023 年，体外诊断的研发投入指数增长尤为显著，其平均值从 79.00 分增长至 81.65 分，增加 2.65 分（增长率为 3.35%）；其次是医疗设备，其研发投入指数平均值从 78.68 分增长至 80.78 分，增加 2.10 分（增长率为 2.67%）；最后是医疗耗材，其研发投入指数平均值从 78.68 分增长至 79.56 分，增加 0.88 分（增长率为 1.12%）。

2023 年，医疗设备和体外诊断的研发投入指数平均值均有所上升，医疗耗材研发投入指数平均值却有所下降。体外诊断的研发投入指数平均值增长尤为显著，从2022年的80.56分增长至2023年的81.65分，增加1.09分（增长率为1.35%）；其次是医疗设备，其研发投入指数平均值从2022年的80.58分增长至2023年的80.78分，增加0.20分（增长率0.25%）；最后是医疗耗材，其研发投入指数平均值从2022年的80.21分下降至2023年的79.56分，下降0.65分（降幅为0.81%）。

3. 上市地分析

2013~2023年，除北交所外，其他各上市地的中国医药企业研发投入指数整体呈波动上升趋势（见图6）。其中，港交所上市企业的研发投入指数平均值从2013年的78.15分增长至2023年的84.99分，增加6.84分（增长率为8.75%）；其次为上交所，其上市企业的研发投入指数平均值从77.53分增长至82.06分，增加4.53分（增长率为5.84%），美股和深交所上市企业的研发投入指数平均值分别增加2.39分（增长率为3.03%）与1.92分（增长率为2.47%）位列第三和第四。然而，北交所从2021年的80.29分下降至2023年的80.15分，下降0.14分（降幅为0.17%）。

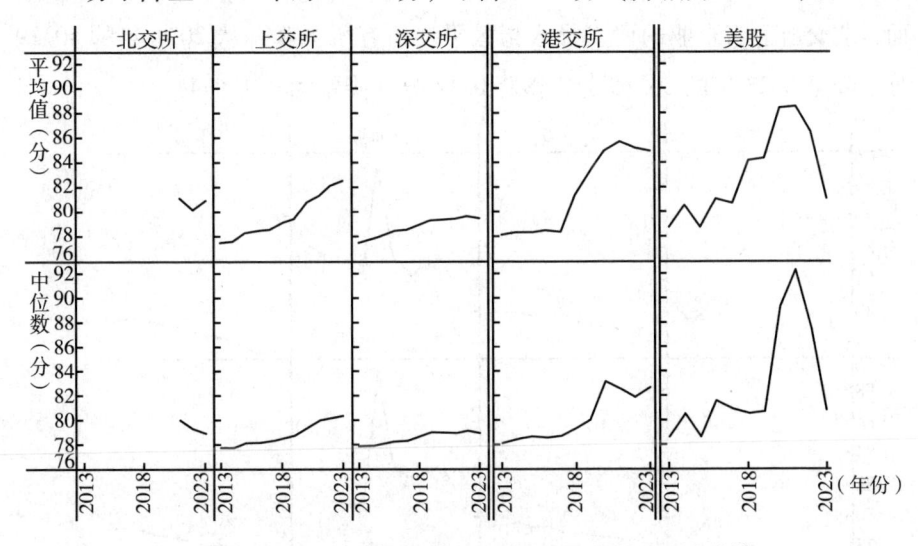

图6 2013~2023年中国医药企业研发投入指数各上市地情况

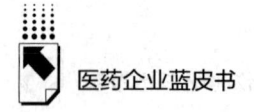

2023年，除北交所和上交所外，其他各上市地的中国医药企业研发投入指数均呈下降趋势。其中，美股下降最为显著，其上市企业的研发投入指数平均值从2022年86.54分下降至2023年的81.14分，下降5.40分（降幅为6.24%）；港交所位列第二，其上市企业的研发投入指数平均值下降0.26分（降幅为0.30%）；深交所位列第三，其上市企业的研发投入指数平均值下降0.09分（降幅为0.11%）。然而，北交所和上交所上市企业的研发投入指数平均值分别增加0.91分（增长率为1.15%）和0.20分（增长率为0.24%）。

4. 内地上市板块分析

2013~2023年，除北交所外，其他各内地上市板块的中国医药企业研发投入指数总体呈波动上升趋势（见图7）。其中，科创板增长最为显著，其上市企业的研发投入指数平均值从2013年的81.95分增长至2023年的84.45分，增加2.50分（增长率为3.05%）；主板位列第二，其上市企业的研发投入指数平均值从2013年的77.30分增长至2023年的79.38分，增加2.08分（增长率为2.69%）；创业板位列第三，其上市企业的研发投入指数平均值从78.95分增长至79.84分，增加0.89分（增长率为1.13%）。然而，北交所上市企业的研发投入指数平均值有所下降，从2021年的80.29分下降至2023年的80.15分，微降0.14分（降幅为0.17%）。

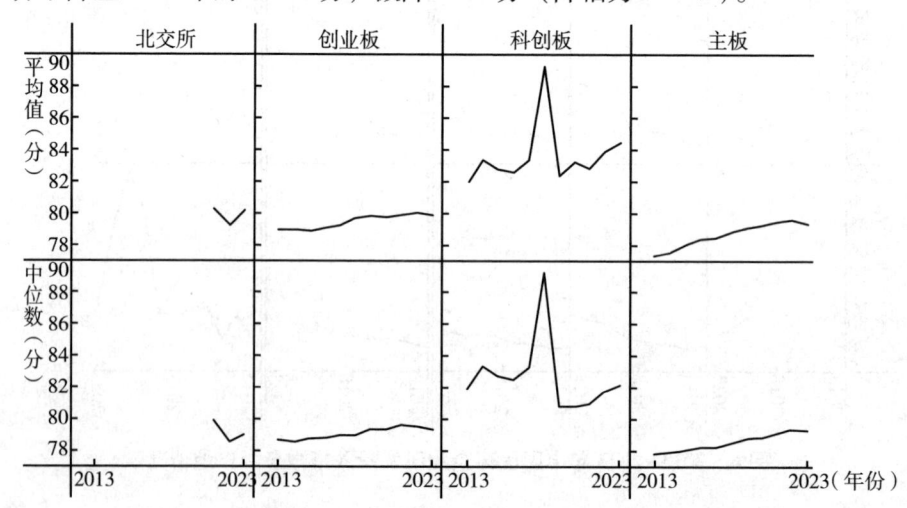

图7 2013~2023年中国医药企业研发投入指数内地各上市板块情况

2023年，中国医药企业研发投入指数的变化趋势在不同的内地上市板块表现有所不同，北交所和科创板上市企业的研发投入指数平均值均呈上升趋势，主板和创业板上市企业的研发投入指数平均值均呈下降趋势。其中，北交所增长显著，其上市企业的研发投入指数平均值从2022年的79.24分增长至2023年的80.15分，增加0.91分（增长率为1.15%）；其次是科创板，其上市企业的研发投入指数平均值从83.85分增长至84.45分，增加0.60分（增长率为0.72%）。然而，主板和创业板上市企业研发投入指数平均值分别下降0.21分（降幅为0.26%）和0.17分（降幅为0.21%）。

（二）横截面分析

1. 行业分析

（1）二级行业分析

在深入分析医药制造和医疗器械行业的研发投入状况时，本报告发现，中国医药制造企业研发投入指数的平均值（81.53分）高于中国医疗器械企业研发投入指数的平均值（80.54分），这主要是因为医药制造企业的高分位数（75%分位数、95%分位数和最大值）表现均优于对应的医疗器械企业（见图8）。

（2）细分行业分析

2023年，在各细分行业中，生物制品行业研发投入指数位列榜首，其平均值为83.73分；体外诊断行业排名第二，其研发投入指数平均值为81.65分；化学制药行业位列第三，其研发投入指数平均值为81.34分；医疗设备行业位列第四，其研发投入指数平均值为80.78分；医疗耗材和中药行业分别以79.56分和78.16分紧随其后（见图9）。

从各细分行业研发投入指数的离散程度来看，生物制品行业的离散程度最大，其区间长度为37.12分；化学制药行业位列第二，其区间长度为36.81分；医疗耗材行业位列第三，其区间长度为36.09分；中药行业位列第四，其区间长度为23.24分；医疗设备行业位列第五，其区间长度为21.60分；体外诊断居于末位，其区间长度为13.47分。

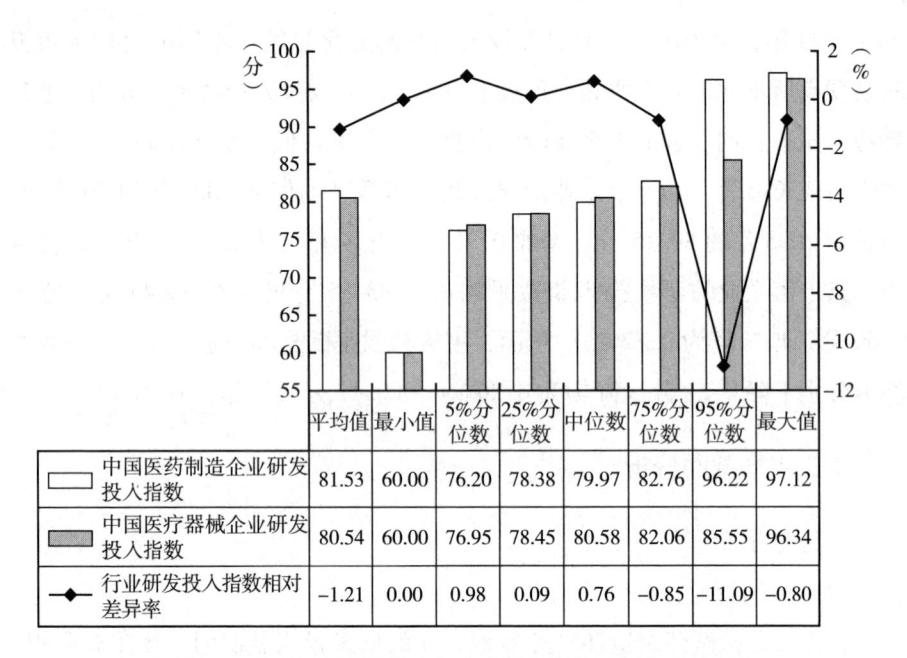

	平均值	最小值	5%分位数	25%分位数	中位数	75%分位数	95%分位数	最大值
中国医药制造企业研发投入指数	81.53	60.00	76.20	78.38	79.97	82.76	96.22	97.12
中国医疗器械企业研发投入指数	80.54	60.00	76.95	78.45	80.58	82.06	85.55	96.34
行业研发投入指数相对差异率	-1.21	0.00	0.98	0.09	0.76	-0.85	-11.09	-0.80

图8 2023年中国医药企业研发投入指数二级行业情况

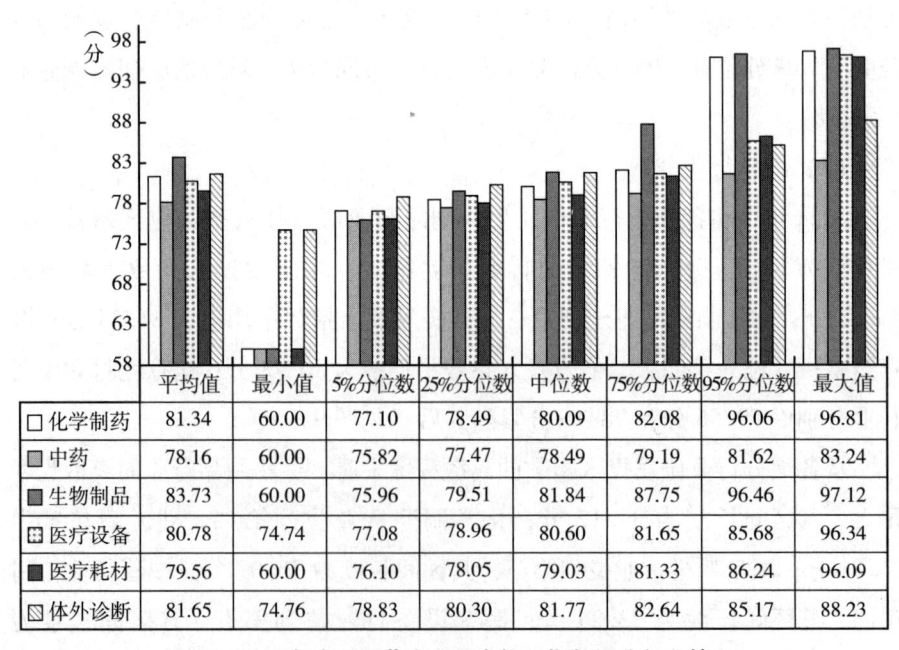

	平均值	最小值	5%分位数	25%分位数	中位数	75%分位数	95%分位数	最大值
化学制药	81.34	60.00	77.10	78.49	80.09	82.08	96.06	96.81
中药	78.16	60.00	75.82	77.47	78.49	79.19	81.62	83.24
生物制品	83.73	60.00	75.96	79.51	81.84	87.75	96.46	97.12
医疗设备	80.78	74.74	77.08	78.96	80.60	81.65	85.68	96.34
医疗耗材	79.56	60.00	76.10	78.05	79.03	81.33	86.24	96.09
体外诊断	81.65	74.76	78.83	80.30	81.77	82.64	85.17	88.23

图9 2023年中国医药企业研发投入指数细分行业情况

从各细分行业研发投入指数的最大值来看，生物制品行业位列榜首，其研发投入指数的最大值为 97.12 分；化学制药行业以 96.81 分位列第二；医疗设备行业和医疗耗材行业分别以 96.34 分和 96.09 分紧随其后，体外诊断行业和中药行业分别位列第五和第六。

2. 上市地分析

2023 年，在各上市地中，港交所的中国医药企业研发投入指数平均值位列榜首，为 84.99 分；上交所的中国医药企业研发投入指数平均值位列第二，为 82.06 分；美股的中国医药企业研发投入指数平均值位列第三，为 81.14 分；北交所的中国医药企业研发投入指数平均值位列第四，为 80.15 分；深交所的中国医药企业研发投入指数平均值居于末位，为 79.69 分（见图 10）。从各上市地中国医药企业研发投入指数的离散程度来看，港交所、美股、上交所和深交所的区间长度相差不大。对于各上市地中国医药企业研发投入指数的最大值而言，港交所和美股并列第一，为 97.12 分；上交所位列第三，为 97.10 分；深交所（96.13 分）和北交所（96.12 分）紧随其后。

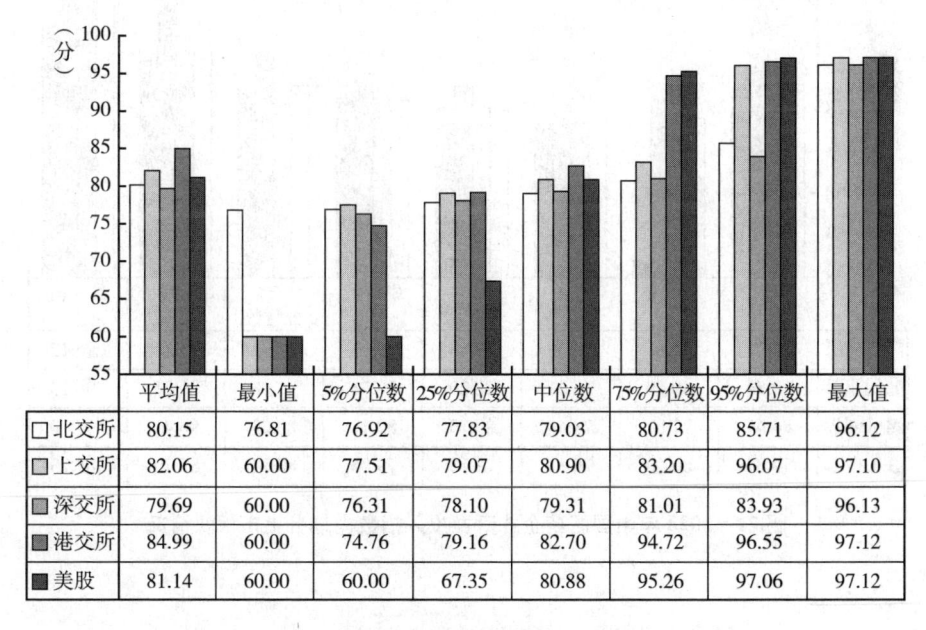

	平均值	最小值	5%分位数	25%分位数	中位数	75%分位数	95%分位数	最大值
北交所	80.15	76.81	76.92	77.83	79.03	80.73	85.71	96.12
上交所	82.06	60.00	77.51	79.07	80.90	83.20	96.07	97.10
深交所	79.69	60.00	76.31	78.10	79.31	81.01	83.93	96.13
港交所	84.99	60.00	74.76	79.16	82.70	94.72	96.55	97.12
美股	81.14	60.00	60.00	67.35	80.88	95.26	97.06	97.12

图 10 2023 年中国医药企业研发投入指数各上市地情况

3. 内地上市板块分析

2023年，在内地各上市板块中，科创板的中国医药企业研发投入指数平均值位列榜首，为84.45分；北交所的中国医药企业研发投入指数平均值位列第二，为80.15分；创业板的中国医药企业研发投入指数平均值位列第三，为79.84分，主板的中国医药企业研发投入指数平均值位列第四，为79.38分（见图11）。从各内地上市板块中国医药企业研发投入指数的离散程度来看，创业板离散程度最大，其区间长度为36.13分；主板位列第二，其区间长度为28.23分；北交所位列第三，其区间长度为19.31分；科创板居于末位，其区间长度为19.23分。从各内地上市板块中国医药企业研发投入指数的最大值来看，科创板位列第一，为97.10分；创业板位列第二，为96.13分；北交所紧随其后，为96.12分；主板以88.23分紧随其后。

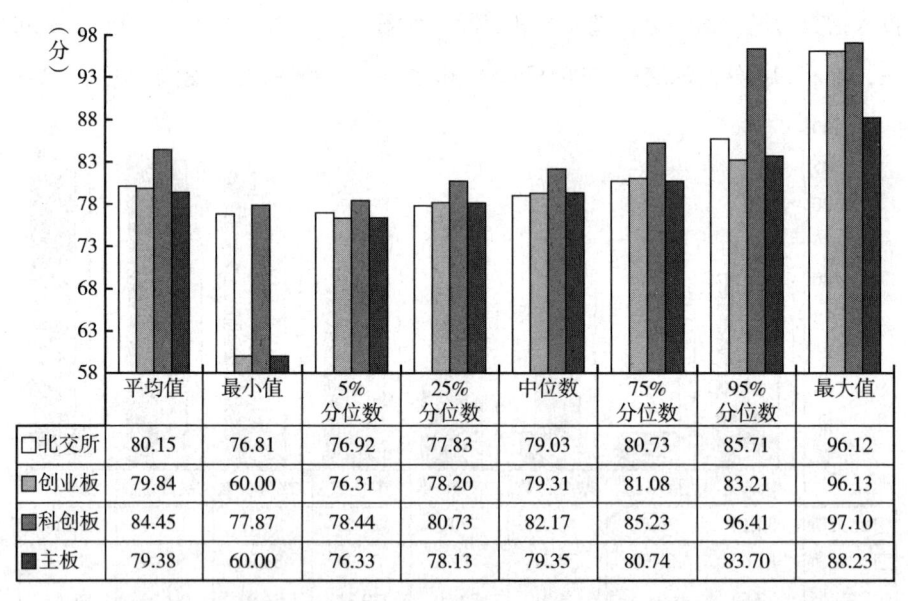

（分）	平均值	最小值	5%分位数	25%分位数	中位数	75%分位数	95%分位数	最大值
北交所	80.15	76.81	76.92	77.83	79.03	80.73	85.71	96.12
创业板	79.84	60.00	76.31	78.20	79.31	81.08	83.21	96.13
科创板	84.45	77.87	78.44	80.73	82.17	85.23	96.41	97.10
主板	79.38	60.00	76.33	78.13	79.35	80.74	83.70	88.23

图11 2023年中国医药企业研发投入指数内地各上市板块情况

三　中国医药企业研发投入指数百强概览与分析

（一）中国医药企业研发投入指数百强概览

在2023年中国医药企业研发投入指数百强榜单中，再鼎医药-SB位列榜首，君实生物、天境生物、迪哲医药、基石药业-B、亚盛医药-B、益方生物、德琪医药-B、智翔金泰和云顶新耀-B 9家企业依次位列其后（见表2）。

表2　2023年中国医药企业研发投入指数百强

企业名称	研发投入指数		研发指数排名	总分指数排名差异
	2023年排名	较上年变动		
再鼎医药-SB	1	+33 ↑	65	64
君实生物	2	+1 ↑	28	26
天境生物	3	NEW	70	67
迪哲医药	4	+151 ↑	10	6
基石药业-B	5	+4 ↑	89	84
亚盛医药-B	6	+1 ↑	35	29
益方生物	7	+167 ↑	72	65
德琪医药-B	8	+5 ↑	116	108
智翔金泰	9	NEW	146	137
云顶新耀-B	10	-6 ↓	112	102
荣昌生物	11	+7 ↑	55	44
诺诚健华-B	12	+3 ↑	78	66
百奥泰	13	+6 ↑	17	4
迈威生物	14	-2 ↓	49	35
微创机器人-B	15	-1 ↓	66	51
盟科药业	16	+12 ↑	115	99
宜明昂科-B	17	NEW	102	85
乐普生物-B	18	-8 ↓	95	77
加科思-B	19	-8 ↓	86	67
药明巨诺-B	20	+1 ↑	135	115
康宁杰瑞制药-B	21	-5 ↓	126	105

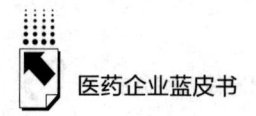

续表

企业名称	研发投入指数		研发指数排名	总分指数排名差异
	2023年排名	较上年变动		
舒泰神	22	+17 ↑	46	24
康乐卫士	23	NEW	172	149
启明医疗-B	24	+452 ↑	19	−5
康希诺	25	+10 ↑	137	112
天演药业	26	−20 ↓	179	153
百利天恒	27	NEW	123	96
亚虹医药	28	−3 ↓	79	51
泽璟制药	29	−7 ↓	56	27
石药集团	30	+46 ↑	20	−10
首药控股	31	−5 ↓	103	72
歌礼制药-B	32	−8 ↓	63	31
华领医药-B	33	−4 ↓	157	124
前沿生物	34	−7 ↓	185	151
迈博药业-B	35	−2 ↓	152	117
科兴生物	36	+13 ↑	107	71
百济神州	37	−36 ↓	11	−26
微芯生物	38	+3 ↑	74	36
科伦博泰生物-B	39	NEW	87	48
广生堂	40	+4 ↑	73	33
神州细胞	41	−18 ↓	106	65
百奥赛图-B	42	−25 ↓	77	35
天智航	43	−5 ↓	29	−14
金斯瑞生物科技	44	−4 ↓	120	76
艾美疫苗	45	+5 ↑	191	146
和铂医药-B	46	−15 ↓	166	120
微创医疗	47	−45 ↓	37	−10
贝达药业	48	−5 ↓	6	−42
达安基因	49	+53 ↑	9	−40
奥赛康	50	−5 ↓	147	97
欧康维视生物-B	51	−21 ↓	156	105
信达生物	52	−15 ↓	3	−49
赛诺医疗	53	−21 ↓	44	−9
翰宇药业	54	+12 ↑	159	105
双鹭药业	55	+7 ↑	62	7

续表

企业名称	研发投入指数 2023年排名	研发投入指数 较上年变动	研发指数排名	总分指数排名差异
江宇制药	56	+11 ↑	84	28
恒瑞医药	57	−4 ↓	1	−56
博安生物	58	−22 ↓	131	73
信立泰	59	+2 ↑	5	−54
华大智造	60	+8 ↑	30	−30
欧林生物	61	−10 ↓	176	115
康方生物-B	62	−54 ↓	216	154
四环医药	63	−15 ↓	15	−48
微电生理	64	−4 ↓	33	−31
三生国健	65	−13 ↓	169	104
硕世生物	66	+193 ↑	105	39
万泰生物	67	+24 ↑	145	78
先声药业	68	−12 ↓	83	15
嘉和美康	69	+6 ↑	234	165
东方生物	70	+93 ↑	52	−18
海思科	71	−16 ↓	34	−37
科兴制药	72	+49 ↑	266	194
复旦张江	73	−2 ↓	227	154
翰森制药	74	−5 ↓	50	−24
沃森生物	75	−12 ↓	173	98
复宏汉霖-B	76	−34 ↓	163	87
成大生物	77	+10 ↑	335	258
诺唯赞	78	+60 ↑	324	246
纳微科技	79	+37 ↑	139	60
长春高新	80	−1 ↓	68	−12
联影医疗	81	−8 ↓	39	−42
先健科技	82	+385 ↑	58	−24
甘李药业	83	−36 ↓	217	134
佰仁医疗	84	+38 ↑	350	266
心脉医疗	85	+1 ↑	242	157
复星医药	86	−12 ↓	16	−70
圣湘生物	87	+121 ↑	117	30
苑东生物	88	−16 ↓	38	−50
睿昂基因	89	+53 ↑	220	131

续表

企业名称	研发投入指数		研发指数排名	总分指数排名差异
	2023年排名	较上年变动		
博瑞医药	90	-10 ↓	82	-8
宣泰医药	91	-27 ↓	129	38
海特生物	92	+22 ↑	267	175
热景生物	93	+133 ↑	235	142
近岸蛋白	94	+91 ↑	279	185
天士力	95	+8 ↑	47	-48
百普赛斯	96	-19 ↓	355	259
健友股价	97	+46 ↑	214	117
乐普医疗	98	-8 ↓	248	150
康辰药业	99	+16 ↑	219	120
迈瑞医疗	100	-18 ↓	21	-79

注：总分指数排名差异＝研发指数排名－成分指数排名，差异为正则说明企业在成分指数方面表现更好，差异为负则说明企业在研发指数方面表现较好。

从2023年中国医药企业研发投入指数百强来看，较2022年，进步位次最多的企业是启明医疗-B（452个位次），先健科技紧随其后（385个位次），硕世生物（193个位次）、益方生物（167个位次）和迪哲医药（151个位次）在研发投入指数排名上亦有显著进步。

值得注意的是，部分企业在研发投入指数上的排名显著优于其在研发指数上的排名，尤其是佰仁医疗、百普赛斯、成大生物和诺唯赞，在研发投入指数上的排名分别高出其研发指数排名266个位次、259个位次、258个位次和246个位次，可见这些企业在研发领域的投入力度较大。

（二）中国医药研发投入指数百强分析

1. 行业分析

2023年，中国医药企业研发投入指数百强所属行业情况如表3所示。从企业数量来看，医药制造行业位列第一，医疗器械行业位列第二。在医药制造行业中，生物制品行业居于首位，化学制药行业暂居其后，中药行业位列第三；在医疗器械行业中，医疗耗材位列第一，医疗设备和体外诊断行业均位列第二。

表3 2023年中国医药企业研发投入指数百强所属行业情况

所属行业	研发投入指数百强		其他企业		全部企业		行业研发投入指数百强企业数量比例与该行业样本企业数量比例的差异（个百分点）	行业研发投入指数百强企业数量占该行业样本企业数量的比例（百强入选率，%）
	数量（家）	占比（%）	数量（家）	占比（%）	数量（家）	占比（%）		
医药制造	80	80.00	266	67.68	346	70.18	9.82	23.12
化学制药	33	33.00	134	34.10	167	33.87	−0.87	19.76
中药	1	1.00	64	16.28	65	13.18	−12.18	1.54
生物制品	46	46.00	68	17.30	114	23.12	22.88	40.35
医疗器械	20	20.00	127	32.32	147	29.82	−9.82	13.61
医疗设备	6	6.00	47	11.96	53	10.75	−4.75	11.32
医疗耗材	8	8.00	48	12.21	56	11.36	−3.36	14.29
体外诊断	6	6.00	32	8.14	38	7.71	−1.71	15.79
合计	100	100	393	100	493	100.00	—	—

从百强入选率来看，医药制造行业仍位列第一，医疗器械行业位列第二。在医药制造行业中，生物制品行业居于首位，化学制药行业位列第二，中药行业居于末位；在医疗器械行业中，体外诊断行业位列第一，医疗耗材行业和医疗设备行业紧随其后，分别位列第二和第三。

2. 上市地分析

2023年，从企业数量来看，上交所位列榜首，港交所位列第二，深交所位列第三，美股和北交所分别位列第四和第五。从百强入选率来看，港交所夺得桂冠，美股紧随其后，上交所位列第三，深交所和北交所分别位列第四和第五（见表4）。

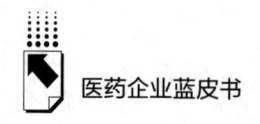

表4 2023年中国医药企业研发投入指数百强所属上市地情况

单位：家，%

所属上市地	研发投入指数百强		全部企业		上市地研发投入指数百强企业数量占该上市地样本企业数量的比例（百强入选率）
	数量	占比	数量	占比	
北交所	1	1.00	16	3.25	6.25
上交所	50	50.00	193	39.15	25.91
深交所	15	15.00	209	42.39	7.18
港交所	39	39.00	78	15.82	50.00
美股	5	5.00	11	2.23	45.45

3. 内地上市板块分析

2023年，从企业数量来看，科创板位列第一，主板位列第二，创业板位列第三，北交所居于末位。从百强入选率来看，排名略有变化，科创板仍以压倒性优势居于榜首，创业板位列第二，主板位列第三，北交所仍居于末位（见表5）。

表5 2023年中国医药企业研发投入指数百强所属内地上市板块情况

单位：家，%

所属内地上市板块	研发投入指数百强		全部企业		内地上市板块研发投入指数百强企业数量占该上市板块样本企业数量的比例（百强入选率）
	数量	占比	数量	占比	
北交所	1	1.00	16	3.25	6.25
创业板	9	9.00	120	24.34	7.50
科创板	43	43.00	103	20.89	41.75
主板	13	13.00	179	36.31	7.26

4. 实际运营地分析

（1）区域分析

从区域层面来分析2023年中国医药企业研发投入指数百强，无论是从研发投入指数总和、百强入选率、研发投入指数平均值还是从企业数量的角度来看，东部地区均名列前茅，西部地区表现较好，中部地区和东北地区有待进一步提高（见表6）。

表6　2023年中国医药企业研发投入指数百强所属区域分析

所属区域	研发投入指数百强				该区域样本企业数量（家）	占该区域样本企业数量的比例（%）	区域研发投入百强贡献比例与该区域样本企业数量比例差异（个百分点）	区域研发投入指数百强企业数量占该区域样本企业数量的比例（%）
	平均值（分）	总和（分）	企业数量（家）	占比（%）				
东部	90.13	7931.02	88	88.00	351	71.20	16.80	25.07
西部	88.96	711.71	8	8.00	64	12.98	−4.98	12.50
中部	83.49	166.98	2	2.00	60	12.17	−10.17	3.33
东北	84.34	168.68	2	2.00	18	3.65	−1.65	11.11
合计	—	—	100	100	493	100	—	—

（2）区域集群分析

从区域集群层面来分析2023年中国医药企业研发投入指数百强，无论是从研发投入指数总和还是从企业数量来看，长江经济带下游（长三角地区）均名列前茅，京津冀地区和粤港澳大湾区表现较好。从百强入选率来看，京津冀地区表现优异，长江经济带下游（长三角地区）和长江经济带上游取得较好成绩。从研发投入指数平均值来看，长江经济带下游（长三角地区）名列前茅，东部其他地区和京津冀地区表现较好（见表7）。

表7　2023年中国医药企业研发投入指数百强企业分析所属区域集群分析

区域集群排名	区域集群	研发投入指数百强				研发投入指数百强企业数量占该区域集群样本企业数量的比例（百强入选率，%）
		平均值（分）	总和（分）	企业数量（家）	占比（%）	
1	长江经济带下游（长三角地区）	90.81	4449.53	49	49.00	27.37
2	京津冀地区	89.61	2329.98	26	26.00	33.77
3	粤港澳大湾区	87.91	791.19	9	9.00	16.36
4	长江经济带上游	89.51	626.60	7	7.00	18.92
5	东部其他地区	90.08	360.33	4	4.00	9.09
6	东北地区	84.34	168.68	2	2.00	10.53
7	长江经济带中游	83.49	166.98	2	2.00	5.00
8	西部其他地区	85.11	85.11	1	1.00	3.85
	合计	—	—	100	100.00	—

B.5
2023年中国医药企业研发成果指数报告

姚立杰 刘 庆*

摘 要： 本报告系统分析了2013~2023年中国医药企业研发成果指数的发展趋势，并对2023年的详细情况进行了深入而全面地分析。研究发现，2013~2023年，中国医药企业研发成果指数总体呈现上升态势，特别是行业内的领军企业，在研发成果指数的增速上表现亮眼。这一增长趋势在医药制造与医疗器械这两大核心领域均有所体现，且医药制造领域的研发成果指数增长幅度大于医疗器械领域。进一步分析细分行业，发现医疗设备、化学制药以及中药这三大细分行业在研发成果指数上的增长尤为显著，位居细分行业前列。2023年，研究发现中国医药企业研发成果指数出现轻微回调，其中头部企业研发成果指数的下降引人关注，这一下降趋势主要是医疗器械领域研发成果指数下滑，特别是体外诊断行业研发成果指数出现大幅下降所致。与之形成鲜明对比的是，2023年医药制造领域的研发成果指数继续保持增长趋势。

关键词： 研发成果 医药企业 上市地 上市板块

---

* 姚立杰，博士，北京交通大学经济管理学院教授、博士生导师、高质量发展研究院院长、中国医药会计学会副秘书长、中国价格协会医药价格专委会副秘书长、北京产业经济学会副秘书长，主要研究方向为绩效评价和数智财税；刘庆，北京交通大学经济管理学院硕士研究生，研究方向创新评价和数智财税。

一 中国医药企业研发成果指数概览

2013~2023年，中国医药企业研发成果指数总体呈波动上升趋势，体现出该行业对研发成果产出的重视。从时间序列来看，中国医药企业研发成果指数的波动趋势在平均值和中位数上均有所体现，研发成果指数的离散程度也呈波动增长趋势，体现出行业内企业之间的差异呈扩大趋势。过去十一年间，医药制造和医疗器械这两个二级行业的中国医药企业研发成果指数均有所提升。在细分行业中，化学制药行业和医疗设备行业表现突出。从上市地和内地上市板块来看，深交所和科创板表现优异。此外，2023年，医疗器械行业的研发成果指数平均值高于医药制造行业。在细分行业中，体外诊断行业的研发指数平均值位居榜首，而化学制药行业的离散程度最大。从上市地和内地上市板块来看，上交所和主板在研发成果指数方面表现优异。

二 中国医药企业研发成果指数分析

（一）时间序列分析

1. 概览

2013~2023年，中国医药企业研发成果指数总体呈增长趋势，这在平均值和中位数上均有所体现（见图1）。其中，平均值从2013年的62.84分增长至2023年的64.22分，增加1.38分（增长率为2.20%）；中位数从2013年的62.06分增长至2023年的62.51分，增加0.45分（增长率为0.73%）。2023年，中国医药企业研发成果指数呈下降趋势，这在平均值和中位数上均有所体现。其中，平均值从2022年的64.98分下降至2023年的64.22分，下降0.76分（降幅为1.17%）；中位数从2022年的63.12分下降至2023年的62.51分，下降0.61分（降幅为0.97%）。

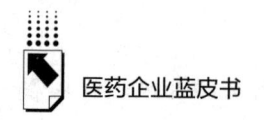

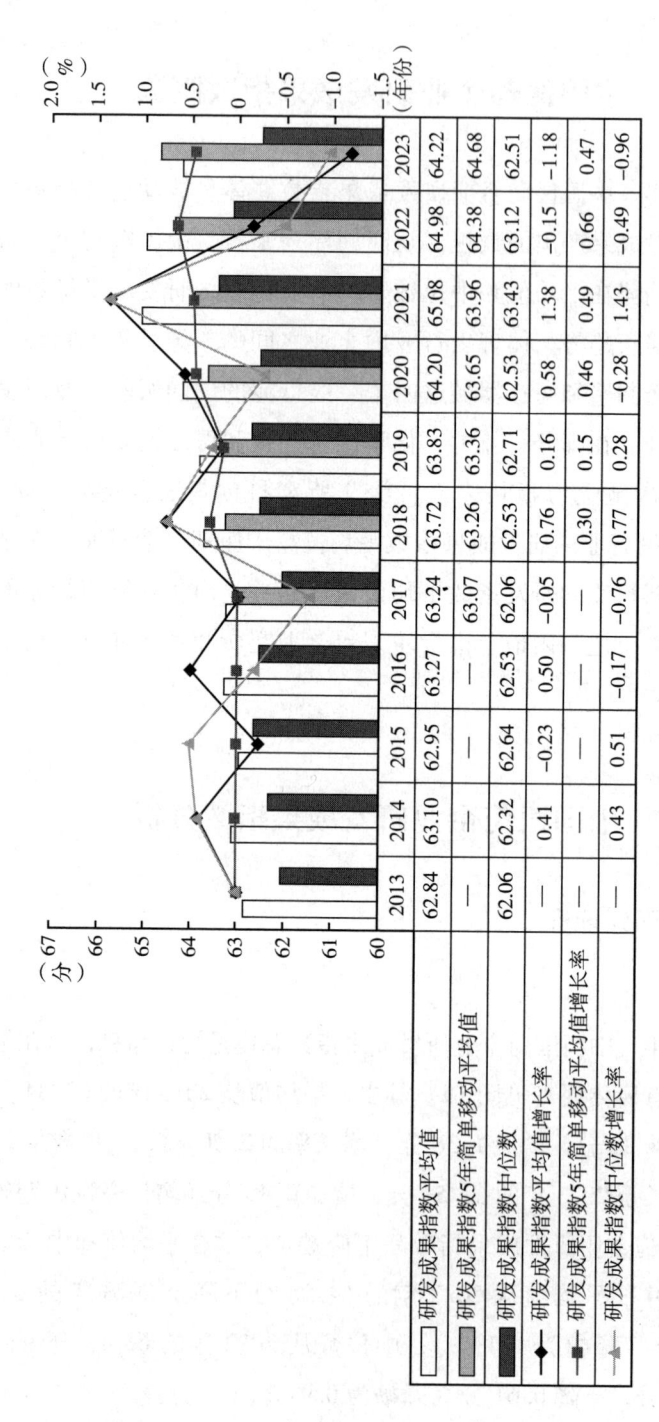

	2013	2014	2015	2016	2017	2018	2019	2020	2021	2022	2023
研发成果指数平均值	62.84	63.10	62.95	63.27	63.24	63.72	63.83	64.20	65.08	64.98	64.22
研发成果指数5年简单移动平均值	—	—	—	—	—	63.26	63.36	63.65	63.96	64.38	64.68
研发成果指数中位数	62.06	62.32	62.64	62.53	62.06	62.53	62.71	62.53	63.43	63.12	62.51
研发成果指数平均值增长率	—	0.41	-0.23	0.50	-0.05	0.76	0.16	0.58	1.38	-0.15	-1.18
研发成果指数5年简单移动平均值增长率	—	—	—	—	—	0.30	0.15	0.46	0.49	0.66	0.47
研发成果指数中位数增长率	—	0.43	0.51	-0.17	-0.76	0.77	0.28	-0.28	1.43	-0.49	-0.96

图 1 2013~2023 年中国医药企业研发成果指数情况

中国医药企业研发成果指数的离散程度总体呈扩大趋势（见表1）。中国医药企业研发成果指数的区间长度从2013年的13.73分波动增长至2023年的33.13分，增加19.40分（增长率为141.30%）。2023年，中国医药企业研发成果指数的离散程度仍呈扩大趋势，区间长度从2022年的30.86分增长至2023年的33.13分，增加2.27分（增长率为7.36%）。

表1 2013~2023年中国医药企业研发成果指数分布区间

年份	最大值	75%分位数	中位数	25%分位数	最小值	四分位距	区间长度
2013	73.73	64.06	62.06	61.16	60.00	2.90	13.73
2014	78.55	64.23	62.32	61.16	60.00	3.07	18.55
2015	73.09	64.25	62.64	61.16	60.00	3.09	13.09
2016	78.91	64.48	62.53	61.16	60.00	3.31	18.91
2017	84.85	64.37	62.06	60.73	60.00	3.64	24.85
2018	80.26	65.33	62.53	61.16	60.00	4.17	20.26
2019	86.70	65.29	62.71	61.16	60.00	4.13	26.70
2020	87.54	65.92	62.53	61.16	60.00	4.76	27.54
2021	90.30	67.13	63.43	61.47	60.00	5.67	30.30
2022	90.86	67.02	63.12	61.17	60.00	5.84	30.86
2023	93.13	65.81	62.51	60.73	60.00	5.01	33.13

注：四分位距，即75%分位数减去25%分位数；区间长度，即最大值减去最小值。

为深入分析中国医药企业研发成果指数的变化趋势，本报告对各分位数的具体表现进行了深入分析（见图2）。2013~2023年，中国医药企业研发成果指数的增长在除5%分位数和25%分位数以外的其他分位数中均有所体现，95%分位数的增长最为显著，其从2013年的68.35分增长至2023年的73.93分，增加5.58分（增长率为8.16%）。2023年，中国医药企业研发成果指数的下降在除5%分位数以外的其他分位数中均有所体现，尤其是95%分位数下降最为显著，下降2.84分（降幅为3.70%）。

本报告计算了中国医药企业研发成果指数5年简单移动平均值，如图3所示。2017~2023年，中国医药企业研发成果指数5年简单移动平

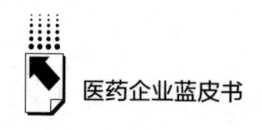

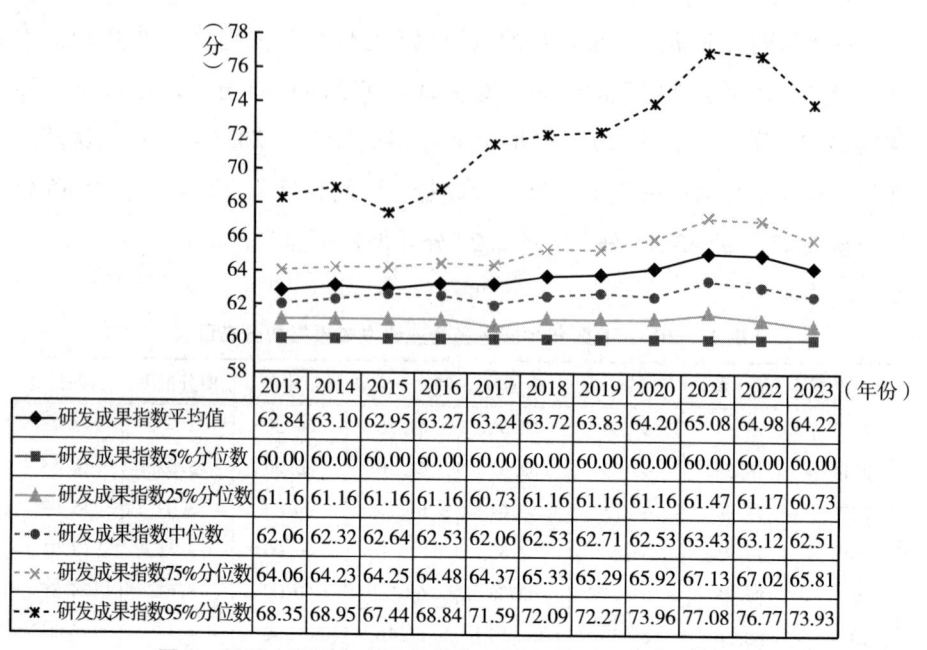

年份	2013	2014	2015	2016	2017	2018	2019	2020	2021	2022	2023
研发成果指数平均值	62.84	63.10	62.95	63.27	63.24	63.72	63.83	64.20	65.08	64.98	64.22
研发成果指数5%分位数	60.00	60.00	60.00	60.00	60.00	60.00	60.00	60.00	60.00	60.00	60.00
研发成果指数25%分位数	61.16	61.16	61.16	61.16	60.73	61.16	61.16	61.16	61.47	61.17	60.73
研发成果指数中位数	62.06	62.32	62.64	62.53	62.06	62.53	62.71	62.53	63.43	63.12	62.51
研发成果指数75%分位数	64.06	64.23	64.25	64.48	64.37	65.33	65.29	65.92	67.13	67.02	65.81
研发成果指数95%分位数	68.35	68.95	67.44	68.84	71.59	72.09	72.27	73.96	77.08	76.77	73.93

图 2 2013~2023 年中国医药企业研发成果指数分位数情况

均值及其离散程度总体均呈上升趋势，其平均值从 2017 年的 66.66 分增长至 2023 年的 69.72 分，增加 3.06 分（增长率为 4.59%），区间长度从 2017 年的 13.29 分增长至 2023 年的 28.52 分，增加 15.23 分（增长率为 114.60%）。

2023 年，中国医药企业研发成果指数 5 年简单移动平均值和离散程度呈现不同的变化趋势，平均值有所下降，离散程度却有所上升。其中，平均值从 2022 年的 70.47 分下降至 2023 年的 69.72 分，下降 0.75 分（降幅为 1.06%）；区间长度从 2022 年的 25.51 分增加至 2023 年的 28.52 分，增加 3.01 分（增长率为 11.80%）。

2. 行业分析

（1）二级行业分析

通过对中国医药企业研发成果指数进行深入分析，我们发现，无论是医药制造行业还是医疗器械行业，其研发成果指数均呈上升趋势（见图4）。中国医药制造企业研发成果指数的平均值从 2013 年的 62.40 分增长至 2023

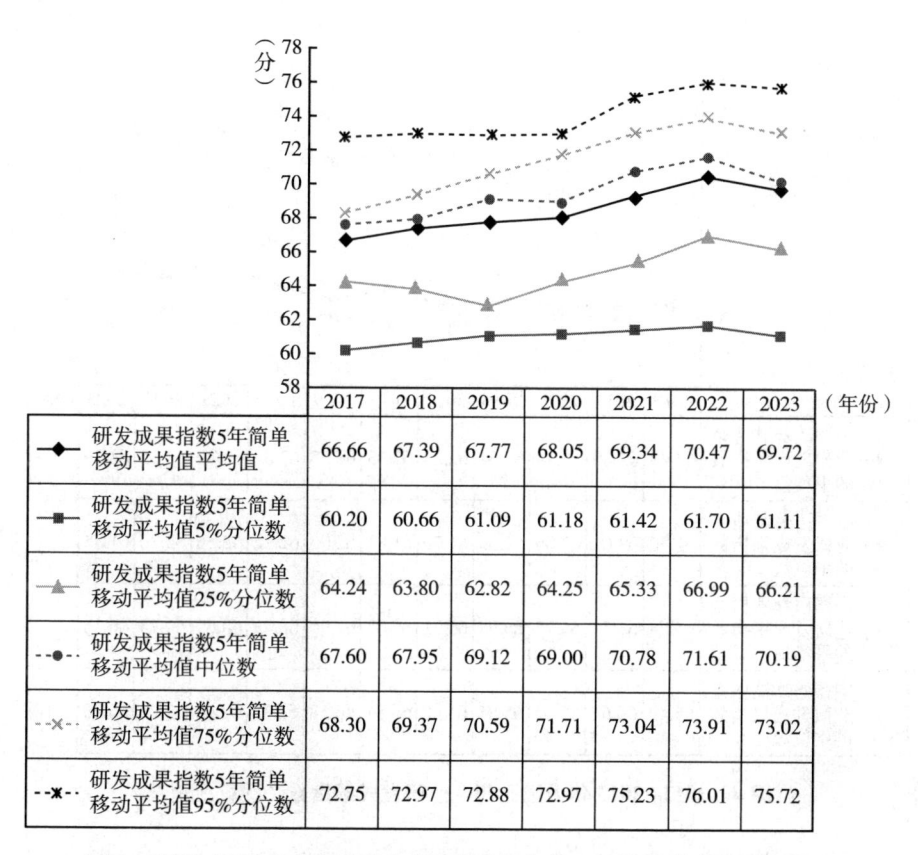

	2017	2018	2019	2020	2021	2022	2023
研发成果指数5年简单移动平均值平均值	66.66	67.39	67.77	68.05	69.34	70.47	69.72
研发成果指数5年简单移动平均值5%分位数	60.20	60.66	61.09	61.18	61.42	61.70	61.11
研发成果指数5年简单移动平均值25%分位数	64.24	63.80	62.82	64.25	65.33	66.99	66.21
研发成果指数5年简单移动平均值中位数	67.60	67.95	69.12	69.00	70.78	71.61	70.19
研发成果指数5年简单移动平均值75%分位数	68.30	69.37	70.59	71.71	73.04	73.91	73.02
研发成果指数5年简单移动平均值95%分位数	72.75	72.97	72.88	72.97	75.23	76.01	75.72

图3　2017~2023年中国医药企业研发成果指数5年简单移动平均值情况

年的63.39分，增加0.99分（增长率为1.59%），中国医疗器械企业研发成果指数的平均值从2013年的65.28分增长至2023年的66.16分，增加0.88分（增长率为1.35%）。

2023年，医药制造行业与医疗器械行业研发成果指数平均值变化趋势有所不同，医药制造行业研发成果指数平均值有所上升，医疗器械行业却有所下降。具体地，中国医药制造企业研发成果指数的平均值从2022年的63.15分增长至2023年的63.39分，增加0.24分（增长率为0.38%）；中国医疗器械企业研发成果指数的平均值从2022年的69.33分下降至2023年的66.16分，下降3.17分（降幅为4.57%）。

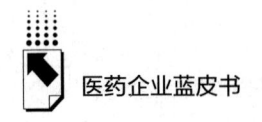

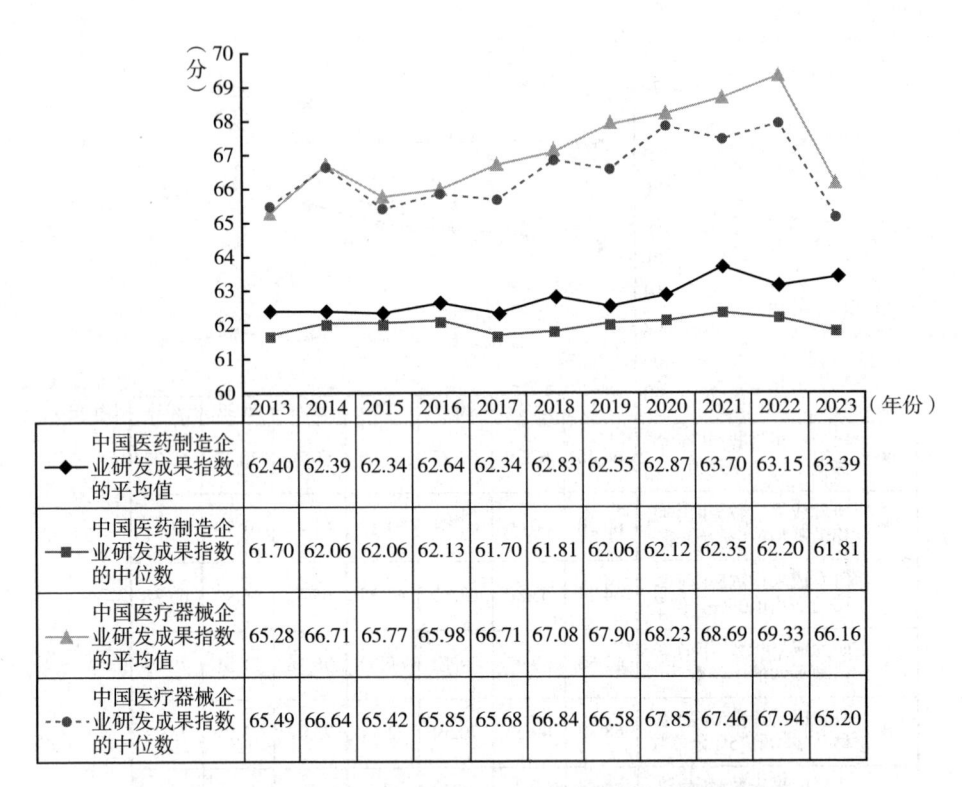

	2013	2014	2015	2016	2017	2018	2019	2020	2021	2022	2023
◆ 中国医药制造企业研发成果指数的平均值	62.40	62.39	62.34	62.64	62.34	62.83	62.55	62.87	63.70	63.15	63.39
■ 中国医药制造企业研发成果指数的中位数	61.70	62.06	62.06	62.13	61.70	61.81	62.06	62.12	62.35	62.20	61.81
▲ 中国医疗器械企业研发成果指数的平均值	65.28	66.71	65.77	65.98	66.71	67.08	67.90	68.23	68.69	69.33	66.16
● 中国医疗器械企业研发成果指数的中位数	65.49	66.64	65.42	65.85	65.68	66.84	66.58	67.85	67.46	67.94	65.20

图4 2013~2023年中国医药企业研发成果指数二级行业情况

（2）细分行业分析

①医药制造行业下的细分行业分析

2013~2023年中国医药制造行业下的三大细分行业研发成果指数如图5所示。2013~2023年，化学制药行业的研发成果指数增长尤为显著，其平均值从62.85分增长至64.09分，增加1.24分（增长率为1.97%）；其次是中药行业，其研发成果指数的平均值从62.40分增长至63.51分，增加1.11分（增长率为1.78%）；最后是生物制品行业，其研发成果指数的平均值从61.31增长至62.30分，增加0.99分（增长率为1.61%）。

2023年，化学制药行业的研发成果指数增长最为显著，其平均值从2022年的63.51分增长至2023年的64.09分，增长了0.58分（增长率0.91%）；其次是中药，其平均值从63.03分增长至63.51分，增长了0.48

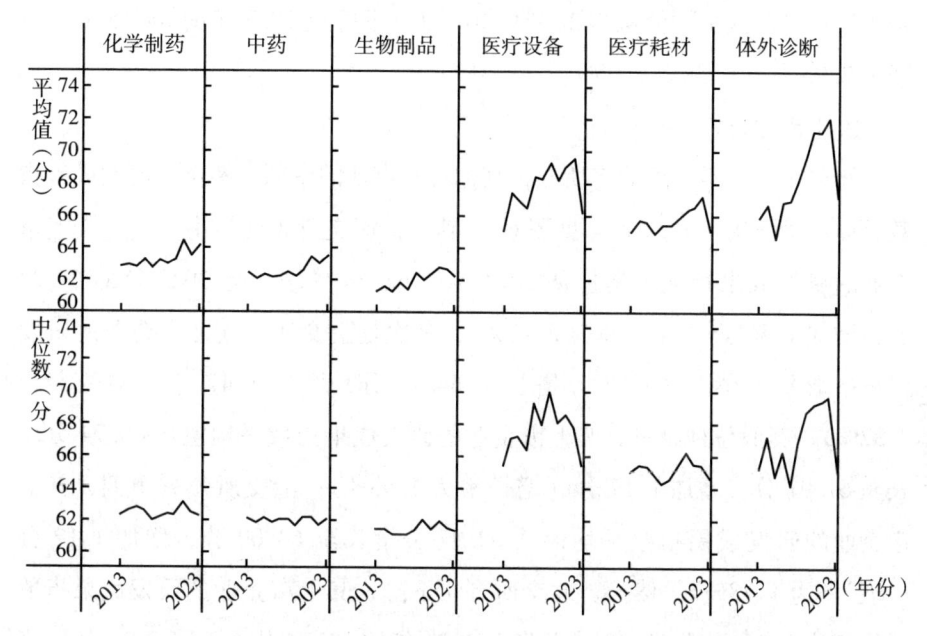

图 5 2013~2023 年中国医药企业研发成果指数细分行业情况

分（增长率 0.76%）。生物制品的研发成果指数有所下降，其平均值从 62.67 分下降至 62.30 分，下降了 0.37 分（下降率 0.59%）。

②医疗器械行业下的细分行业分析

2013~2023 年，医疗设备行业的研发成果指数增长尤为显著，其平均值从 65.13 分增长至 66.48 分，增加 1.35 分（增长率为 2.07%）；其次是体外诊断行业，其研发成果指数的平均值从 65.91 分增长至 67.21 分，增加 1.30 分（增长率为 1.97%）；最后是医疗耗材，其平均值从 65.06 分增长至 65.15 分，增加 0.09 分（增长率为 0.14%）。

2023 年，中国医疗器械企业研发成果指数的下降趋势在医疗器械下的细分行业中均有所体现。其中，体外诊断行业的研发成果指数下降尤为显著，其平均值从 2022 年的 72.10 分下降至 2023 年的 67.21 分，下降 4.89 分（降幅为 6.78%）；其次是医疗设备行业，其研发成果指数的平均值从 2022 年的 69.58 分下降至 2023 年的 66.48 分，下降 3.10 分（降幅为 4.46%）；最后

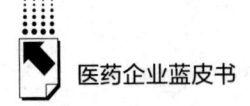

是医疗耗材,其平均值从 2022 年的 67.20 分下降至 2023 年的 65.15 分,下降了 2.05 分(降幅为 3.05%)。

3. 上市地分析

2013~2023 年,除北交所外,其他各上市地的中国医药企业研发成果指数总体均呈波动上升趋势(见图 6)。其中,深交所表现最为突出,其上市企业的研发成果指数平均值从 2013 年的 62.68 分增长至 2023 年的 64.24 分,增加 1.56 分(增长率为 2.49%);其次是上交所,其上市企业的研发成果指数平均值从 63.27 分增长至 64.74 分,增加 1.47 分(增长率为 2.32%);美股位列第三,其上市企业的研发成果指数平均值从 60.74 分增长至 61.91 分,增加 1.17 分(增长率为 1.93%);港交所位列第四,其上市企业的研发成果指数平均值从 62.97 分增长至 64.09 分,增加 1.12 分(增长率为 1.78%)。然而,北交所有所下降,其上市企业的研发成果指数平均值从 2021 年的 62.58 分下降至 2023 年的 62.34 分,下降 0.24 分(降幅为 0.38%)。

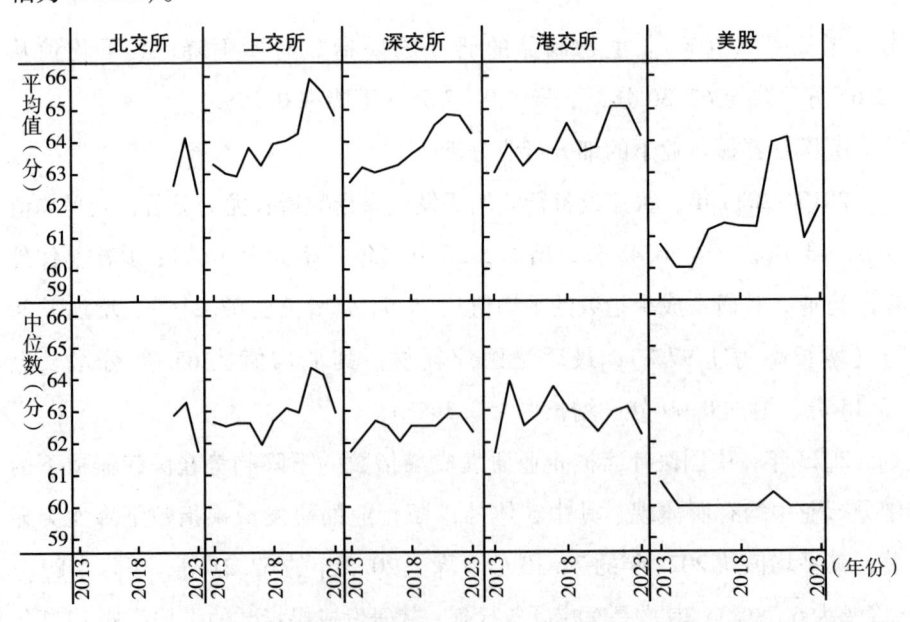

图 6 2013~2023 年中国医药企业研发成果指数各上市地情况

2023年，除美股外，其他各上市地的中国医药企业研发成果指数均呈下降趋势。其中，北交所下降最为显著，其上市企业的研发成果指数平均值从2022年的64.07分下降至2023年的62.34分，下降1.73分（降幅为2.70%）；港交所位列第二，其上市企业的研发成果指数平均值下降0.95分（降幅为1.46%）；上交所位列第三，其上市企业的研发成果指数平均值下降0.76分（降幅为1.16%）；深交所位列第四，其上市企业的研发成果指数平均值下降0.51分（降幅为0.79%）。然而，美股却有所上升，其上市企业的研发成果指数平均值从2022年的60.91分增长至2023年的61.91分，增加1.00分（增长率为1.64%）。

4. 内地上市板块分析

2013~2023年，除北交所外，其他各内地上市板块的中国医药企业研发成果指数总体呈上升趋势（见图7）。其中，科创板增长最为显著，其上市企业的研发成果指数平均值从2013年的62.38分增长至2023年的64.34分，增加1.96分（增长率为3.14%）；主板位列第二，其上市企业的研发成果指数平均值从2013年的62.80分增长至2023年的64.55分，增加1.75分（增长率为2.79%）；创业板位列第三，其上市企业的研发成果指数平均值从63.15分增长至64.48分，增加1.33分（增长率为2.11%）。然而，北交所上市企业的研发成果指数平均值有所下降，从2021年的62.58分下降至2023年的62.34分，下降0.24分（降幅为0.38%）。

2023年，除主板外，其他各内地上市板块的中国医药企业研发成果指数总体均呈下降趋势。其中，科创板下降最为显著，其上市企业的研发成果指数平均值从66.26分下降至64.34分，下降1.92分（降幅为2.90%）；其次是北交所，其上市企业的研发成果指数平均值从2022年的64.07分下降至2023年的62.34分，下降1.73分（降幅为2.70%）；创业板位列第三，其上市企业的研发成果指数平均值从65.90分下降至64.48分，下降1.42分（降幅为2.15%）。然而，主板上市企业的研发成果指数有所增长，其平均值从64.00分增长至64.55分，增加0.55分（增长率为0.86%）。

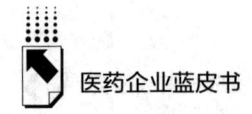

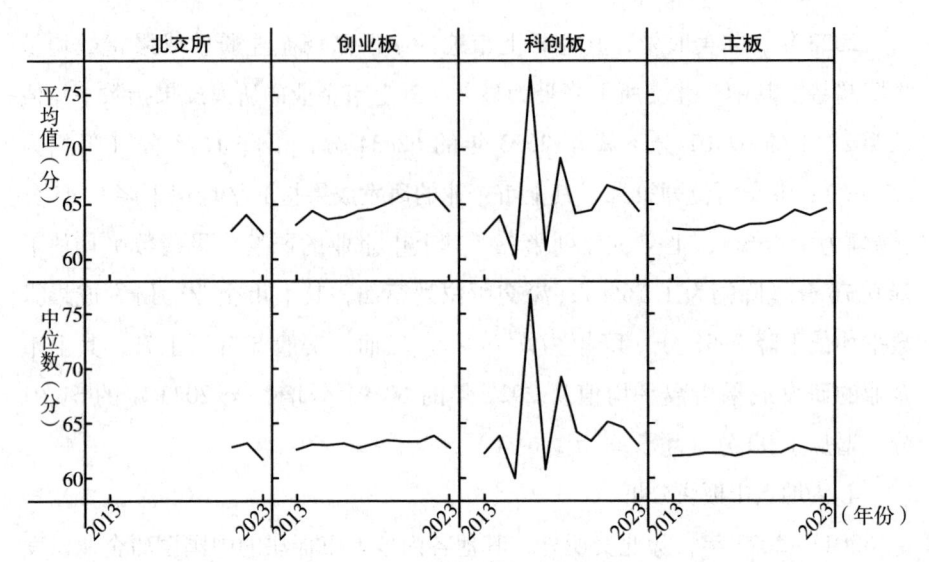

图 7　2013~2023年中国医药企业研发成果指数内地各上市板块情况

（二）横截面分析

1. 行业分析

（1）二级行业分析

在深入分析医药制造和医疗器械行业的研发成果指数时，本报告发现，中国医疗器械企业研发成果指数的平均值（66.16分）高于中国医药制造企业研发成果指数的平均值（63.39分），这主要是医疗器械行业在除5%分位数和最大值之外的其他分位数（25%分位数、中位数、75%分位数和95%分位数）上的表现均优于医药制造行业所致（见图8）。

（2）细分行业分析

2023年，在各细分行业中，体外诊断行业的研发成果指数平均值居于榜首，为67.21分；医疗设备行业位列第二，为66.48分；医疗耗材行业研发成果指数的平均值位列第三，为65.15分；化学制药行业研发成果指数的平均值位列第四，为64.09分；中药和生物制品研究成果指数的平均值分别为63.51分和62.30分。从各细分行业研发成果指数的离散程度来看，化学

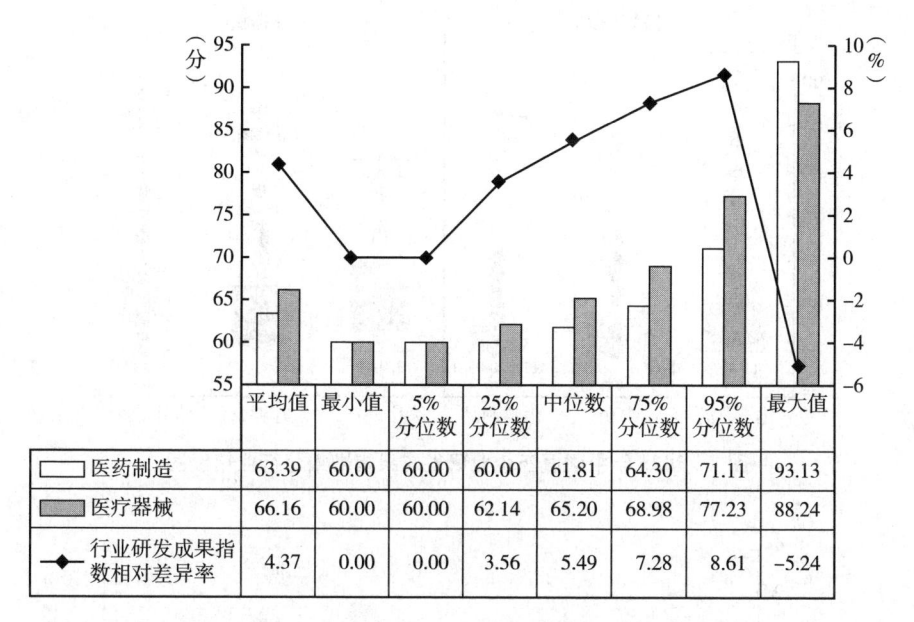

	平均值	最小值	5%分位数	25%分位数	中位数	75%分位数	95%分位数	最大值
医药制造	63.39	60.00	60.00	60.00	61.81	64.30	71.11	93.13
医疗器械	66.16	60.00	60.00	62.14	65.20	68.98	77.23	88.24
行业研发成果指数相对差异率	4.37	0.00	0.00	3.56	5.49	7.28	8.61	−5.24

图8 2023年中国医药企业研发成果指数二级行业情况

制药行业离散程度最大，其区间长度为33.13分；体外诊断行业位列第二，其区间长度为28.24分；医疗耗材行业位列第三，其区间长度为26.36分；生物制品行业以25.94分的区间长度紧随其后；中药行业位列第五，其区间长度为23.39分；医疗设备行业居于末位，其区间长度为21.13分。从各细分行业研发成果指数的最大值来看，化学制药行业居于榜首，其最大值为93.13分；体外诊断行业以88.24分位列第二；医疗耗材行业和生物制品行业分别以86.36分和85.94分紧随其后，中药行业和医疗设备行业分别位列第五和第六（见图9和图10）。

2. 上市地分析

2023年，在各上市地中，上交所的中国医药企业研发成果指数位列榜首，其上市企业的研发成果指数平均值为64.74分；深交所位列第二，其上市企业的研发成果指数平均值为64.24分；港交所位列第三，其上市企业的研发成果指数平均值为64.09分；北交所位列第四，其上市企业的研发成果指数平均值为62.34分；美股居于末位，其上市企业的研发成果指

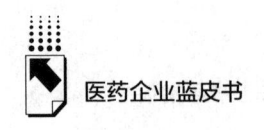

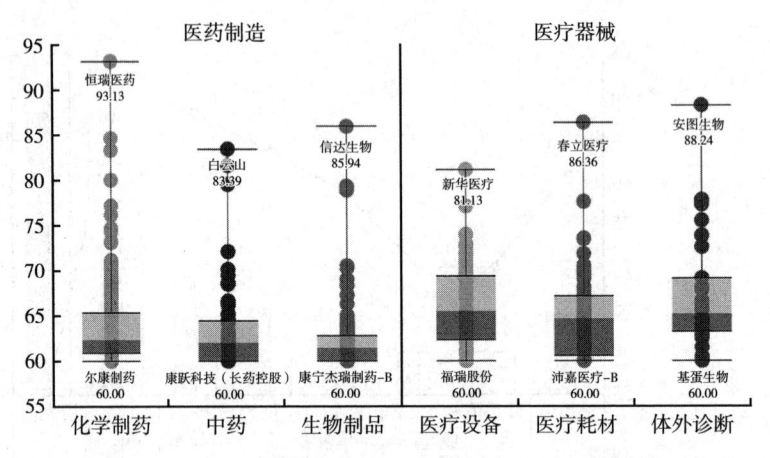

图9 2023年中国医药企业研发成果指数细分行业箱线图

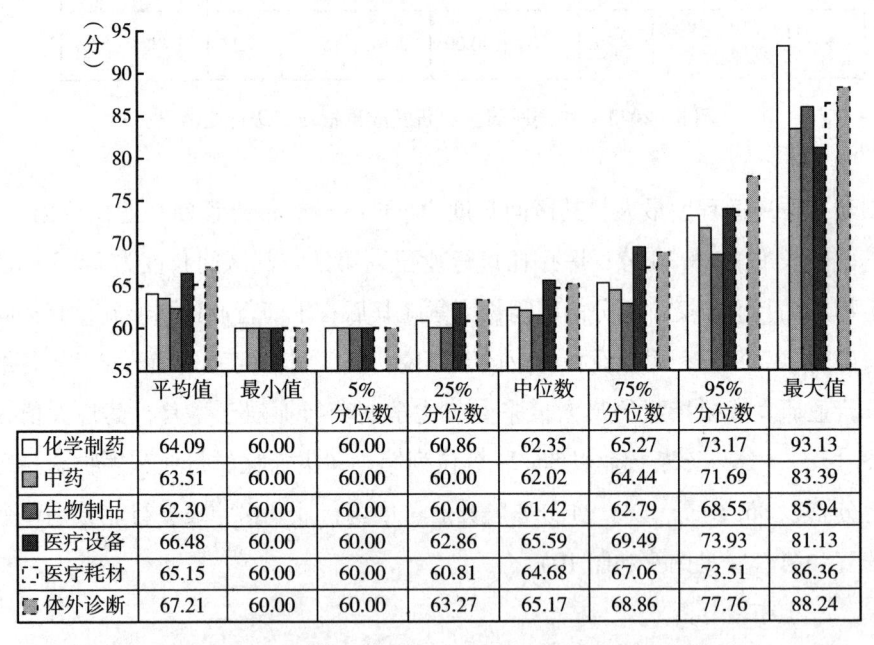

图10 2023年中国医药企业研发成果指数细分行业情况

	平均值	最小值	5%分位数	25%分位数	中位数	75%分位数	95%分位数	最大值
化学制药	64.09	60.00	60.00	60.86	62.35	65.27	73.17	93.13
中药	63.51	60.00	60.00	60.00	62.02	64.44	71.69	83.39
生物制品	62.30	60.00	60.00	60.00	61.42	62.79	68.55	85.94
医疗设备	66.48	60.00	60.00	62.86	65.59	69.49	73.93	81.13
医疗耗材	65.15	60.00	60.00	60.81	64.68	67.06	73.51	86.36
体外诊断	67.21	60.00	60.00	63.27	65.17	68.86	77.76	88.24

数平均值为61.91分（见图11）。从各上市地中国医药企业研发成果指数的离散程度来看，上交所离散程度最大，其区间长度为33.13分；港交所位列第二，其区间长度为25.94分；深交所位列第三，其区间长度为

24.58分；美股位列第四，其区间长度为10.49分；北交所居于末位，其区间长度为7.60分。对于各上市地中国医药企业研发成果指数的最大值而言，上交所位列第一，为93.13分；港交所位列第二，为85.94分；深交所位列第三，为84.58分；美股位列第四，为70.49分；北交所以67.60分紧随其后。

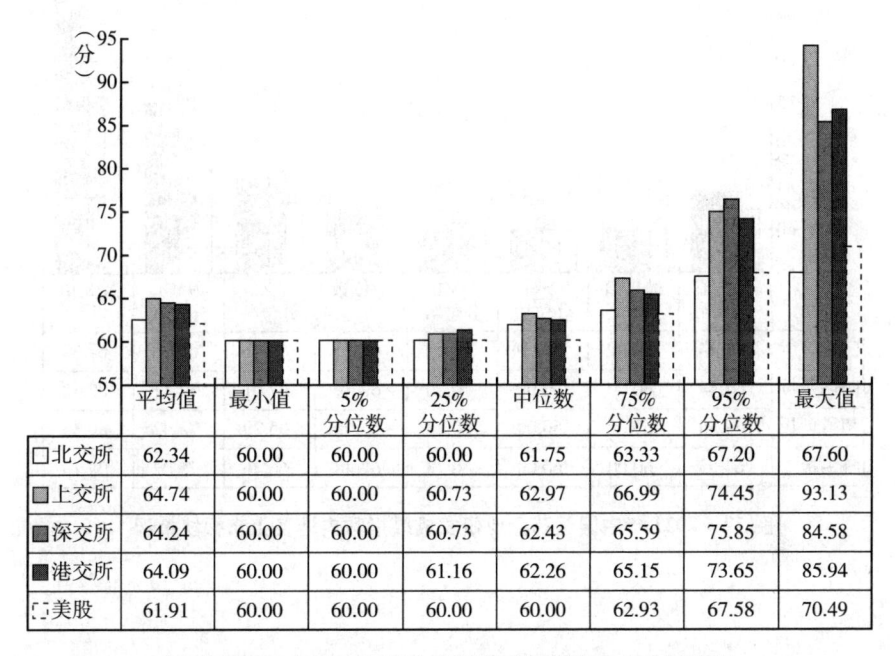

	平均值	最小值	5%分位数	25%分位数	中位数	75%分位数	95%分位数	最大值
北交所	62.34	60.00	60.00	60.00	61.75	63.33	67.20	67.60
上交所	64.74	60.00	60.00	60.73	62.97	66.99	74.45	93.13
深交所	64.24	60.00	60.00	60.73	62.43	65.59	75.85	84.58
港交所	64.09	60.00	60.00	61.16	62.26	65.15	73.65	85.94
美股	61.91	60.00	60.00	60.00	60.00	62.93	67.58	70.49

图11　2023年中国医药企业研发成果指数各上市地情况

3. 内地上市板块分析

2023年，在各内地上市板块中，主板的中国医药企业研发成果指数位列榜首，其上市企业的研发成果指数平均值为64.55分；创业板位列第二，其上市企业的研发成果指数平均值为64.48分；科创板位列第三，其上市企业的研发成果指数平均值为64.34分；北交所居于末位，其上市企业的研发成果指数平均值为62.34分（见图12）。从各内地上市板块中国医药企业研发成果指数的离散程度来看，主板离散程度最大，其区间长度为33.13分；科创板位列第二，其区间长度为26.36分；创业板位列第三，其区间长度为

20.02分；北交所居于末位，其区间长度仅为7.60分。从各内地上市板块中国医药企业研发成果指数的最大值来看，主板位列第一，为93.13分，科创板以86.36分位列第二，创业板（80.02分）和北交所（67.60分）紧随其后。

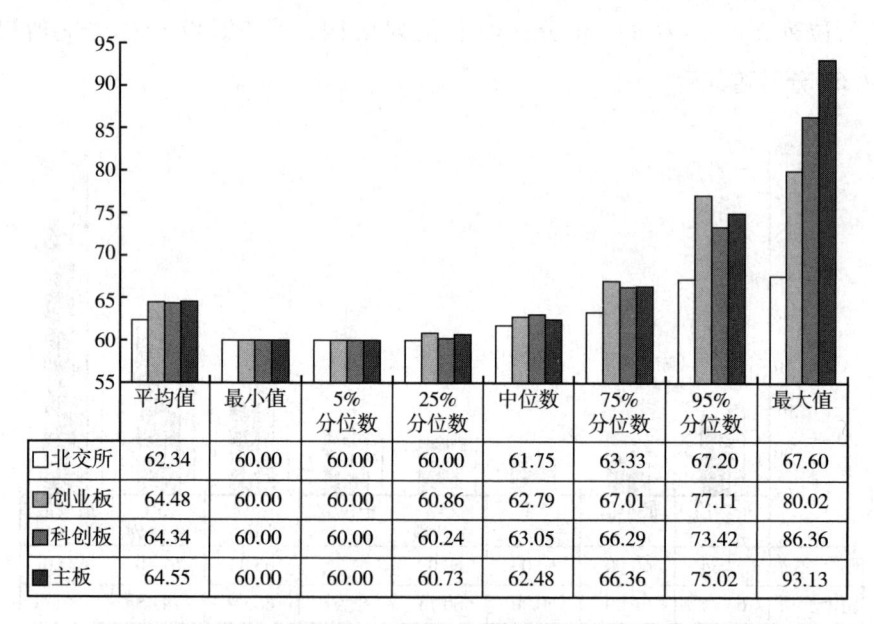

	平均值	最小值	5%分位数	25%分位数	中位数	75%分位数	95%分位数	最大值
北交所	62.34	60.00	60.00	60.00	61.75	63.33	67.20	67.60
创业板	64.48	60.00	60.00	60.86	62.79	67.01	77.11	80.02
科创板	64.34	60.00	60.00	60.24	63.05	66.29	73.42	86.36
主板	64.55	60.00	60.00	60.73	62.48	66.36	75.02	93.13

图12 2023年中国医药企业研发成果指数内地各上市板块情况

三 中国医药企业研发成果指数百强概览与分析

（一）中国医药研发成果指数百强概览

在2023年中国医药企业研发成果指数百强榜单中，排名前十的企业研发实力强劲（见表2）。恒瑞医药位列榜首，随后依次是安图生物、春立医疗、信达生物、恩华药业、白云山、信立泰、以岭药业、新华医疗和贝达药业。值得称赞的是，恒瑞医药不仅在研发成果指数的激烈竞争中脱颖而出，其研发指数也荣登榜首。

表2 2023年中国医药企业研发成果指数百强

企业名称	研发成果指数		研发指数排名	总分指数排名差异
	2023年排名	较上年变动		
恒瑞医药	1	+40 ↑	1	0
安图生物	2	-1 ↓	2	0
春立医疗	3	+1 ↑	4	1
信达生物	4	+133 ↑	3	-1
恩华药业	5	+73 ↑	7	2
白云山	6	+89 ↑	8	2
信立泰	7	+101 ↑	5	-2
以岭药业	8	+152 ↑	14	6
新华医疗	9	+26 ↑	13	4
贝达药业	10	+399 ↑	6	-4
健民集团	11	+4 ↑	31	20
特宝生物	12	+401 ↑	23	11
我武生物	13	+326 ↑	26	13
达安基因	14	- ↓	9	-5
易瑞生物	15	+10 ↑	18	3
九强生物	16	- ↓	12	-4
迈普医学	17	+105 ↑	22	5
新产业	18	-10 ↓	32	14
迪哲医药	19	+263 ↑	10	-9
宝莱特	20	-2 ↓	36	16
四环医药	21	+96 ↑	15	-6
科美诊断	22	-11 ↓	41	19
复星医药	23	+36 ↑	16	-7
人福医药	24	+14 ↑	25	1
鱼跃医疗	25	+17 ↑	54	29
华大智造	26	+2 ↑	30	4
凯普生物	27	+82 ↑	48	21
美康生物	28	-18 ↓	64	36
维力医疗	29	+26 ↑	71	42
微电生理	30	+15 ↑	33	3
东阳光药	31	+73 ↑	45	14
华海药业	32	+26 ↑	24	-8
乐心医疗	33	+21 ↑	42	9

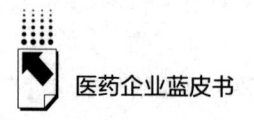

续表

企业名称	研发成果指数		研发指数排名	总分指数排名差异
	2023年排名	较上年变动		
迈瑞医疗	34	-27 ↓	42	-13
联影医疗	35	+8 ↑	39	4
东方生物	36	-24 ↓	52	16
众生药业	37	+86 ↑	53	16
天智航	38	+75 ↑	29	-9
三鑫医疗	39	-17 ↓	100	61
山外山	40	+109 ↑	99	59
楚天科技	41	+7 ↑	81	40
海正药业	42	+110 ↑	75	33
科伦药业	43	+48 ↑	27	-16
苑东生物	44	+52 ↑	38	-6
福元医药	45	+39 ↑	80	35
西山科技	46	NEW	97	51
新华制药	47	+67 ↑	57	10
赛诺医疗	48	-9 ↓	44	-4
百济神州	49	+90 ↑	11	-38
辰欣药业	50	+11 ↑	90	40
微创医疗	51	-27 ↓	37	-14
通化东宝	52	+138 ↑	69	17
迦南科技	53	+34 ↑	104	51
华东医药	54	+192 ↑	76	22
康缘药业	55	+52 ↑	43	-12
海思科	56	+80 ↑	64	-22
先健科技	57	-1 ↓	58	1
东富龙	58	+14 ↑	91	33
翰森制药	59	+16 ↑	50	-9
爱康医疗	60	+3 ↑	92	32
三诺生物	61	-28 ↓	59	-2
东阳光	62	+100 ↑	40	-22
康拓医疗	63	+4 ↑	124	61

续表

企业名称	研发成果指数			研发指数排名	总分指数排名差异
	2023年排名	较上年变动			
天士力	64	+56	↑	47	-17
华润双鹤	65	+79	↑	98	33
万东医疗	66	+67	↑	110	44
怡和嘉业	67	+26	↑	119	52
万孚生物	68	+22	↑	60	-8
启明医疗-B	69	+50	↑	19	-50
双鹭药业	70	+36	↑	62	-8
福安药业	71	-9	↓	136	65
东星医疗	72	+62	↑	134	62
健康元	73	+56	↑	101	28
祥生医疗	74	+26	↑	93	19
步长制药	75	-29	↓	114	39
珍宝岛	76	+180	↑	88	12
仙琚制药	77	+49	↑	51	-26
亚宝药业	78	+23	↑	142	64
智飞生物	79	+46	↑	109	30
九典制药	80	+68	↑	113	33
圣湘生物	81	-51	↓	117	36
健帆生物	81	-45	↓	140	59
硕世生物	81	+230	↑	105	24
安必平	84	-33	↓	127	43
绿叶制药	85	-80	↓	61	-24
新和成	86	+131	↑	67	-19
港通医疗	87	NEW		193	106
海翔药业	88	+43	↑	150	62
天宇股份	89	-23	↑	128	39
奥精医疗	90	+34	↑	122	32
亚辉龙	91	-54	↓	108	17

续表

企业名称	研发成果指数		研发指数排名	总分指数排名差异
	2023年排名	较上年变动		
艾隆科技	92	-11 ↓	144	52
美好医疗	93	+75 ↑	171	78
中科美菱	94	+17 ↑	183	89
戴维医疗	95	-66 ↓	190	95
金城医药	96	+188 ↑	180	84
泰林生物	97	+19 ↑	149	52
泰恩康	98	+56 ↑	121	23
石药集团	99	-46 ↓	20	-79
浙江医药	100	+81 ↑	85	-15

注：总分指数排名差异=研发指数排名-成分指数排名，差异为正则说明企业在成分指数方面表现更好，差异为负则说明企业在研发指数方面表现较好。

在对2023年中国医药企业研发成果指数百强的排名变化情况进行分析时，我们发现，较2022年，进步最快的前5家企业分别是特宝生物（401个位次）、贝达药业（399个位次）、我武生物（326个位次）、迪哲医药（263个位次）和硕世生物（230个位次），显示出这些企业在研发成果方面取得巨大进步。

此外，港通医疗、戴维医疗、中科美菱、金城医药和美好医疗在研发成果指数上的表现显著优于其在研发指数方面的表现。相对地，部分企业在研发指数上的表现显著优于其在研发成果指数方面的表现，如石药集团、启明医疗-B、百济神州和仙琚制药。

（二）中国医药研发成果指数百强分析

1. 行业分析

2023年，中国医药企业研发成果指数百强所属行业情况如表3所示。从企业数量来看，医疗器械行业以51家企业位列第一，医药制造行业则以

49家企业位列第二。在医药制造行业中，化学制药位列第一，中药行业和生物制品行业分别位列第二和第三；在医疗器械行业中，医疗设备位列第一，体外诊断行业和医疗耗材行业分别位列第二和第三。

表3 2023年中国医药企业研发成果指数百强所属行业情况

所属行业	研发成果指数百强		其他企业		全部企业		行业研发成果指数百强企业数量占比与该行业样本企业数量占比差异（个百分点）	行业研发成果指数百强企业数量占该行业样本企业数量的比例（百强入选率，%）
	数量（家）	占比（%）	数量（家）	占比（%）	数量（家）	占比（%）		
医药制造	49	49.00	297	75.57	346	70.18	-21.18	14.16
化学制药	33	33.00	134	34.10	167	33.87	-0.87	19.76
中药	9	9.00	56	14.25	65	13.18	-4.18	13.85
生物制品	7	7.00	107	27.23	114	23.12	-16.12	6.14
医疗器械	51	51.00	96	24.43	147	29.82	21.18	34.69
医疗设备	24	24.00	29	7.38	53	10.75	13.25	45.28
医疗耗材	13	13.00	43	10.94	56	11.36	1.64	23.21
体外诊断	14	14.00	24	6.11	38	7.71	6.29	36.84
合计	100	100.00	393	100.00	493	100.00	—	—

从百强入选率来看，医疗器械行业仍位列第一，医药制造行业位列第二。在医药制造行业中，化学制药行业居于首位，中药行业紧随其后，生物制品行业排名靠后；在医疗器械行业中，医疗设备行业位列第一，体外诊断行业和医疗耗材行业分别位列第二和第三。

2.上市地分析

2023年，从企业数量来看，上交所拔得头筹，深交所位列第二，港交所位列第三，北交所和美股并列第四。从百强入选率来看，上交所仍位列榜首，深交所紧随其后，港交所位列第三，美股和北交所则分别位列第四和第五（见表4）。

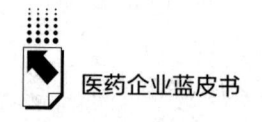

表4 2023年中国医药企业研发成果指数百强所属上市地情况

单位：家，%

所属上市地	研发成果指数百强		全部企业		上市地研发成果指数百强企业数量占该上市地样本企业数量的比例（百强入选率）
	数量	占比	数量	占比	
北交所	1	1.00	16	3.25	6.25
上交所	45	45.00	193	39.15	23.32
深交所	44	44.00	209	42.39	21.05
港交所	14	14.00	78	15.82	17.95
美股	1	1.00	11	2.23	9.09

3. 内地上市板块分析

2023年，从企业数量来看，主板位列第一，创业板位列第二，科创板位列第三，北交所居于末位。从百强入选率来看，排名发生变化，创业板居于榜首，科创板位列第二，主板位列第三，北交所仍居于末位（见表5）。

表5 2023年中国医药企业研发成果指数百强所属内地上市板块分析

单位：家，%

所属上市地	研发成果指数百强		全部企业		上市地研发成果指数百强企业数量占该上市板块样本企业数量的比例（百强入选率）
	数量	占比	数量	占比	
北交所	1	1.00	16	3.25	6.25
创业板	30	30.00	120	24.34	25.00
科创板	22	22.00	103	20.89	21.36
主板	37	37.00	179	36.31	20.67

4. 实际运营地分析

①区域分析

从区域层面分析2023年中国医药企业研发成果指数百强，无论是从研发成果指数总和、企业数量还是百强入选率来看，东部地区均名列前茅，中部地区表现较好，东北地区有待进一步提升。从各地区研发成果指数平均值来看，中部地区表现优异，东部地区取得较好成绩，东北地区有待进一步提升（见表6）。

表6 2023年中国医药企业研发成果指数百强企业所属区域情况

区域排名	区域	研发成果指数百强				区域集群研发指数百强企业数量占该区域集群样本企业数量的比例（百强入选率，%）
		平均值（分）	总和（分）	企业数量（家）	占比（%）	
1	东部	72.70	5670.34	78	78.00	22.54
2	中部	72.75	800.28	11	11.00	16.92
3	西部	69.91	629.20	9	9.00	14.29
4	东北	69.38	138.77	2	2.00	10.53
合计		—	—	100	100.00	—

②区域集群分析

从区域集群层面分析2023年中国医药企业研发成果指数百强，无论是从研发成果指数总和还是从企业数量来看，长江经济带下游（长三角地区）均名列前茅，粤港澳大湾区和京津冀地区表现较好。从百强入选率来看，粤港澳大湾区表现优异，京津冀地区和长江经济带中游取得较好成绩。从研发成果指数平均值来看，中部其他地区名列前茅，粤港澳大湾区和京津冀地区表现较好（见表7）。

表7 2023年中国医药企业研发成果指数百强企业分析所属区域集群情况

区域集群排名	区域集群	研发成果指数百强				研发成果指数百强企业数量占该区域集群样本企业数量的比例（百强入选率，%）
		平均值（分）	总和（分）	企业数量（家）	占比（%）	
1	长江经济带下游（长三角地区）	72.43	2390.14	33	33.00	18.44
2	粤港澳大湾区	73.17	1609.74	22	22.00	40.00
3	京津冀地区	72.49	1232.40	17	17.00	22.08
4	长江经济带中游	71.99	575.93	8	8.00	20.00
5	东部其他地区	72.24	505.65	7	7.00	15.91

续表

区域集群排名	区域集群	研发成果指数百强				研发成果指数百强企业数量占该区域集群样本企业数量的比例（百强入选率，%）
		平均值（分）	总和（分）	企业数量（家）	占比（%）	
6	长江经济带上游	69.97	489.76	7	7.00	18.92
7	中部其他地区	78.37	156.73	2	2.00	12.50
8	西部其他地区	69.72	139.44	2	2.00	7.69
9	东北地区	69.38	138.77	2	2.00	10.53
	合计	—	—	100	100.00	—

参考文献

徐伟、郝梅、仲忆雯：《基于熵权法的我国医药产业技术创新效果评价》，《中国药物评价》2016年第1期。

B.6 2023年中国医药企业研发质量指数报告

姚立杰 王一舒*

摘　要： 本报告深度剖析了2013~2023年中国医药企业研发质量指数的变化趋势，并对2023年的具体情况进行了详细分析。研究发现，2013~2023年，中国医药企业研发质量指数总体呈波动上升趋势，这一积极态势在医药制造和医疗器械两大核心领域均有所体现，且行业领军企业的研发质量指数增速亮眼，引领整个行业研发质量的提升。从细分行业来看，医疗设备、化学制药、生物制品以及医疗耗材这四个细分行业在研发质量上均呈现上升趋势，且医疗设备的研发质量提升尤为显著。然而，中药和体外诊断这两个行业的研发质量指数出现下滑。2023年，中国医药企业研发质量指数保持上升势头，头部企业的研发质量提升显著，成为推动整个行业研发质量提高的重要力量。这主要得益于医药制造领域的贡献，尤其是中药行业的研发质量指数显著提升。然而，与这一积极态势形成对比的是，医疗器械领域的研发质量指数却出现一定幅度的下滑，尤其是体外诊断行业，其下滑趋势更为明显。

关键词： 研发质量　医药企业　上市地　上市板块

---

* 姚立杰，博士，北京交通大学经济管理学院教授、博士生导师、高质量发展研究院院长、中国医药会计学会副秘书长、中国价格协会医药价格专委会副秘书长、北京产业经济学会副秘书长，主要研究方向为绩效评价和数智财税；王一舒，北京交通大学经济管理学院硕士研究生，研究方向创新评价和数智财税。

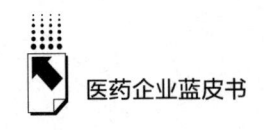

一 中国医药企业研发质量指数概览

2013~2023年，中国医药企业研发质量指数总体呈波动上升趋势，体现出行业对研发质量的高度重视。从时间序列层面分析，中国医药企业研发质量指数的波动趋势在平均值和中位数上均有所体现，研发质量指数的离散程度也呈扩大趋势，体现出行业内企业研发质量差距在不断扩大。2013~2023年医药制造和医疗器械这两个二级行业的研发质量都有一定的提升；对于细分行业而言，化学制药行业和医疗设备行业表现突出；从上市地和内地上市板块来看，港交所和北交所上市企业的研发质量指数排名靠前。此外，2023年，行业格局发生些许变化，医药制造行业的研发质量指数平均值高于医疗器械行业，细分行业中化学制药行业研发质量指数的平均值和离散程度均最大。在上市地和内地上市板块中，港交所和主板在研发质量指数方面表现优异。

二 中国医药企业研发质量指数分析

（一）时间序列分析

1. 概览

2013~2023年，中国医药企业研发质量指数平均值有所增长，中位数却有所下降。平均值从2013年的65.97分增长至2023年的66.26分，增加0.29分（增长率为0.44%）；中位数从2013年的66.90分下降至2023年的65.33分，下降1.57分（降幅为2.35%），如图1所示。2023年，中国医药企业研发质量指数的平均值和中位数均呈现增长趋势，平均值从2022年的66.20分增长至2023年的66.26分，增加0.06分（增长率为0.09%），中位数从65.26分增长至65.33分，增加0.07（增长率为0.11%）。

中国医药企业研发质量指数的离散程度总体呈扩大趋势（见表1）。中

2023年中国医药企业研发质量指数报告

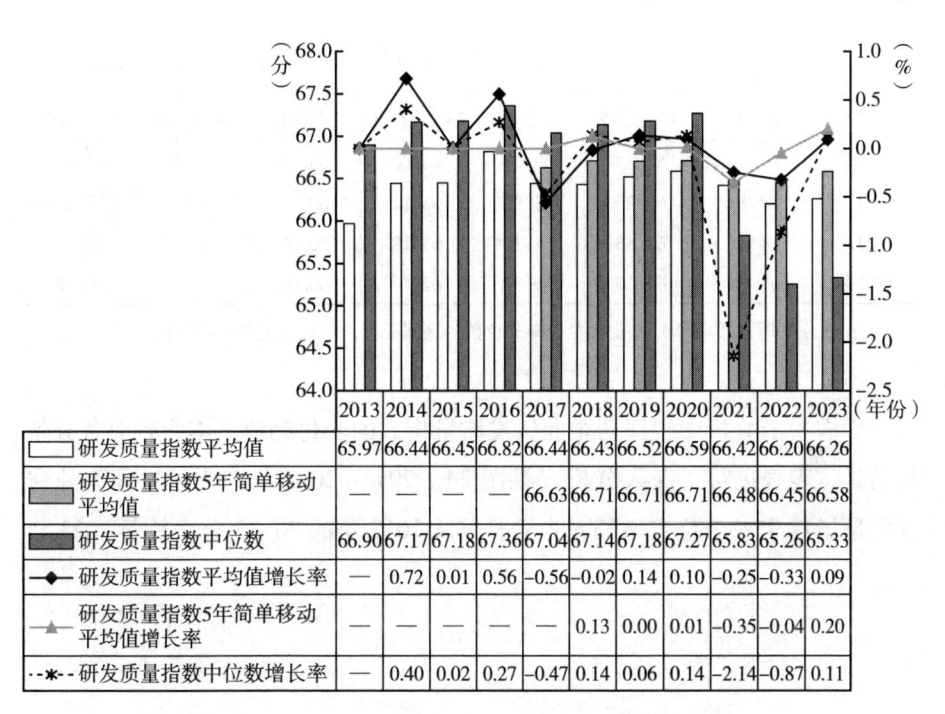

年份	2013	2014	2015	2016	2017	2018	2019	2020	2021	2022	2023
研发质量指数平均值	65.97	66.44	66.45	66.82	66.44	66.43	66.52	66.59	66.42	66.20	66.26
研发质量指数5年简单移动平均值	—	—	—	—	66.63	66.71	66.71	66.71	66.48	66.45	66.58
研发质量指数中位数	66.90	67.17	67.18	67.36	67.04	67.14	67.18	67.27	65.83	65.26	65.33
研发质量指数平均值增长率	—	0.72	0.01	0.56	−0.56	−0.02	0.14	0.10	−0.25	−0.33	0.09
研发质量指数5年简单移动平均值增长率	—	—	—	—	—	0.13	0.00	0.01	−0.35	−0.04	0.20
研发质量指数中位数增长率	—	0.40	0.02	0.27	−0.47	0.14	0.06	0.14	−2.14	−0.87	0.11

图1 2013~2023年中国医药企业研发质量指数情况

国医药企业研发质量指数的区间长度从2013年的15.10分增加至2023年的30.46分，增加15.36分（增长率为101.72%）。2023年，中国医药企业研发质量指数的离散程度仍呈扩大趋势，区间长度从2022年的24.34分增加至2023年的30.46分，增加6.12分（增长率为25.14%）。

表1 2013~2023年中国医药企业研发质量指数分布区间

年份	最大值	75%分位数	中位数	25%分位数	最小值	四分位距	区间长度
2013	75.10	67.71	66.90	63.96	60.00	3.75	15.10
2014	82.73	68.37	67.17	62.52	60.00	5.84	22.73
2015	81.50	68.22	67.18	63.21	60.00	5.01	21.50
2016	81.65	68.42	67.36	64.21	60.00	4.21	21.65
2017	83.98	68.28	67.04	62.28	60.00	5.99	23.98
2018	79.49	68.24	67.14	62.95	60.00	5.29	19.49
2019	79.75	68.56	67.18	62.92	60.00	5.64	19.75

续表

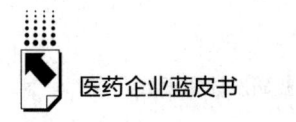

年份	最大值	75%分位数	中位数	25%分位数	最小值	四分位距	区间长度
2020	81.03	68.84	67.27	62.60	60.00	6.25	21.03
2021	88.13	68.25	65.83	63.12	60.00	5.14	28.13
2022	84.34	67.86	65.26	63.18	60.00	4.68	24.34
2023	90.46	68.30	65.33	62.49	60.00	5.81	30.46

注：四分位距，即75%分位数减去25%分位数；区间长度，即最大值减去最小值。

为进一步分析中国医药企业研发质量指数的变化趋势，本报告对各分位数的具体表现进行了深入分析（见图2）。2013~2023年，中国医药企业研发质量指数95%分位数增长尤为显著，从2013年的70.35分增长至2023年

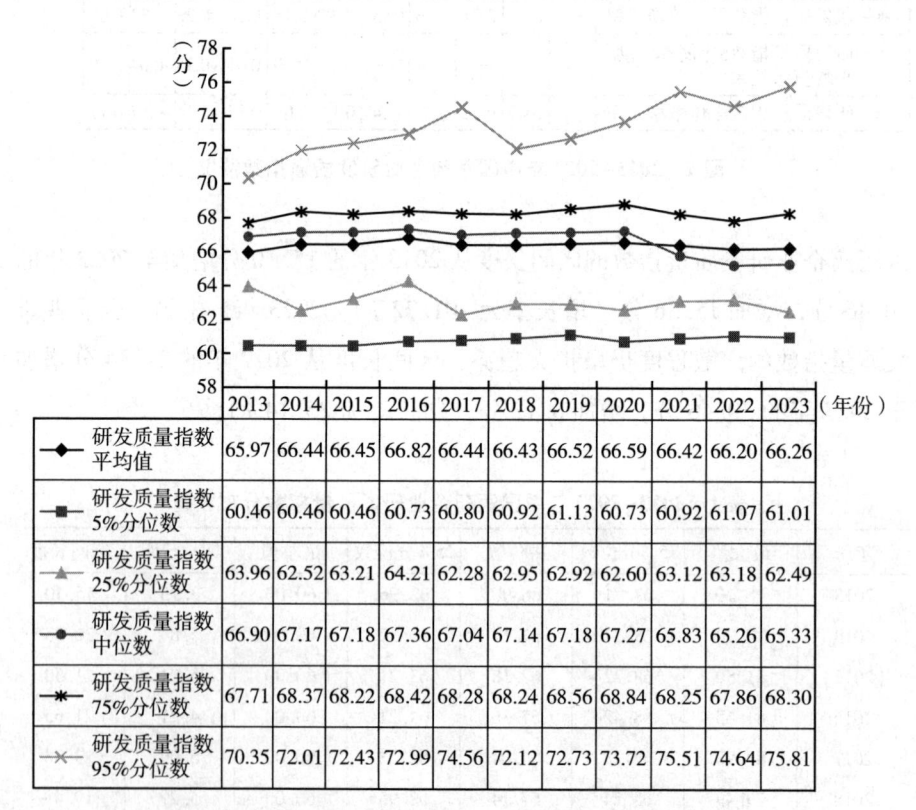

年份	2013	2014	2015	2016	2017	2018	2019	2020	2021	2022	2023
研发质量指数平均值	65.97	66.44	66.45	66.82	66.44	66.43	66.52	66.59	66.42	66.20	66.26
研发质量指数5%分位数	60.46	60.46	60.46	60.73	60.80	60.92	61.13	60.73	60.92	61.07	61.01
研发质量指数25%分位数	63.96	62.52	63.21	64.21	62.28	62.95	62.92	62.60	63.12	63.18	62.49
研发质量指数中位数	66.90	67.17	67.18	67.36	67.04	67.14	67.18	67.27	65.83	65.26	65.33
研发质量指数75%分位数	67.71	68.37	68.22	68.42	68.28	68.24	68.56	68.84	68.25	67.86	68.30
研发质量指数95%分位数	70.35	72.01	72.43	72.99	74.56	72.12	72.73	73.72	75.51	74.64	75.81

图2 2013~2023年中国医药企业研发质量指数分位数情况

的75.81分，增加5.46分（增长率为7.76%）。2023年，中国医药企业研发质量指数95%分位数增长最为显著，从74.64分增长至75.81分，增加1.17分（增长率为1.57%）。

为减缓短期波动的影响，本报告计算了中国医药企业研发质量指数5年简单移动平均值，如表2所示。2017~2023年，中国医药企业研发质量指数5年简单移动平均值和离散程度的趋势有所不同，平均值有所下降，离散程度有所上升。其中，平均值从2017年的66.63分下降至2023年的66.58分，下降0.05分（降幅为0.08%）；区间长度从2017年的20.18分增加至2023年的22.27分，增加2.09分（增长率为10.36%）。

表2 2017~2023年中国医药企业研发质量指数5年简单移动平均值情况

年份	最大值	75%分位数	中位数	25%分位数	最小值	四分位距	区间长度
2017	80.18	68.28	66.81	64.46	60.00	3.82	20.18
2018	81.28	68.56	66.64	64.44	60.00	4.12	21.28
2019	80.51	68.70	66.80	64.47	60.00	4.22	20.51
2020	80.41	68.86	66.42	64.27	60.00	4.59	20.41
2021	81.71	68.53	66.21	63.95	60.09	4.58	21.62
2022	82.36	68.35	66.06	64.00	60.09	4.35	22.27
2023	82.37	68.43	66.07	64.05	60.09	4.38	22.27

注：四分位距，即75%分位数减去25%分位数；区间长度，即最大值减去最小值。

2023年，中国医药企业研发成果指数5年简单移动平均值和离散程度的变化趋势有所不同，平均值有所上升，从2022年的66.45分增长至2023年的66.58分，增加0.13分（增长率为0.20%），区间长度未发生变化。

2. 行业分析

（1）二级行业分析

通过对中国医药企业研发质量指数进行深入分析，本报告发现，无论是从医药制造行业还是医疗器械行业，其研发指数总体均呈波动上升趋势（见图3）。中国医药制造企业研发质量指数的平均值从2013年的66.33分

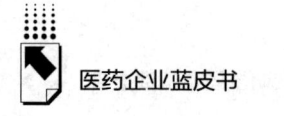

增长至2023年的66.81分，增加0.48分（增长率为0.72%），中国医疗器械企业研发质量指数的平均值从2013年的63.99分增长至2023年的64.97分，增加0.98分（增长率为1.53%）。

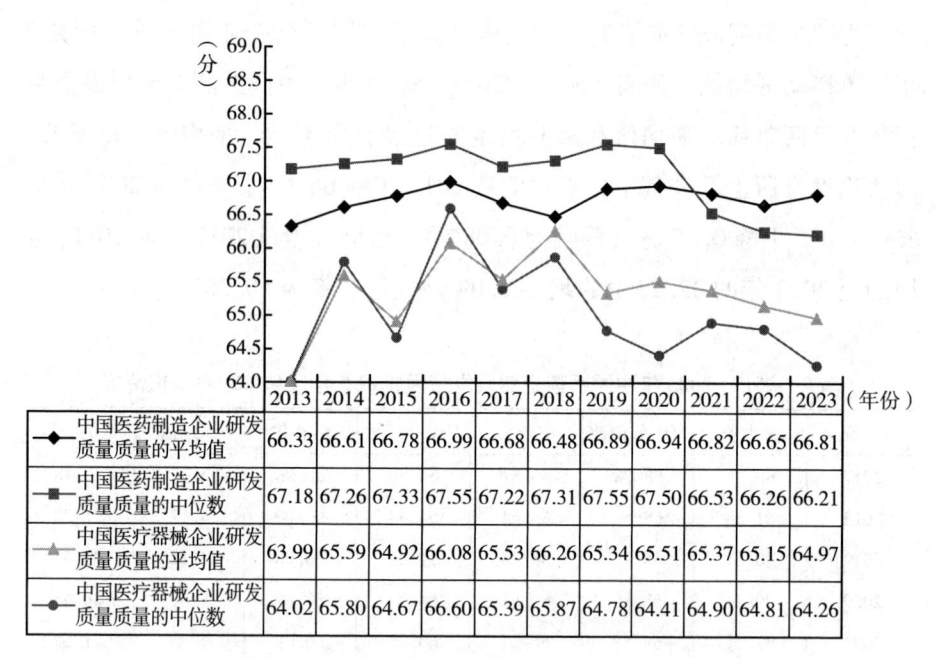

（分）	2013	2014	2015	2016	2017	2018	2019	2020	2021	2022	2023
中国医药制造企业研发质量质量的平均值	66.33	66.61	66.78	66.99	66.68	66.48	66.89	66.94	66.82	66.65	66.81
中国医药制造企业研发质量质量的中位数	67.18	67.26	67.33	67.55	67.22	67.31	67.55	67.50	66.53	66.26	66.21
中国医疗器械企业研发质量质量的平均值	63.99	65.59	64.92	66.08	65.53	66.26	65.34	65.51	65.37	65.15	64.97
中国医疗器械企业研发质量质量的中位数	64.02	65.80	64.67	66.60	65.39	65.87	64.78	64.41	64.90	64.81	64.26

图3 2013~2023年中国医药企业研发质量指数二级行业情况

2023年，中国医药制造企业研发质量指数与中国医疗器械企业研发质量指数变化趋势有所不同，中国医药制造企业研发质量指数有所上升，中国医疗器械企业研发质量指数却有所下降。中国医药制造企业研发质量指数的平均值从2022年的66.65分增长至2023年的66.81分，增加0.16分（增长率为0.24%）；中国医疗器械企业研发质量指数的平均值从2022年的65.15分下降至2023年的64.97分，下降0.18分（降幅为0.28%）。

(2) 细分行业分析

①医药制造行业下的细分行业分析

中国医药制造企业研发质量指数的变化趋势在其三大细分行业中的表

现有所不同，化学制药行业和生物制品行业研发质量指数的平均值有所上升，中药行业有所下降（见图4）。2013~2023年，化学制药行业的研发质量指数平均值增长显著，从66.59分增长至67.72分，增加1.13分（增长率为1.70%）；其次为生物制品行业，其研发质量指数的平均值从65.38分增长至66.35分，增加0.97分（增长率为1.48%）；最后是中药行业，其研发质量指数的平均值从66.52分下降至65.24分，下降1.28分（降幅为1.92%）。

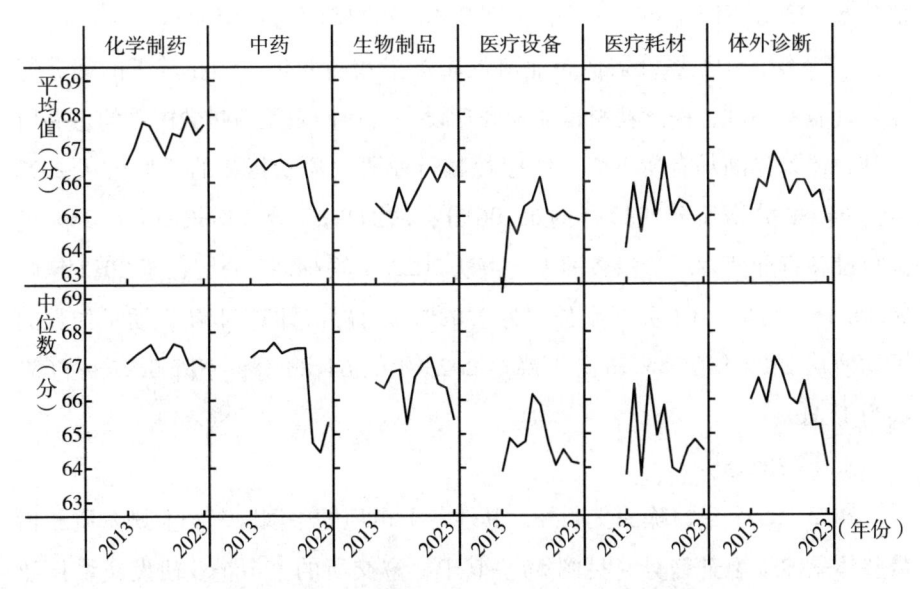

图4 2013~2023年中国医药企业研发质量指数细分行业情况

2023年，中国医药制造企业研发质量指数的变化趋势在其下的三大细分行业中表现有所不同，中药行业和化学制药行业的研发质量指数平均值有所上升，生物制品行业有所下降。中药行业的研发质量指数增长最为显著，其平均值从2022年的64.92分增长至2023年的65.24分，增加0.32分（增长率为0.49%）；其次是化学制药行业，其平均值从67.43分增长至67.72分，增加0.29分（增长率为0.43%）；最后是生物制品行业，其平均值从66.60分下降至66.35分，下降0.25分（降幅为0.38%）。

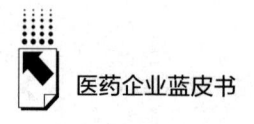

②医疗器械行业下的细分行业分析

2013~2023年，中国医疗器械企业研发质量指数的变化趋势在其下的三大细分行业表现有所不同，医疗设备行业和医疗耗材行业的研发质量指数平均值有所上升，体外诊断行业则有所下降，其中，医疗设备行业的研发质量指数增长尤为显著，其平均值从63.20分增长至64.98分，增加1.78分（增长率为2.82%）；其次是医疗耗材行业，其平均值从64.12分增长至65.06分，增加0.94分（增长率为1.47%）；最后是体外诊断行业，其平均值从65.23分下降至64.83分，下降0.40分（降幅为0.61%）。

2023年，中国医疗器械企业研发质量指数的变化趋势在其下的细分行业表现有所不同，医疗耗材行业和医疗设备行业研发质量指数的平均值有所上升，体外诊断却有所下降。医疗耗材行业研发质量指数的平均值从2022年的64.89分增长至2023年的65.06分，增加0.17分（增长率为0.26%）。医疗设备行业研发质量指数的平均值从2022年的64.97分增长至2023年的64.98分，增加0.01分（增长率为0.02%）。体外诊断行业研发质量指数的平均值从2022年的65.76分下降至2023年的64.83分，下降0.93分（降幅为1.41%）。

3. 上市地分析

2013~2023年，除深交所外，其他各上市地的中国医药企业研发质量指数整体呈波动上升趋势（见图5）。其中，港交所的上市企业研发质量指数增长尤为显著，从66.28分增长至68.99分，增加2.71分（增长率为4.09%）；美股位列第二，其上市企业的研发质量指数平均值从63.26分增长至65.88分，增加2.62分（增长率为4.14%）；北交所位列第三，其上市企业的研发质量指数平均值从2021年的62.21分增长至2023年的63.15分，增加0.94分（增长率为1.51%）；上交所位列第四，其上市企业的研发质量指数平均值从66.45分增长至66.69分，增加0.24分（增长率为0.36%）。然而，深交所上市企业的研发质量指数有所下降，其平均值从65.82分下降至65.66分，下降0.16分（降幅为0.24%）。

2023年，除北交所和深交所外，其他各上市地的中国医药企业研发质

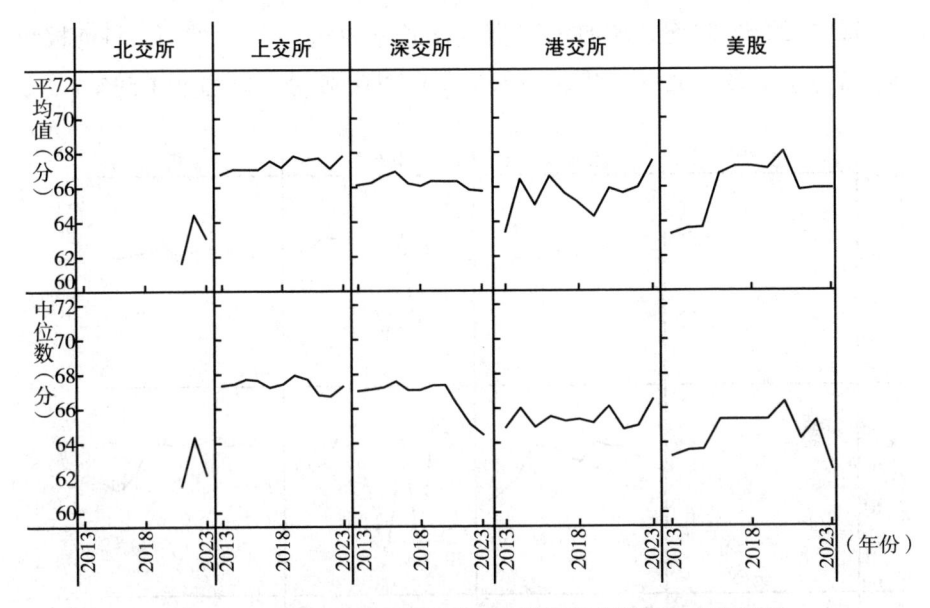

图5 2013~2023年中国医药企业研发质量指数各上市地情况

量指数均呈上升趋势，其中，港交所的上市企业研发质量指数增长最为显著，其平均值从67.94分增长至68.99分，增加1.05分（增长率为1.55%）；上交所位列第二，从66.36分增长至66.69分，增加0.33分（增长率为0.50%）；美股位列第三，从65.86分增长至65.88分，增加0.02分（增长率为0.03%）。然而，北交所的上市企业研发质量指数从63.69分下降至63.15分，下降0.54分（降幅为0.85%）；深交所的上市企业研发质量指数从65.68分下降至65.66分，下降0.02分（降幅为0.03%）。

4. 内地上市板块分析

2013~2023年，各内地上市板块的中国医药企业研发质量指数呈现不同的变化趋势，北交所和主板呈现增长趋势，创业板和科创板呈现下降趋势（见图6）。北交所的上市企业研发质量指数平均值增长显著，从2021年的62.21分增长至2023年的63.15分，增加0.94分（增长率为1.51%）；主板位列第二，其上市企业的研发质量指数平均值从2013年的66.04分增长至2023年的66.37分,增加0.33分(增长率为0.50%)。然而,科创板和创业板分别下降1.05分(降幅为1.56%)和0.39分(降幅为0.59%)。

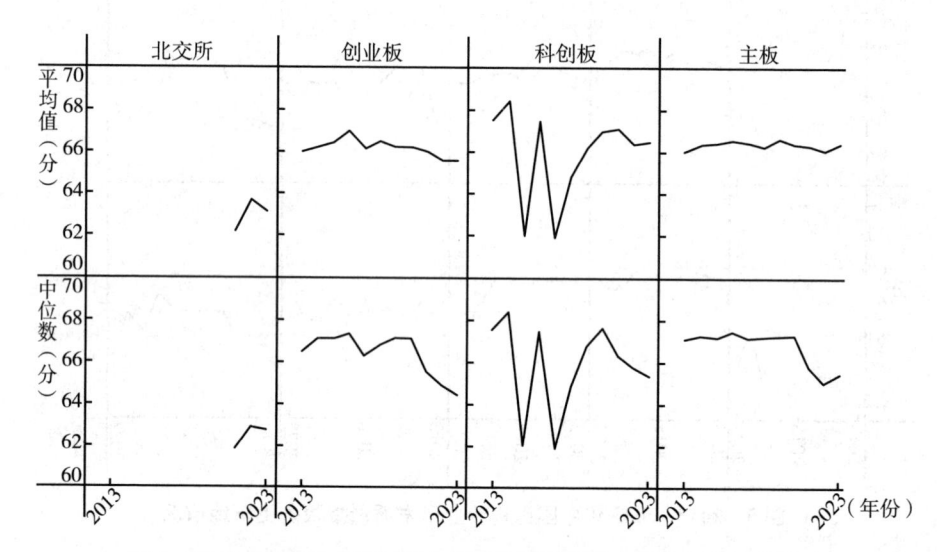

图6 2013~2023年中国医药企业研发质量指数内地各上市板块情况

2023年,各内地上市板块的中国医药企业研发质量指数呈现不同的变化趋势,主板和科创板呈上升趋势,北交所和创业板呈下降趋势。其中,主板的上市企业研发质量指数的平均值增长显著,从2022年的66.08分增长至2023年的66.37分,增加0.29分(增长率为0.44%);科创板位列第二,从2022年的66.36增长至2023年的66.45分,增加0.09分(增长率为0.14%)。然而,北交所从63.69分下降至63.15分,下降0.54分(降幅为0.85%);创业板从65.59分下降至65.57分,下降0.02分(降幅为0.03%)。

(二)横截面分析

1. 行业分析

(1)二级行业分析

通过深入分析医药制造企业和医疗器械企业的研发质量状况,本报告发现，中国医药制造企业研发质量指数的平均值（66.81 分）高于医疗器械企业研发质量指数的平均值（64.97 分），这主要是因为医药制造企业中位数、75%分位数、95%分位数和最大值的表现均优于医疗器械企业（见图7）。

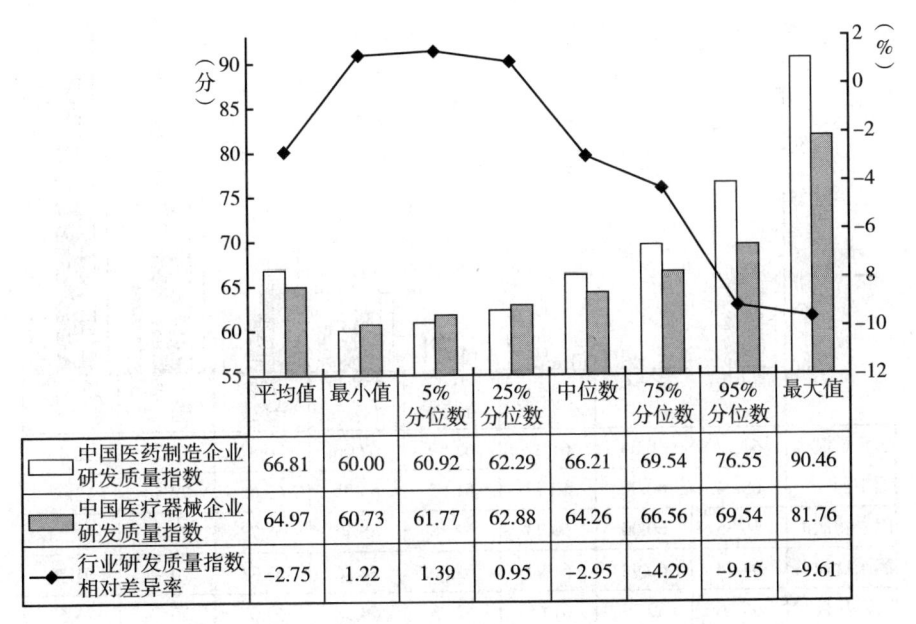

	平均值	最小值	5%分位数	25%分位数	中位数	75%分位数	95%分位数	最大值
中国医药制造企业研发质量指数	66.81	60.00	60.92	62.29	66.21	69.54	76.55	90.46
中国医疗器械企业研发质量指数	64.97	60.73	61.77	62.88	64.26	66.56	69.54	81.76
行业研发质量指数相对差异率	-2.75	1.22	1.39	0.95	-2.95	-4.29	-9.15	-9.61

图7　2023年中国医药企业研发质量指数二级行业情况

（2）细分行业分析

2023 年，在各细分行业中，化学制药行业研发质量指数平均值位列榜首，为 67.72 分；生物制品行业位列第二，其研发质量指数平均值为 66.35 分；中药行业位列第三，其研发质量指数平均值为 65.24 分；医疗耗材行业位列第四，其研发质量指数平均值为 65.06 分；医疗设备行业和体外诊断行业分别以 64.98 分和 64.83 分紧随其后。从各细分行业研发质量指数的离散程度来看，化学制药行业离散程度最大，其区间长度为 30.46 分；生物制品行业位列第二，其区间长度为 27.03 分；医疗设备行业位列第三，其区间长度为 20.84 分；中药行业位列第四，其区间长度为 13.97 分；医疗耗材行业以 12.95 分紧随其后；体外诊断行业位列末位，其区间长度为7.21分。对于各细分行业研发质量指数的最大值而言，化学制药行业位列榜首，其最大值为90.46分；生物制品行业以87.03分位列第二；医疗设备行业以81.16分位列第三，中药行业和医疗耗材行业分别以73.97分和73.68分紧随其后，体外诊断行业居于末位（见图8）。

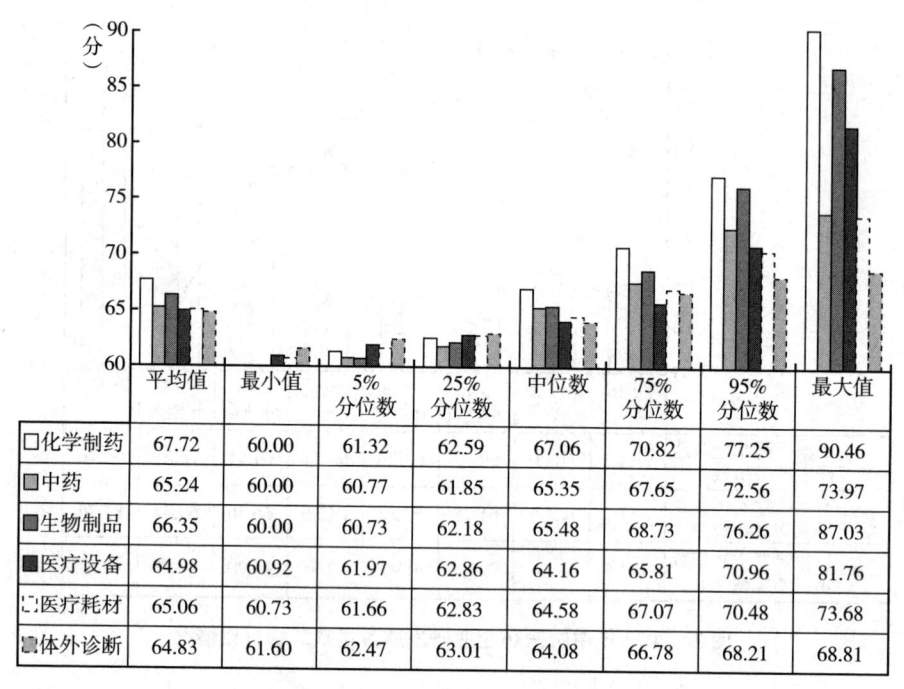

	平均值	最小值	5%分位数	25%分位数	中位数	75%分位数	95%分位数	最大值
化学制药	67.72	60.00	61.32	62.59	67.06	70.82	77.25	90.46
中药	65.24	60.00	60.77	61.85	65.35	67.65	72.56	73.97
生物制品	66.35	60.00	60.73	62.18	65.48	68.73	76.26	87.03
医疗设备	64.98	60.92	61.97	62.86	64.16	65.81	70.96	81.76
医疗耗材	65.06	60.73	61.66	62.83	64.58	67.07	70.48	73.68
体外诊断	64.83	61.60	62.47	63.01	64.08	66.78	68.21	68.81

图8 2023年中国医药企业研发质量指数细分行业情况

2.上市地分析

2023年，在各上市地中，港交所的中国医药企业研发质量指数平均值位列榜首，为68.99分；上交所位列第二，其上市企业的研发质量指数平均值为66.69分；美股位列第三，其上市企业的研发质量指数平均值为65.88分；深交所位列第四，其上市企业的研发质量指数平均值为65.65分；北交所居于末位，其上市企业的研发质量指数平均值为63.15分。从各上市地中国医药企业研发质量指数的离散程度来看，上交所离散程度最大，其区间长度为30.46分；港交所位列第二，其区间长度为27.03分；

美股位列第三，其区间长度为25.73分；深交所位列第四，其区间长度为21.76分；北交所居于末位，其区间长度仅为5.41分。对于各上市地中国医药企业研发质量指数的最大值而言，上交所位列第一，为90.46分；港交所和美股并列第二，均为87.03分；深交所位列第四，为81.76分；北交所居于末位，为66.80分（见图9）。

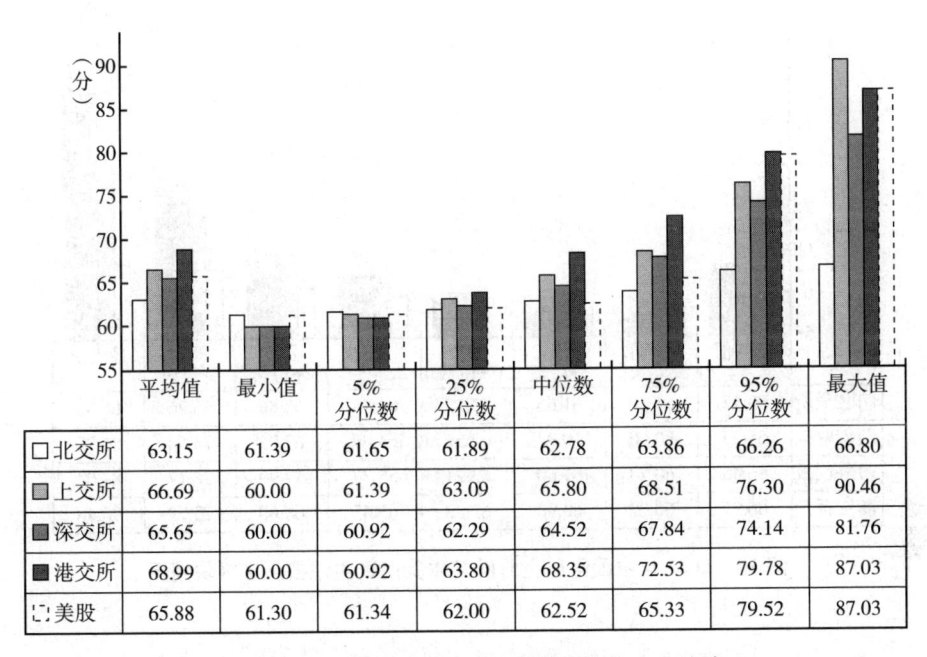

（分）	平均值	最小值	5%分位数	25%分位数	中位数	75%分位数	95%分位数	最大值
北交所	63.15	61.39	61.65	61.89	62.78	63.86	66.26	66.80
上交所	66.69	60.00	61.39	63.09	65.80	68.51	76.30	90.46
深交所	65.65	60.00	60.92	62.29	64.52	67.84	74.14	81.76
港交所	68.99	60.00	60.92	63.80	68.35	72.53	79.78	87.03
美股	65.88	61.30	61.34	62.00	62.52	65.33	79.52	87.03

图9 2023年中国医药企业研发质量指数各上市地情况

3. 内地上市板块分析

2023年，在内地各上市板块中，科创板的中国医药企业研发质量指数的平均值位列榜首，为66.45分，其中位数为65.37分；主板位列第二，其上市企业的研发质量指数平均值和中位数分别为66.37分和65.45分；创业板位列第三，其上市企业的研发质量指数平均值和中位数分别为65.57分和64.47分；北交所居于末位，其上市企业的研发质量指数平均值和中位数分别为63.15分和62.78分。从内地各上市板块中国医药企业研发质量指数的离散程度来看，主板离散程度最大，其区间长度为30.46

分；科创板位列第二，其区间长度为26.30分；创业板位列第三，其区间长度为21.16分。北交所居于末位，其区间长度仅为5.41分。从内地各上市板块中国医药企业研发质量指数的最大值来看，主板位列第一，为90.46分，科创板位列第二，为87.03分，创业板位列第三，为81.76分，北交所以66.80分位列第四（见图10）。

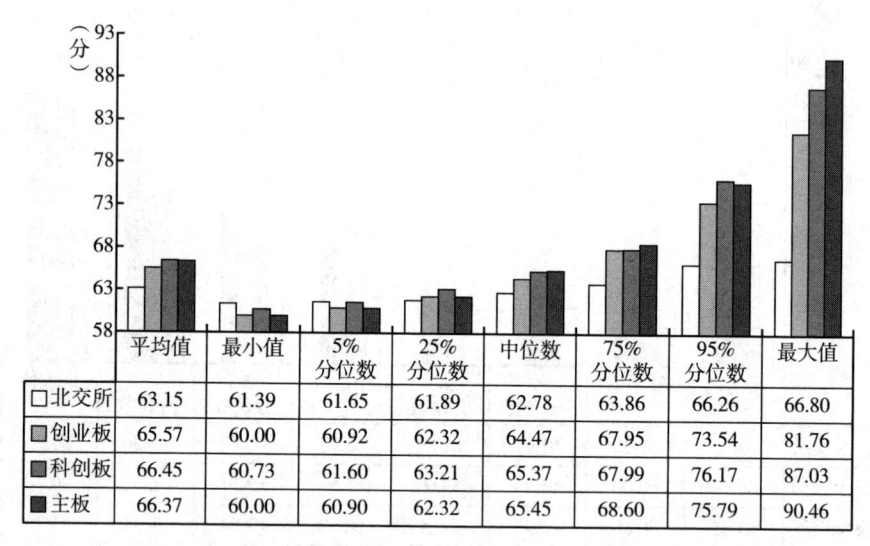

	平均值	最小值	5%分位数	25%分位数	中位数	75%分位数	95%分位数	最大值
北交所	63.15	61.39	61.65	61.89	62.78	63.86	66.26	66.80
创业板	65.57	60.00	60.92	62.32	64.47	67.95	73.54	81.76
科创板	66.45	60.73	61.60	63.21	65.37	67.99	76.17	87.03
主板	66.37	60.00	60.90	62.32	65.45	68.60	75.79	90.46

图10 2023年中国医药企业研发质量指数内地各上市板块情况

三 中国医药企业研发质量指数百强概览与分析

（一）中国医药企业研发质量指数百强概览

2023年中国医药企业研发质量指数排名前十的企业实力雄厚，位居榜首的是恒瑞医药，其研发指数也排在首位，体现了其较高的研发质量和强劲的研发实力。随后依次是百济神州和复宏汉霖-B、迈瑞医疗、药明生物、绿叶制药、亚盛医药-B、君实生物、石药集团和华海药业9家企业（见表3）。

表3　2023年中国医药企业研发质量指数百强

企业名称	研发质量指数		研发指数排名	总分指数排名差异
	2023年排名	较上年变动		
恒瑞医药	1	+6 ↑	1	0
百济神州	2	+30 ↑	11	9
复宏汉霖-B	3	+31 ↑	163	160
迈瑞医疗	4	+33 ↑	21	17
药明生物	5	−1 ↓	132	127
绿叶制药	6	+19 ↑	61	55
亚盛医药-B	7	+40 ↑	35	28
君实生物	8	+32 ↑	28	20
石药集团	9	−8 ↓	20	11
华海药业	10	−7 ↓	24	14
泽璟制药	11	+88 ↑	56	45
海思科	12	+39 ↑	34	22
舒泰神	13	+56 ↑	46	33
先声药业	14	−2 ↓	83	69
东阳光	15	+68 ↑	40	25
复星医药	16	+99 ↑	16	0
新和成	17	+57 ↑	67	50
百奥泰	18	+11 ↑	17	−1
贝达药业	19	+354 ↑	6	−13
人福医药	20	−4 ↓	25	5
迈威生物	21	+14 ↑	49	28
长春高新	22	+82 ↑	68	46
苑东生物	23	+16 ↑	38	15
百奥赛图-B	24	−2 ↓	77	53
京新药业	25	+24 ↑	133	108
浙江医药	26	+64 ↑	85	59
金斯瑞生物科技	27	−3 ↓	120	93
亨迪药业	28	+180 ↑	212	184
华熙生物	29	−14 ↓	148	119
奥锐特	30	−20 ↓	118	88
开拓药业-B	31	+47 ↑	233	202
仙琚制药	32	+43 ↑	51	19
东阳光药	33	+173 ↑	45	12

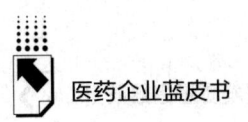

续表

企业名称	研发质量指数		研发指数排名	总分指数排名差异
	2023年排名	较上年变动		
科伦药业	34	+290 ↑	27	-7
康弘药业	35	+93 ↑	154	119
海创药业	36	+73 ↑	209	173
红日药业	37	+148 ↑	178	141
信立泰	38	+4 ↑	5	-33
奥翔药业	39	+98 ↑	252	213
启明医疗-B	40	+65 ↑	19	-21
哈药股份	41	+389 ↑	308	267
纳微科技	42	+22 ↑	139	97
乐心医疗	43	+262 ↑	42	-1
同仁堂	44	+298 ↑	282	238
普利制药	45	-36 ↓	406	361
翰森制药	46	-41 ↓	50	4
理邦仪器	47	+42 ↑	221	174
新华制药	48	-17 ↓	57	9
珍宝岛	49	+39 ↑	88	39
海普瑞	50	+10 ↑	246	196
键凯科技	51	+1 ↑	249	198
昆药集团	52	+21 ↑	211	159
荣昌生物	53	+111 ↑	55	2
加科思-B	54	+11 ↑	86	32
歌礼制药-B	55	+153 ↑	63	8
博安生物	56	+7 ↑	131	75
翰宇药业	57	-44 ↓	159	102
健友股份	58	-44 ↓	214	156
东诚药业	59	+17 ↑	94	35
微芯生物	60	+17 ↑	74	14
再鼎医药-SB	61	-41 ↓	65	4
先健科技	62	-18 ↓	58	-4
亿帆医药	63	+16 ↑	143	80
华北制药	64	+183 ↑	130	66
白云山	65	+150 ↑	8	-57
东宝生物	66	+286 ↑	326	260
信达生物	67	-59 ↓	3	-64

续表

企业名称	研发质量指数 2023年排名	研发质量指数 较上年变动	研发指数排名	总分指数排名差异
生物股份	68	+126 ↑	239	171
康恩贝	69	+128 ↑	196	127
采纳股份	70	+362 ↑	210	140
三生制药	71	−35 ↓	125	54
四环医药	72	−34 ↓	15	−57
东北制药	73	+43 ↑	302	229
广生堂	74	+169 ↑	73	−1
复旦张江	75	+321 ↑	227	152
华森制药	76	+156 ↑	160	84
葫芦娃	77	+78 ↑	155	78
康辰药业	78	+148 ↑	219	141
众生药业	79	−33 ↓	53	−26
益方生物	80	−13 ↓	72	−8
花园生物	81	+103 ↑	253	172
微创医疗	82	+111 ↑	37	−45
云顶新耀-B	83	−60 ↓	112	29
新诺威	83	+19 ↑	373	290
恩华药业	85	−35 ↓	7	−78
华东医药	86	−31 ↓	76	−10
东亚药业	87	+341 ↑	320	233
诺诚健华-B	88	−22 ↓	78	−10
奥赛康	89	−4 ↓	147	58
富祥药业	90	+263 ↑	319	229
乐普生物-B	91	+372 ↑	95	4
爱美客	92	+154 ↑	231	139
三生国健	93	−66 ↓	169	76
乐普医疗	94	+81 ↑	248	154
基石药业-B	95	−50 ↓	89	−6
通化东宝	96	+92 ↑	69	−27
片仔癀	97	+221 ↑	228	131
东富龙	98	+55 ↑	91	−7
联影医疗	99	−71 ↓	39	−60
海正药业	100	−98 ↓	75	−25

注：总分指数排名差异=研发指数排名-成分指数排名，差异为正则说明企业在成分指数方面表现更好，差异为负则说明企业在研发指数方面表现较好。

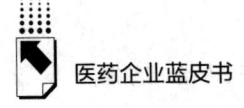

从2023年研发质量指数百强的排名变化可知，2023年中国医药企业研发质量指数百强中进步位次最多的是哈药股份（389个位次），随后依次是乐普生物-B（372个位次）、采纳股份（362个位次）、贝达药业（354个位次）和东亚药业（341个位次）。

在2023年中国医药企业研发质量指数百强中，我们注意到部分企业在研发质量指数上的排名显著优于其在研发指数上的排名。尤其是普利制药、新诺威、哈药股份和东宝生物，其在研发质量指数上的排名分别高出研发指数排名361个位次、290个位次、267个位次和260个位次，这一现象反映出这些企业对研发质量的重视。

（二）中国医药研发质量指数百强分析

1. 行业分析

2023年，中国医药企业研发质量指数百强所属行业情况如表4所示。从企业数量来看，医药制造行业位列第一，医疗器械行业位列第二。在医药制造细分行业中，化学制药行业位居首位，生物制品行业位列第二，中药行业位列

表4 2023年中国医药企业研发指数百强所属行业情况

所属行业 数量	研发质量 指数百强		其他企业		全部企业		行业研发质量百强贡献比例与该行业样本企业数量比例差异（个百分点）	行业研发质量指数百强企业数量占该行业样本企业数量的比例（百强入选率，%）
	数量	占比	数量	占比	数量	占比		
医药制造	90	90.00	256	65.14	346	70.18	19.82	26.01
化学制药	56	56.00	111	28.24	167	33.87	22.13	33.53
中药	10	10.00	55	13.99	65	13.18	-3.18	15.38
生物制品	24	24.00	90	22.90	114	23.12	0.88	21.05
医疗器械	10	10.00	137	34.86	147	29.82	-19.82	6.80
医疗设备	5	5.00	48	12.21	53	10.75	-5.75	9.43
医疗耗材	5	5.00	51	12.98	56	11.36	-6.36	8.93
体外诊断	0	0.00	38	9.67	38	7.71	-7.71	0.00
合计	100	100.00	393	100.00	493	100.00		

第三；在医疗器械细分行业中，医疗设备行业和医疗耗材行业并列第一，而体外诊断行业未有企业跻身百强之列。

从百强入选率来看，医药制造行业领先医疗器械行业。在医药制造行业下的细分行业中，化学制药行业位列第一，生物制品行业位居第二，中药行业排在最后；在医疗器械行业下的细分行业中，医疗设备行业居于首位，医疗耗材行业暂居第二，而体外诊断行业居于末位。

2. 上市地分析

2023年，从企业数量来看，上交所位列第一，深交所位列第二，港交所和美股分别位列第三和第四，而北交所无企业入围研发质量指数百强。从百强入选率来看，港交所拔得头筹，上交所位居第二，美股和深交所分别排名第三和第四，北交所依旧位于末位（见表5）。

表5　2023年中国医药企业研发质量指数百强企业所属上市地分析

单位：家，%

所属上市地	研发质量指数百强		全部企业		上市地研发质量指数百强企业数量占该上市地样本企业数量的比例（百强入选率）
	数量	占比	数量	占比	
北交所	—	—	16	3.25	—
上交所	40	40.00	193	39.15	20.73
深交所	36	36.00	209	42.39	17.22
港交所	35	35.00	78	15.82	44.87
美股	2	2.00	11	2.23	18.18

3. 内地上市板块分析

2023年，在各内地上市板块中，从企业数量来看，主板高居榜首，创业板和科创板分别位列第二和第三，北交所无企业跻身研发质量指数百强。从百强入选率来看，排名稍有变化，主板仍名列榜首，科创板位列第二，创业板位列第三，北交所仍位居末位（见表6）。

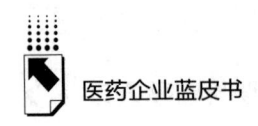

表6　2023年中国医药企业研发质量指数百强所属内地上市板块情况

单位：家，%

所属内地上市板块	研发质量指数百强		全部企业		内地上市板块研发质量指数百强企业数量占该上市板块样本企业数量的比例（百强入选率）
	数量	占比	数量	占比	
北交所	—	—	16	3.25	
创业板	18	18.00	120	24.34	15.00
科创板	17	17.00	103	20.89	16.50
主板	41	41.00	179	36.31	22.91

4. 实际运营地分析

①区域分析

从区域层面分析2023年中国医药企业研发质量指数百强，无论是从研发质量指数总和还是从企业数量来看，东部地区均名列前茅，西部地区表现较好，中部地区有待进一步提升。从百强入选率来看，东北地区表现优异，东部地区取得较好成绩，中部地区有待进一步提升。从研发质量指数平均值来看，中部地区名列前茅，东部地区和西部地区表现较好，东北地区有待进一步提升（见表7）。

表7　2023年中国医药企业研发质量指数百强所属区域情况

所属区域	研发质量指数百强				该区域全部样本企业数量（家）	占总样本比例（%）	区域研发质量百强贡献比例与该区域样本企业数量比例差异（个百分点）	区域研发质量指数百强企业数量占该区域样本企业数量的比例（%）
	平均值（分）	总和（分）	企业数量（家）	占比（%）				
东部	73.78	5976.21	81	81.00	344	69.78	11.22	23.55
西部	72.78	664.01	9	9.00	65	13.18	-4.18	13.85
东北	72.38	434.27	6	6.00	22	4.46	1.54	27.27
中部	74.12	296.47	4	4.00	86	12.58	-8.58	6.45
合计	—	—	100	100.00	493	100.00		

②区域集群分析

从区域集群层面分析2023年中国医药企业研发质量指数百强，无论从研发质量指数总和还是从企业数量来看，长江经济带下游（长三角地区）均名列前茅，京津冀地区和粤港澳大湾区表现较好。从百强入选率来看，东北地区表现优异，长江经济带下游（长三角地区）和东部其他地区取得较好成绩。从研发质量指数平均值来看，长江经济带中游名列前茅，长江经济带下游（长三角地区）和西部其他地区表现较好（见表8）。

表8 2023年中国医药企业研发质量指数百强企业所属区域集群情况

所属区域集群	研发质量指数百强				该区域集群全部样本企业数量（家）	占总样本比例（%）	区域集群研发质量贡献百强集群比例与该区域企业数量比例差异（个百分点）	区域集群研发质量指数百强企业数量占该区域集群样本企业数量的比例（%）
	平均值（分）	总和（分）	企业数量（家）	占比（%）				
长江经济带下游（长三角地区）	74.05	3183.95	43	43.00	179	36.31	6.69	24.02
京津冀地区	73.53	1176.53	16	16.00	77	15.62	0.38	20.78
粤港澳大湾区	73.72	884.67	12	12.00	55	11.16	0.84	21.82
东部其他地区	73.11	731.06	10	10.00	44	8.92	1.08	22.73
长江经济带上游	73.73	442.38	6	6.00	37	7.51	-1.51	16.22
东北地区	72.38	434.27	6	6.00	19	3.85	2.15	31.58
长江经济带中游	74.12	296.47	4	4.00	40	8.11	-4.11	10.00
西部其他地区	73.88	221.63	3	3.00	26	5.27	-2.27	11.54
合计	—	—	100	100.00	493	100.00	—	—

B.7
2023年中国医药企业研发支持指数报告

姚立杰 王一舒*

摘 要： 本报告系统剖析了2013～2023年中国医药企业研发支持指数的变化趋势，并对2023年的具体情况进行了详细分析。研究发现，2013～2023年，中国医药企业研发支持指数总体呈上升趋势，这一积极态势在医药制造与医疗器械这两大核心领域均有所体现，且医疗器械领域的研发支持指数增长幅度更大。本报告发现体外诊断、中药以及医疗设备这三大细分行业在研发支持指数上的表现尤为亮眼。2023年，中国医药企业研发支持指数出现轻微回调，这一现象在医药制造和医疗器械两大核心领域均有所体现。从细分行业来看，除了化学制药行业的研发支持指数有所上升外，其他细分行业的研发支持指数均呈现不同程度的下降，其中医疗耗材行业与中药行业的下降幅度相对较大。

关键词： 研发支持 医药企业 上市地 上市板块

一 中国医药企业研发支持指数概览

2013～2023年，中国医药企业研发支持指数总体呈波动上升趋势，体

---

* 姚立杰，博士，北京交通大学经济管理学院教授、博士生导师、高质量发展研究院院长、中国医药会计学会副秘书长、中国价格协会医药价格专委会副秘书长、北京产业经济学会副秘书长，主要研究方向为绩效评价和数智财税；王一舒，北京交通大学经济管理学院硕士研究生，研究方向创新评价和数智财税。

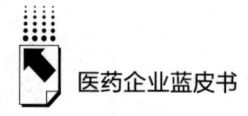

现出该行业对研发支持的高度重视。从时间序列层面进行分析，中国医药企业研发支持指数平均值呈现波动上升趋势。2013～2023年，医药制造和医疗器械这两个二级行业的研发支持指数均有所提升，在细分行业中，中药行业和体外诊断行业表现优异。从上市地和内地上市板块来看，深交所和北交所的上市企业研发支持指数名列前茅。此外，2023年，医药制造行业的研发支持指数平均值高于医疗器械行业。在细分行业中，体外诊断行业的研发支持指数位居榜首，中药行业和医疗设备行业的离散程度较大。从上市地和内地上市板块来看，深交所和主板的上市企业在研发支持指数方面表现优异。

二 中国医药企业研发支持指数分析

（一）时间序列分析

1. 概览

2013～2023年，中国医药企业研发支持指数平均值总体呈波动增长趋势，而中位数没有变化（见图1）。其中，平均值从2013年的61.12分增长至2023年的61.40分，增加0.28分（增长率为0.46%）；中位数保持在60.00分。2023年，中国医药企业研发支持指数的平均值呈下降趋势，从2022年的61.52分下降至2023年的61.40分，下降0.12分（降幅为0.20%）。

为减缓短期波动对研发支持指数的影响，本报告计算了中国医药企业研发支持指数5年简单移动平均值（见图2）。2017～2023年，中国医药企业研发支持指数5年简单移动平均值总体呈增长趋势，从2017年的61.33分增长至2023年的62.06分，增加0.73分（增长率为1.19%）。2023年，中国医药企业研发支持指数5年简单移动平均值呈下降趋势，从2022年的62.07分下降至62.06分，微降0.01分（降幅为0.02%）。

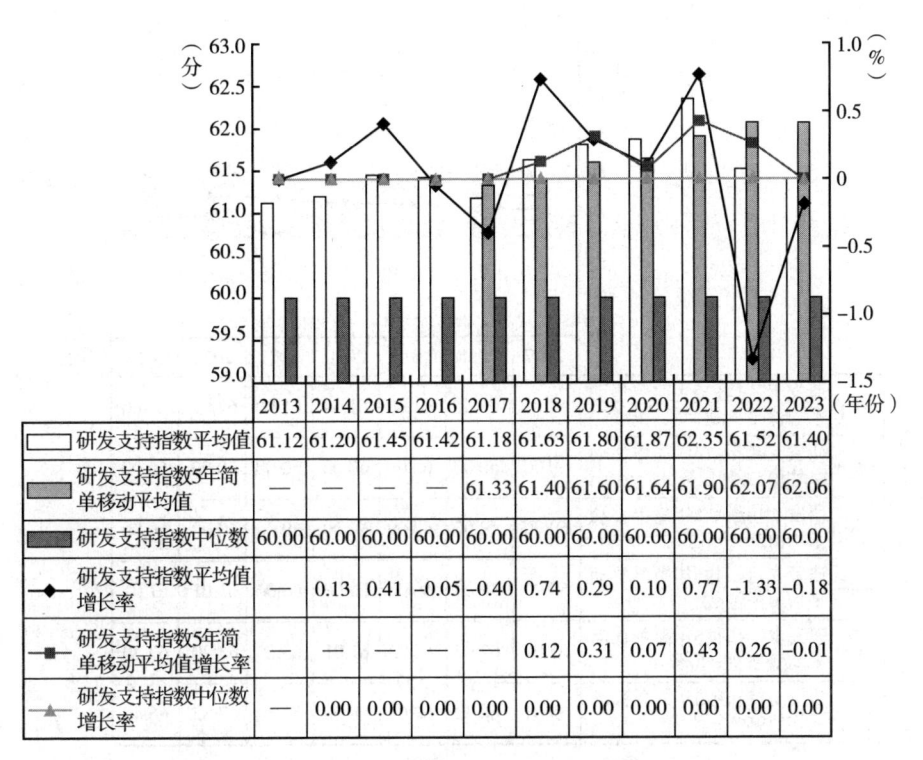

	2013	2014	2015	2016	2017	2018	2019	2020	2021	2022	2023
研发支持指数平均值	61.12	61.20	61.45	61.42	61.18	61.63	61.80	61.87	62.35	61.52	61.40
研发支持指数5年简单移动平均值	—	—	—	—	61.33	61.40	61.60	61.64	61.90	62.07	62.06
研发支持指数中位数	60.00	60.00	60.00	60.00	60.00	60.00	60.00	60.00	60.00	60.00	60.00
研发支持指数平均值增长率	—	0.13	0.41	−0.05	−0.40	0.74	0.29	0.10	0.77	−1.33	−0.18
研发支持指数5年简单移动平均值增长率	—	—	—	—	—	—	0.12	0.31	0.07	0.43	0.26
研发支持指数中位数增长率	—	0.00	0.00	0.00	0.00	0.00	0.00	0.00	0.00	0.00	0.00

图1 2013~2023年中国医药企业研发支持指数情况

2. 行业分析

(1) 二级行业分析

从二级行业出发，通过对中国医药企业研发支持指数进行深入分析，本报告发现，无论是医药制造行业还是医疗器械行业，其研发支持指数平均值总体呈上升趋势（见图3）。中国医药制造企业研发支持指数平均值从2013年的61.26分增长至2023年的61.45分，增加0.19分（增长率为0.31%），中国医疗器械企业研发支持指数平均值从2013年的60.37分增长至2023年的61.28分，增加0.91分（增长率为1.51%）。

2023年，医药制造行业与医疗器械行业研发支持指数均呈下降趋势，中国医药制造企业研发支持指数平均值从2022年的61.47分下降至2023年的61.45分，下降0.02分（降幅为0.03%）；中国医疗器械企业研发支持

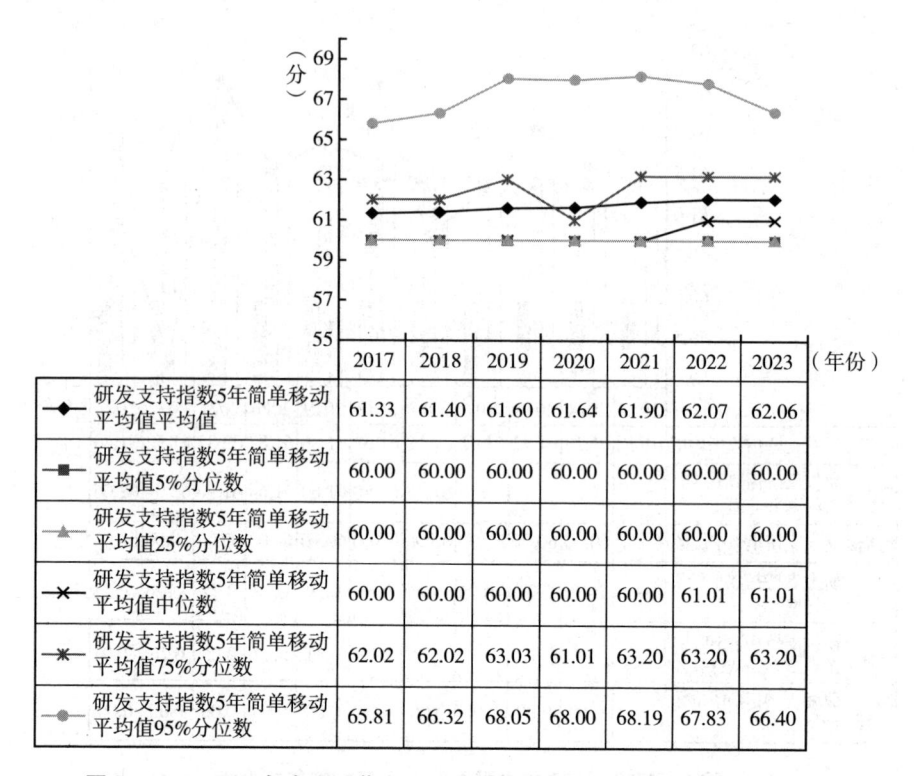

	2017	2018	2019	2020	2021	2022	2023
研发支持指数5年简单移动平均值平均值	61.33	61.40	61.60	61.64	61.90	62.07	62.06
研发支持指数5年简单移动平均值5%分位数	60.00	60.00	60.00	60.00	60.00	60.00	60.00
研发支持指数5年简单移动平均值25%分位数	60.00	60.00	60.00	60.00	60.00	60.00	60.00
研发支持指数5年简单移动平均值中位数	60.00	60.00	60.00	60.00	60.00	61.01	61.01
研发支持指数5年简单移动平均值75%分位数	62.02	62.02	63.03	61.01	63.20	63.20	63.20
研发支持指数5年简单移动平均值95%分位数	65.81	66.32	68.05	68.00	68.19	67.83	66.40

图2 2017~2023年中国医药企业研发支持指数5年简单移动平均值情况

指数平均值从2022年的61.62分下降至2023年的61.28分，下降0.34分（降幅为0.55%）。

（2）细分行业分析

①医药制造行业下的细分行业分析

中国医药制造企业研发支持指数的波动趋势在其三大细分行业中表现有所不同，中药行业和化学制药行业有所上升，生物制品行业有所下降（见图4）。2013~2023年，中药行业的研发支持指数增长尤为显著，其平均值从60.97分增长至61.85分，增加0.88分（增长率为1.44%）；其次是化学制药行业，其平均值从61.55分增长至61.65分，增加0.10分（增长率为0.16%）；最后是生物制品，其平均值从61.04分下降至60.94分，下降0.10分（降幅为0.16%）。

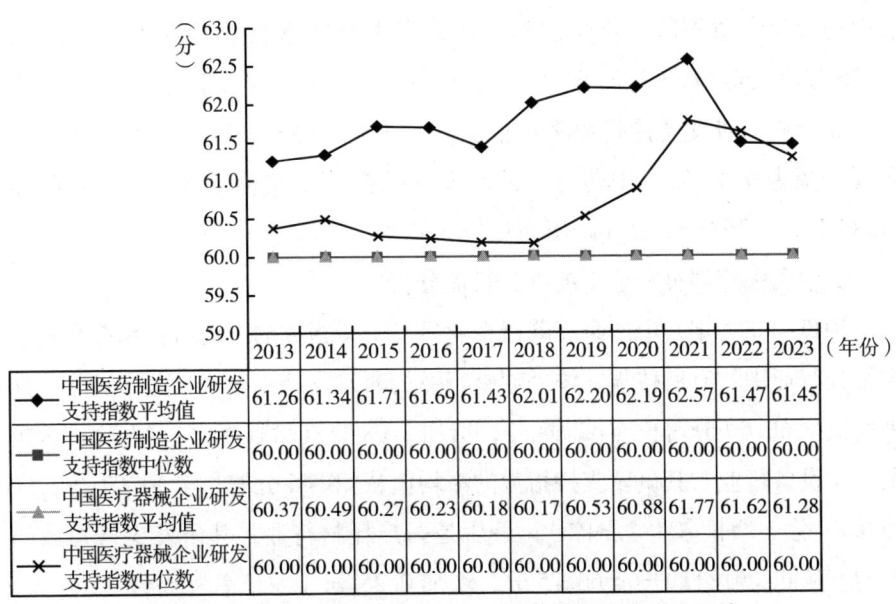

年份	2013	2014	2015	2016	2017	2018	2019	2020	2021	2022	2023
中国医药制造企业研发支持指数平均值	61.26	61.34	61.71	61.69	61.43	62.01	62.20	62.19	62.57	61.47	61.45
中国医药制造企业研发支持指数中位数	60.00	60.00	60.00	60.00	60.00	60.00	60.00	60.00	60.00	60.00	60.00
中国医疗器械企业研发支持指数平均值	60.37	60.49	60.27	60.23	60.18	60.17	60.53	60.88	61.77	61.62	61.28
中国医疗器械企业研发支持指数中位数	60.00	60.00	60.00	60.00	60.00	60.00	60.00	60.00	60.00	60.00	60.00

图3 2013~2023年中国医药企业研发支持指数二级行业情况

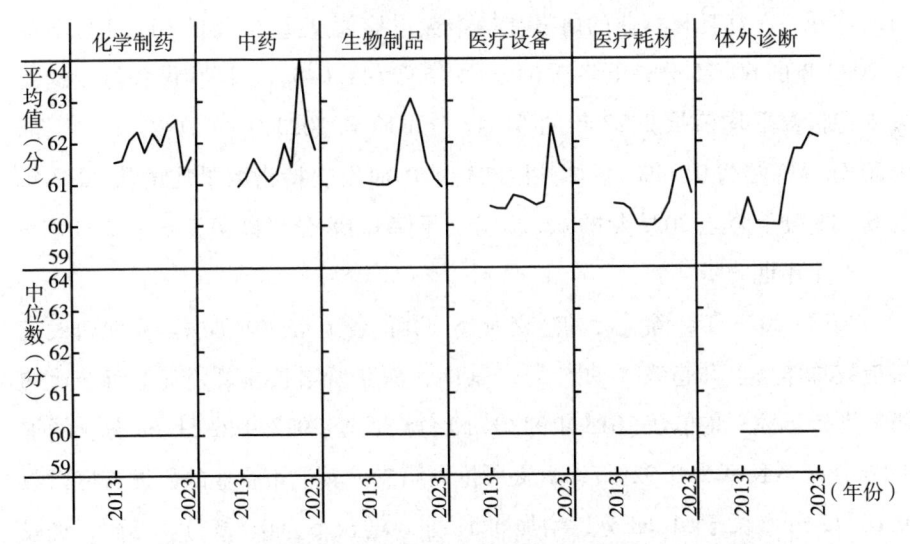

图4 2013~2023年中国医药企业研发支持指数细分行业情况

2023年，中国医药制造企业研发支持指数的变化趋势在其三大细分行业中表现有所不同，化学制药行业的研发支持指数有所上升，生物制品行业和中药行业有所下降。化学制药行业的研发支持指数平均值从2022年的61.26分增长至2023年的61.65分，增加0.39分（增长率为0.64%）；生物制品行业的研发支持指数平均值从61.13分下降至60.94分，下降0.19分（降幅为0.31%）；中药行业的研发支持指数平均值从62.46分下降至61.85分，下降0.61分（降幅为0.98%）。

②中国医疗器械行业下的细分行业分析

2013~2023年，中国医疗器械企业研发支持指数的波动增长趋势在其三大细分行业中均有所体现，体外诊断行业的研发支持指数增长尤为显著，其平均值从60.00分增长至62.08分，增加2.08分（增长率为3.47%）；其次是医疗设备行业，其研发支持指数的平均值从60.46分增长至61.27分，增加0.81分（增长率为1.34%）；最后是医疗耗材行业，其研发支持指数的平均值从60.50分增长至60.75分，增加0.25分（增长率为0.41%）。

2023年，中国医疗器械企业研发支持指数的下降趋势在其细分行业均有所体现。医疗耗材行业的研发支持指数平均值从2022年的61.39分下降至2023年的60.75分，下降0.64分（降幅为1.04%）。医疗设备行业的研发支持指数平均值从2022年的61.47分下降至2023年的61.27分，下降0.20分（降幅为0.33%）。体外诊断行业的研发支持指数平均值从2022年的62.16分下降至2023年的62.08分，下降0.08分（降幅为0.13%）。

3. 上市地分析

2013~2023年，除美股和港交所外，其他各上市地中国医药企业研发支持指数总体呈上升趋势（见图5）。其中，深交所增长显著，其上市企业的研发支持指数平均值从2013年的61.10分增长至2023年的61.66分，增加0.56分（增长率为0.92%）；上交所位列第二，其上市企业的研发支持指数从61.12分增长至61.63分，增加0.51分（增长率为0.83%）。然而，美股上市企业的研发支持指数平均值有所下降，从62.52分下降至60.00分，下降2.52分（降幅为4.03%）；港交所上市企业的研发支持指数从61.45分下降至60.43分，下降1.02分（降幅为1.66%）。

2023年，除美股外，其他各上市地的中国医药企业研发支持指数均呈

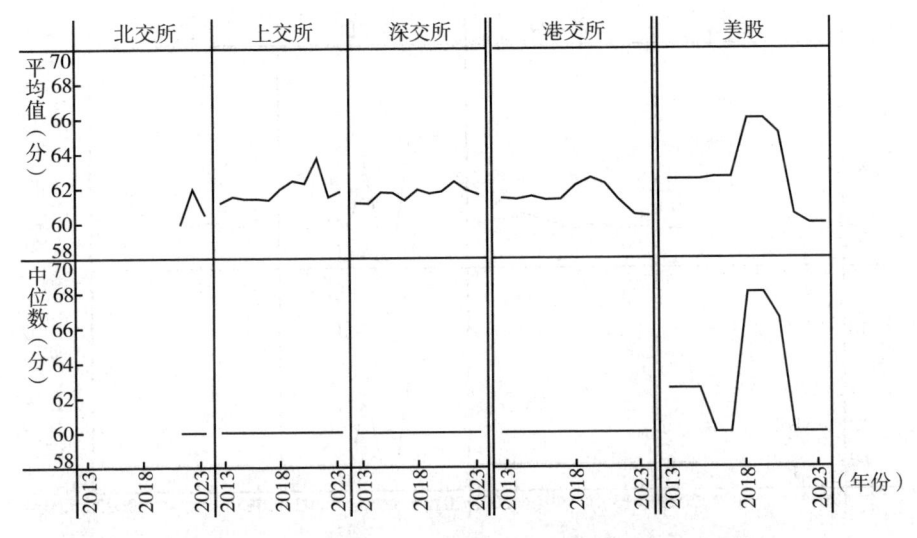

图5 2013~2023年中国医药企业研发支持指数各上市地情况

下降趋势，深交所上市企业的研发支持指数平均值从2022年的61.87分下降至2023年的61.66分，下降0.21分（降幅为0.34%）；上交所位列第二，其上市企业的研发支持指数下降0.10分（降幅为0.16%）；港交所位列第三，其上市企业的研发支持指数下降0.09分（降幅为0.15%）。然而，美股其上市企业的研发支持指数较2022年并没有发生明显变化。

4.内地上市板块分析

2013~2023年，除科创板外，其他内地上市板块的中国医药企业研发支持指数均呈上升趋势（见图6）。其中，北交所增长最为显著，其上市企业的研发支持指数平均值从2021年的60.00分增长至2023年的60.95分，增加0.95分（增长率为1.58%）；主板位列第二，其上市企业的研发支持指数平均值从2013年的61.08分增长到2023年的61.92分，增加0.84分（增长率为1.38%）；创业板位列第三，其上市企业的研发支持指数平均值从2013年的61.01分增长至2023年的61.35分，增加0.34分（增长率为0.56%）。然而，科创板从68.00分下降至61.47分，下降6.53分（降幅为9.60%）。

2023年，除科创板和北交所外，其他内地上市板块的中国医药企业研发

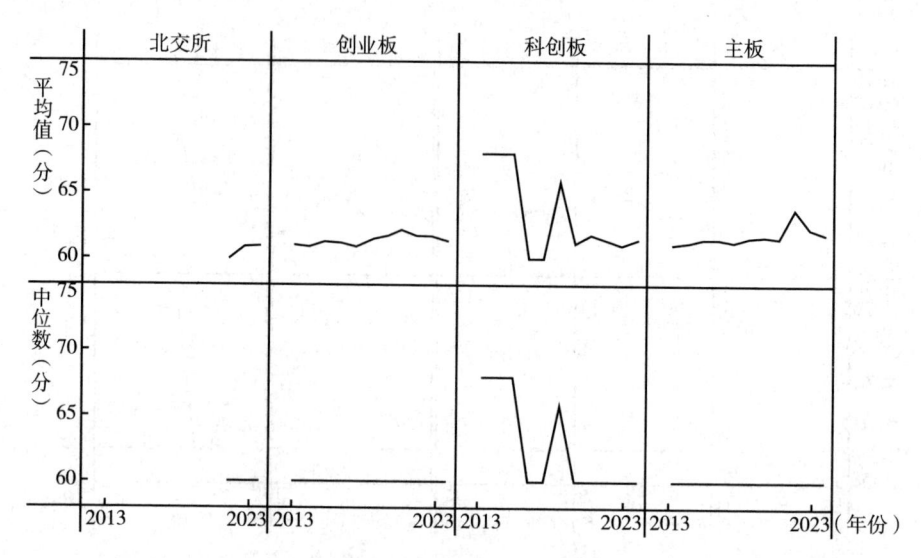

图6　2013~2023年中国医药企业研发支持指数内地各上市板块情况

支持指数平均值均呈下降趋势，其中，主板下降最为显著，其上市企业的研发支持指数平均值从62.25分下降至61.49分，下降0.76分（降幅为1.22%）；创业板位列第二，其上市企业的研发支持指数平均值从61.71分下降至61.35分，下降0.36分（降幅为0.58%）。然而，科创板和北交所上市企业的研发支持指数平均值分别增长0.43分（增长率为0.70%）和0.06分（增长率为0.10%）。

（二）横截面分析

1. 行业分析

（1）二级行业分析

通过深入分析医药制造行业和医疗器械行业的研发支持状况，本报告发现，中国医药制造行业研发支持指数的平均值（61.45分）略高于医疗器械行业（61.28分），这主要是医药制造行业95%分位数的表现优于医疗器械行业所致，医药制造行业其他分位数均与医疗器械行业保持一致（见图7）。

2023年中国医药企业研发支持指数报告

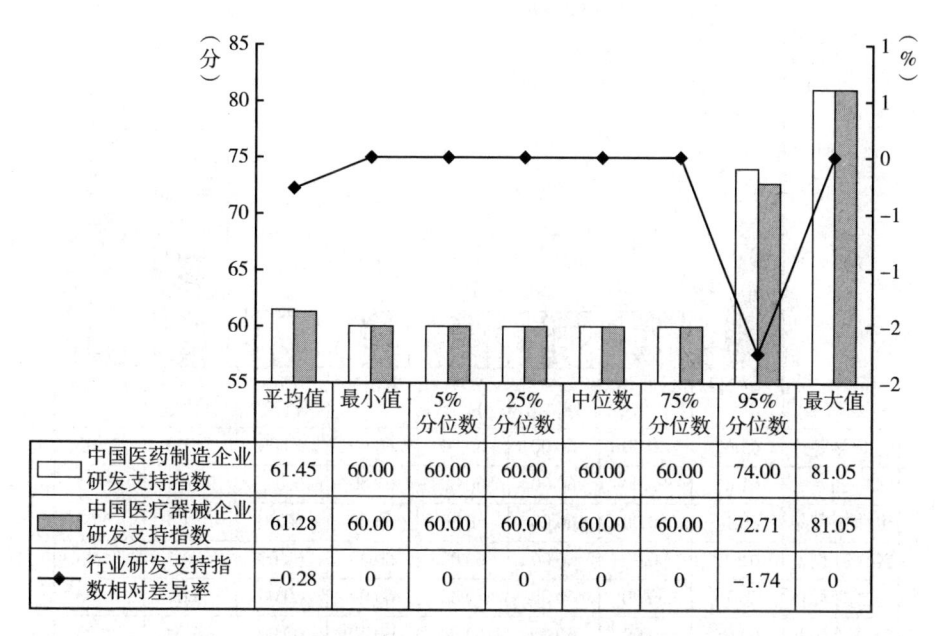

	平均值	最小值	5%分位数	25%分位数	中位数	75%分位数	95%分位数	最大值
中国医药制造企业研发支持指数	61.45	60.00	60.00	60.00	60.00	60.00	74.00	81.05
中国医疗器械企业研发支持指数	61.28	60.00	60.00	60.00	60.00	60.00	72.71	81.05
行业研发支持指数相对差异率	-0.28	0	0	0	0	0	-1.74	0

图7 2023年中国医药企业研发支持指数二级行业情况

（2）细分行业分析

2023年，在各细分行业中，体外诊断行业的研发支持指数位列榜首，其平均值为62.08分；中药行业位列第二，其平均值为61.85分；化学制药行业位列第三，其平均值为61.65分；医疗设备行业位列第四，其平均值为61.27分；生物制品行业和医疗耗材行业分别以60.94分和60.75分紧随其后。从各细分行业研发支持指数的离散程度来看，中药行业和医疗设备行业离散程度最大，其区间长度均为21.05分；化学制药、生物制品、医疗耗材和体外诊断行业的区间长度均为16.00分（见图8）。

2. 上市地分析

2023年，在各上市地中，深交所的中国医药企业研发支持指数位列榜首，其平均值为61.66分；上交所位列第二，其平均值为61.63分；北交所位列第三，其平均值为60.95分；港交所以60.43分紧随其后（见图9）。从各上市地中国医药企业研发支持指数的离散程度来看，深交所离散程度最大，其区间长度为21.05分；上交所位列第二，其区间长度为16.00分；港

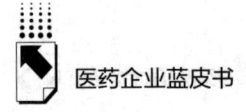

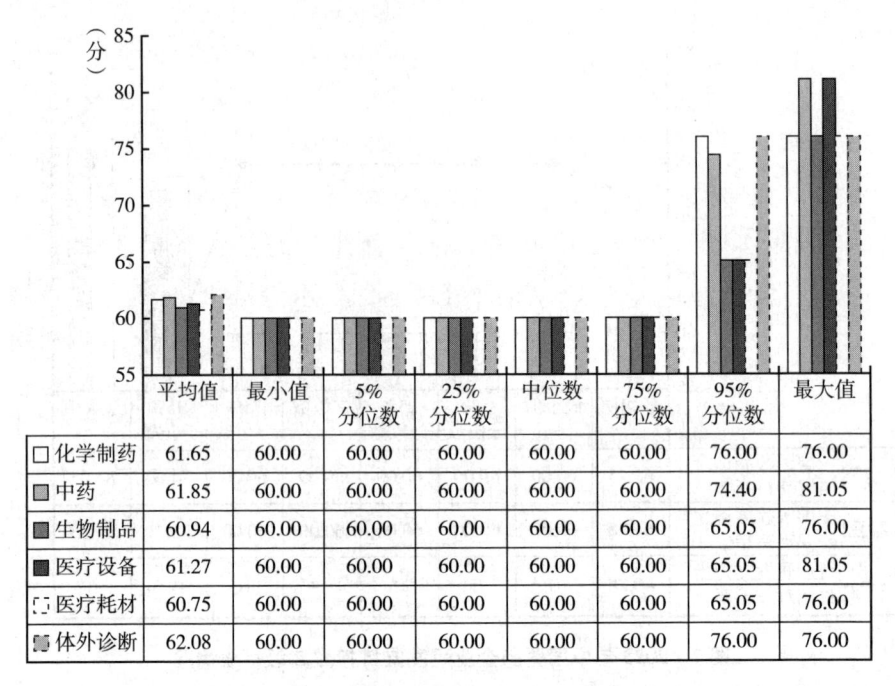

	平均值	最小值	5%分位数	25%分位数	中位数	75%分位数	95%分位数	最大值
化学制药	61.65	60.00	60.00	60.00	60.00	60.00	76.00	76.00
中药	61.85	60.00	60.00	60.00	60.00	60.00	74.40	81.05
生物制品	60.94	60.00	60.00	60.00	60.00	60.00	65.05	76.00
医疗设备	61.27	60.00	60.00	60.00	60.00	60.00	65.05	81.05
医疗耗材	60.75	60.00	60.00	60.00	60.00	60.00	65.05	76.00
体外诊断	62.08	60.00	60.00	60.00	60.00	60.00	76.00	76.00

图 8 2023 年中国医药企业研发支持指数细分行业情况

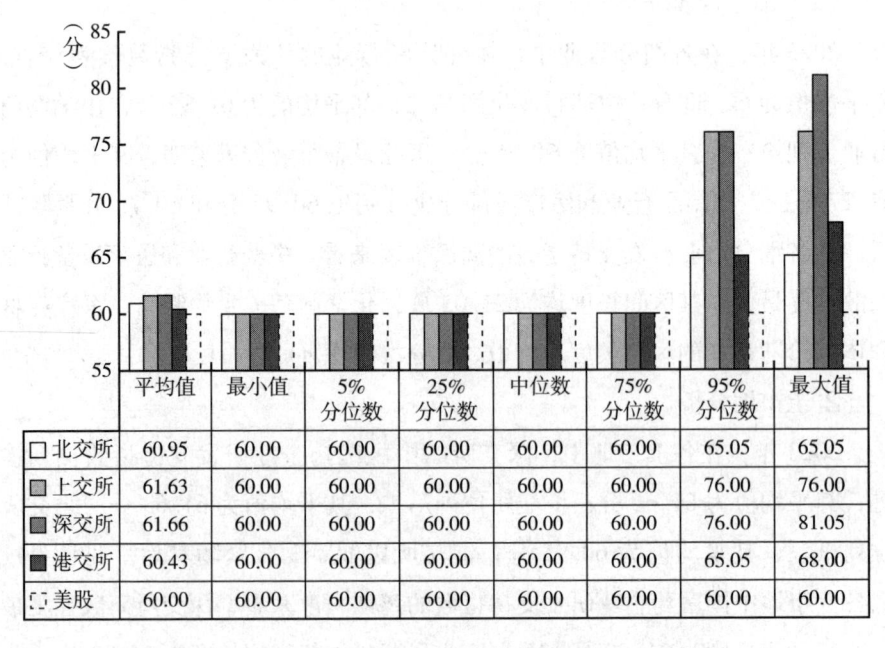

	平均值	最小值	5%分位数	25%分位数	中位数	75%分位数	95%分位数	最大值
北交所	60.95	60.00	60.00	60.00	60.00	60.00	65.05	65.05
上交所	61.63	60.00	60.00	60.00	60.00	60.00	76.00	76.00
深交所	61.66	60.00	60.00	60.00	60.00	60.00	76.00	81.05
港交所	60.43	60.00	60.00	60.00	60.00	60.00	65.05	68.00
美股	60.00	60.00	60.00	60.00	60.00	60.00	60.00	60.00

图 9 2023 年中国医药企业研发支持指数各上市地情况

交所位列第三，其区间长度为8.00分；深交所居于末位，其区间长度为5.05分。从各上市地中国医药企业研发支持指数的最大值来看，深交所位列第一，为81.05分；上交所位列第二，为76.00分；港交所位列第三，为68.00分；北交所居于末位，为65.05分；由于美股各分位数均为60.00分，所以对其暂不考虑。

3. 内地上市板块分析

2023年，在内地各上市板块中，主板的中国医药企业研发支持指数位列榜首，其平均值为61.92分；科创板位列第二，其平均值为61.47分；创业板位列第三，其平均值为61.39分；北交所居于末位，其平均值为60.95分（见图10）。从内地各上市板块中国医药企业研发支持指数的离散程度来看，创业板和主板离散程度最大，其区间长度均为21.05分；科创板位列第三，其区间长度为16.00分。北交所居于末位，其区间长度仅为5.05分。从内地各上市板块中国医药企业研发支持指数的最大值来看，主板和创业板均位列第一，为81.05分；科创板位列第三，为76.00分；北交所居于末位，为65.05分。

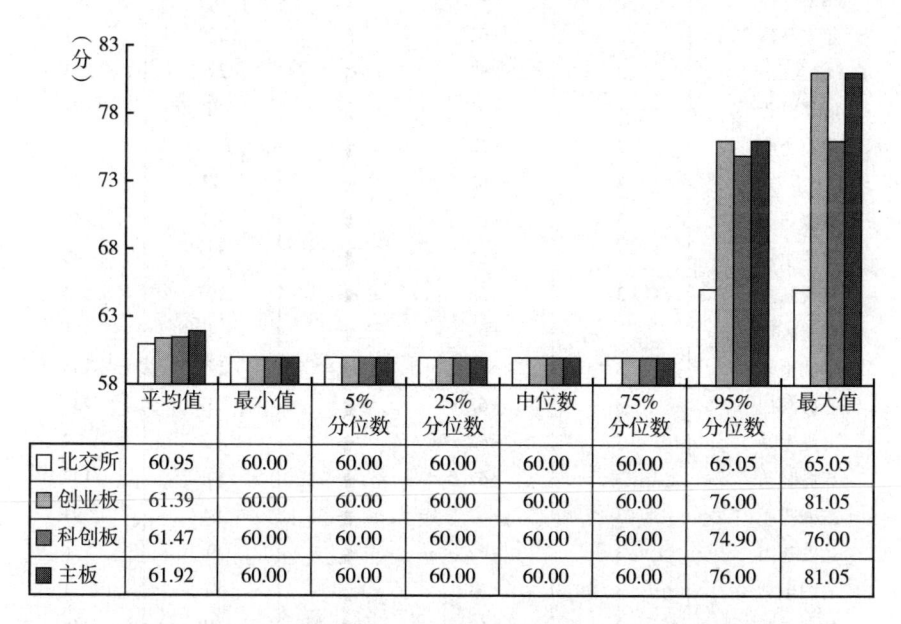

	平均值	最小值	5%分位数	25%分位数	中位数	75%分位数	95%分位数	最大值
北交所	60.95	60.00	60.00	60.00	60.00	60.00	65.05	65.05
创业板	61.39	60.00	60.00	60.00	60.00	60.00	76.00	81.05
科创板	61.47	60.00	60.00	60.00	60.00	60.00	74.90	76.00
主板	61.92	60.00	60.00	60.00	60.00	60.00	76.00	81.05

图10 2023年中国医药企业研发支持指数内地各上市板块情况

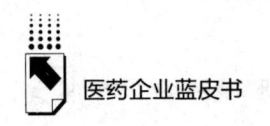

三 中国医药企业研发支持指数五十强概览与分析

（一）中国医药企业研发支持指数五十强概览

考察2023年中国医药企业研发支持指数五十强榜单情况，可以发现，排名前列的企业实力不容小觑。开立医疗和华润三九并列第一，康泰生物、尔康制药、普莱柯、博瑞医药和常山药业等24家企业并列第三（见表1）。

表1 2023年中国医药企业研发支持指数五十强

企业名称	研发支持指数		研发指数排名	总分指数排名差异
	2023年排名	较上年变动		
开立医疗	1	+64 ↑	96	95
华润三九	1	+64 ↑	111	110
康泰生物	3	44 ↑	165	162
尔康制药	3	+62 ↑	330	327
普莱柯	3	+7 ↑	296	293
博瑞医药	3	+62 ↑	82	79
常山药业	3	+62 ↑	268	265
天士力	3	+62 ↑	47	44
康缘药业	3	+62 ↑	43	40
凯赛生物	3	+62 ↑	243	240
羚锐制药	3	+62 ↑	197	194
春立医疗	3	+62 ↑	4	1
华熙生物	3	+62 ↑	148	145
心脉医疗	3	+62 ↑	242	239
九强生物	3	+62 ↑	12	9
兴齐眼药	3	+62 ↑	192	189
东诚药业	3	+62 ↑	94	91
达安基因	3	+62 ↑	9	6
安图生物	3	+23 ↑	2	-1
仙琚制药	3	+62 ↑	51	48
普洛药业	3	+62 ↑	141	138

续表

企业名称	研发支持指数		研发指数排名	总分指数排名差异
	2023年排名	较上年变动		
东阳光	3	+62 ↑	40	37
汇宇制药	3	+62 ↑	84	81
三诺生物	3	+62 ↑	59	56
万孚生物	3	+62 ↑	60	57
科伦药业	3	+62 ↑	27	24
九典制药	27	+38 ↑	113	86
润都股份	27	+38 ↑	158	131
盘龙药业	27	+38 ↑	429	402
立方制药	27	+38 ↑	161	134
罗欣药业	27	+38 ↑	153	126
哈三联	27	+38 ↑	151	124
白云山	27	−19 ↓	8	−19
万泰生物	27	+38 ↑	145	118
鲁抗医药	35	+30 ↑	202	167
赛托生物	35	+30 ↑	423	383
博拓生物	35	+30 ↑	238	203
阿拉丁	35	+30 ↑	376	341
欧普康视	35	+30 ↑	201	166
广济药业	35	+30 ↑	301	266
科兴制药	35	+30 ↑	266	231
陇神戎发	35	+30 ↑	440	405
千金药业	35	+30 ↑	170	135
欧林生物	35	+30 ↑	176	141
微创机器人-B	35	+30 ↑	66	31
海利生物	35	+30 ↑	389	354
瑞普生物	35	−25 ↓	225	190
奥锐特	35	+30 ↑	118	83
新华制药	35	+30 ↑	57	22
汉商集团	35	+30 ↑	445	410
启迪药业	35	−9 ↓	462	427
华邦健康	35	−34 ↓	392	357
祥生医疗	35	−9 ↓	93	58
派林生物	35	+30 ↑	414	379

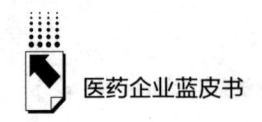

续表

企业名称	研发支持指数		研发指数排名	总分指数排名差异
	2023年排名	较上年变动		
百奥泰	35	+30 ↑	17	-18
仁度生物	35	+30 ↑	194	159
倍益康	35	+30 ↑	189	154
梓橦宫	35	+30 ↑	331	296
纳微科技	35	+30 ↑	139	104
之江生物	35	+30 ↑	323	288
翔宇医疗	35	-25 ↓	309	274
珍宝岛	35	-9 ↓	88	53
辰光医疗	35	+30 ↑	222	187
中关村	35	+30 ↑	316	281
新和成	35	+30 ↑	67	32
新华医疗	35	-25 ↓	13	-22
中国同辐	35	+30 ↑	241	206
葫芦娃	35	+30 ↑	155	120
桂林三金	35	+30 ↑	251	216
歌礼制药-B	35	+30 ↑	63	28
华北制药	35	-34 ↓	130	95
可孚医疗	35	+30 ↑	188	153
片仔癀	35	+30 ↑	228	193
宣泰医药	35	+30 ↑	129	94

注：总分指数排名差异=研发指数排名-成分指数排名，差异为正则说明企业在成分指数方面表现更好，差异为负则说明企业在研发指数方面表现较好。

从2023年中国医药企业研发支持指数五十强的排名变化情况来看，开立医疗和华润三九两家企业不仅在五十强排名中荣登榜首，并且相较于2022年，均进步了64个位次，成为进步最快的企业，这也显示出它们在医药研发支持上的专注与不懈努力。

在对2023年总分指数排名差异进行分析时，我们注意到，多数研发支持指数五十强的排名要高于其研发指数排名，这表明这些企业在研发支持方面表现突出，但也暗示这些企业在研发投入、研发成果或研发质量方面可能还存在进一步提升的空间。然而，对于安图生物、白云山、百奥泰、新华医疗这4家企业，情况有所不同，它们在研发指数上的排名要优于研发支持指数的排名,这意味着这4家企业在研发支持上的表现尚未达到其医药研发整体表现。因此,可以合理推测,如果这些企业能在研发支持上实现突破,那么它们的研发指数排名有望进一步提高。

(二)中国医药研发支持指数五十强分析

1. 行业分析

2023年,中国医药企业研发支持指数五十强所属行业情况如表2所示。从企业数量来看,医药制造行业位列第一,医疗器械行业位列第二。在医药制造细分行业中,化学制药行业居于首位,中药行业位列第二,生物制品行业居于末位;在医疗器械细分行业中,医疗设备行业位列第一,体外诊断行业和医疗耗材行业分别位列第二和第三。从五十强入选率来看,医药制造行业仍位列第一,医疗器械行业位列第二。在医药制造细分行业中,中药行业跃居第一,化学制药行业位列其后,生物制品行业位列第三;在医疗器械细分行业中,体外诊断行业跃居第一,医疗设备行业和医疗耗材行业分别位列第二和第三。

表2 2023年中国医药企业研发支持指数五十强所属行业分析

所属行业	研发支持指数五十强		其他企业		全部企业		行业研发支持五十强贡献比例与该行业样本企业数量比例差异(个百分点)	行业研发指数五十强企业数量占该行业样本企业数量的比例(五十强入选率,%)
	数量(家)	占比(%)	数量(家)	占比(%)	数量(家)	占比(%)		
医药制造	55	74.32	291	69.45	346	70.18	4.14	15.90
化学制药	30	40.54	137	32.70	167	33.87	6.67	17.96
中药	13	17.57	52	12.41	65	13.18	4.38	20.00
生物制品	12	16.22	102	24.34	114	23.12	-6.91	10.53
医疗器械	19	25.68	128	30.55	147	29.82	-4.14	12.93
医疗设备	8	10.81	45	10.74	53	10.75	0.06	15.09
医疗耗材	4	5.41	52	12.41	56	11.36	-5.95	7.14
体外诊断	7	9.46	31	7.40	38	7.71	1.75	18.42
合计	74	100.00	419	100.00	493	100.00		

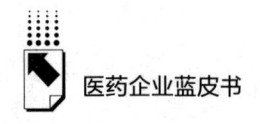

2. 上市地分析

2023年，从企业数量来看，上交所摘得桂冠，深交所暂居其后，港交所和北交所分别位列第三和第四，而美股无企业入围研发支持指数五十强。从五十强入选率来看，北交所跃居首位，上交所位列第二，深交所和港交所位居第三和第四，美股居于末位（见表3）。

表3　2023年中国医药企业研发支持指数五十强所属上市地情况

单位：家，%

所属上市地	研发支持指数五十强		全部企业		上市地研发支持指数五十强企业数量占该上市地样本企业数量的比例（五十强入选率）
	数量	占比	数量	占比	
北交所	3	4.05	16	3.25	18.75
上交所	35	47.30	193	39.15	18.13
深交所	33	44.59	209	42.39	15.79
港交所	6	8.11	78	15.82	7.69
美股	—	—	11	2.23	0.00

3. 内地上市板块分析

2023年，从企业数量来看，主板位列第一，科创板和创业板分别位列第二和第三，北交所居于末位。从五十强入选率来看，主板依旧高居榜首，北交所位列第二，科创板位列第三，创业板则排在末位（见表4）。

表4　2023年中国医药企业研发支持指数五十强所属内地上市板块情况

单位：家，%

所属内地上市板块	研发支持指数五十强		全部企业		上市地研发支持指数百强企业数量占该上市板块样本企业数量的比例（五十强入选率）
	数量	占比	数量	占比	
北交所	3	1.00	16	3.25	18.75
创业板	14	30.00	120	24.34	11.67
科创板	17	22.00	103	20.89	16.50
主板	37	37.00	179	36.31	20.67

4. 实际运营地分析

（1）区域分析

从区域层面分析 2023 年中国医药企业研发支持指数五十强，无论是从研发支持指数总和还是从企业数量来看，东部地区均名列前茅，中部地区表现较好，东北地区有待进一步提升。从五十强入选率来看，中部地区表现优异，东北地区取得较好成绩，东部地区有待进一步提升。从研发支持指数平均值来看，东部地区名列前茅，东北地区表现较好，西部地区有待进一步提升（见表5）。

表 5 2023 年中国医药企业研发支持指数五十强所属区域情况

所属区域	研发支持指数五十强				该区域全部样本企业数量（家）	占总样本比例（％）	区域研发支持指数五十强贡献比例与该区域样本企业数量比例差异（个百分点）	区域研发支持指数五十强企业数量占该区域样本企业数量的比例（五十强入选率，％）
	平均值（分）	总和（分）	企业数量（家）	占比（％）				
东部	69.71	3276.28	47	63.51	346	70.18	-6.67	13.58
中部	69.09	1036.38	15	20.27	65	13.18	7.09	23.08
西部	67.81	610.28	9	12.16	63	12.78	-0.62	14.29
东北	69.68	209.05	3	4.05	19	3.85	0.20	15.79
合计	—	—	74	100.00	493	100.00	—	—

（2）区域集群分析

从区域集群层面分析 2023 年中国医药企业研发支持指数五十强，无论是研发支持指数总和还是企业数量，长江经济带下游（长三角地区）均名列前茅，东部其他地区、粤港澳大湾区和京津冀地区表现较好。从五十强入选率来看，中部其他地区表现优异，东部其他地区和长江经济带中游取得较好成绩。从研发支持指数平均值来看，粤港澳大湾区名列前茅，中部其他地区和京津冀地区表现较好（见表6）。

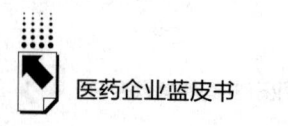

表6 2023年中国医药企业研发支持指数五十强所属区域集群情况

区域集群排名	区域集群	研发支持指数五十强				研发支持指数五十强企业数量占该区域集群样本企业数量的比例（五十强入选率，%）
		平均值（分）	总和（分）	企业数量（家）	占比（%）	
1	长江经济带下游（长三角地区）	68.32	1434.66	21	28.38	11.73
2	东部其他地区	67.53	675.33	10	13.51	22.73
3	粤港澳大湾区	74.13	667.14	9	12.16	16.36
4	京津冀地区	70.24	632.19	9	12.16	11.69
5	长江经济带中游	68.15	545.24	8	10.81	20.00
6	长江经济带上游	68.70	412.19	6	8.11	16.22
7	中部其他地区	71.62	358.09	5	6.76	31.25
8	东北地区	69.68	209.05	3	4.05	15.79
9	西部其他地区	66.03	198.09	3	4.05	11.54
合计		—	—	74	100.00	—

行业篇

B.8
2023年中国化学制药
企业研发指数报告

姚立杰 冯 微*

摘 要： 本报告全面而深入地探讨了2013~2023年中国化学制药企业研发指数的发展轨迹，并对2023年的具体情况进行了细致剖析。研究发现，过去十一年间，中国化学制药企业研发指数总体呈波动上升趋势，其中，行业领军企业的表现尤为突出。这一积极的上升态势在其四个成分指数——研发投入指数、研发成果指数、研发质量指数及研发支持指数中均有所体现，特别是研发投入指数的贡献尤为显著，彰显了化学制药企业对研发活动的持续高投入。聚焦2023年，中国化学制药企业研发指数有所增长，行业龙头企业的表现依然令人瞩目。这一增长主要得益于研发成果指数、研发质量指数与研发支持指数的增长，尤其是研发成果指数的增长最为突出。然而，值

---

* 姚立杰，博士，北京交通大学经济管理学院教授、博士生导师、高质量发展研究院院长、中国医药会计学会副秘书长、中国价格协会医药价格专委会副秘书长、北京产业经济学会副秘书长，主要研究方向为绩效评价和数智财税；冯微，北京交通大学詹天佑学院本博连读生，主要研究方向为创新评价和数智财税。

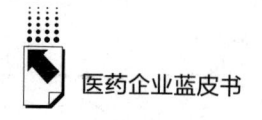

得注意的是，2023年中国化学制药企业的研发投入指数却出现了轻微下滑。此外，本报告还从上市地、内地上市板块以及企业实际运营地等维度，对2023年中国化学制药企业研发指数及其二十强企业进行了深入地分析和探讨，旨在为中国化学制药行业的未来发展提供更加全面、深入的洞见与参考。

关键词： 化学制药 研发投入 研发成果 研发质量 研发支持

一 中国化学制药企业研发指数概览

2013~2023年，中国化学制药行业研发综合实力呈波动上升趋势，这在中国化学制药企业研发指数及其成分指数——研发投入指数、研发成果指数、研发质量指数和研发支持指数上均有所体现，详见图1。具体而言，中国化学制药企业研发指数平均值从2013年的66.99分增长至2023年的68.70分，增长了1.71分，增长率达2.55%，彰显出行业积极进步的态势。在这积极进步的背后，中国化学制药企业研发投入指数的贡献尤为突出，其平均值从77.68分增长至81.34分，增长了3.66分（增长率4.71%）。此外，研发成果指数从62.85分增长至64.09分，增长了1.24分（增长率1.97%）；研发质量指数从66.59分增长至67.72分，增长了1.13分（增长率1.70%）。相比之下，研发支持指数的增长较为平缓，从2013年的61.55分微增至2023年的61.65分，仅增长了0.10分（增长率0.16%）。

聚焦2023年，中国化学制药企业研发指数也呈增长趋势，其平均值从2022年的68.34分增长至2023年的68.70分，增长了0.36分（增长率0.53%），这主要得益于研发成果指数、研发质量指数与研发支持指数的增长，其中研发成果指数的增长最为显著，其平均值从63.51分增长至64.09分，增长了0.58分（增长率0.91%）。然而，研发投入指数却略有下降，其平均值从81.38分下降至81.34分，下降了0.04分（下降率0.05%）。

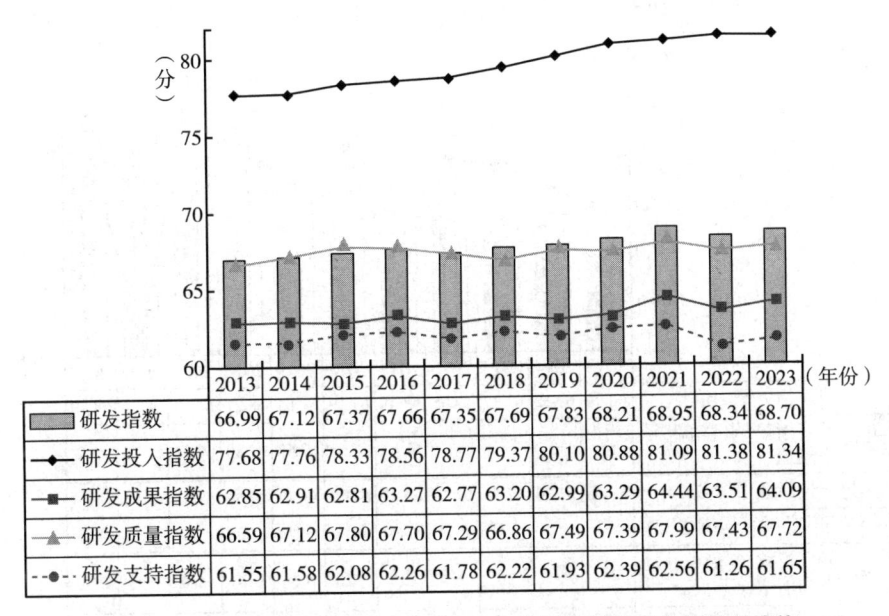

年份	2013	2014	2015	2016	2017	2018	2019	2020	2021	2022	2023
研发指数	66.99	67.12	67.37	67.66	67.35	67.69	67.83	68.21	68.95	68.34	68.70
研发投入指数	77.68	77.76	78.33	78.56	78.77	79.37	80.10	80.88	81.09	81.38	81.34
研发成果指数	62.85	62.91	62.81	63.27	62.77	63.20	62.99	63.29	64.44	63.51	64.09
研发质量指数	66.59	67.12	67.80	67.70	67.29	66.86	67.49	67.39	67.99	67.43	67.72
研发支持指数	61.55	61.58	62.08	62.26	61.78	62.22	61.93	62.39	62.56	61.26	61.65

图1 2013~2023年中国化学制药企业研发指数及其成分指数平均值

二 中国化学制药企业研发指数分析

（一）时间序列分析

1. 概览

过去十一年间，中国化学制药企业研发指数呈波动增长趋势，这在平均值和中位数上均有所体现。具体地，研发指数平均值从2013年的66.99分增长至2023年的68.70分，增长了1.71分（增长率2.55%）；中位数从2013年的67.00分增长至2023年的67.74分，增长了0.74分（增长率1.10%），详见图2。聚焦2023年，中国化学制药企业研发指数的平均值和中位数变化趋势有所不同，平均值有所上升，中位数却有所下降，平均值从2022年的68.34分增长至2023年的68.70分，增长了0.36分（增长率0.53%），中位数从2022年的67.82分下降至2023年的67.74分，下降了0.08分（下降率0.12%）。

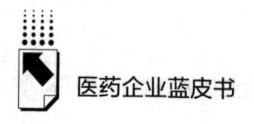

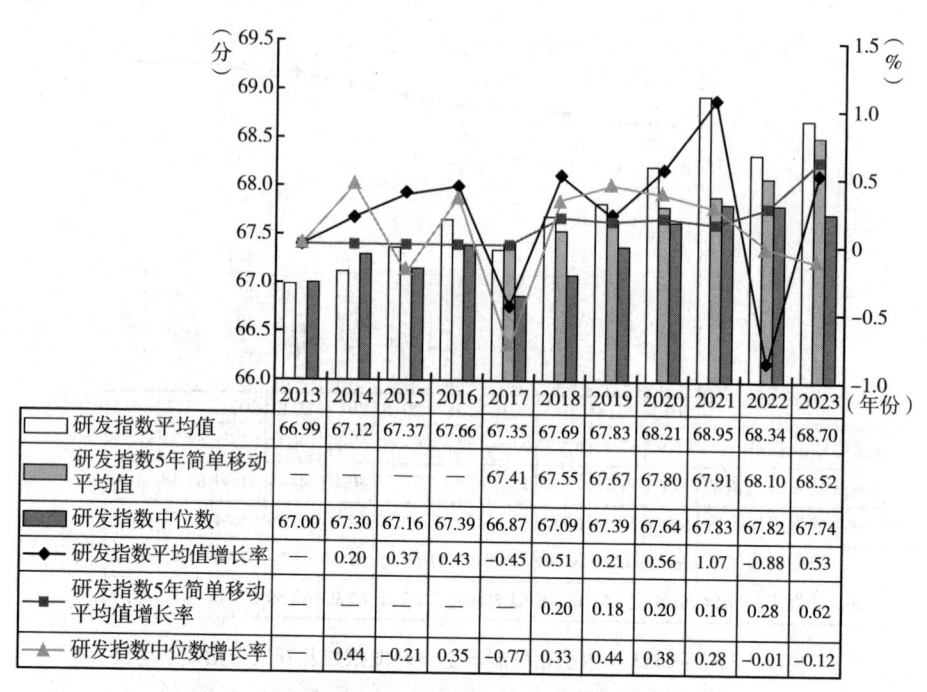

		2013	2014	2015	2016	2017	2018	2019	2020	2021	2022	2023
研发指数平均值		66.99	67.12	67.37	67.66	67.35	67.69	67.83	68.21	68.95	68.34	68.70
研发指数5年简单移动平均值		—	—	—	—	67.41	67.55	67.67	67.80	67.91	68.10	68.52
研发指数中位数		67.00	67.30	67.16	67.39	66.87	67.09	67.39	67.64	67.83	67.82	67.74
研发指数平均值增长率		—	0.20	0.37	0.43	-0.45	0.51	0.21	0.56	1.07	-0.88	0.53
研发指数5年简单移动平均值增长率		—	—	—	—	—	0.20	0.18	0.20	0.16	0.28	0.62
研发指数中位数增长率		—	0.44	-0.21	0.35	-0.77	0.33	0.44	0.38	0.28	-0.01	-0.12

图2 2013~2023年中国化学制药企业研发指数情况

中国化学制药企业研发指数的离散程度呈扩大趋势，区间长度从2013年的12.69分增加至2023年的27.54分，增加了14.85分，增长率为117.02%。聚焦2023年，中国化学制药企业研发指数的离散程度仍在持续扩大，区间长度从2022年的15.83分增加至2023年的27.54分，增加了11.71分，增长率为73.97%，详见表1。

表1 2013~2023年中国化学制药企业研发指数分布区间

单位：分

年份	最大值	75%分位数	中位数	25%分位数	最小值	四分位距	区间长度
2013	72.69	68.20	67.00	65.79	60.00	2.41	12.69
2014	73.87	68.55	67.30	65.33	60.00	3.22	13.87
2015	73.96	68.62	67.16	66.13	63.19	2.49	10.77
2016	76.75	68.65	67.39	66.18	62.89	2.47	13.86
2017	75.27	68.47	66.87	66.04	62.58	2.43	12.69
2018	75.69	69.03	67.09	66.18	62.90	2.85	12.79

续表

年份	最大值	75%分位数	中位数	25%分位数	最小值	四分位距	区间长度
2019	75.49	68.94	67.39	66.34	62.97	2.60	12.52
2020	78.40	69.63	67.64	66.33	64.32	3.30	14.08
2021	82.54	70.53	67.83	66.40	64.36	4.13	18.18
2022	79.89	70.04	67.82	66.22	64.06	3.82	15.83
2023	87.75	70.76	67.74	65.81	60.21	4.95	27.54

为了更精准地识别中国化学制药企业研发指数变动趋势的关键驱动群体，我们对主要分位数的具体表现进行了深入分析，详见图3。2013~2023年，中国化学制药企业研发指数呈增长趋势，在各分位数企业群体中均有所体现，其中95%分位数表现最为亮眼，从2013年的71.04分增长至2023年的75.09分，增长了4.05分（增长率5.70%）。聚焦2023年，中国化学制药企业研发指数的增长主要得益于除25%分位数、中位数以外的其他分位数企业群体的增长，其中95%分位数增长最为显著，从2022年的72.88分

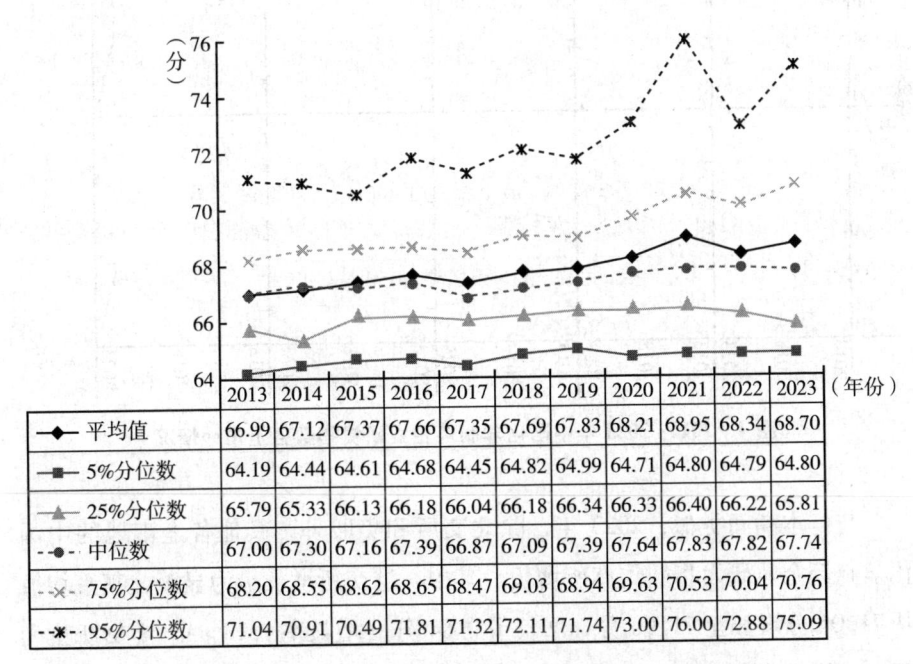

（分）	2013	2014	2015	2016	2017	2018	2019	2020	2021	2022	2023 |（年份）
平均值	66.99	67.12	67.37	67.66	67.35	67.69	67.83	68.21	68.95	68.34	68.70
5%分位数	64.19	64.44	64.61	64.68	64.45	64.82	64.99	64.71	64.80	64.79	64.80
25%分位数	65.79	65.33	66.13	66.18	66.04	66.18	66.34	66.33	66.40	66.22	65.81
中位数	67.00	67.30	67.16	67.39	66.87	67.09	67.39	67.64	67.83	67.82	67.74
75%分位数	68.20	68.55	68.62	68.65	68.47	69.03	68.94	69.63	70.53	70.04	70.76
95%分位数	71.04	70.91	70.49	71.81	71.32	72.11	71.74	73.00	76.00	72.88	75.09

图3 2013~2023年中国化学制药企业研发指数分位数情况

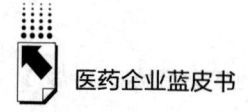

增长至2023年的75.09分，增长了2.21分（增长率3.30%）。然而，25%分位数却有所回调，下降了0.41分（下降率0.62%）。

2. 上市地分析

样本期间，除北交所和美股外，其他各上市地的中国化学制药企业研发指数呈波动上升趋势，其在平均值和中位数上均有所体现，详见图4。其中，港交所的表现尤为突出，其平均值从2013年的68.29分增长至2023年的71.90分，增长了3.61分（增长率为5.29%）；其次为上交所，其平均值增长了1.91分（增长率2.83%）；深交所排名第三，其平均值增长了1.37分（增长率2.06%）。然而，北交所和美股却有所下降，平均值分别下降了0.59分（下降率0.88%）和3.74分（下降率5.79%）。

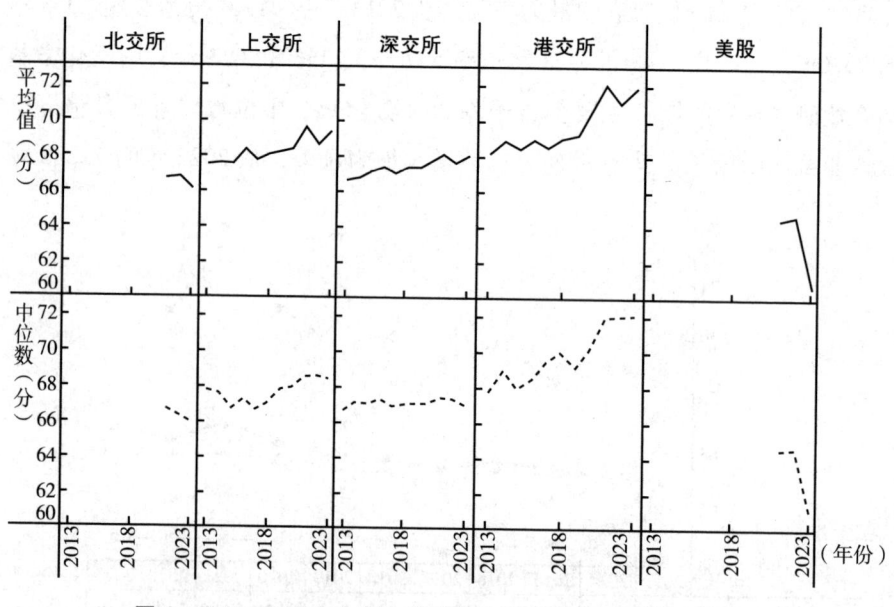

图4 2013~2023年中国化学制药企业研发指数各上市地情况

与样本期间类似，2023年，除北交所和美股外，其他各上市地的中国化学制药企业研发指数均有所增长。其中，港交所增长最为显著，其平均值从71.06分增长至71.90分，增长了0.84分（增长率1.18%）。上交所位列第二，增长了0.70分（增长率1.02%）；深交所位列第三，增长了0.34分

（增长率0.50%）。然而，北交所和美股却有所下降，平均值分别下降了0.65分（下降率0.97%）和3.90分（下降率6.03%）。

3. 内地上市板块分析

样本期间，除北交所外，其他各内地上市板块的中国化学制药企业研发指数均呈上升趋势，详见图5。其中，主板增长最为显著，其平均值从2013年的66.94分增长至2023年的68.84分，增长了1.90分（增长率2.84%）。其次为科创板，增长了1.16分（增长率1.69%）。最后为创业板，增长了0.70分（增长率1.05%）。然而，北交所却有所下降，其平均值从2022年的66.75分微降至2023年的66.16分，下降了0.59分（下降率0.88%）。

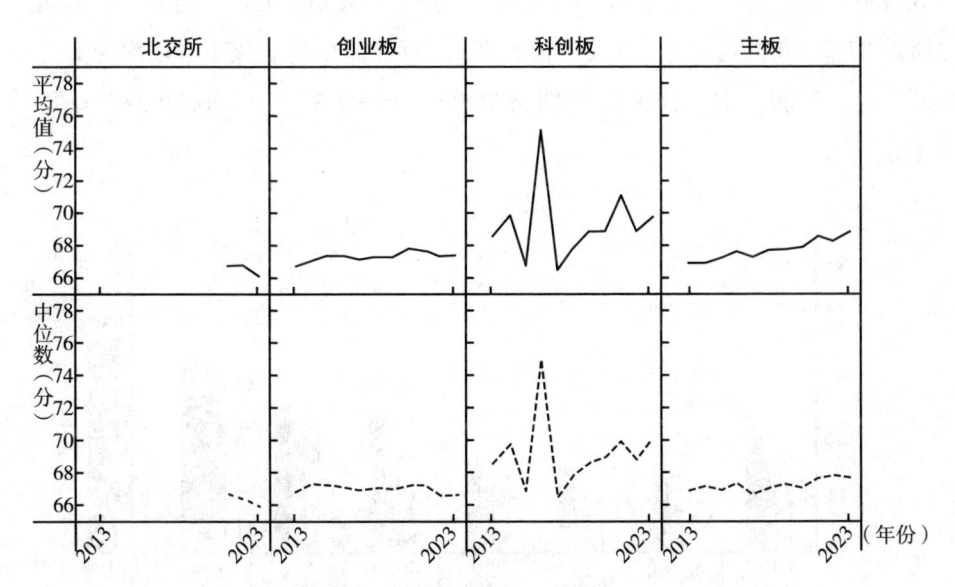

图5 2013~2023年中国化学制药企业研发指数内地各上市板块情况

2023年，除北交所外，其他各内地上市板块的中国化学制药企业研发指数均有所增长，科创板增长最为显著，其平均值从2022年的68.90分增长至2023年的69.76分，增长了0.86分（增长率1.25%）。然而，北交所却有所下降，其平均值从66.81分下降至66.16分，下降了0.65分（下降率0.97%）。

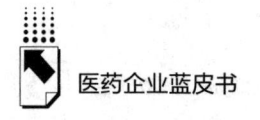

（二）横截面分析

1. 上市地分析

2023年，各上市地中，港交所化学制药企业研发指数位列榜首，平均值为71.90分；上交所位居第二，平均值为69.43分；接下来依次为深交所、北交所和美股，平均值分别为68.03分、66.16分和60.80分。对于各上市地中国化学制药企业研发指数的离散程度而言，上交所离散程度最大，区间长度为27.54分，接下来依次为深交所、港交所和北交所，区间长度分别为16.28分、13.38分和4.82分。美股因只有天美生物一家样本企业，故暂不考虑。对于各上市地中国化学制药企业研发指数的最大值而言，上交所以87.75分位列榜首，深交所位列第二，为80.35分，接下来依次为港交所、北交所和美股，最大值分别为79.58分、69.31分和60.80分，详见图6。

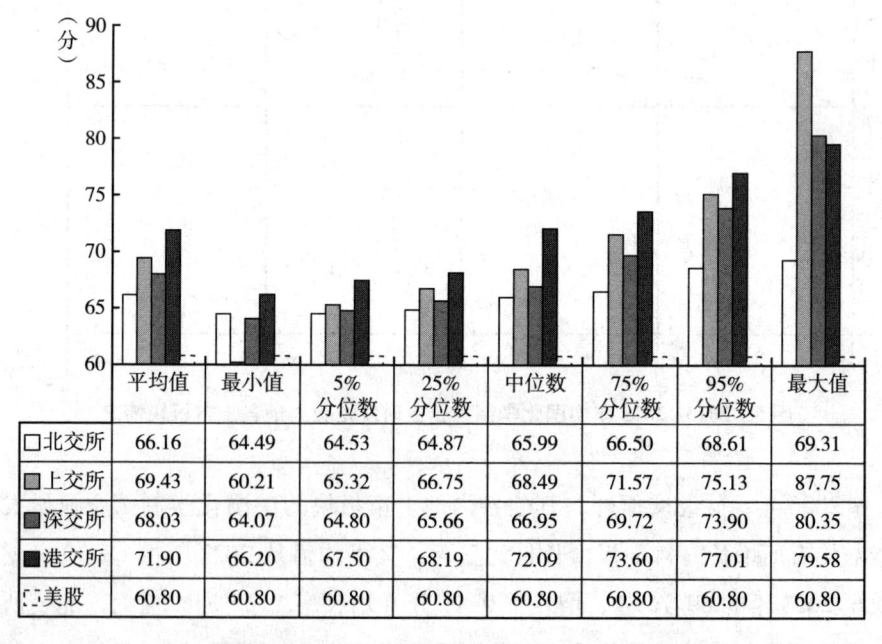

	平均值	最小值	5%分位数	25%分位数	中位数	75%分位数	95%分位数	最大值
北交所	66.16	64.49	64.53	64.87	65.99	66.50	68.61	69.31
上交所	69.43	60.21	65.32	66.75	68.49	71.57	75.13	87.75
深交所	68.03	64.07	64.80	65.66	66.95	69.72	73.90	80.35
港交所	71.90	66.20	67.50	68.19	72.09	73.60	77.01	79.58
美股	60.80	60.80	60.80	60.80	60.80	60.80	60.80	60.80

图6 2023年中国化学制药企业研发指数各上市地情况

2. 内地上市板块分析

2023 年，各内地上市板块中，无论是平均值还是中位数，科创板化学制药企业研发指数均位列榜首，分别为 69.76 分和 70.13 分；其次为主板，平均值和中位数分别为 68.84 分和 67.69 分；接下来依次为创业板和北交所。对于内地上市板块中化学制药企业研发指数的离散程度而言，主板离散程度最大，区间长度为 27.54 分；其次为创业板，区间长度为 14.85 分；再次为科创板，区间长度为 13.23 分；最后为北交所，区间长度为 4.82 分。对于各上市板块中国化学制药企业研发指数的最大值而言，主板以 87.75 分位列第一，创业板与科创板分别以 79.58 分和 78.54 位列第二和第三，北交所以 69.31 分位列第四，详见图 7。

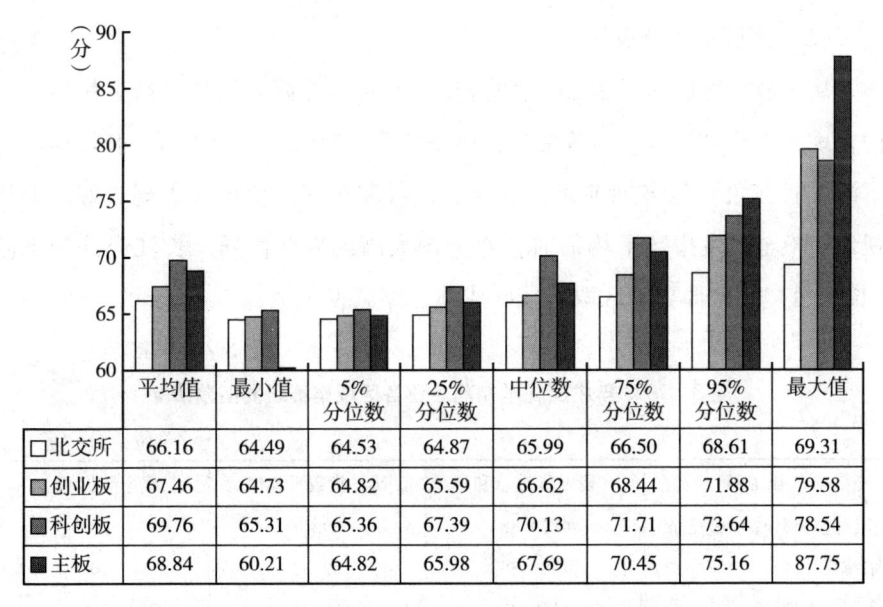

	平均值	最小值	5%分位数	25%分位数	中位数	75%分位数	95%分位数	最大值
北交所	66.16	64.49	64.53	64.87	65.99	66.50	68.61	69.31
创业板	67.46	64.73	64.82	65.59	66.62	68.44	71.88	79.58
科创板	69.76	65.31	65.36	67.39	70.13	71.71	73.64	78.54
主板	68.84	60.21	64.82	65.98	67.69	70.45	75.16	87.75

图 7 2023 年中国化学制药企业研发指数内地各上市板块情况

3. 实际运营地分析

（1）区域分析

从区域层面对 2023 年中国化学制药企业研发指数进行分析后，我们发现，无论是从研发指数总和、研发指数平均值，还是从企业数量的视角来

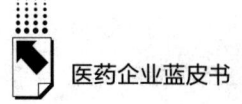

看，东部地区均表现优异，西部地区取得较好成绩，东北地区有待进一步提升，详见表2。

表2 2023年中国化学制药企业各区域研发指数情况

单位：分，家

区域	研发指数总和	研发指数平均值	企业数量
东部	7779.04	69.46	112
西部	1616.49	67.35	24
中部	1608.31	67.01	24
东北	469.18	67.03	7

（2）区域集群分析

从区域集群层面对2023年中国化学制药企业研发指数进行分析后，我们发现，无论是从研发指数总和，还是从企业数量的视角来看，长江经济带下游（长三角）均名列前茅，京津冀地区和东部其他地区表现较好。但将视角切换至研发指数平均值时，粤港澳大湾区表现优异，长江经济带下游（长三角）和京津冀地区取得较好成绩，详见表3。

表3 2023年中国化学制药企业各区域集群研发指数情况

单位：分，家

区域集群	研发指数总和	研发指数平均值	企业数量
长江经济带下游（长三角）	4723.88	69.47	68
京津冀地区	1386.35	69.32	20
东部其他地区	1159.83	68.23	17
长江经济带中游	1077.75	67.36	16
长江经济带上游	1021.78	68.12	15
粤港澳大湾区	842.37	70.20	12
西部其他地区	594.71	66.08	9
东北地区	469.18	67.03	7
中部其他地区	197.16	65.72	3

三 中国化学制药企业研发指数二十强企业概览与分析

（一）中国化学制药企业研发指数二十强企业概览

1. 中国化学制药企业研发指数二十强企业榜单

2023年中国化学制药企业研发指数二十强企业榜单中，恒瑞医药稳坐榜首，信立泰与贝达药业紧随其后，恩华药业位列第四，迪哲医药位列第五，共同处于行业创新的领军梯队。紧随其后的是四环医药、复星医药、石药集团、华海药业、人福医药、科伦药业、海思科、亚盛医药-B、莞东生物、东阳光、东阳光药、舒泰神、迈威生物、翰森医药、仙琚制药，它们以坚实的研发步伐，共同构筑了化学制药领域的坚固基石，详见表4。

表4 2023年中国化学制药企业研发指数二十强企业榜单

企业名称	2023年排名	较2022年变动	
恒瑞医药	1	+1	↑
信立泰	2	+17	↑
贝达药业	3	+78	↑
恩华药业	4	+13	↑
迪哲医药	5	+82	↑
四环医药	6	+7	↑
复星医药	7	+5	↑
石药集团	8	-4	↓
华海药业	9	-4	↓
人福医药	10	-7	↓
科伦药业	11	+27	↑
海思科	12	+14	↑
亚盛医药-B	13	-3	↓
苑东生物	14	+2	↑
东阳光	15	+44	↑
东阳光药	16	+29	↑
舒泰神	17	+5	↑

续表

企业名称	2023年排名	较2022年变动	
迈威生物	18	-9	↓
翰森制药	19	-13	↓
仙琚制药	20	+22	↑

纵观2023年中国化学制药企业研发指数二十强榜单的排名变化，较2022年，进步名次最多的二十强企业是迪哲医药（82名），贝达药业（78名）紧随其后，东阳光（44名）也进步显著。

2. 中国化学制药企业研发指数二十强前三名企业分析

（1）恒瑞医药

恒瑞医药以其卓越的研发实力和创新能力，在2023年中国化学制药企业研发指数排名中位列第一，相较于2022年进步1名，这主要得益于其在研发质量、阶段性成果以及最终成果指数上均排名第一。然而，尽管在总体排名上取得了显著成就，但研发投入指数和研发支持指数排名却分别退步4名和26名。

（2）信立泰

信立泰在2023年中国化学制药企业研发指数排名中位列第二，相较于2022年进步17名，这一成就得益于最终成果指数进步43名，跃居第二。然而，研发投入指数、阶段性成果指数、研发质量指数和研发支持指数却出现退步，其中阶段性成果指数和研发支持指数退步较大，分别退步10名和12名。

（3）贝达药业

贝达药业在2023年中国化学制药企业研发指数排名中位列第三，相较于2022年进步78名，这得益于最终成果指数进步60名，位列第二。然而，尽管贝达药业在最终成果指数（进步60名）、阶段性成果指数（进步69名）和研发质量指数（进步118名）上取得了显著进步，但其研发支持指数却出现了12名的退步，退步至第31名。

3. 中国化学制药企业研发指数二十强进步前三名企业分析

2023年中国化学制药企业研发指数进步较为显著的三家企业中，迪哲医药（进步82名）进步最为显著，其核心驱动力源自研发成果指数（进步79名）与最终成果指数（进步57名）的显著进步；紧随其后的贝达药业（进步78名），主要归功于研发成果指数和研发质量指数分别进步了128名和118名；东阳光（进步44名）位列第三，其主要得益于研发质量指数与研发成果指数分别进步了37名与20名，详见表5。

表5 2023年中国化学制药企业研发指数二十强企业进步前三名驱动因素分析

企业名称	指标	研发投入指数	研发成果指数	阶段性成果指数	最终成果指数	研发质量指数	研发支持指数	研发指数
迪哲医药	变动	47	79	-27	57	-51	-12	82
	2023年排名	1	5	94	5	105	31	5
贝达药业	变动	-4	128	69	60	118	-12	78
	2023年排名	17	4	56	2	13	31	3
东阳光	变动	-21	20	15	-15	37	18	44
	2023年排名	96	20	4	77	10	1	15

在肯定上述企业所取得的成就之时，我们亦需理性审视部分企业面临的挑战。其中，迪哲医药研发质量指数（退步51名）、阶段性成果指数（退步27名）和研发支持指数（退步12名）的排名有所回落，贝达药业同样在研发支持指数上排名回落（退步12名），在研发投入指数上小幅退步4名。此外，东阳光的研发投入指数（退步21名）与最终成果指数（退步15名）的排名也均有所下降。

（二）中国化学制药企业研发指数二十强企业分析

1. 上市地分析

在2023年中国化学制药企业研发指数二十强企业中，从企业数量看，上交所位列第一，深交所位列第二，港交所位列第三。将视角转向二十强入选率时，排名有所变化，港交所位列第一，上交所位列第二，深交所位列第三，详见表6。

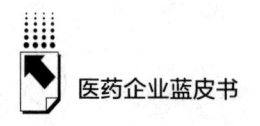

表6　2023年中国化学制药企业研发指数二十强企业所属上市地分析

单位：家，%

所属上市地	研发指数二十强		全部企业		上市地研发指数二十强企业数量占该上市地样本企业数量的比例（二十强入选率）
	数量	占比	数量	占比	
北交所	—	—	6	3.59	0.00
上交所	8	40.00	63	37.72	12.70
深交所	7	35.00	86	51.50	8.14
港交所	6	30.00	16	9.58	37.50
美股	—	—	1	0.60	0.00

注：由于多地上市存在重复计算。

2. 内地上市板块分析

在2023年中国化学制药企业研发指数二十强企业中，无论是从企业数量还是从二十强入选率的视角来看，主板均位列第一，科创板位列第二，创业板位列第三，详见表7。

表7　2023年中国化学制药企业研发指数二十强企业所属内地上市板块分析

单位：家，%

所属内地上市板块	研发指数二十强		全部企业		内地上市板块研发指数二十强企业数量占该上市板块样本企业数量的比例（二十强入选率）
	数量	占比	数量	占比	
北交所	—	—	6	3.59	0.00
创业板	2	10.00	41	24.55	4.88
科创板	3	15.00	27	16.17	11.11
主板	10	50.00	81	48.50	12.35

3. 实际运营地分析

（1）区域分析

从区域层面分析2023年中国化学制药企业研发指数二十强企业，无论是从研发指数总和、二十强企业数量、入选率还是从研发指数平均值的视角来看，东部地区表现最为优异，中部地区取得较好成绩，西部地区有待进一步提升，详见表8。

表8 2023年中国化学制药企业研发指数二十强企业所属区域分析

所属区域	研发指数二十强				该区域全部样本企业数量（家）	占总样本比例（%）	区域研发指数二十强贡献比例与区域样本企业数量比例差异（%）	区域研发指数二十强企业数量占该区域样本企业数量的比例（二十强入选率）（%）
	研发指数平均值（分）	研发指数总和（分）	企业数量（家）	占比（%）				
东部	76.58	1148.66	15	75.00	112	67.07	7.93	13.39
中部	74.23	222.70	3	15.00	24	14.37	0.63	12.50
西部	74.20	148.39	2	10.00	24	14.37	-4.37	8.33
东北	—	—	—	0.00	7	4.19	-4.19	0.00
合计	—	—	20	100.00	167	100.00		

（2）区域集群分析

从区域集群分析2023年中国化学制药企业研发指数二十强，无论是从研发指数总和还是从企业数量的视角来看，长江经济带下游（长三角）均名列前茅，京津冀地区表现较为优异。然而，二十强入选率方面，粤港澳大湾区和京津冀地区表现优异；研发指数平均值方面，粤港澳大湾和长江经济带下游（长三角）取得了较好成绩，详见表9。

表9 2023年中国化学制药企业研发指数二十强企业所属区域集群分析

区域集群排名	区域集群	研发指数二十强				研发指数二十强企业数量占该区域集群样本企业数量的比例（二十强入选率）（%）
		研发指数平均值（分）	研发指数总和（分）	企业数量（家）	占比（%）	
1	长江经济带下游（长三角）	76.95	769.55	10	50.00	14.71
2	京津冀地区	75.01	225.03	3	15.00	15.00
3	粤港澳大湾区	77.04	154.09	2	10.00	16.67
4	长江经济带上游	74.30	148.60	2	10.00	13.33
5	长江经济带中游	74.20	148.39	2	10.00	12.50
6	西部其他地区	74.10	74.10	1	5.00	11.11
7	其他地区	—	—	—	—	—
	合计	—	—	20	100.00	

B.9 2023年中国中药企业研发指数报告

姚立杰 杨逸[*]

摘 要: 本报告深入剖析了2013~2023年中国中药企业研发指数的总体发展历程,并细致考察了2023年的具体情况。研究发现,过去十一年间,中国中药企业研发指数总体呈现波动上升的趋势,领军企业的贡献尤为突出,这一积极上升趋势在研发投入指数、研发成果指数和研发支持指数这三个成分指数上均有所体现,尤其值得一提的是,研发成果指数的增长表现尤为突出,彰显了中药研发领域取得的显著成就。然而,中国中药企业的研发质量指数出现一定的下滑趋势,这一发现值得业界深思。聚焦2023年,中国中药企业研发指数继续保持上升态势,行业领军企业的表现依然强劲。这一积极的变化主要归因于研发成果指数和研发质量指数的提升,尤其是研发成果指数的增长尤为显著,成为推动整体指数上升的关键因素。相比之下,研发投入指数与研发支持指数则呈现轻微的下降趋势。此外,本报告还进一步从上市地、内地上市板块以及企业实际运营地等维度,对2023年中国中药企业研发指数及其二十强企业进行了全面而深入的分析与探讨,旨在为中药行业的未来发展提供更为丰富的参考视角与洞见。

关键词: 中药企业 研发投入 研发成果 研发质量 研发支持

---

[*] 姚立杰,博士,北京交通大学经济管理学院教授、博士生导师、高质量发展研究院院长、中国医药会计学会副秘书长、中国价格协会医药价格专委会副秘书长、北京产业经济学会副秘书长,主要研究方向为绩效评价和数智财税;杨逸,北京交通大学詹天佑学院本博连读生,主要研究方向为创新评价和数智财税。

一 中国中药企业研发指数概览

2013~2023年，中国中药行业研发综合实力呈波动上升趋势，这在中国中药企业研发指数及其部分成分指数——研发投入指数、研发成果指数和研发支持指数上均有所体现，详见图1。具体地，中国中药企业研发指数平均值从2013年的66.64分增长至2023年的67.26分，增长了0.62分（增长率0.93%）。这一积极进步的背后，研发成果指数增长最为显著，其平均值从62.40分增长至63.51分，增长1.11分（增长率1.78%）。此外，研发投入指数平均值从77.48分增长至78.16分，增长了0.68分（增长率0.88%）；研发支持指数平均值从60.97分增长至61.85分，增长了0.88分（增长率1.44%）。然而，值得注意的是，研发质量指数却出现了下降，其平均值从66.52分下降至65.24分，下降了1.28分（下降率1.92%）。

聚焦2023年，中国中药企业研发指数呈增长趋势，其平均值从2022年

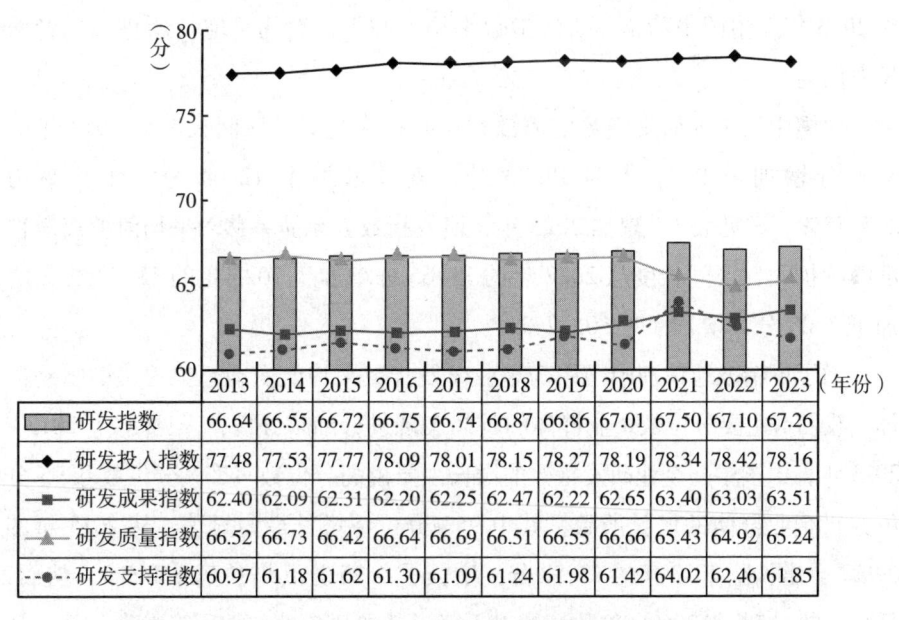

（年份）	2013	2014	2015	2016	2017	2018	2019	2020	2021	2022	2023
研发指数	66.64	66.55	66.72	66.75	66.74	66.87	66.86	67.01	67.50	67.10	67.26
研发投入指数	77.48	77.53	77.77	78.09	78.01	78.15	78.27	78.19	78.34	78.42	78.16
研发成果指数	62.40	62.09	62.31	62.20	62.25	62.47	62.22	62.65	63.40	63.03	63.51
研发质量指数	66.52	66.73	66.42	66.64	66.69	66.51	66.55	66.66	65.43	64.92	65.24
研发支持指数	60.97	61.18	61.62	61.30	61.09	61.24	61.98	61.42	64.02	62.46	61.85

图1 2013~2023年中国中药企业研发指数及其成分指数平均值

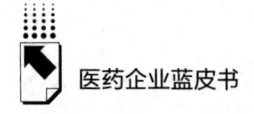

的67.10分增长至2023年的67.26分，增长了0.16分（增长率0.24%），这主要得益于研发成果指数和研发质量指数的增长。其中研发成果指数增长最为显著，其平均值从63.03分增长至63.51分，增长了0.48分（增长率0.76%）。然而，研发投入指数和研发支持指数却有所下降，其平均值分别下降了0.26分（下降率0.33%）和0.61分（下降率0.98%）。

二 中国中药企业研发指数分析

（一）时间序列分析

1. 概览

2013~2023年，中国中药企业研发指数呈波动增长趋势，这在平均值和中位数上均有所体现。其中，平均值从2013年的66.64分增长至2023年的67.26分，增长0.62分（增长率0.93%）；中位数从2013年的66.54分增长至2023年的66.59分，增长了0.05分（增长率0.08%），详见图2。聚焦2023年，中国中药企业研发指数平均值和中位数均呈增长趋势，二者增长率均为0.24%。

中国中药企业研发指数的离散程度呈扩大趋势，区间长度从2013年的6.09分增加至2023年的18.73分，累计增加了12.64分，增长率为207.55%，详见表1。聚焦2023年，研发指数五年简单移动平均值的离散程度继续扩大，区间长度从2022年的11.65分增加至2023年的18.73分，增加了7.08分，增长率为60.77%。

为了更精准地识别中国中药企业研发指数平均值变动趋势的关键驱动群体，我们对主要分位数企业群体的具体表现进行细致分析，详见图3。2013~2023年，中国中药企业研发指数的增长主要由高分位数（75%分位数和95分位数）企业群体的增长所致，其中95%分位数增长最为显著，从2013年的69.27分增长至2023年的73.52分，增长了4.25分（增长率6.14%）。然而，低分位数（5%和25%分位数）略有下降，其中25%分位数下降尤为显著，从65.92分下降至65.06分，下降了0.86分（下降率为1.30%）。

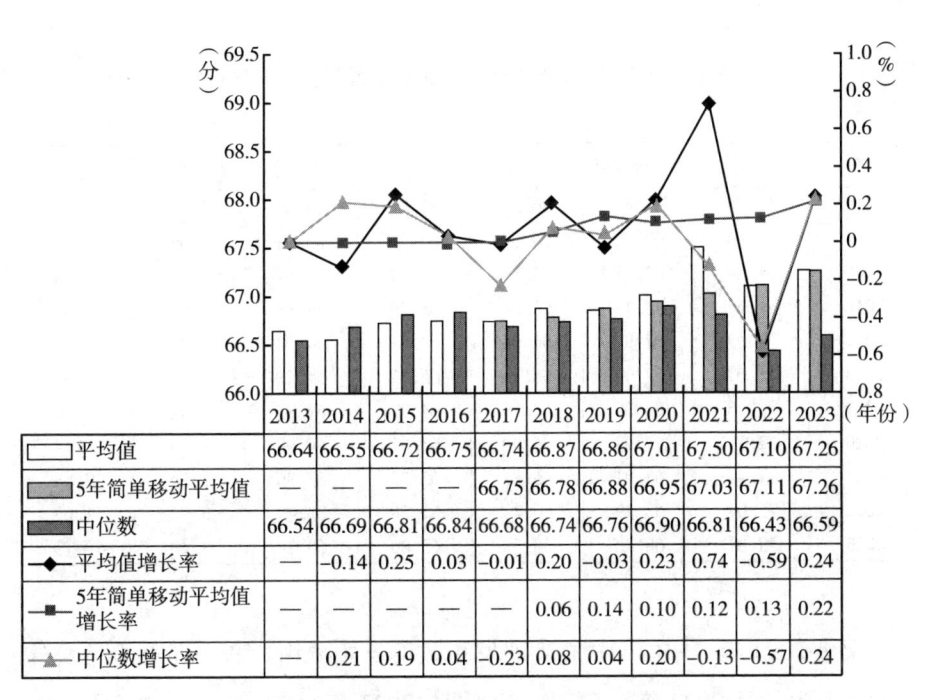

	2013	2014	2015	2016	2017	2018	2019	2020	2021	2022	2023
平均值	66.64	66.55	66.72	66.75	66.74	66.87	66.86	67.01	67.50	67.10	67.26
5年简单移动平均值	—	—	—	—	—	66.75	66.78	66.88	66.95	67.03	67.11	67.26
中位数	66.54	66.69	66.81	66.84	66.68	66.74	66.76	66.90	66.81	66.43	66.59
平均值增长率	—	-0.14	0.25	0.03	-0.01	0.20	-0.03	0.23	0.74	-0.59	0.24
5年简单移动平均值增长率	—	—	—	—	—	0.06	0.14	0.10	0.12	0.13	0.22
中位数增长率	—	0.21	0.19	0.04	-0.23	0.08	0.04	0.20	-0.13	-0.57	0.24

图2 2013~2023年中国中药企业研发指数情况

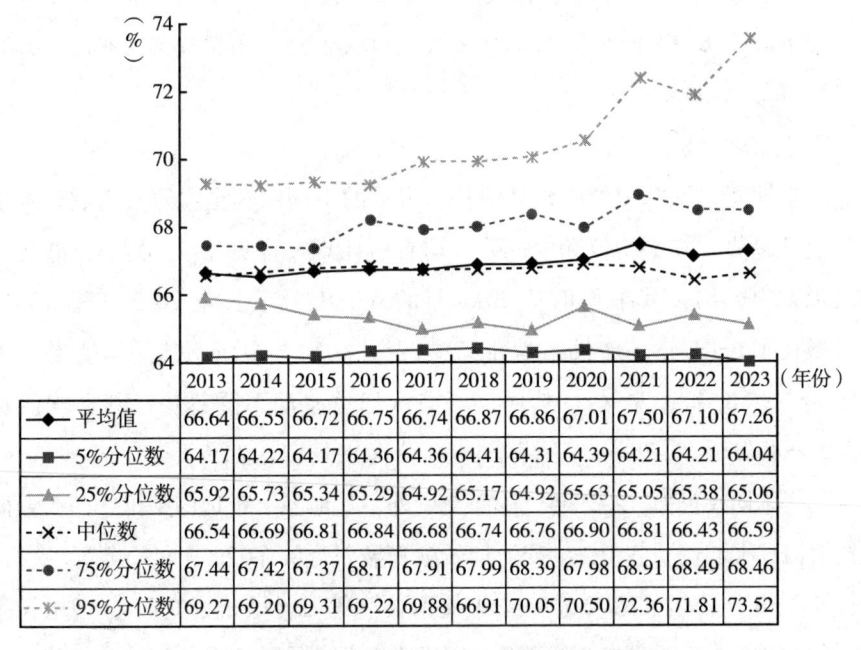

	2013	2014	2015	2016	2017	2018	2019	2020	2021	2022	2023
平均值	66.64	66.55	66.72	66.75	66.74	66.87	66.86	67.01	67.50	67.10	67.26
5%分位数	64.17	64.22	64.17	64.36	64.36	64.41	64.31	64.39	64.21	64.21	64.04
25%分位数	65.92	65.73	65.34	65.29	64.92	65.17	64.92	65.63	65.05	65.38	65.06
中位数	66.54	66.69	66.81	66.84	66.68	66.74	66.76	66.90	66.81	66.43	66.59
75%分位数	67.44	67.42	67.37	68.17	67.91	67.99	68.39	67.98	68.91	68.49	68.46
95%分位数	69.27	69.20	69.31	69.22	69.88	66.91	70.05	70.50	72.36	71.81	73.52

图3 2013~2023年中国中药企业研发指数分位数情况

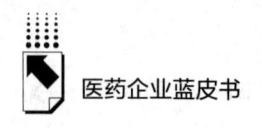

表1　2013~2023年中国中药企业研发指数分布区间

单位：分

年份	最大值	75%分位数	中位数	25%分位数	最小值	四分位距	区间长度
2013	69.78	67.44	66.54	65.92	63.69	1.52	6.09
2014	70.08	67.42	66.69	65.73	63.31	1.69	6.77
2015	71.69	67.37	66.81	65.34	63.54	2.03	8.15
2016	69.62	68.17	66.84	65.29	63.81	2.88	5.81
2017	70.93	67.91	66.68	64.92	64.02	2.99	6.91
2018	71.07	67.99	66.74	65.17	64.10	2.82	6.97
2019	71.95	68.39	66.76	64.92	64.05	3.47	7.90
2020	72.14	67.98	66.90	65.63	64.00	2.35	8.14
2021	81.44	68.91	66.81	65.05	63.86	3.86	17.58
2022	75.07	68.46	66.43	65.38	63.42	3.11	11.65
2023	79.01	68.46	66.59	65.06	60.28	3.40	18.73

聚焦2023年，中国中药企业研发指数增长主要由95%分位数企业群体的增长所致，从2022年的71.81分增长至2023年的73.52分，增长了1.71分（增长率2.38%）。然而，其余分位数却均有下降，5%、25%、75%分位数分别下降了0.17分（下降率0.26%）、0.32分（下降率0.49%）、0.03分（下降率0.04%）。

2. 上市地分析

样本期间，除深交所外，其他各上市地的中国中药企业研发指数普遍呈波动上升趋势，在平均值和中位数上均有所体现，详见图4。其中，港交所的表现尤为突出，其平均值从2013年的67.01分增长至2023年的73.02分，增长了6.01分（增长率为8.97%）；其次为上交所，其平均值增长了1.50分（增长率2.24%）。然而，深交所却呈波动下降趋势，其平均值从66.42分下降至66.35分，下降了0.07分（下降率0.11%）。

与样本期间类似，2023年，除深交所外，其他各上市地的中国中药企业研发指数均有增长。其中，港交所增长最为显著，从69.76分增长至73.02分，增长了3.26分（增长率4.67%）。上交所位列第二，增长了0.35分（增长率0.51%）。然而，深交所却有所下降，其平均值下降了0.02分（下降率0.30%）。

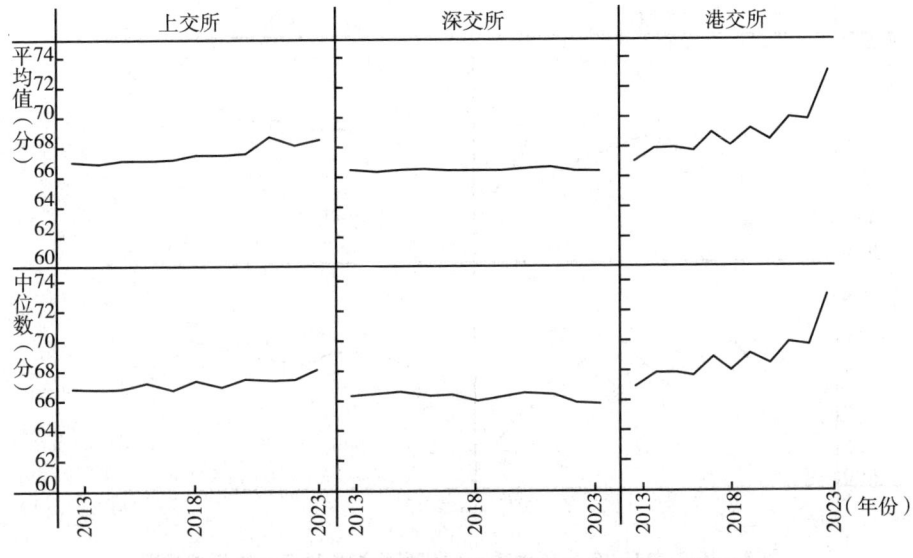

图4 2013~2023年中国中药企业研发指数各上市地情况

3. 内地上市板块分析

样本期间，各内地上市板块的中国中药企业研发指数表现有所不同，主板呈波动上升趋势，而创业板却呈波动下降趋势，详见图5。其中，主板的中国中药企业研发指数平均值从2013年的66.61分增长至2023年的67.56分，增加了0.95分（增长率1.43%）；创业板的中国中药企业研发指数平均值从2013年的66.97分波动滑落至2023年的65.88分，下降了1.09分（下降率1.63%）。

聚焦2023年，各内地上市板块的中国中药企业研发指数仍呈不同趋势。其中，主板实现了小幅增长，其研发指数平均值从2022年的67.22分增长至2023年的67.56分，增长了0.34分（增长率0.51%）；创业板却有所下降，其平均值从66.45分滑落至65.88分，下降了0.57分（下降率0.86%）。

（二）横截面分析

1. 上市地分析

2023年，各上市地中，港交所的中药企业研发指数平均值和中位数均

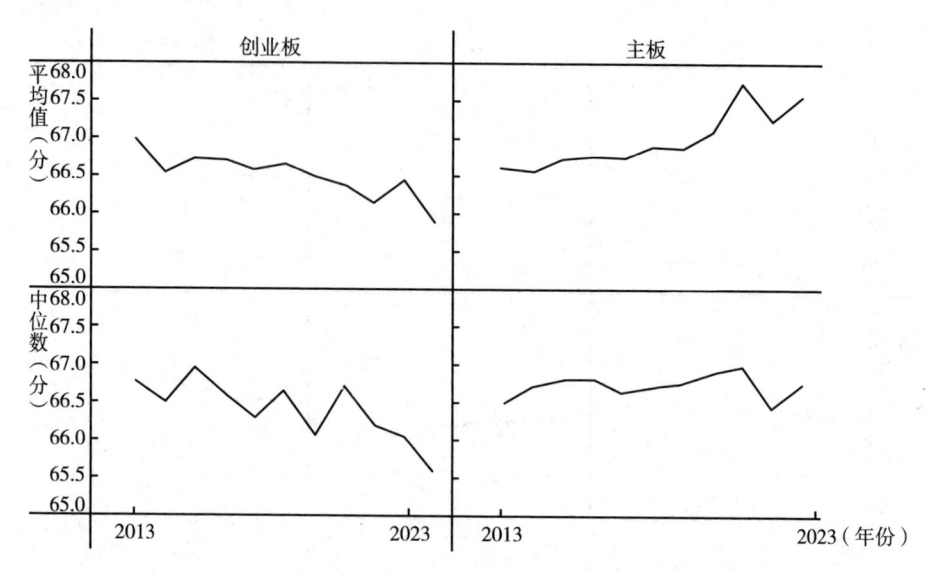

图5 2013~2023年中国中药企业研发指数内地各上市板块情况

位列榜首，均为73.02分，表明港交所中药企业的整体研发实力强劲；上交所位列其后，其平均值和中位数分别为68.45分和68.20分；最后是深交所，其平均值和中位数分别为66.35分和65.80分。对于各上市地中国中药企业研发指数的离散程度而言，深交所最为离散，区间长度为16.52分；其次为上交所，区间长度为14.99分；最后为港交所，区间长度为11.98分。对于各上市地中国中药企业研发指数的最大值而言，上交所和港交所以79.01分并列第一，深交所略低，以76.80分位列其后，详见图6。

2.内地上市板块分析

2023年，各内地上市板块中，主板中国中药企业研发指数平均值和中位数均位列榜首，分别为67.56分和66.75分；其次为创业板，其平均值和中位数分别为65.88分和65.58分。对于各内地上市板块的中国中药企业研发指数离散程度而言，主板离散程度最大，区间长度为18.73分，其次是创业板，区间长度为5.10分。对于各上市板块中国中药企业研发指数的最大值而言，主板最高，为79.01分，比位列第二的创业板的69.22分高出9.79分，详见图7。

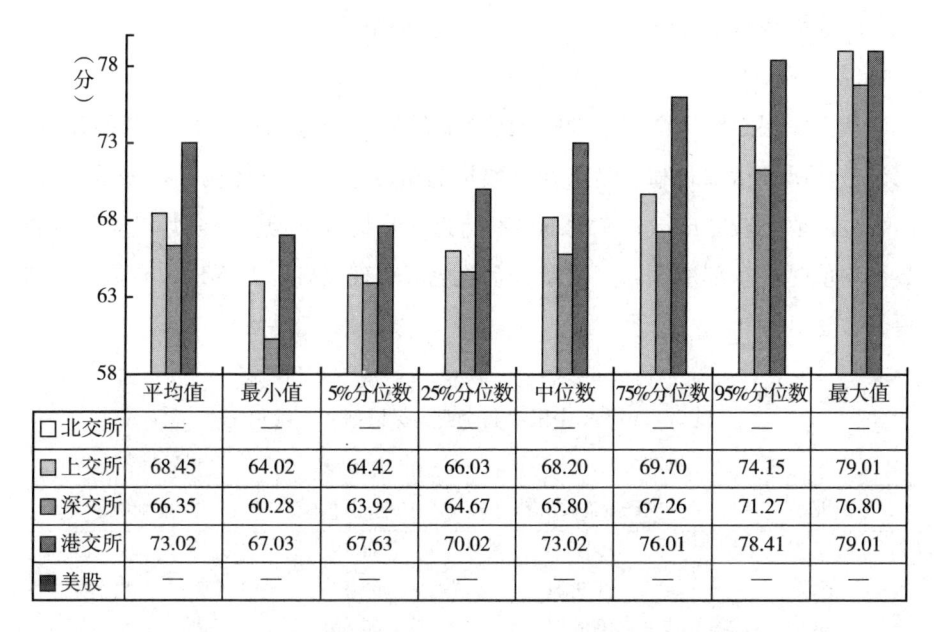

	平均值	最小值	5%分位数	25%分位数	中位数	75%分位数	95%分位数	最大值
北交所	—	—	—	—	—	—	—	—
上交所	68.45	64.02	64.42	66.03	68.20	69.70	74.15	79.01
深交所	66.35	60.28	63.92	64.67	65.80	67.26	71.27	76.80
港交所	73.02	67.03	67.63	70.02	73.02	76.01	78.41	79.01
美股	—	—	—	—	—	—	—	—

图6 2023年中国中药企业研发指数内地各上市地情况

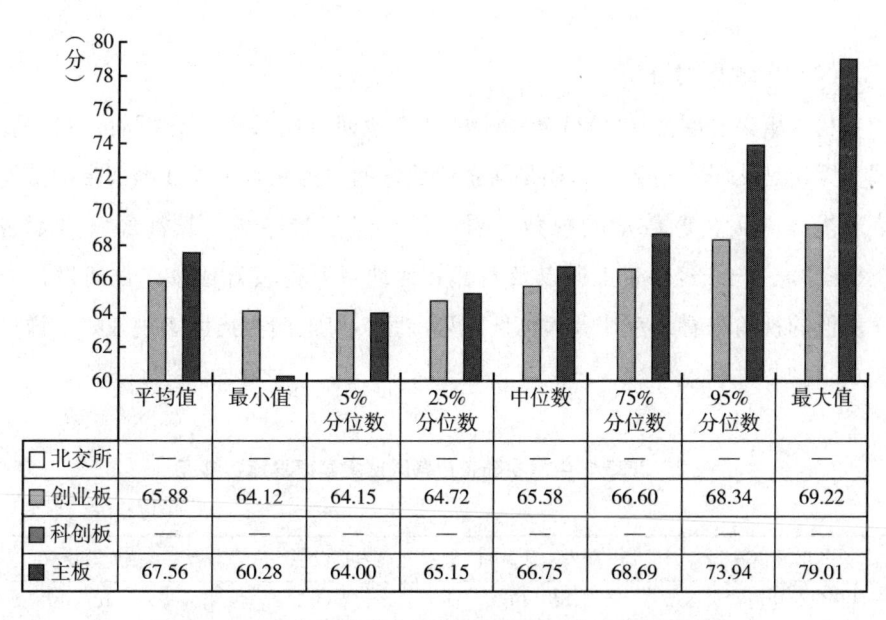

	平均值	最小值	5%分位数	25%分位数	中位数	75%分位数	95%分位数	最大值
北交所	—	—	—	—	—	—	—	—
创业板	65.88	64.12	64.15	64.72	65.58	66.60	68.34	69.22
科创板	—	—	—	—	—	—	—	—
主板	67.56	60.28	64.00	65.15	66.75	68.69	73.94	79.01

图7 2023年中国中药企业研发指数内地各上市板块情况

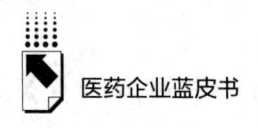

3. 实际运营地分析

（1）区域分析

从区域层面对2023年中国中药企业研发指数进行分析后，我们发现，无论是从研发指数总和还是从企业数量的维度来看，东部地区均表现优异，西部地区取得较好成绩，东北地区有待进一步提升。但将视角切换至研发指数平均值时，东部地区名列前茅，东北地区表现较好，西部地区有待进一步提升，详见表2。

表2 2023年中国中药企业各区域研发指数情况

单位：分，家

区域	研发指数总和	研发指数平均值	企业数量
东部	1909.23	68.19	28
西部	1189.81	66.10	18
中部	1004.33	66.96	15
东北	268.84	67.21	4

（2）区域集群分析

从区域集群层面对2023年中国中药企业研发指数进行分析后，我们发现，无论是从研发指数总和还是从企业数量的视角来看，长江经济带中游均表现优异。从企业数量的视角来看，长江经济带中游、长江经济带下游（长三角）、长江经济带上游以及西部其他地区取得较好成绩。从研发指数平均值的视角来看，京津冀大湾区名列前茅，粤港澳大湾区表现较好，详见表3。

表3 2023年中国中药企业各区域集群研发指数情况

单位：分，家

区域集群	研发指数总和	研发指数平均值	企业数量
长江经济带中游	667.19	66.72	10
长江经济带下游（长三角）	604.54	67.17	9
长江经济带上游	599.84	66.65	9

续表

区域集群	研发指数总和	研发指数平均值	企业数量
西部其他地区	589.97	65.55	9
粤港澳大湾区	545.54	68.19	8
京津冀地区	418.67	69.78	6
东部其他地区	340.48	68.10	5
中部其他地区	337.14	67.43	5
东北地区	268.84	67.21	4

三 中国中药企业研发指数二十强企业概览与分析

（一）中国中药企业研发指数二十强企业概览

1. 中国中药企业研发指数二十强企业榜单

在2023年中国中药企业研发指数二十强企业榜单中，白云山位列榜首，以岭药业、健民集团、康缘药业、天力士、众生药业、珍宝岛、华润三九、步长制药和亚宝药业紧随其后，详见表4。纵观2023年中国中药企业研发指数二十强企业排序变化，片仔癀进步最大，进步了23名，康恩贝位列第二，进步了19名，华森制药位列第三，进步了16名。

表4 2023年中国中药企业研发指数二十强企业榜单

企业名称	2023年排名	较2022年变动	
白云山	1	+3	↑
以岭药业	2	+6	↑
健民集团	3	−2	↓
康缘药业	4	+2	↑
天士力	5	+2	↑
众生药业	6	−1	↓
珍宝岛	7	+13	↑
华润三九	8	+11	↑
步长制药	9	−6	↓
亚宝药业	10	−1	↓

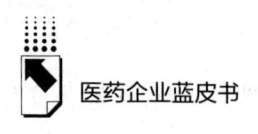

续表

企业名称	2023年排名	较2022年变动	
葫芦娃	11	+1	↑
华森制药	12	+16	↑
千金药业	13	+4	↑
红日药业	14	-4	↓
康恩贝	15	+19	↑
羚锐制药	16	-14	↓
昆药集团	17	-2	↓
济川药业	18	+13	↑
片仔癀	19	+23	↑
中恒集团	20	-4	↓

2. 中国中药企业研发指数二十强前三名企业分析

（1）白云山

在2023年的中国中药企业研发指数排名中，白云山以其非凡的研发实力和创新能力，进步3名，综合排名第一，这主要得益于其在阶段性成果指数、最终成果指数以及研发质量指数方面的杰出表现，其中阶段性成果指数进步1名至第2名、最终成果指数进步6名至第3名，研发质量指数进步21名至第5名。然而，值得注意的是，白云山的研发投入指数和研发支持指数却均出现了不同程度的退步，其中研发投入指数退步5名至第18名，研发支持指数退步3名至第5名。

（2）以岭药业

以岭药业在2023年中国中药企业研发指数排名中位列第二，相较于2022年进步了6名，这主要得益于研发投入指数和最终成果指数的进步，其中研发投入指数进步1名至第5名，最终成果指数进步12名至第2名。然而值得注意的是，以岭药业的研发质量指数以及研发支持指数均呈不同程度的退步，其中研发支持指数排序退步最为显著，退步11名至第14名。

（3）健民集团

健民集团在2023年中国中药企业研发指数排名中位列第三，相较于2022年退步了2名，这主要得益于最终成果指数保持第一的优势和研发支持指数进步 2 名至第 14 名。然而，值得注意的是，研发投入指数、阶段性成果指数和研发质量指数却出现了不同程度的退步，其中研发投入指数退步 1 名至第 47 名，阶段性成果指数退步 29 名至第 42 名，研发质量指数退步 25 名至第 48 名。

3. 中国中药企业研发指数二十强进步前三名企业分析

2023 年中国中药企业研发指数进步较为显著的三家企业详见表 5。其中，片仔癀（进步 23 名）进步最为显著，这主要得益于研发质量指数（进步 30 名）、阶段性成果指数（进步 23 名）和研发成果指数（进步 19 名）的进步；康恩贝（进步 19 名）的进步位列第二，这主要得益于研发成果指数（进步 20 名）、阶段性成果指数（进步 19 名）和研发质量指数（进步 16 名）的进步；华森制药（进步 16 名）的进步位列第三，这主要得益于阶段性成果指数（进步 28 名）、研发质量指数（进步 21 名）和研发成果指数（进步 14 名）的进步。

表 5 2023 年中国中药企业研发指数二十强企业进步前三名驱动因素分析

企业名称	指标	研发投入指数	研发成果指数	阶段性成果指数	最终成果指数	研发质量指数	研发支持指数	研发指数
片仔癀	变动	-1	19	23	—	30	9	23
	2023年排名	20	23	16	22	10	7	19
康恩贝	变动	6	20	19	7	16	2	19
	2023年排名	14	19	17	15	6	14	15
华森制药	变动	4	14	28	-1	21	2	16
	2023年排名	4	14	11	15	7	14	12

（二）中国中药企业研发指数二十强企业分析

1. 上市地分析

在 2023 年中国中药企业研发指数二十强企业中，从企业数量来看，上交所位列第一，深交所位列第二，港交所位列第三。将视角转至入二十强选率时，上交所位列第一，港交所位列第二，深交所位列第三，详见表 6。

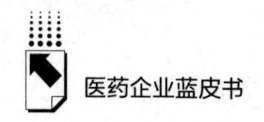

表 6　2023 年中国中药企业研发指数二十强企业所属上市地情况

单位：家，%

所属上市地	研发指数二十强		全部企业		上市地研发指数二十强企业数量占该上市地样本企业数量的比例（二十强入选率）
	数量	占比	数量	占比	
上交所	15	75.00	28	43.08	53.57
深交所	5	25.00	36	55.38	13.89
港交所	1	5.00	2	3.08	50.00

注：多地上市存在重复计算，因此研发指数二十强企业数量合计超 20 家。

2. 内地上市板块分析

在 2023 年中国中药企业研发指数二十强企业中，无论是从企业数量还是从二十强入选率的视角来看，主板均位列第一，创业板排名第二，详见表 7。

表 7　2023 年中国中药企业研发指数二十强企业所属内地上市板块分析

单位：家，%

所属内地上市板块	研发指数二十强		全部公司		上市板块研发指数二十强企业数量占该上市板块样本企业数量的比例（二十强入选率）
	数量	占比	数量	占比	
创业板	1	5.00	11	16.92	9.09
主板	19	95.00	53	81.54	35.85

3. 实际运营地分析

（1）区域分析

从区域层面分析 2023 年中国中药企业研发指数二十强企业，无论是从研发指数总和、二十强企业数量还是从二十强入选率的视角来看，东部地区均名列前茅，中部地区表现较为优异，东北地区有待进一步提升。从研发指数平均值考察，东部地区和东北地区表现优异，西部地区有待进一步提升，详见表 8。

表8 2023年中国中药企业研发指数二十强企业所属区域分析

所属区域	研发指数二十强				该区域全部样本企业数量（家）	占总样本比例（%）	区域研发指数二十强贡献比例与该区域样本企业数量比例差异（%）	区域研发指数二十强企业数量占该区域样本企业数量的比例（二十强入选率）（%）
	平均值（分）	总和（分）	企业数量（家）	占比（%）				
东部	72.06	792.70	11	55.00	28	43.08	11.92	39.29
中部	70.17	350.86	5	25.00	15	23.08	1.92	33.33
西部	68.74	206.22	3	15.00	18	27.69	-12.69	16.67
东北	71.46	71.46	1	5.00	4	6.15	-1.15	25.00
合计	—	—	20	100.00	65	100.00	—	—

（2）区域集群分析

从区域集群层面分析2023年中国中药企业研发指数二十强企业，无论是从研发指数总和还是从平均值的视角来看，粤港澳大湾区均表现优异，京津冀地区取得较好成绩。从二十强企业数量的视角来看，粤港澳大湾区、京津冀地区、长江经济带中游和东部其他地区名列前茅。然而，将视角转向二十强入选率时，东部其他地区和京津冀地区表现较好，详见表9。

表9 2023年中国中药企业研发指数二十强企业所属区域集群分析

区域集群排名	区域集群	研发指数二十强				研发指数二十强企业数量占该区域集群样本企业数量的比例（二十强入选率）（%）
		研发指数平均值（分）	研发指数总和（分）	企业数量（家）	占比（%）	
1	粤港澳大湾区	74.25	222.76	3	15.00	37.50
2	京津冀地区	73.10	219.30	3	15.00	50.00
3	长江经济带中游	70.76	212.29	3	15.00	30.00
4	东部其他地区	69.46	208.38	3	15.00	60.00
5	长江经济带下游（长三角）	71.14	142.27	2	10.00	22.22
6	中部其他地区	69.28	138.57	2	10.00	40.00
7	长江经济带上游	69.01	138.03	2	10.00	22.22
8	东北地区	71.46	71.46	1	5.00	25.00
9	西部其他地区	68.20	68.20	1	5.00	11.11
	合计	—	—	20	100.00	—

B.10
2023年中国生物制品企业研发指数报告

姚立杰　朱宇辰*

摘　要： 本报告深入分析了2013～2023年中国生物制品企业研发指数的总体发展趋势，并详尽阐释了2023年的具体表现。研究发现，过去十一年间，中国生物制品企业研发指数总体呈现波动上升的趋势，行业领军企业的表现引人注目。这一积极向上的增长态势在研发投入指数、研发成果指数及研发质量指数这三个成分指数上均有所体现，其中研发投入指数的贡献最为显著。然而，中国生物制品企业的研发支持指数在此期间却出现了小幅下滑。聚焦2023年，中国生物制品企业研发指数略有下降，这在各成分指数中均有不同程度地反映，其中研发投入指数的下滑尤为明显。此外，本报告还从上市地、内地上市板块以及企业实际运营地等维度，对2023年中国生物制品企业研发指数及其二十强企业进行了全面而深入的分析与探讨，旨在为生物制品行业的未来发展提供更加多元化的参考视角与深刻的洞察，以期为该行业的持续繁荣与进步贡献智慧与力量。

关键词： 生物制品　研发投入　研发成果　研发质量　研发支持

---

* 姚立杰，博士，北京交通大学经济管理学院教授、博士生导师、高质量发展研究院院长、中国医药会计学会副秘书长、中国价格协会医药价格专委会副秘书长、北京产业经济学会副秘书长，主要研究方向为绩效评价和数智财税；朱宇辰，北京交通大学经济管理学院硕士研究生，主要研究方向为创新评价和数智财税。

一 中国生物制品企业研发指数概览

2013~2023年，中国生物制品行业的研发综合实力呈上升趋势，这在中国生物制品企业研发指数及其三大成分指数——研发投入指数、研发成果指数及研发质量指数上均有所体现，详见图1。具体而言，中国生物制品企业研发指数的平均值从2013年的65.87分增长至2023年的68.13分，增长了2.26分（增长率3.43%）。在这积极进步的背后，中国生物制品企业研发投入指数的贡献尤为突出，其平均值77.20分增长至83.73分，增长了6.53分（增长率8.46%）。此外，研发成果指数和研发质量指数分别实现了0.99分（增长率1.61%）与0.97分（增长率1.48%）的增长。然而，研发支持指数则出现了小幅下降，从2013年的61.04分降至2023年的60.94分，下降了0.10分（下降率0.16%）。

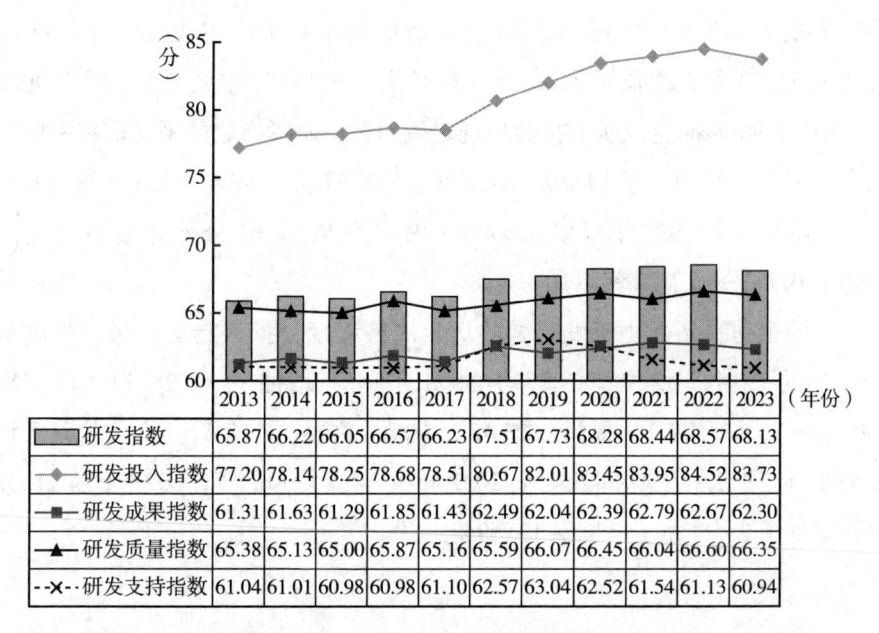

(年份)	2013	2014	2015	2016	2017	2018	2019	2020	2021	2022	2023
研发指数	65.87	66.22	66.05	66.57	66.23	67.51	67.73	68.28	68.44	68.57	68.13
研发投入指数	77.20	78.14	78.25	78.68	78.51	80.67	82.01	83.45	83.95	84.52	83.73
研发成果指数	61.31	61.63	61.29	61.85	61.43	62.49	62.04	62.39	62.79	62.67	62.30
研发质量指数	65.38	65.13	65.00	65.87	65.16	65.59	66.07	66.45	66.04	66.60	66.35
研发支持指数	61.04	61.01	60.98	60.98	61.10	62.57	63.04	62.52	61.54	61.13	60.94

图1 2013~2023年中国生物制品企业研发指数及其成分指数平均值

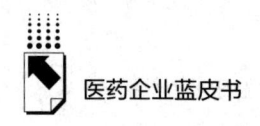

聚焦2023年，中国生物制品企业研发指数出现了轻微回调，其平均值从2022年的68.57分下降至68.13分，下降了0.44分（下降率0.64%），各成分指数均有所下调，其中，研发投入指数下降尤为显著，从84.52分下降至83.73分，下降了0.79分（下降率0.93%）。

二 中国生物制品企业研发指数分析

（一）时间序列分析

1. 概览

在过去十一年间，中国生物制品企业研发指数整体呈上升趋势，这在平均值和中位数上均有所体现。其中，平均值从2013年的65.87分增长至2023年的68.13分，增长了2.26分（增长率3.43%）；中位数从65.95分增长至67.50分，增长了1.55分（增长率2.35%），详见图2。聚焦2023年，中国生物制品企业研发指数出现轻微回调，研发指数的平均值和中位数均有所下降。其中，平均值从2022年的68.57分下降至2023年的68.13分，下降了0.44分（下降率0.64%）；中位数从67.61分下降至67.50分，下降了0.11分（下降率0.16%）。

中国生物制品企业研发指数的历年离散程度呈扩大趋势，区间长度从2013年的7.14分增加至2023年的21.41分，增加了14.28分（增长率200.00%），详见表1。聚焦2023年，中国生物制品企业研发指数的离散程度仍在持续扩大，其区间长度从2022年的18.84分增加至2023年的21.42分，增加了2.58分（增长率13.69%）。

2023年中国生物制品企业研发指数报告

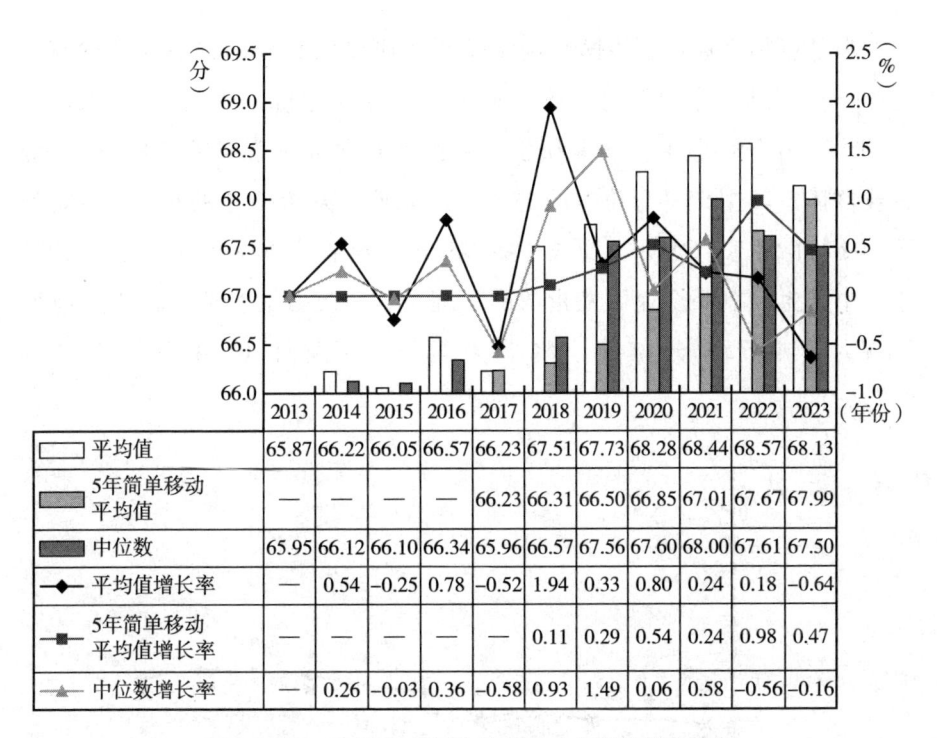

年份	平均值	5年简单移动平均值	中位数	平均值增长率	5年简单移动平均值增长率	中位数增长率
2013	65.87	—	65.95	—	—	—
2014	66.22	—	66.12	0.54	—	0.26
2015	66.05	—	66.10	-0.25	—	-0.03
2016	66.57	—	66.34	0.78	—	0.36
2017	66.23	66.23	65.96	-0.52	—	-0.58
2018	67.51	66.31	66.57	1.94	0.11	0.93
2019	67.73	66.50	67.56	0.33	0.29	1.49
2020	68.28	66.85	67.60	0.80	0.54	0.06
2021	68.44	67.01	68.00	0.24	0.24	0.58
2022	68.57	67.67	67.61	0.18	0.98	-0.56
2023	68.13	67.99	67.50	-0.64	0.47	-0.16

图2 2013~2023年中国生物制品企业研发指数情况

表1 2013~2023年中国生物制品企业研发指数分布区间

单位：分

年份	最大值	75%分位数	中位数	25%分位数	最小值	四分位距	区间长度
2013	68.63	66.69	65.95	64.92	61.49	1.77	7.14
2014	70.52	67.01	66.12	65.12	63.94	1.89	6.58
2015	70.38	67.18	66.10	64.77	63.57	2.41	6.81
2016	73.68	67.60	66.34	64.84	64.14	2.76	9.54
2017	71.86	67.45	65.96	64.73	63.11	2.72	8.75
2018	80.87	68.16	66.57	65.55	63.07	2.61	17.80
2019	74.28	69.04	67.56	65.76	63.63	3.28	10.65
2020	84.05	69.24	67.60	66.18	63.54	3.06	20.51
2021	83.04	69.86	68.00	66.48	64.28	3.38	18.76
2022	82.65	70.47	67.61	66.21	63.81	4.26	18.84
2023	81.70	69.93	67.50	65.81	60.28	4.12	21.42

为了更精准地识别中国生物制品企业研发指数变动趋势的关键驱动群体，我们对各分位数的具体表现进行了深入分析，详见图3。2013~2023年，中国生物制品企业研发指数的增长主要得益于除5%分位数的企业群体，其中95%分位数的增长尤为显著，从2013年的67.65分增长至2023年的73.60分，增长了5.95分（增长率8.80%）。聚焦2023年，中国生物制品企业研发指数的下降在各分位数的企业群体中均有所体现，其中75%分位数下降尤为显著，下降了0.54分（下降率0.77%）。

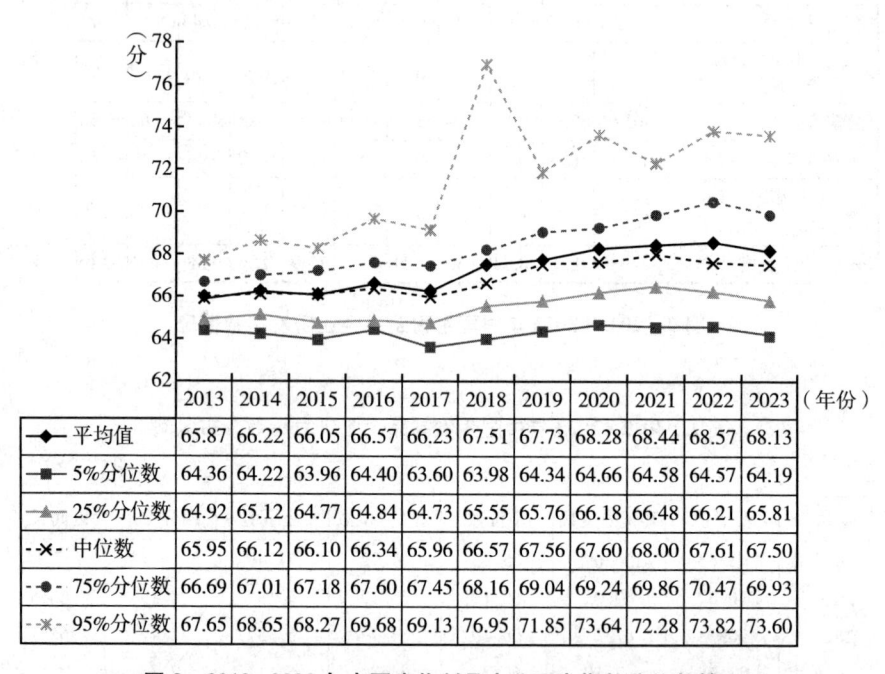

年份	2013	2014	2015	2016	2017	2018	2019	2020	2021	2022	2023
平均值	65.87	66.22	66.05	66.57	66.23	67.51	67.73	68.28	68.44	68.57	68.13
5%分位数	64.36	64.22	63.96	64.40	63.60	63.98	64.34	64.66	64.58	64.57	64.19
25%分位数	64.92	65.12	64.77	64.84	64.73	65.55	65.76	66.18	66.48	66.21	65.81
中位数	65.95	66.12	66.10	66.34	65.96	66.57	67.56	67.60	68.00	67.61	67.50
75%分位数	66.69	67.01	67.18	67.60	67.45	68.16	69.04	69.24	69.86	70.47	69.93
95%分位数	67.65	68.65	68.27	69.68	69.13	76.95	71.85	73.64	72.28	73.82	73.60

图3 2013~2023年中国生物制品企业研发指数分位数情况

2. 上市地分析

样本期间，各上市地的中国生物制品企业研发指数普遍呈波动上升趋势，这在平均值和中位数上均有所体现。其中，港交所的表现尤为突出，其平均值从2013年的65.53分增长至2023年的69.26分，增长了3.73分（增长率5.69%）。其次为上交所，其平均值从65.71分增长至68.61分，增长了2.90分（增长率4.41%）。美股、深交所和北交所紧随其后，详见图4。

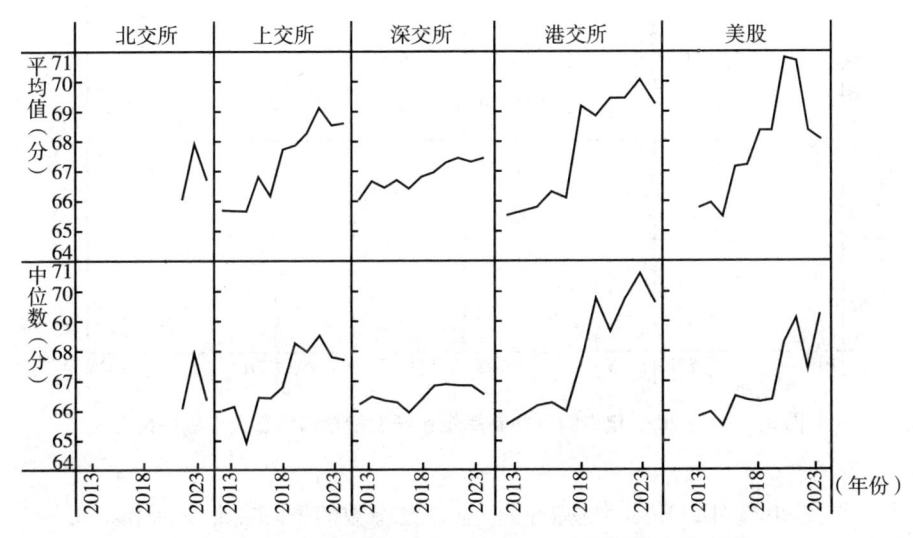

图4 2013~2023年中国生物制品企业研发指数各上市地情况

聚焦2023年，中国生物制品企业研发指数的下降在北交所、港交所和美股均有所体现。北交所的下降最为显著，其平均值从2022年的67.93分下降至2023年的66.71分，下降了1.22分（下降率1.80%）。港交所下降了0.80分（下降率1.14%），美股下降了0.30分（下降率0.44%）。然而，上交所和深交所却有所上升，其平均值分别增长了0.06分（增长率0.09%）和0.12分（增长率0.18%）。

3. 内地上市板块分析

样本期间，除科创板外，各内地上市板块的中国生物制品企业研发指数均整体呈上升趋势，详见图5。其中，主板表现尤为突出，其平均值从2013年的65.47分增长至2023年的67.05分，增长了1.58分（增长率2.41%）。其次为创业板，增长了0.56分（增长率0.83%），最后为北交所。然而，科创板却有所下降，其平均值从2013年的78.59分下降至2023年的69.36分，下降了9.23分（下降率11.74%）。

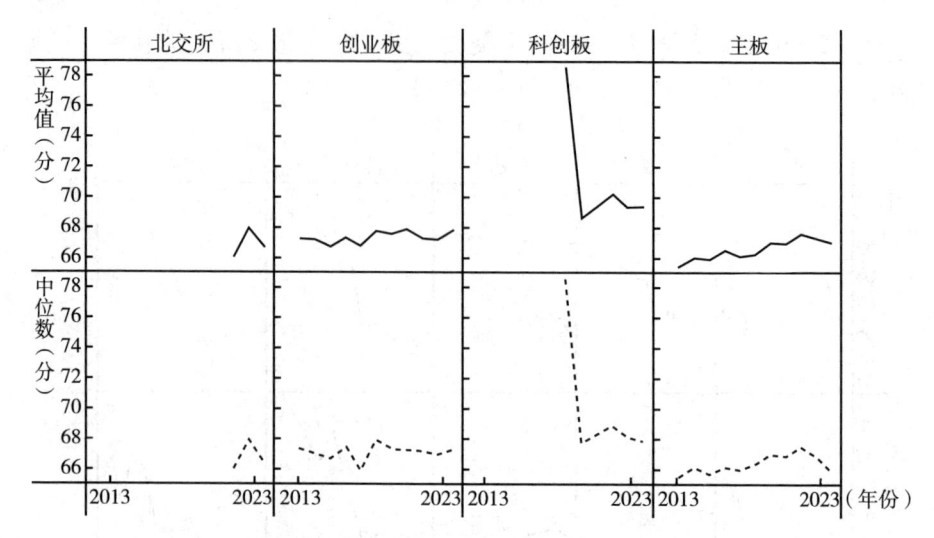

图5 2013~2023年中国生物制品企业研发指数内地各上市板块情况

聚焦2023年，中国生物制品企业研发指数的下降在北交所和主板均有所体现。北交所下降尤为显著，其平均值从2022年的67.93分下降至2023年的66.71分（下降率1.80%）。然而，创业板和科创板却有所上升，其平均值分别增长了2.59分（增长率3.88%）和0.06分（增长率0.09%）。

（二）横截面分析

1. 上市地分析

2023年，各上市地中，港交所的中国生物制品企业研发指数位列榜首，平均值为69.26分；上交所位列第二，平均值为68.61分；接下来为美股、深交所和北交所，平均值分别为68.08分、67.43分和66.71分，详见图6。对于各上市地中国生物制品企业研发指数的离散程度而言，港交所离散程度最大，区间长度为21.39分；接下来为美股、上交所和深交所，区间长度分别为17.61分、13.65分和10.15分；北交所数据分布最为集中，区间长度为4.63分。对于各上市地中国生物制品企业研发指数的最大值而言，港交所以81.70分位列榜首，上交所和美股并列第二，均为77.89分。

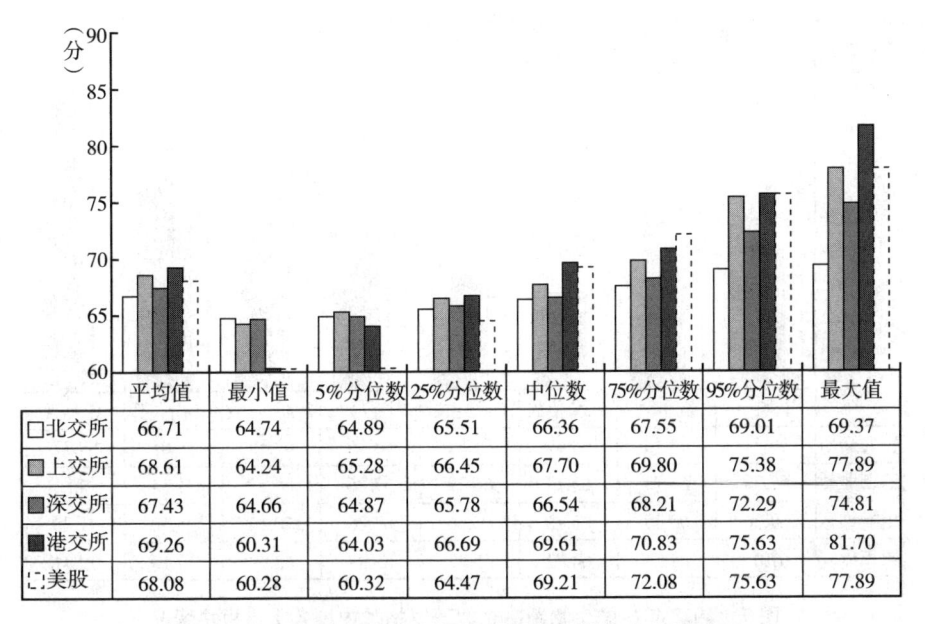

	平均值	最小值	5%分位数	25%分位数	中位数	75%分位数	95%分位数	最大值
北交所	66.71	64.74	64.89	65.51	66.36	67.55	69.01	69.37
上交所	68.61	64.24	65.28	66.45	67.70	69.80	75.38	77.89
深交所	67.43	64.66	64.87	65.78	66.54	68.21	72.29	74.81
港交所	69.26	60.31	64.03	66.69	69.61	70.83	75.63	81.70
美股	68.08	60.28	60.32	64.47	69.21	72.08	75.63	77.89

图6 2023年中国生物制品企业研发指数各上市地情况

2. 内地上市板块分析

2023年，各内地上市板块中，无论是平均值还是中位数，科创板中国生物制品企业研发指数均位列榜首，分别为69.36分和67.86分，其次为创业板，其平均值和中位数分别为67.79分和67.26分，详见图7。对于各内地上市板块中国生物制品企业研发指数的离散程度而言，科创板离散程度最大，区间长度为12.50分；其次为创业板，区间长度为10.08分；再次为主板，区间长度为8.17分；最后为北交所，区间长度为4.63分。对于各内地上市板块中国生物制品企业研发指数的最大值而言，科创板以77.89分位列第一，创业板以74.81分紧随其后，主板以72.41分位列第三，北交所以69.37分位列第四。

3. 实际运营地分析

（1）区域分析

2023年，从区域层面对中国生物制品企业研发指数进行分析后，我们发现，无论是从研发指数总和还是从企业数量的维度来看，东部地区均名列

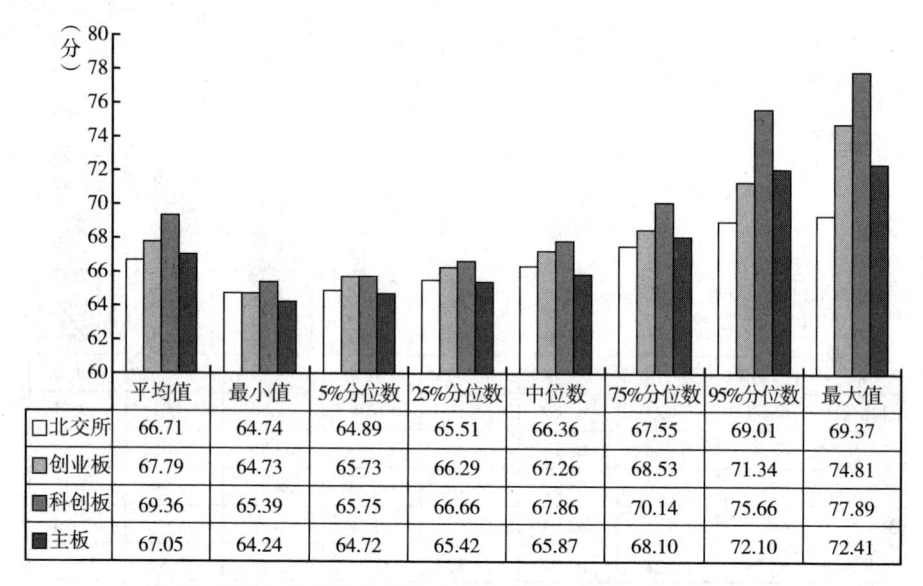

	平均值	最小值	5%分位数	25%分位数	中位数	75%分位数	95%分位数	最大值
北交所	66.71	64.74	64.89	65.51	66.36	67.55	69.01	69.37
创业板	67.79	64.73	65.73	66.29	67.26	68.53	71.34	74.81
科创板	69.36	65.39	65.75	66.66	67.86	70.14	75.66	77.89
主板	67.05	64.24	64.72	65.42	65.87	68.10	72.10	72.41

图7 2023年中国生物制品企业研发指数内地各上市板块情况

前茅，西部地区表现较好，东北地区有待进一步提升。但将视角切换至研发指数平均值时，东部地区表现优异，东北地区取得较好成绩，中部地区有待进一步提升，详见表2。

表2 2023年中国生物制品企业各区域研发指数情况

单位：分，家

区域	研发指数总和	研发指数平均值	企业数量
东部	5611.00	68.43	82
西部	877.20	67.48	13
中部	800.31	66.69	12
东北	478.45	68.35	7

（2）区域集群分析

2023年，从区域集群层面对中国生物制品企业研发指数进行分析后，我们发现，无论是从研发指数总和还是从企业数量的维度来看，长江经济带下游（长三角）均名列前茅，京津冀地区和东部其他地区表现较好。但将视角切换至研发指数平均值时，长江经济带上游表现优异，长江经济带下游（长三角）和京津冀地区取得较好成绩，详见表3。

表3 2023年中国生物制品企业各区域集群研发指数情况

单位：分，家

区域集群	研发指数总和	研发指数平均值	企业数量
长江经济带下游(长三角)	2810.19	68.54	41
京津冀地区	1710.46	68.42	25
东部其他地区	615.73	68.41	9
粤港澳大湾区	543.25	67.91	8
长江经济带上游	482.00	68.86	7
东北地区	478.45	68.35	7
中部其他地区	398.50	66.42	6
西部其他地区	395.20	65.87	6
长江经济带中游	333.17	66.63	5

三 中国生物制品企业研发指数二十强企业概览与分析

（一）中国生物制品企业研发指数二十强企业概览

1. 中国生物制品企业研发指数二十强企业榜单

2023年中国生物制品企业研发指数二十强企业榜单中，信达生物位列榜首，百济神州、百奥泰紧随其后，特宝生物、我武生物分别排第4名和第5名，共同处于行业创新的领军梯队。紧随其后的是君实生物、荣昌生物、双鹭药业、歌礼制药-B、再鼎医药-SB、长春高新、通化东宝、天境生物、百奥赛图-B、加科思-B、科伦博泰生物-B、乐普生物-B、宜明昂科-B、神州细胞、科兴生物，它们以坚实的研发步伐，共同构筑了生物制品领域的坚固基石，详见表4。

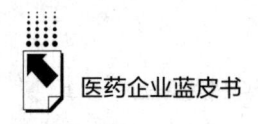

表4 2023年中国生物制品企业研发指数二十强企业榜单

企业名称	2023年排名	较2022年变动	
信达生物	1	+5	↑
百济神州	2	+3	↑
百奥泰	3	+9	↑
特宝生物	4	+84	↑
我武生物	5	+66	↑
君实生物	6	+5	↑
荣昌生物	7	+2	↑
双鹭药业	8	+14	↑
歌礼制药-B	9	+17	↑
再鼎医药-SB	10	+4	↑
长春高新	11	+4	↑
通化东宝	12	+28	↑
天境生物	13	NEW	
百奥赛图-B	14	-7	↓
加科思-B	15	+2	↑
科伦博泰生物-B	16	NEW	
乐普生物-B	17	-14	↓
宜明昂科-B	18	NEW	
神州细胞	19	-11	↓
科兴生物	20	+40	↑

注："—"表示2023年名次相较于上年无变动，NEW则是指2023年新入榜单。

纵观2023年中国生物制品企业研发指数二十强企业榜单的排名变化，较2022年，进步名次最多的二十强企业是特宝生物（84名），我武生物（66名）以及科兴生物（40名）紧随其后。

2. 中国生物制品企业研发指数二十强前三名企业分析

（1）信达生物

在2023年的中国生物制品企业研发指数排名中，信达生物以其非凡的研发实力和创新能力，进步了5名，综合排名第一，这主要得益于其在阶段性成果指数和最终成果指数方面的杰出表现，均位列2023年第二，最终成果指数更是实现了 18 名的进步。然而，值得注意的是，信达生物的研发投入指数、研发质量指数以及研发支持指数却均出现了不同程度的下降，其中研发投入指数下降了 5 名至 29 名，研发质量指数下降了 14 名至 16 名，研发支持指数下降了 3 名至 13 名。

（2）百济神州

百济神州在 2023 年中国生物制品企业研发指数排名中位列第二，相较于 2022 年进步了 3 名，这主要得益于其阶段性成果指数和研发质量指数的进步，其中阶段性成果指数进步了 3 名至第 1 名，研发质量指数进步了 10 名至第 1 名。然而值得注意的是，百济神州-B 的研发投入指数、最终成果指数以及研发支持指数均有所下降，其中研发投入指数排名退步最为显著，退步 20 名至第 21 名。

（3）百奥泰

百奥泰在 2023 年中国生物制品企业研发指数排名中位列第三，相较于 2022 年进步了 9 名，主要得益于研发投入指数、阶段性成果指数、最终成果指数、研发质量指数以及研发支持指数的全方位进步。其中，阶段性成果指数进步最为显著，进步了 31 名至第 5 名；最终成果指数进步了 10 名至第 10 名。

3. 中国生物制品企业研发指数二十强进步前三名企业分析

2023 年，中国生物制品企业研发指数二十强进步前三名企业中，特宝生物进步了 84 名，这主要得益于研发成果指数（进步 83 名）、阶段性成果指数（进步 66 名）和最终成果指数（进步 18 名）的进步；我武生物进步了 66 名，这主要得益于研发成果指数（进步 54 名）和最终成果指数（进步 19 名）；科兴生物进步了 40 名，这主要得益于研发成果指数（进步 64 名）和阶段性成果指数（进步 67 名）的进步。然而值得注意的是，特宝生物、我武生物、科兴生物在研发支持指数方面均下降了 3 名，详见表 5。

表5 2023年中国生物制品企业研发指数二十强企业进步前三名驱动因素分析

企业名称	指标	研发投入指数	研发成果指数	阶段性成果指数	最终成果指数	研发质量指数	研发支持指数	研发指数
特宝生物	变动	−5	83	66	18	−11	−3	84
	2023年排名	58	2	15	2	103	13	4
我武生物	变动	−4	54	−20	19	−39	−3	66
	2023年排名	63	3	68	1	108	13	5
科兴生物	变动	9	64	67	−4	6	−3	40
	2023年排名	20	21	14	24	78	13	20

（二）中国生物制品企业研发指数二十强企业分析

1. 上市地分析

2023年，各上市地中国生物制品企业研发指数二十强企业中，从企业数量角度考虑，港交所位列第一，上交所紧随其后，美股和深交所分别位列第三和第四。将视角转至二十强入选率，排序出现些许变化，美股位列榜首，港交所位列第二，上交所和深交所分别位列第三和第四，详见表6。

表6 2023年中国生物制品企业研发指数二十强企业所属上市地分析

单位：家，%

所属上市地	研发指数二十强		全部占比		上市地研发指数二十强企业数量占该上市地样本企业数量的比例（二十强入选率）
	数量	占比	数量	占比	
北交所	—	—	4	3.51	0.00
上交所	7	35.00	37	32.46	18.92
深交所	3	15.00	29	25.44	10.34
港交所	11	55.00	43	37.72	25.58
美股	4	20.00	9	7.89	44.44

注：由于多地上市存在重复计算。

2. 内地上市板块分析

2023年，各内地上市板块中国生物制品企业研发指数二十强企业中，无论是从企业数量还是从二十强入选率的视角来看,科创板均位列第一,主板紧随其后,创业板位列第三,详见表7。

表7　2023年中国生物制品企业研发指数二十强企业所属内地上市板块分析

单位：家,%

所属内地上市板块	研发指数二十强		全部企业		上市板块研发指数二十强企业数量占该上市板块样本企业数量的比例（二十强入选率）
	数量	占比	数量	占比	
北交所	—	—	4	3.51	0.00
创业板	1	5.00	18	15.79	5.56
科创板	6	30.00	24	21.05	25.00
主板	3	15.00	24	21.05	12.50

3. 实际运营地分析

（1）区域分析

从区域层面分析2023年中国生物制品企业研发指数二十强企业,无论是从研发指数总和、二十强企业数量还是从研发指数平均值的视角来看,东部地区均名列前茅,东北地区表现较为优异,西部地区有待进一步提升。从二十强入选率考察,东北地区和东部地区表现优异,西部地区有待进一步提升,详见表8。

表8　2023年中国生物制品企业研发指数二十强企业所属区域分析

研发指数二十强所属区域实力排名	所属区域	研发指数二十强				该区域全部样本企业数量（家）	占总样本比例（%）	区域研发指数二十强贡献比例与该区域样本企业数量比例差异（%）	区域研发指数二十强企业数量占该区域样本企业数量的比例（二十强入选率）（%）
		研发指数平均值（分）	研发指数总和（分）	企业数量（家）	占比（%）				
1	东部	73.49	1249.40	17	85.00	82	71.93	13.07	20.73
2	东北	72.10	144.19	2	10.00	7	6.14	3.86	28.57
3	西部	71.50	71.50	1	5.00	13	11.40	−6.40	7.69
4	中部	—	—	—	0.00	12	10.53	−10.53	0.00
合计		—	—	20	100.00	114	100.00	—	—

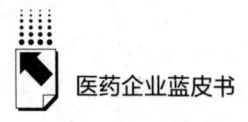

（2）区域集群分析

从区域集群层分析2023年中国生物制品企业研发指数二十强企业，无论从企业数量还是从研发指数总和的维度来看，长江经济带下游（长三角）和京津冀地区表现优异。然而，将视角切换至研发指数平均值时，东部其他地区名列前茅，长江经济带下游（长三角）表现较好。从二十强入选率的角度考察，东北地区和京津冀地区取得较好成绩，详见表9。

表9　2023年中国生物制品企业研发指数二十强企业所属区域集群分析

区域集群排名	区域集群	研发指数二十强				研发指数二十强企业数量占该区域集群样本企业数量的比例（二十强入选率）（%）
		研发指数平均值（分）	研发指数总和（分）	企业数量（家）	占比（%）	
1	长江经济带下游（长三角）	73.77	590.17	8	40.00	19.51
2	京津冀地区	72.54	435.22	6	30.00	24.00
3	东部其他地区	74.14	148.29	2	10.00	22.22
4	东北地区	72.10	144.19	2	10.00	28.57
5	粤港澳大湾区	75.73	75.73	1	5.00	12.50
6	长江经济带上游	71.50	71.50	1	5.00	14.29
7	其他地区	—	—	—	0.00	—
	合计	—	—	20	100.00	—

B.11 2023年中国医疗设备企业研发指数报告

姚立杰 苏燕琪*

摘 要： 本报告全面而深入地探讨了2013~2023年中国医疗设备企业研发指数的总体发展趋势，并对2023年的具体状况进行了细致剖析。研究发现，过去十一年间，中国医疗设备企业研发指数总体呈波动上升趋势。这一积极的增长趋势，主要归因于研发投入指数、研发成果指数、研发质量指数以及研发支持指数的共同提升，研发投入指数的增长表现尤为突出，成为推动整体进步的重要力量。聚焦2023年，中国医疗设备企业研发指数出现了回落，这一变化主要由研发成果指数、研发质量指数和研发支持指数的同步下滑所致，其中研发成果指数的下降尤为明显，构成了整体下滑的主要动因。然而，在这一背景下，研发投入指数却出现逆势增长的态势，彰显出医药设备企业在研发方面的持续投入与坚定决心。此外，本报告还从上市地、内地上市板块以及企业实际运营地等多个维度，对2023年中国医疗设备企业研发指数及其二十强企业进行了深入分析与探讨。

关键词： 医疗设备 研发投入 研发成果 研发质量 研发支持

---

* 姚立杰，博士，北京交通大学经济管理学院教授、博士生导师、高质量发展研究院院长、中国医药会计学会副秘书长、中国价格协会医药价格专委会副秘书长、北京产业经济学会副秘书长，主要研究方向为绩效评价和数智财税；苏燕琪，北京交通大学经济管理学院硕士研究生，主要研究方向为创新评价和数智财税。

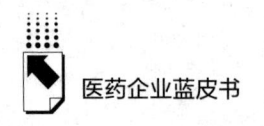

一 中国医疗设备企业研发指数概览

2013~2023年，中国医疗设备企业研发指数总体呈上升趋势，这在其研发投入指数、研发成果指数、研发质量指数和研发支持指数上均有所体现，详见图1。具体地，中国医疗设备企业研发指数的平均值从2013年的67.76分增长至2023年的69.31分，增长了1.55分（增长率2.29%），这主要得益于研发投入指数、研发成果指数、研发质量指数与研发支持指数的增长，其中研发质量指数的增长尤为突出，其平均值从63.20分增长至64.98分，增长了1.78分（增长率2.82%）。

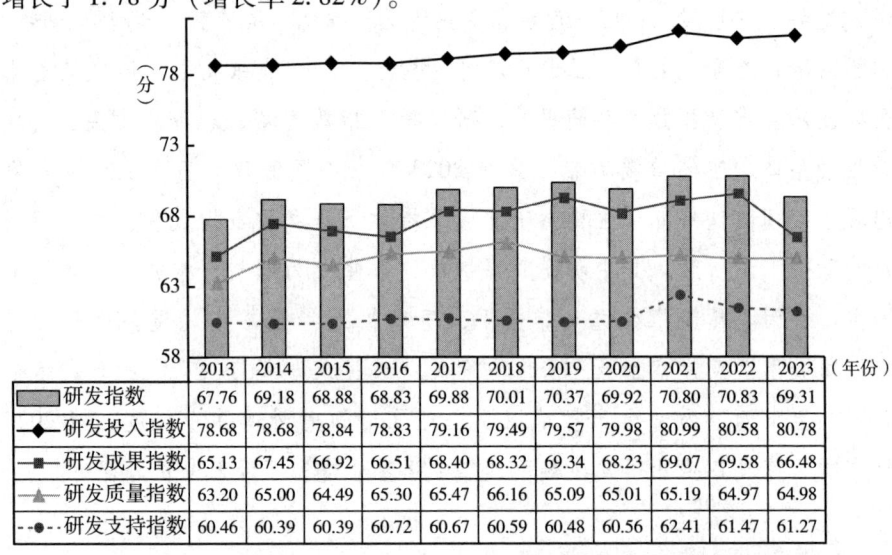

(分)	2013	2014	2015	2016	2017	2018	2019	2020	2021	2022	2023
研发指数	67.76	69.18	68.88	68.83	69.88	70.01	70.37	69.92	70.80	70.83	69.31
研发投入指数	78.68	78.68	78.84	78.83	79.16	79.49	79.57	79.98	80.99	80.58	80.78
研发成果指数	65.13	67.45	66.92	66.51	68.40	68.32	69.34	68.23	69.07	69.58	66.48
研发质量指数	63.20	65.00	64.49	65.30	65.47	66.16	65.09	65.01	65.19	64.97	64.98
研发支持指数	60.46	60.39	60.39	60.72	60.67	60.59	60.48	60.56	62.41	61.47	61.27

图1 2013~2023年中国医疗设备企业研发指数及其成分指数平均值

聚焦2023年，中国医疗设备企业研发指数有所下降，其平均值从2022年的70.83分下降至2023年的69.31分，下降了1.52分（下降率2.15%），这主要由研发成果指数和研发支持指数的下降所致，研发成果指数的下降尤为显著，其平均值从69.58分下降至66.48分，下降了3.10分（下降率4.46%）。研发投入指数逆势上扬，其平均值从80.58分增长至80.78分，增长了0.20分（增长率0.25%）。

二 中国医疗设备企业研发指数分析

（一）时间序列分析

1. 概览

2013~2023年，中国医疗设备企业研发指数呈波动上升趋势，这在平均值和中位数上均有所体现，平均值从2013年的67.76分增长至2023年的69.31分，增长了1.55分（增长率2.29%），中位数从2013年的68.15分增长至2023年的68.98分，增长了0.83分（增长率1.22%），详见图2。聚焦2023年，无论是平均值还是中位数，中国医疗设备企业研发指数均出现小幅回调，平均值从2022年的70.83分下降至2023年的69.31分，下降了1.52分（下降率2.15%），中位数从2022年的70.16分下降至2023年的68.98分，下降了1.18分（下降率1.68%）。

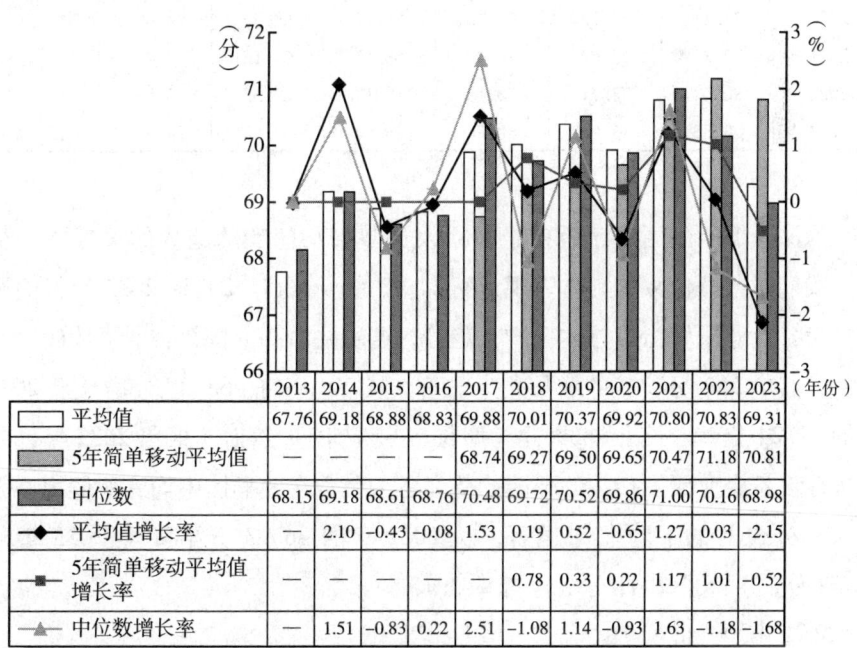

	2013	2014	2015	2016	2017	2018	2019	2020	2021	2022	2023
平均值	67.76	69.18	68.88	68.83	69.88	70.01	70.37	69.92	70.80	70.83	69.31
5年简单移动平均值	—	—	—	—	—	68.74	69.27	69.50	69.65	70.47	71.18	70.81
中位数	68.15	69.18	68.61	68.76	70.48	69.72	70.52	69.86	71.00	70.16	68.98
平均值增长率	—	2.10	-0.43	-0.08	1.53	0.19	0.52	-0.65	1.27	0.03	-2.15
5年简单移动平均值增长率	—	—	—	—	—	—	0.78	0.33	0.22	1.17	1.01	-0.52
中位数增长率	—	1.51	-0.83	0.22	2.51	-1.08	1.14	-0.93	1.63	-1.18	-1.68

图2 2013~2023年中国医疗设备企业研发指数情况

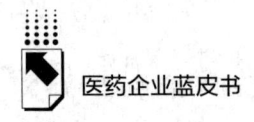

中国医疗设备企业研发指数的离散程度呈扩大趋势，区间长度从2013年的9.46分增加至2023年的12.24分，增加了2.78分（增长率29.39%）。聚焦2023年，该指数的离散程度却呈缩小趋势，区间长度从2022年的16.90分下降至2023年的12.24分，下降了4.66分（下降率27.57%），详见表1。

表1 2013~2023中国医疗设备企业研发指数分布区间

单位：分

年份	最大值	75%分位数	中位数	25%分位数	最小值	四分位距	区间长度
2013	72.89	68.85	68.15	65.41	63.43	3.44	9.46
2014	76.79	70.03	69.18	67.49	63.56	2.54	13.23
2015	72.74	71.71	68.61	67.25	63.61	4.46	9.13
2016	73.87	70.10	68.76	67.02	63.26	3.08	10.62
2017	73.73	72.60	70.48	67.95	63.24	4.65	10.49
2018	75.35	72.36	69.72	67.75	62.98	4.61	12.37
2019	77.62	73.06	70.52	68.89	63.15	4.17	14.47
2020	74.81	72.22	69.86	68.17	63.30	4.05	11.51
2021	77.27	73.44	71.00	68.15	64.15	5.29	13.12
2022	80.42	73.71	70.16	68.19	63.52	5.52	16.90
2023	76.82	71.24	68.98	66.87	64.58	4.37	12.24

为深入揭示中国医疗设备企业研发指数平均值变动趋势的关键驱动群体，我们对各分位数的具体表现进行剖析，详见图3。2013~2023年，中国医疗设备企业研发指数总体呈增长趋势，这主要由高分位数企业群体的增长所致，其中75%分位数的增长尤为显著，从2013年的68.85分增长至2023年的71.24分，增长了2.39分（增长率3.47%）。然而，聚焦2023年，中国医疗设备企业研发指数的下降趋势在各分位数企业群体中均有所体现，其中95%分位数的下降尤为显著，从2022年的76.93分下降至2023年的74.52分，下降了2.41分（下降率3.13%）。

2. 上市地分析

样本期间，各主要上市地的中国医疗设备企业研发指数总体呈波动上升

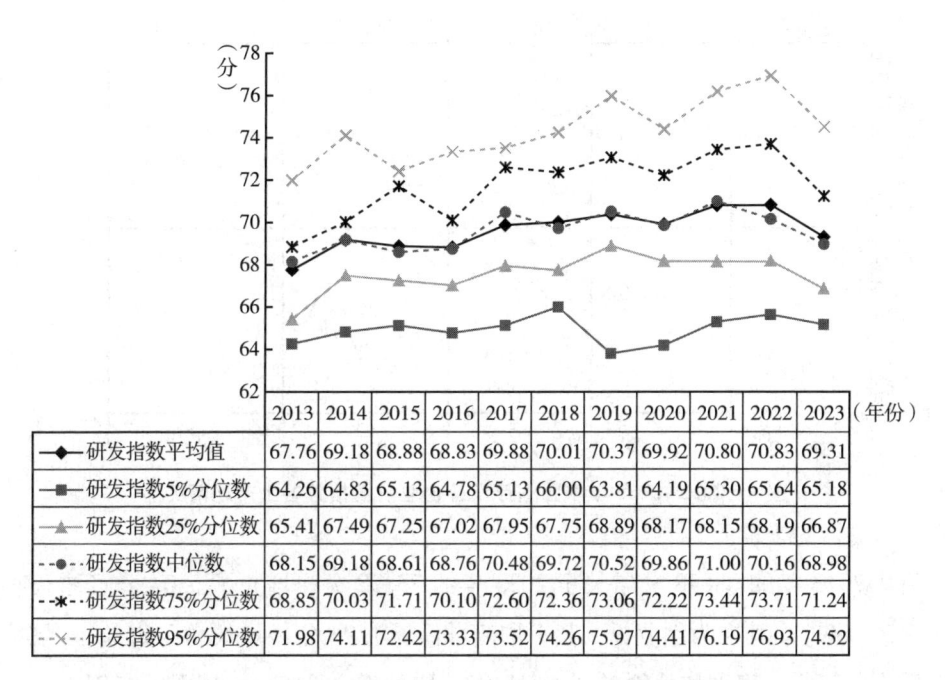

年份	2013	2014	2015	2016	2017	2018	2019	2020	2021	2022	2023
研发指数平均值	67.76	69.18	68.88	68.83	69.88	70.01	70.37	69.92	70.80	70.83	69.31
研发指数5%分位数	64.26	64.83	65.13	64.78	65.13	66.00	63.81	64.19	65.30	65.64	65.18
研发指数25%分位数	65.41	67.49	67.25	67.02	67.95	67.75	68.89	68.17	68.15	68.19	66.87
研发指数中位数	68.15	69.18	68.61	68.76	70.48	69.72	70.52	69.86	71.00	70.16	68.98
研发指数75%分位数	68.85	70.03	71.71	70.10	72.60	72.36	73.06	72.22	73.44	73.71	71.24
研发指数95%分位数	71.98	74.11	72.42	73.33	73.52	74.26	75.97	74.41	76.19	76.93	74.52

图3 2013~2023年中国医疗设备企业研发指数分位数情况

趋势，详见图4。其中，港交所表现最为突出，其平均值从2013年的63.43分增长至2023年的67.23分，增长了3.80分（增长率5.99%）。深交所增长程度位居第二，其平均值从68.22分增长至70.15分，增长了1.93分（增长率2.83%）。上交所、北交所紧随其后，分别位列第三和第四。由于美股仅有2023年的数据，故暂不考虑。

聚焦2023年，各上市地的中国医疗设备企业研发指数均出现了不同程度的下滑，深交所下降程度最为显著，其平均值下降了1.83分（下降率2.54%）；其次为上交所，其平均值下降了1.70分（下降率2.38%）；再次为港交所，其平均值下降了0.73分（下降率1.07%）；最后为北交所，其平均值下降了0.37分（下降率0.55%）。

3. 内地上市板块分析

样本期间，除科创板外，其他内地上市板块的中国医疗设备企业研发指数均整体呈上升趋势，详见图5。其中，主板的增长程度最为显著，其平均

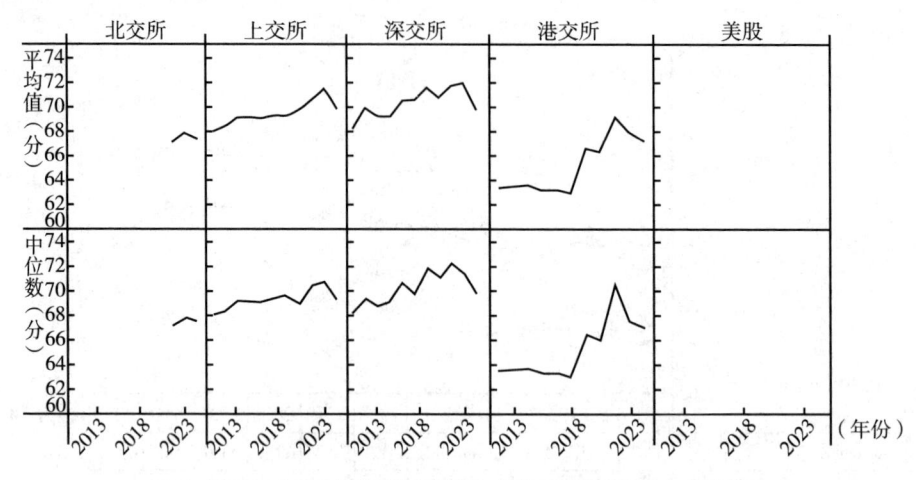

图 4　2013~2023 年中国医疗设备企业研发指数各上市地情况

值从 2013 年的 68.48 分增长至 2023 年的 73.52 分，增长了 5.04 分（增长率 7.36%）；其次为创业板，其平均值增长了 1.94 分（增长率 2.85%）；最后为北交所，其平均值增长了 0.21 分（增长率 0.31%）。然而，科创板却呈波动下降趋势，其平均值从 2019 年的 69.60 分波动下降至 2023 年的 69.41 分，下降了 0.19 分（下降率 0.27%）。

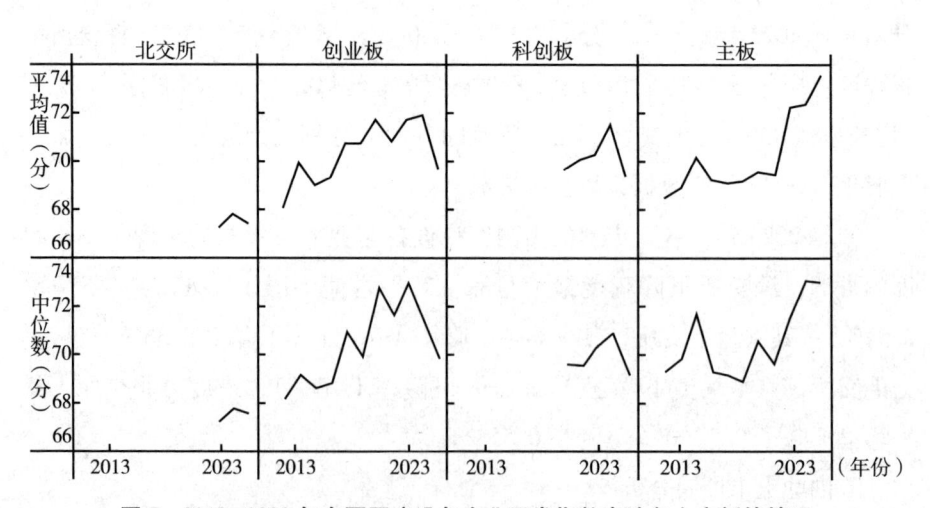

图 5　2013~2023 年中国医疗设备企业研发指数内地各上市板块情况

聚焦2023年,除主板外,其他内地上市板块的中国医疗设备企业研发指数均呈下降趋势。其中,科创板下降程度最为显著,其平均值下降了2.11分(下降率2.95%);其次为创业板,其平均值下降了1.91分(下降率2.66%);最后为北交所,其平均值下降了0.37分(下降率0.55%)。然而,主板却有所增长,其平均值增长了1.17分(增长率1.62%)。

(二)横截面分析

1. 上市地分析

2023年,各上市地的中国医疗设备企业研发指数中,深交所位列榜首,其平均值为70.15分;上交所位列第二,其平均值为69.87分;北交所位列第三,其平均值为67.43分;港交所位列第四,其平均值为67.23分;美股位列末位,其平均值为64.80分,详见图6。就各上市地中国医疗设备企业研发指数的离散程度而言,上交所离散程度最大,其区间长度为10.12分;深交所位列第二,其区间长度为8.59分;港交所和北交所紧随其后,区间长度分别为7.61分和3.46分。因美股仅有一家样本企业,故暂不考虑。就各上市地中国医疗设备企业研发指数的最大值而言,上交所的新华医疗(76.82分)位列第一,深交所的迈瑞医疗(75.48分)和港交所的微创机器人-B(72.19分)紧随其后,分别位列第二和第三。

2. 内地上市板块分析

2023年,各内地上市板块的中国医疗设备企业研发指数中,主板位列榜首,其平均值为73.52分;创业板位列第二,其平均值为70.01分;科创板位列第三,其平均值为69.41分;北交所居末位,其平均值为67.43分;中位数的排序与之类似,详见图7。对于各内地上市板块中国医疗设备企业研发指数的离散程度而言,创业板离散程度最大,其区间长度为10.12分;科创板位列第二,其区间长度为9.33分;主板位列第三,其区间长度为6.10分;北交所居末位,其区间长度为3.46分。对于各内地上市板块中国医疗设备企业研发指数的最大值而言,主板的新华医疗(76.82分)居首位,创业板的迈瑞医疗(75.48分)位列第二,科创板的天智航(74.57分)位列第三。

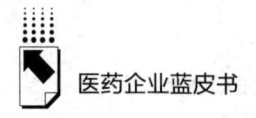

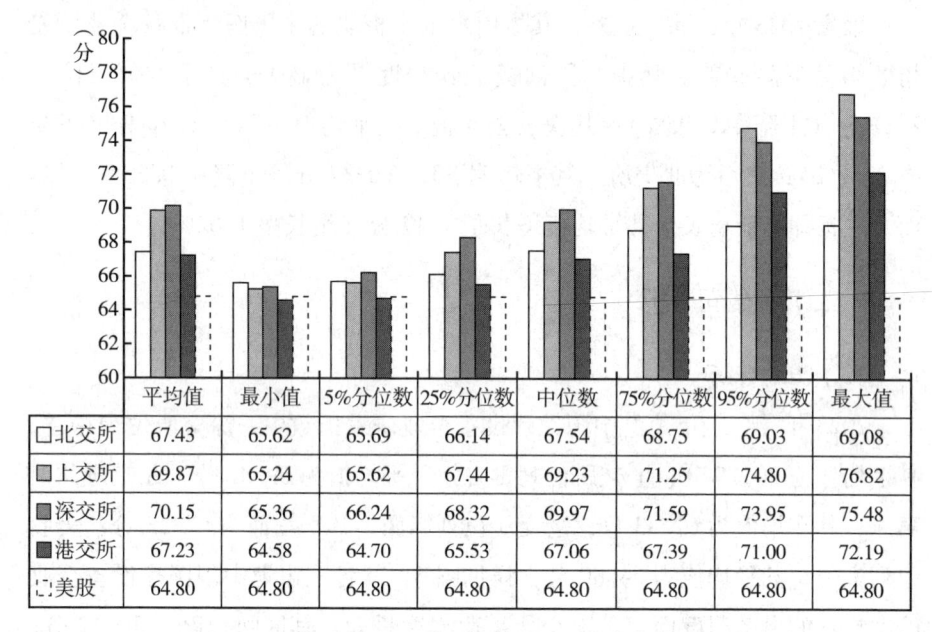

	平均值	最小值	5%分位数	25%分位数	中位数	75%分位数	95%分位数	最大值
北交所	67.43	65.62	65.69	66.14	67.54	68.75	69.03	69.08
上交所	69.87	65.24	65.62	67.44	69.23	71.25	74.80	76.82
深交所	70.15	65.36	66.24	68.32	69.97	71.59	73.95	75.48
港交所	67.23	64.58	64.70	65.53	67.06	67.39	71.00	72.19
美股	64.80	64.80	64.80	64.80	64.80	64.80	64.80	64.80

图 6　2023 年中国医疗设备企业研发指数各上市地情况

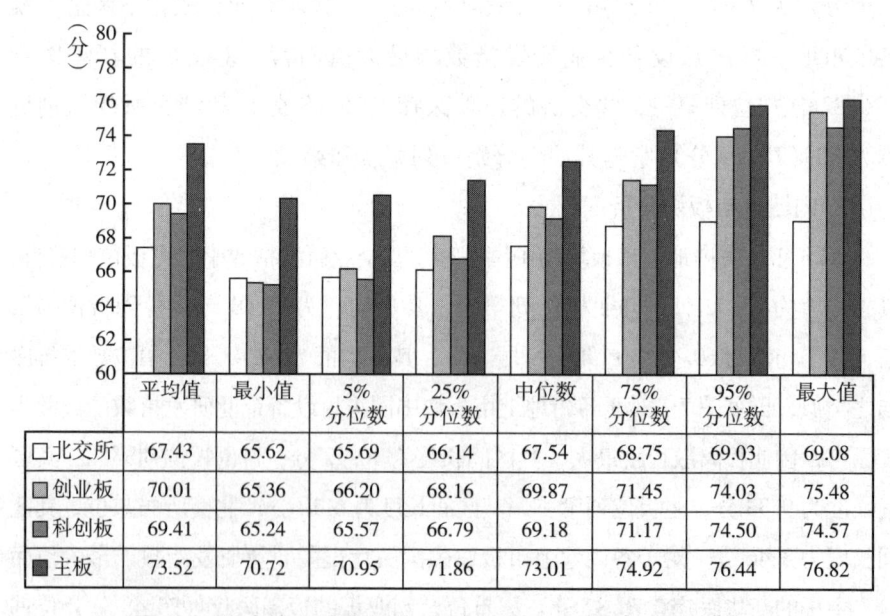

	平均值	最小值	5%分位数	25%分位数	中位数	75%分位数	95%分位数	最大值
北交所	67.43	65.62	65.69	66.14	67.54	68.75	69.03	69.08
创业板	70.01	65.36	66.20	68.16	69.87	71.45	74.03	75.48
科创板	69.41	65.24	65.57	66.79	69.18	71.17	74.50	74.57
主板	73.52	70.72	70.95	71.86	73.01	74.92	76.44	76.82

图 7　2023 年中国医疗设备企业研发指数内地各上市板块情况

3. 实际运营地分析

（1）区域分析

从区域层面对 2023 年中国医疗设备企业研发指数进行考察，我们发现，无论是从研发指数总和还是从企业数量的维度来看，东部地区均表现优异。但将视角切换至研发指数平均值时，中部地区名列前茅，东部地区表现较好，西部地区有待进一步提升，详见表 2。

表 2　2023 年中国医疗设备企业各区域研发指数情况

单位：分，家

区域	研发指数总和	研发指数平均值	企业数量
东部	2980.93	69.32	43
中部	347.37	69.47	5
西部	345.22	69.04	5
东北	—	—	—

（2）区域集群分析

从区域集群层面对 2023 年中国医疗设备企业研发指数进行考察，我们发现，无论是从研发指数总和还是从企业数量的视角来看，长江经济带下游（长三角）均名列前茅，粤港澳大湾区和京津冀地区表现较好。但当视角切换至研发指数平均值时，粤港澳大湾区表现优异，长江经济带中游和长江经济带上游取得较好成绩，详见表 3。

表 3　2023 年中国医疗设备企业各区域集群研发指数情况

单位：分，家

区域集群	研发指数总和	研发指数平均值	企业数量
长江经济带下游（长三角）	1718.35	68.73	25
粤港澳大湾区	639.52	71.06	9
京津冀地区	418.33	69.72	6
长江经济带上游	279.86	69.96	4
东部其他地区	273.80	68.45	4

续表

区域集群	研发指数总和	研发指数平均值	企业数量
长江经济带中游	211.50	70.50	3
中部其他地区	66.79	66.79	1
西部其他地区	65.36	65.36	1
东北地区	—	—	—

三 中国医疗设备企业研发指数二十强企业概览与分析

（一）中国医疗设备企业研发指数二十强企业概览

2023年，中国医疗设备企业研发指数二十强中，新华医疗位列榜首，迈瑞医疗位列第二，天智航位列第三，其后依次为华大智造、宝莱特、联影医疗、乐心医疗、鱼跃医疗、三诺生物、微创机器人-B、楚天科技、东富龙、祥生医疗、开立医疗、西山科技、山外山、迦南科技、万东医疗、怡和嘉业、东星医疗，它们共同构筑了医疗设备行业的创新高地，引领着技术进步的风向标，详见表4。

表4　2023年中国医疗设备企业研发指数二十强企业榜单

企业名称	2023年排名	较2022年变动	
新华医疗	1	+7	—
迈瑞医疗	2	—	—
天智航	3	+12	↑
华大智造	4	+2	↑
宝莱特	5	+6	↑
联影医疗	6	+4	↑
乐心医疗	7	+11	↑
鱼跃医疗	8	+6	↑
三诺生物	9	+3	↑
微创机器人-B	10	-1	↓
楚天科技	11	+6	↑

续表

企业名称	2023 年排名	较 2022 年变动	
东富龙	12	+10	↑
祥生医疗	13	+6	↑
开立医疗	14	−13	↓
西山科技	15	NEW	
山外山	16	+23	↑
迦南科技	17	+10	↑
万东医疗	18	+15	↑
怡和嘉业	19	+9	↑
东星医疗	20	+16	↑

注:"—"表示 2023 年名次相较于上年无变动,NEW 则是指 2023 年新入榜单。

中国医疗设备企业研发指数二十强企业中,山外山(进步 23 名)的进步最为显著,位列第一,东星医疗(进步 16 名)位列第二,万东医疗(进步 15 名)位列第三,彰显了它们在研发领域的强劲动力与不凡潜力,成为进步速度较快的行业典范。

新华医疗在 2023 年中国医疗设备企业研发指数排名中位列榜首,体现了其在研发成果指数(进步 10 名)和研发质量指数(进步 9 名)上的非凡实力,其中研发成果指数位列 2023 年榜首。然而,新华医疗研发投入指数(退步 6 名)和研发支持指数(退步 2 名)却均有所退步。

迈瑞医疗在 2023 年中国医疗设备企业研发指数排名中位列第二,这主要得益于研发质量指数(进步 1 名)在 2023 年上升至第一名,研发投入指数继续保持了 2022 年的第六名。然而,迈瑞医疗的研发成果指数(退步 4 名)和研发支持指数(退步 2 名)却有所退步。

天智航在 2023 年中国医疗设备企业研发指数排名中位列第三,这主要得益于研发投入指数继续保持了 2022 年的第二名,此外,其研发成果指数(进步 22 名)和研发质量指数(进步 7 名)也有较大进步。然而,天智航的研发支持指数(退步 2 名)却有所退步。

2023年，中国医疗设备企业研发指数进步最为显著的三家企业详见表5。其中，山外山进步了23名，这主要得益于研发成果指数（进步27名）和研发质量指数（进步19名）的进步；东星医疗以16名的进步紧随其后，这主要得益于研发成果指数（进步17名）和研发质量指数（进步22名）的进步；万东医疗则进步了15名，这主要得益于研发成果指数（进步18名）和研发质量指数（进步19名）的进步。然而，值得注意的是，山外山、东星医疗和万东医疗的研发支持指数均出现排名下滑（均退步2名）。同时，山外山和东星医疗的研发投入指数均出现排名下滑（分别退步4名和2名）。

表5 2023年中国医疗设备企业研发指数二十强企业进步前三名驱动因素分析

企业名称	指标	研发投入指数	研发成果指数	研发质量指数	研发支持指数	研发指数
山外山	变动	-4	27	19	-2	23
	2023年排名	45	9	24	9	16
东星医疗	变动	-2	17	22	-2	16
	2023年排名	46	17	11	9	20
万东医疗	变动	3	18	19	-2	15
	2023年排名	13	15	25	9	18

（二）中国医疗设备企业研发指数二十强企业分析

1. 上市地分析

2023年，在各内地上市地的中国医疗设备企业研发指数二十强企业中，无论是从企业数量还是从二十强入选率的视角来看，深交所均居首位，占据了榜单中的11席，二十强入选率为52.38%；上交所紧随其后，有8家企业跻身二十强，入选率为42.11%；而港交所仅有一家企业进入二十强榜单，入选率为16.67%；北交所和美股无相关样本，故暂不考虑，详见表6。

表6 2023年中国医疗设备企业研发指数二十强企业所属上市地分析

单位：家，%

所属上市地	研发指数二十强		全部企业		上市地研发指数二十强企业数量占该上市地样本企业数量的比例（二十强入选率）
	数量	占比	数量	占比	
北交所	—	—	6	11.32	0.00
上交所	8	40.00	19	35.85	42.11
深交所	11	55.00	21	39.62	52.38
港交所	1	5.00	6	11.32	16.67
美股	—	—	1	1.89	0.00

2. 内地上市板块分析

2023年，各内地上市板块的中国医疗设备企业研发指数二十强企业中，从企业数量角度考虑，创业板位列第一，科创板位列第二，主板位列第三。但将视角转向二十强入选率的维度时，排序出现较大变化，主板位列第一，创业板位列第二，科创板位列第三。由于北交所无相关样本，故暂不考虑，详见表7。

表7 2023年中国医疗设备企业研发指数二十强企业所属内地上市板块分析

单位：家，%

所属内地上市板块	研发指数二十强		全部企业		内地上市板块研发指数二十强企业数量占该上市板块样本企业数量的比例（二十强入选率）
	数量	占比	数量	占比	
北交所	—	—	6	11.32	0.00
创业板	10	50.00	20	37.74	50.00
科创板	6	30.00	17	32.08	35.29
主板	3	15.00	3	5.66	100.00

3. 实际运营地分析

（1）区域分析

从区域层面对2023年中国医疗设备企业研发指数二十强企业进行考察，我们发现，无论是从研发指数平均值、企业数量还是从研发指数总和的视角来看，东部地区均表现优异，西部地区有待进一步提升。但将视角切换至二

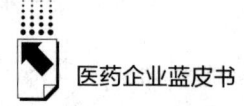

十强入选率时，中部地区和西部地区名列前茅，东部地区有待进一步提升，详见表8。

(2) 区域集群分析

从区域集群层面对2023年中国医疗设备企业研发指数二十强企业进行分析，我们发现，无论是从研发指数总和还是从企业数量的视角来看，长江经济带下游地区（长三角）和粤港澳大湾区均表现优异。但将视角切换至二十强入选率时，长江经济带中游名列前茅，粤港澳大湾区、长江经济带上游和京津冀地区取得较好成绩。从研发指数平均值方面考察，粤港澳大湾区和长江经济带中游表现较好，东部其他地区由于仅有1家企业暂不纳入比较，详见表9。

表8 2023年中国医疗设备企业研发指数二十强企业所属区域分析

区域排名	区域	研发指数二十强				区域集群研发指数百强企业数量占该区域集群样本企业数量的比例（二十强入选率）(%)
		研发指数平均值（分）	研发指数总和（分）	企业数量（家）	占比（%）	
1	东部	72.74	1163.80	16	80.00	37.21
2	中部	72.15	144.31	2	10.00	40.00
3	西部	71.12	142.24	2	10.00	40.00
4	东北	—	—	—	—	—
	合计	—	—	20	100.00	—

表9 2023年中国医疗设备企业研发指数二十强企业所属区域集群分析

区域集群排名	区域集群	研发指数二十强				区域集群研发指数百强企业数量占该区域集群样本企业数量的比例（二十强入选率）(%)
		研发指数平均值（分）	研发指数总和（分）	企业数量（家）	占比（%）	
1	长江经济带下游（长三角）	71.78	502.49	7	35.00	28.00
2	粤港澳大湾区	73.76	368.81	5	25.00	55.56
3	京津冀地区	71.89	215.68	3	15.00	50.00
4	长江经济带中游	72.15	144.31	2	10.00	66.67
5	长江经济带上游	71.12	142.24	2	10.00	50.00
6	东部其他地区	76.82	76.82	1	5.00	25.00
	合计	—	—	20	100.00	—

B.12 2023年中国医疗耗材企业研发指数报告

姚立杰 朱宇辰*

摘　要： 本报告深入分析了 2013~2023 年中国医疗耗材企业研发指数的总体演进历程，并细致审视了 2023 年的具体态势。研究发现，过去十一年间，中国医疗耗材企业研发指数总体呈现波动上升的趋势，其中，行业领军企业的贡献尤为亮眼，成为推动行业整体进步的重要力量。这一积极的增长趋势，根源在于研发投入指数、研发成果指数、研发质量指数以及研发支持指数四者的协同增长，特别是研发质量指数与研发投入指数的增长表现尤为突出。聚焦 2023 年，中国医疗耗材企业研发指数出现了轻微的回调。这一变化主要归因于研发投入指数、研发成果指数以及研发支持指数的同步下滑，尤其是研发成果指数的下降幅度更为显著，反映出医疗耗材行业本年内在创新成果产出方面遇到了一定的挑战。然而，值得注意的是，研发质量指数在这一背景下却实现了微弱的上扬，显示出医疗耗材企业在提升研发质量方面的不懈努力。此外，本报告还从上市地、内地上市板块以及企业实际运营地等多个维度，对 2023 年中国医疗耗材企业研发指数及其二十强企业进行了深入分析，旨在助力各界更好地理解当前中国医疗耗材行业的发展态势与未来趋势。

关键词： 医疗耗材　研发投入　研发成果　研发质量　研发支持

---

* 姚立杰，博士，北京交通大学经济管理学院教授、博士生导师、高质量发展研究院院长、中国医药会计学会副秘书长、中国价格协会医药价格专委会副秘书长、北京产业经济学会副秘书长，主要研究方向为绩效评价和数智财税；朱宇辰，北京交通大学经济管理学院硕士研究生，主要研究方向为创新评价和数智财税。

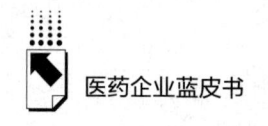

一 中国医疗耗材企业研发指数概览

2013~2023年,中国医疗耗材行业的研发综合实力呈波动上升趋势,这在中国医疗耗材企业研发指数及其四大成分指数——研发投入指数、研发成果指数、研发质量指数和研发支持指数上均有所体现,详见图1。

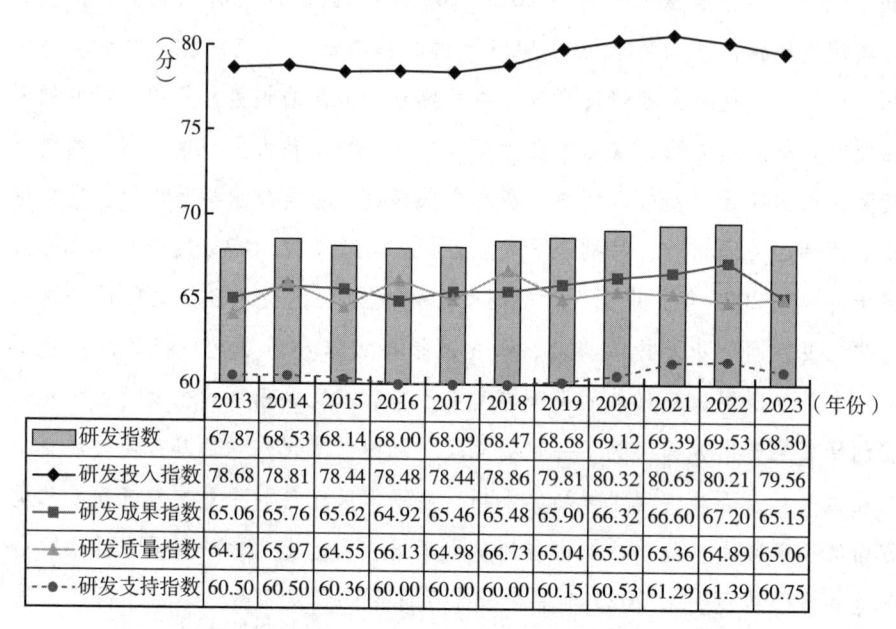

	2013	2014	2015	2016	2017	2018	2019	2020	2021	2022	2023
研发指数	67.87	68.53	68.14	68.00	68.09	68.47	68.68	69.12	69.39	69.53	68.30
研发投入指数	78.68	78.81	78.44	78.48	78.44	78.86	79.81	80.32	80.65	80.21	79.56
研发成果指数	65.06	65.76	65.62	64.92	65.46	65.48	65.90	66.32	66.60	67.20	65.15
研发质量指数	64.12	65.97	64.55	66.13	64.98	66.73	65.04	65.50	65.36	64.89	65.06
研发支持指数	60.50	60.50	60.36	60.00	60.00	60.00	60.15	60.53	61.29	61.39	60.75

图1 2013~2023年中国医疗耗材企业研发指数及其成分指数平均值

中国医疗耗材企业研发指数的平均值总体呈上升趋势,从2013年的67.87分增长至2023年的68.30分,增长了0.43分(增长率0.63%)。在这积极进步的背后,研发质量指数和研发投入指数的贡献尤为突出。研发质量指数从64.12分增长至65.06分,增长了0.94分(增长率1.47%);研发投入指数从78.68分增长至79.56分,增长了0.88分(增长率1.12%)。然而,值得注意的是,研发成果指数和研发支持指数的增长则相对缓慢,分别增长了0.09分(增长率0.14%)和0.25分

（增长率0.41%）。

聚焦2023年，中国医疗耗材企业研发指数出现了轻微回调，其平均值从2022年的69.53分下降至2023年的68.30分，下降了1.23分（下降率1.77%），这主要是由研发投入指数、研发成果指数和研发支持指数的下降所致。其中，研发成果指数下降尤为显著，从2022年的67.20分下降至2023年的65.15分，下降了2.05分（下降率3.05%）。然而，研发质量指数却微微上扬，从2022年的64.89分增长至2023年的65.06分，增长了0.17分（增长率0.26%）。

二 中国医疗耗材企业研发指数分析

（一）时间序列分析

1. 概览

在过去十一年间，中国医疗耗材企业研发指数整体呈上升趋势，这在平均值和中位数上均有所体现。其中，平均值从2013年的67.87分增长至2023年的68.30分，增长了0.43分（增长率0.63%）；中位数从67.81分增长至68.00分，增长了0.19分（增长率0.28%），详见图2。聚焦2023年，中国医疗耗材企业研发指数出现轻微回调，其平均值和中位数均有所下降。其中，平均值从2022年的69.53分下降至2023年的68.30分，下降了1.23分（下降率1.77%）；中位数从68.64分下降至68.00分，下降了0.64分（下降率0.93%）。

中国医疗耗材企业研发指数的历年离散程度呈扩大趋势，区间长度从2013年的6.43分增加至2023年的20.31分，累计增加了13.88分（增长率215.86%），详见表1。聚焦2023年，中国医疗耗材企业研发指数的离散程度仍在持续扩大，其区间长度从2022年的14.57分增加至2023年的20.31分，增加了5.74分（增长率39.40%）。

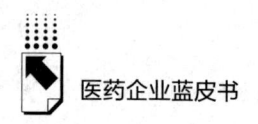

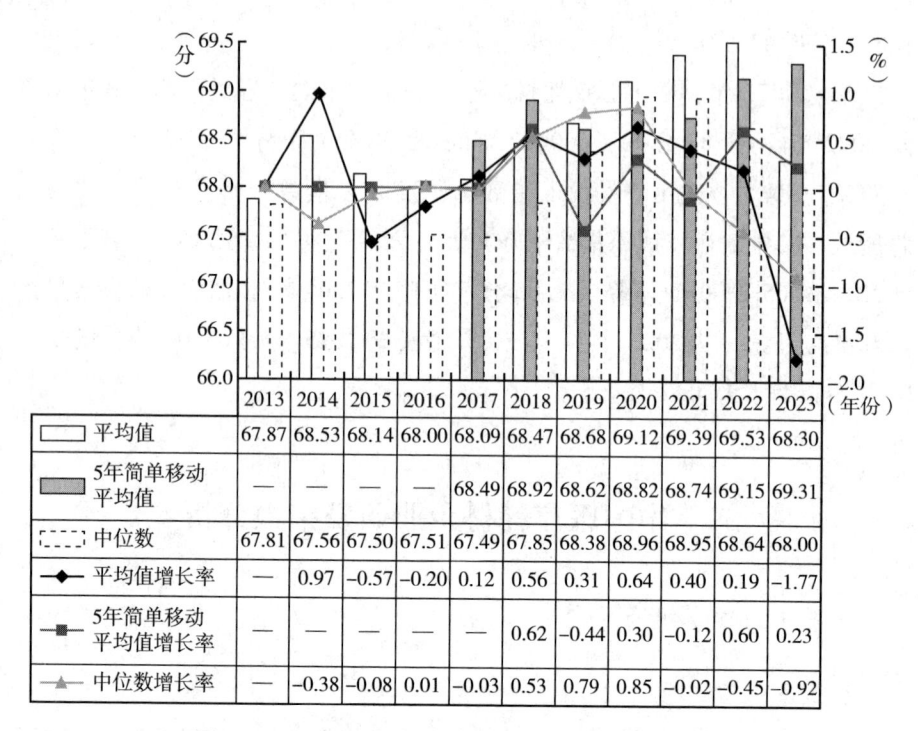

	2013	2014	2015	2016	2017	2018	2019	2020	2021	2022	2023
平均值	67.87	68.53	68.14	68.00	68.09	68.47	68.68	69.12	69.39	69.53	68.30
5年简单移动平均值	—	—	—	—	—	68.49	68.92	68.62	68.82	68.74	69.15	69.31
中位数	67.81	67.56	67.50	67.51	67.49	67.85	68.38	68.96	68.95	68.64	68.00
平均值增长率	—	0.97	-0.57	-0.20	0.12	0.56	0.31	0.64	0.40	0.19	-1.77
5年简单移动平均值增长率	—	—	—	—	—	—	0.62	-0.44	0.30	-0.12	0.60	0.23
中位数增长率	—	-0.38	-0.08	0.01	-0.03	0.53	0.79	0.85	-0.02	-0.45	-0.92

图 2　2013~2023 年中国医疗耗材企业研发指数情况

表 1　2013~2023 年中国医疗耗材企业研发指数分布区间

单位：分

年份	最大值	75%分位数	中位数	25%分位数	最小值	四分位距	区间长度
2013	71.18	69.65	67.81	66.48	64.75	3.17	6.43
2014	72.17	70.20	67.56	66.94	66.64	3.26	5.53
2015	72.56	68.70	67.50	67.11	65.69	1.59	6.87
2016	72.42	69.04	67.51	67.10	65.13	1.94	7.29
2017	72.61	70.19	67.49	65.95	64.71	4.24	7.90
2018	75.35	69.45	67.85	66.48	65.23	2.97	10.12
2019	74.43	69.92	68.38	67.16	64.88	2.76	9.55
2020	74.73	70.75	68.96	66.93	64.44	3.82	10.29
2021	76.65	71.11	68.95	67.06	64.67	4.05	11.98
2022	79.39	70.93	68.64	67.45	64.82	3.48	14.57
2023	80.79	69.42	68.00	65.61	60.48	3.81	20.31

为了更精准地识别中国医疗耗材企业研发指数变动趋势的关键驱动群体，我们对各分位数的具体表现进行了深入分析，详见图3。2013~2023年，中国医疗耗材企业研发指数的增长主要得益于95%分位数的企业群体，从2013年的70.94分增加至2023年的74.57分，增长了3.63分（增长率5.12%）。聚焦2023年，中国医疗耗材企业研发指数的下降在各分位数的企业群体中均有所体现，其中25%分位数下降尤为显著，从2022年的67.45分下降至2023年的65.61分，下降了1.84分（下降率2.73%）。

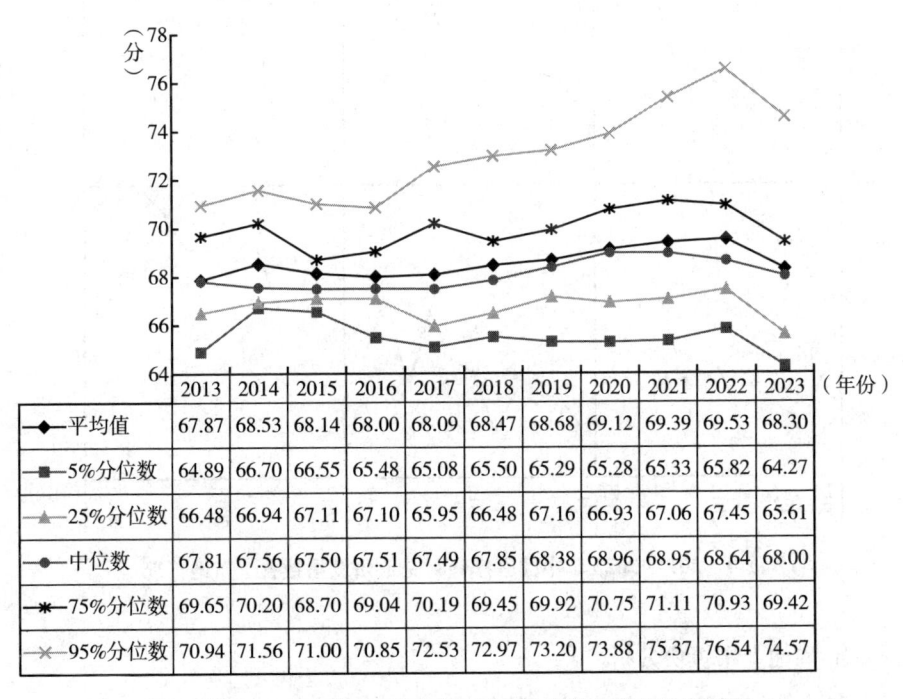

（年份）	2013	2014	2015	2016	2017	2018	2019	2020	2021	2022	2023
平均值	67.87	68.53	68.14	68.00	68.09	68.47	68.68	69.12	69.39	69.53	68.30
5%分位数	64.89	66.70	66.55	65.48	65.08	65.50	65.29	65.28	65.33	65.82	64.27
25%分位数	66.48	66.94	67.11	67.10	65.95	66.48	67.16	66.93	67.06	67.45	65.61
中位数	67.81	67.56	67.50	67.51	67.49	67.85	68.38	68.96	68.95	68.64	68.00
75%分位数	69.65	70.20	68.70	69.04	70.19	69.45	69.92	70.75	71.11	70.93	69.42
95%分位数	70.94	71.56	71.00	70.85	72.53	72.97	73.20	73.88	75.37	76.54	74.57

图3 2013~2023年中国医疗耗材企业研发指数分位数情况

2. 上市地分析

样本期间，各上市地的中国医疗耗材企业研发指数普遍呈波动上升趋势。其中，港交所的表现尤为突出，其平均值从2013年的68.52分增长至2023年的69.49分，增长了0.97分（增长率1.42%）。其次为上交所，其平均值从67.96分增长至68.39分，增长了0.43分（增长率0.63%）。最后为深交所，其平均值从67.33分增长至67.71分,增长了0.38分(增长率0.56%),详见图4。聚焦2023年,中国医疗耗材企业研发指数的下降在各上市地均有所体现。深交所的下降最为显著,其平均值从2022年的69.19分下降至2023年的67.71分,下降了1.48分(下降率2.14%)。

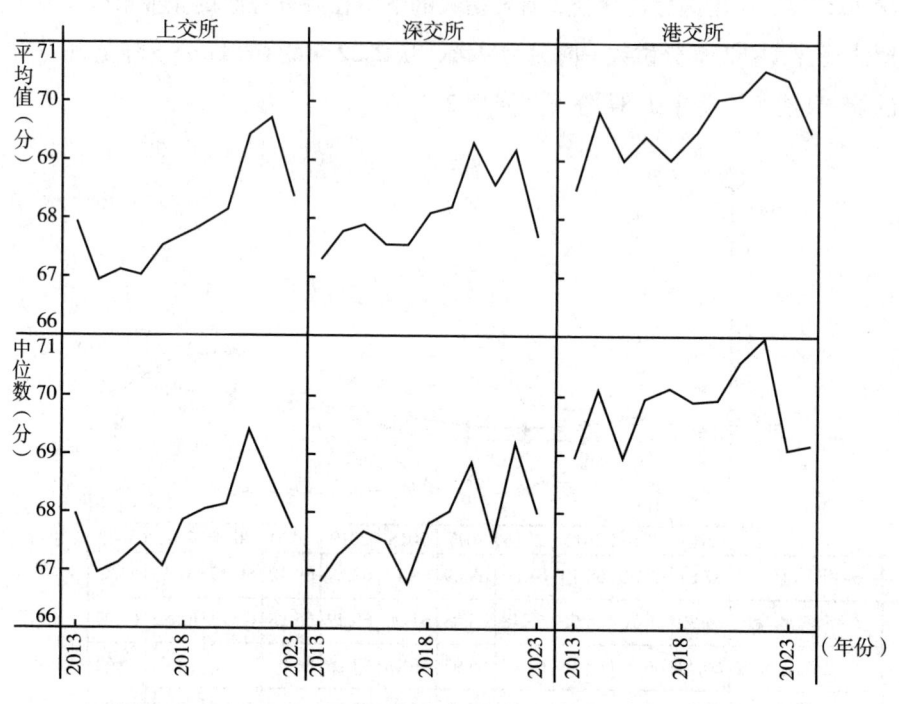

图4 2013~2023年中国医疗耗材企业研发指数各上市地情况

3. 内地上市板块分析

样本期间,除创业板之外,其他内地上市板块的中国医疗耗材企业研发指数的平均值均总体呈上升趋势,详见图5。其中,科创板增长最为显著,其研发指数平均值从2013年的68.22分增长至2023年的69.08分,增长了0.86分(增长率1.26%),其次为主板,从2013年的66.93分增长至2023年的66.99分,增长了0.06分(增长率0.09%)。然而,创业板则从2013年的67.94分下降至2023年的67.83分,下降了0.11分(下降率0.16%)。

聚焦2023年,内地上市板块的中国医疗耗材企业研发指数的平均值均

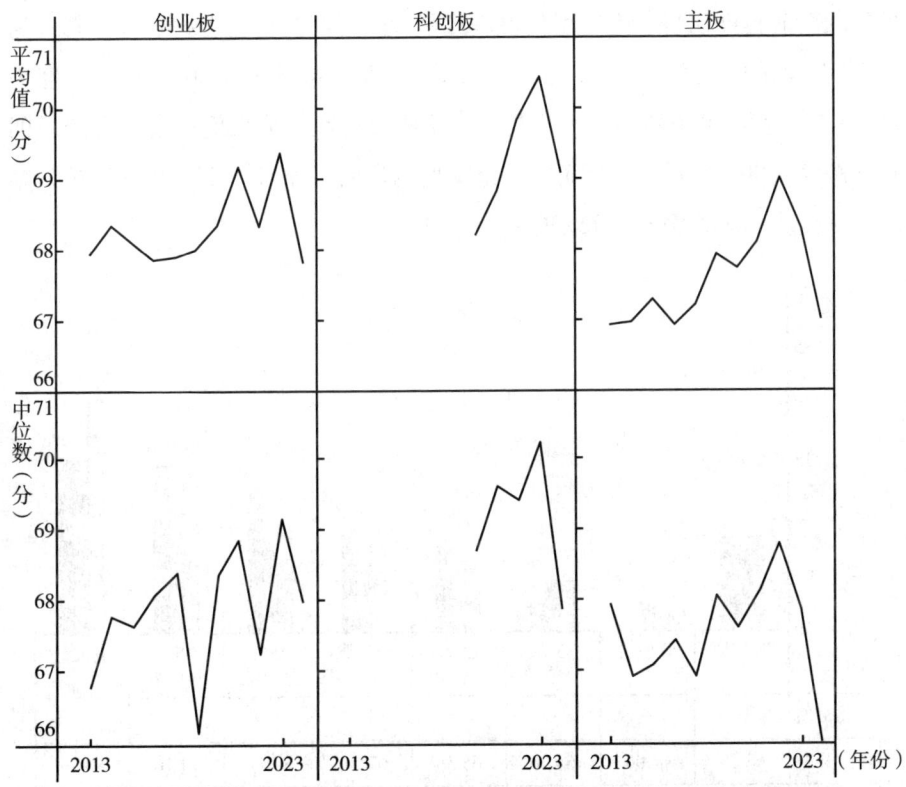

图5　2013~2023年中国医疗耗材企业研发指数内地各上市板块情况

呈下降趋势，其中创业板的下降最为显著，从2022年的69.38分下降至2023年的67.83分，下降了1.55分（下降率2.23%）；主板从68.32分下降至66.99分，下降了1.33分（下降率1.95%）；科创板从70.44分下降至69.08分，下降了1.36分（下降率1.93%）。

（二）横截面分析

1. 上市地分析

2023年，各上市地中，港交所上市的医疗耗材企业研发指数位列榜首，平均值为69.49分；上交所紧随其后，其平均值为68.39分；最后为深交所，其平均值为67.71分，详见图6。对于各上市地中国医疗耗材企业研发指数的离散程度而言，上交所离散程度最大，区间长度为16.73分；其次为港交所，区间长度为15.12分；深交所数据分布最为集中，区间长度为11.33分。就各上市地中国医疗耗材企业研发指数的最大值而言，上交所的春立医疗（80.79分）位列第一，港交所的启明医疗-B（75.60分）位列第二，深交所的迈普医学（75.36分）位列第三。

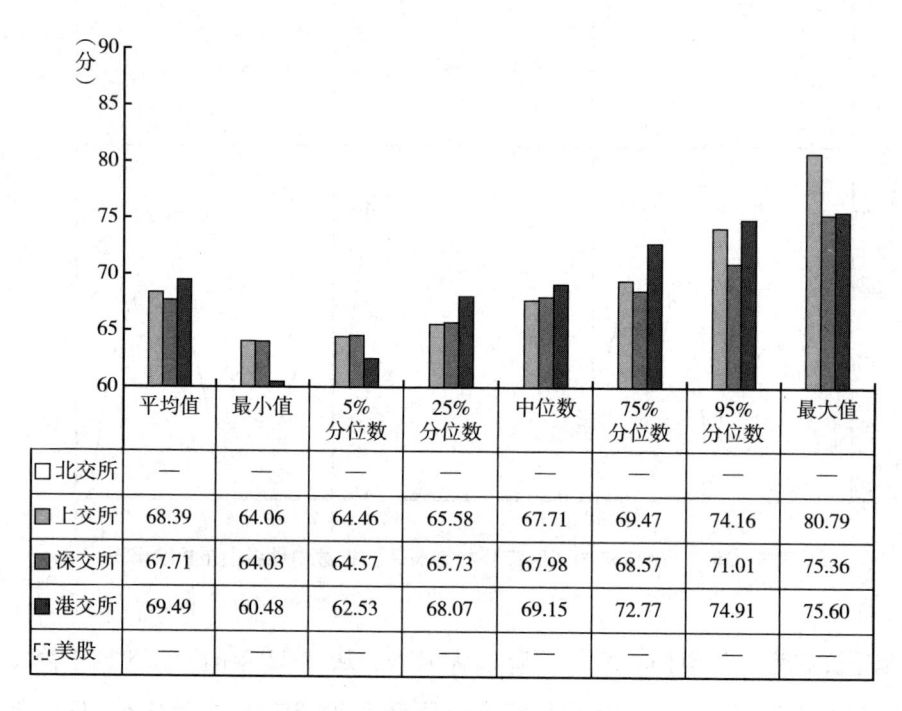

	平均值	最小值	5%分位数	25%分位数	中位数	75%分位数	95%分位数	最大值
北交所	—	—	—	—	—	—	—	—
上交所	68.39	64.06	64.46	65.58	67.71	69.47	74.16	80.79
深交所	67.71	64.03	64.57	65.73	67.98	68.57	71.01	75.36
港交所	69.49	60.48	62.53	68.07	69.15	72.77	74.91	75.60
美股	—	—	—	—	—	—	—	—

图6 2023年中国医疗耗材企业研发指数各上市地情况

2. 内地上市板块分析

2023年，各内地上市板块中，科创板医疗耗材企业研发指数位列榜首，其平均值为69.08分；其次为创业板，其平均值为67.83分；最后是主板，其平均值为66.99分，详见图7。对于各内地上市板块中国医疗耗材企业研发指数的离散程度而言，科创板离散程度最大，区间长度为15.69分；其次为创业板，区间长度为11.33分；主板数据分布最为集中，区间长度为7.99分。对于各内地上市板块中国医疗耗材企业研发指数的最大值而言，科创板的春立医疗（80.79分）位列第一，创业板的迈普医学（75.36分）紧随其后，最后为主板的维力医疗（72.05分）。

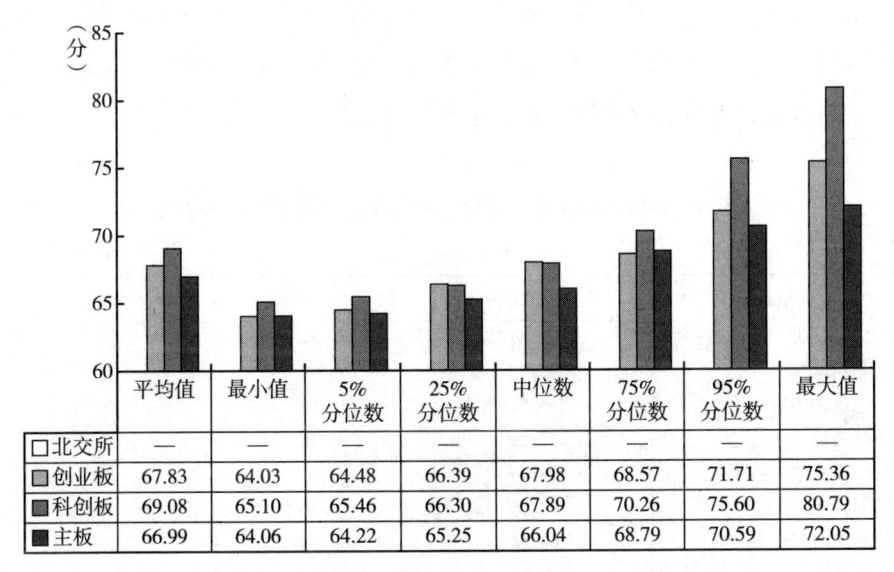

	平均值	最小值	5%分位数	25%分位数	中位数	75%分位数	95%分位数	最大值
北交所	—	—	—	—	—	—	—	—
创业板	67.83	64.03	64.48	66.39	67.98	68.57	71.71	75.36
科创板	69.08	65.10	65.46	66.30	67.89	70.26	75.60	80.79
主板	66.99	64.06	64.22	65.25	66.04	68.79	70.59	72.05

图7 2023年中国医疗耗材企业研发指数内地各上市板块情况

3. 实际运营地分析

（1）区域分析

从区域层面对2023年中国医疗耗材企业研发指数进行分析，无论是从研发指数总和还是从企业数量的维度来看，东部地区均名列前茅，中部地区表现较好，西部地区有待进一步提升。但将视角切换至研发指数平均值时，中部地区表现优异，西部地区取得较好成绩，东部地区有待进一步提升，详见表2。

表2 2023年中国医疗耗材企业各区域研发指数情况

单位：分，家

区域	研发指数总和	研发指数平均值	企业数量
东部	3344.47	68.25	49
中部	343.37	68.67	5
西部	136.80	68.40	2
东北	—	—	—

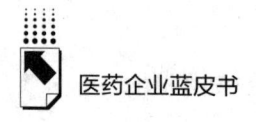

(2) 区域集群分析

从区域集群层面对 2023 年中国医疗耗材企业研发指数进行分析,无论是从研发指数总和还是从企业数量的维度来看,长江经济带下游(长三角)均名列前茅,京津冀地区表现优异。但将视角切换至研发指数平均值时,京津冀地区表现优异,粤港澳大湾区取得较好成绩,详见表3。

表 3 2023 年中国医疗耗材企业各区域集群研发指数情况

单位:分,家

区域集群	研发指数总和	研发指数平均值	企业数量
长江经济带下游(长三角)	1619.43	67.48	24
京津冀地区	697.07	69.71	10
粤港澳大湾区	625.81	69.53	9
东部其他地区	537.29	67.16	8
长江经济带中游	208.24	69.41	3
西部其他地区	70.26	70.26	1
长江经济带上游	66.54	66.54	1
中部其他地区	—	—	—
东北地区	—	—	—

三 中国医疗耗材企业研发指数二十强企业概览与分析

(一)中国医疗耗材企业研发指数二十强企业概览

1. 中国医疗耗材企业研发指数二十强企业榜单

2023 年中国医疗耗材企业研发指数二十强企业榜单中,春立医疗以其卓越的研发成就和行业领先的实力荣登榜首,而紧随其后的启明医疗-B、迈普医学、微电生理、微创医疗等十九家杰出企业,也以其突出的研发实力和丰富的行业经验,凸显了它们在医疗耗材行业中的领军地位。引人注目的是,启明医疗-B 不仅跻身前三强,更以惊人的进步程度成为榜单上的亮点,实现了36名的进步。此外，心泰医疗和天臣医疗的进步同样令人瞩目，分别进步了24名和14名，展现了它们在医药研发领域的强劲增长动力和无限潜力。

表4 2023年中国医疗耗材企业研发指数二十强企业榜单

企业名称	2023年排名	较2022年变动	
春立医疗	1	—	—
启明医疗-B	2	+36	↑
迈普医学	3	+11	↑
微电生理	4	+3	↑
微创医疗	5	-3	↓
赛诺医疗	6	-3	↓
先健科技	7	+6	↑
维力医疗	8	+1	↑
爱康医疗	9	+2	↑
三鑫医疗	10	-5	↓
奥精医疗	11	+9	↑
康拓医疗	12	+6	↑
健帆生物	13	-9	↓
天臣医疗	14	+14	↑
振德医疗	15	-9	↓
大博医疗	16	-4	↓
爱博医疗	17	—	—
心泰医疗	18	+24	↑
可孚医疗	19	-4	↓
欧普康视	20	+6	↑

2. 中国医疗耗材企业研发指数二十强前三名企业分析

（1）春立医疗

春立医疗以其非凡的研发实力和创新能力，在2023年中国医疗耗材企业研发指数二十强企业榜单中排名第一，这主要得益于其在研发成果指数和研发支持指数方面的杰出表现，均位列榜首，研发支持指数更是实现了18名的进步。然而，值得注意的是，春立医疗的研发投入指数和研发质量指数

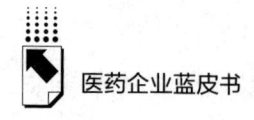

均出现了不同程度的退步，其中研发投入指数退步了3名至第15名，研发质量指数退步了4名至第29名。

（2）启明医疗-B

启明医疗-B在2023年中国医疗耗材企业研发指数二十强企业榜单中位列第二，相较于2022年上升了36名，这在各个成分指数上均有所体现，其中，研发投入指数进步了54名至第1名，研发成果指数进步了13名至第11名，研发质量指数进步了5名至第1名，研发支持指数进步了3名至第5名。

（3）迈普医学

迈普医学在2023年中国医疗耗材企业研发指数二十强企业榜单中位列第三，相较于2022年进步了11名，这主要得益于研发成果指数的进步，进步了23名至第2名。然而，值得注意的是，迈普医学的研发投入指数、研发质量指数和研发支持指数排名均出现了不同程度的退步，其中研发投入指数退步最为显著，退步了4名至第13名。

3. 中国医疗耗材企业研发指数二十强进步前三名企业分析

2023年中国医疗耗材企业研发指数二十强企业进步前三名中，启明医疗-B进步了36名，这主要得益于研发投入指数（进步54名）和研发成果指数（进步13名）的进步；心泰医疗进步了24名，主要得益于其在研发成果指数（进步22名）和研发质量指数（进步21名）上的提升；天臣医疗进步了14名，这主要得益于研发成果指数（进步18名）和研发质量指数（进步17名）的进步，详见表5。

表5　2023年中国医疗耗材企业研发指数二十强企业进步前三名驱动因素分析

企业名称	指标	研发投入指数	研发成果指数	研发质量指数	研发支持指数	研发指数
启明医疗-B	变动	54	13	5	3	36
	2023年排名	1	11	1	5	2
心泰医疗	变动	-4	22	21	3	24
	2023年排名	10	25	16	5	18
天臣医疗	变动	-3	18	17	-1	14
	2023年排名	19	19	9	5	14

（二）中国医疗耗材企业研发指数二十强企业分析

1. 上市地分析

2023年，各上市地中国医疗耗材企业研发指数二十强企业中，从企业数量角度来看，上交所拥有最多的二十强企业，有9家企业上榜。深交所位列第二，有6家企业上榜，港交所位列第三，有5家上榜。将焦点转向二十强入选率，排序出现些许变化，港交所二十强入选率为55.56%，位居榜首，上交所二十强入选率为36.00%，位居第二，最后为深交所，其二十强入选率为27.27%，详见表6。

表6 2023年中国医疗耗材企业研发指数二十强企业所属上市地分析

单位：家，%

所属上市地	研发指数二十强		全部企业		上市地研发指数二十强企业数量占该上市地样本企业数量的比例（二十强入选率）
	数量	占比	数量	占比	
上交所	9	45.00	25	44.64	36.00
深交所	6	30.00	22	39.29	27.27
港交所	5	25.00	9	16.07	55.56

2. 内地上市板块分析

2023年，各内地上市板块中国医疗耗材企业研发指数二十强企业中，无论是企业数量还是二十强入选率，科创板均位居榜首，占据了榜单中的7席，入选率为41.18%；创业板紧随其后，有5家企业上榜，入选率为27.78%；最后是主板，有3家企业进入二十强榜单，入选率为25.00%，详见表7。

3. 实际运营地分析

（1）区域分析

从区域层面对2023年中国医疗耗材企业研发指数二十强进行分析，无论是从研发指数总和还是从企业数量的维度来看，东部地区均名列前茅，中部地区表现较好，西部地区有待进一步提升。但将视角切换至二十强入选率

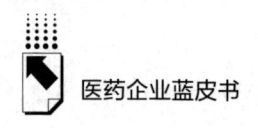

表7　2023年中国医疗耗材企业研发指数二十强企业所属内地上市板块分析

单位：家，%

所属内地上市板块	研发指数二十强		全部企业		内地上市板块研发指数二十强企业数量占该上市板块样本企业数量的比例（二十强入选率）
	数量	占比	数量	占比	
创业板	5	25.00	18	32.14	27.78
科创板	7	35.00	17	30.36	41.18
主板	3	15.00	12	21.43	25.00

时，中部地区表现优异，西部地区取得较好成绩，东部地区有待进一步提升。从研发指数平均值考察，东部地区和西部地区表现较好，中部地区有待进一步提升，详见表8。

表8　2023年中国医疗耗材企业研发指数二十强企业所属区域分析

公司所属区域	研发指数二十强				该区域全部样本企业数量（家）	占总样本比例（%）	区域研发指数二十强贡献比例与该区域样本企业数量比例差异（%）	区域研发指数二十强企业数量占该区域样本企业数量的比例（二十强入选率）（%）
	研发指数平均值（分）	研发指数总和（分）	企业数量（家）	占比（%）				
东部	72.29	1156.61	16	80.00	49	87.50	-7.50	32.65
中部	69.53	208.59	3	15.00	5	8.93	6.07	60.00
西部	70.26	70.26	1	5.00	2	3.57	1.43	50.00
合计	—	—	20	100.00	56	100.00	—	—

（2）区域集群分析

从区域集群层面对2023年中国医疗耗材企业研发指数二十强企业进行分析，无论是从研发指数总和还是从企业数量的维度来看，长江经济带下游（长三角）和京津冀地区均表现优异。但将视角切换至研发指数平均值时，京津冀地区名列前茅，粤港澳大湾区表现较好。从二十强入选率考察，西部其他地区名列前茅，长江经济带中游取得较好成绩，详见表9。

表9 2023年中国医疗耗材企业研发指数二十强企业所属区域集群分析

区域集群排名	区域集群	研发指数二十强				研发指数二十强企业数量占该区域集群样本企业数量的比例（二十强入选率）（%）
		研发指数平均值（分）	研发指数总和（分）	企业数量（家）	占比（%）	
1	长江经济带下游（长三角）	71.49	500.40	7	35.00	29.17
2	京津冀地区	73.07	365.35	5	25.00	50.00
3	粤港澳大湾区	72.52	290.07	4	20.00	44.44
4	长江经济带中游	69.99	139.99	2	10.00	66.67
5	西部其他地区	70.26	70.26	1	5.00	100.00
6	东部其他地区	69.40	69.40	1	5.00	12.50
7	其他地区	0	0	0	0.00	0.00
	合计	—	—	20	100.00	—

B.13
2023年中国体外诊断企业研发指数报告

姚立杰 孔鲁佳[*]

摘　要： 本报告深度剖析了2013~2023年中国体外诊断企业研发指数的整体演变脉络，并细致考察了2023年的具体状况。研究发现，过去十一年间，中国体外诊断企业研发指数总体呈现波动上升的趋势，行业内的领军企业表现尤为亮眼。这一增长是研发投入指数、研发成果指数以及研发支持指数三者协同增长的结果，研发支持指数的增长贡献尤为显著。然而，不容忽视的是，尽管整体趋势向好，中国体外诊断企业研发质量指数却呈现轻微的下滑态势。聚焦2023年，中国体外诊断企业研发指数有所回落，这一变动主要归因于研发成果指数、研发质量指数和研发支持指数的同时下滑，尤其是研发成果指数的下降幅度最为明显。然而，在这一背景下，研发投入指数却逆势上扬，展现出体外诊断行业在研发领域的持续投入与坚定决心。此外，本报告还从上市地、内地上市板块以及企业实际运营地等多个维度，对2023年中国体外诊断企业研发指数及其二十强企业进行了深入分析，旨在为读者提供更加全面、细致的行业洞察。

关键词： 体外诊断　研发投入　研发成果　研发质量　研发支持

---

[*] 姚立杰，博士，北京交通大学经济管理学院教授、博士生导师、高质量发展研究院院长、中国医药会计学会副秘书长、中国价格协会医药价格专委会副秘书长、北京产业经济学会副秘书长，主要研究方向为绩效评价和数智财税；孔鲁佳，北京交通大学经济管理学院硕士研究生，主要研究方向为创新评价和数智财税。

一 中国体外诊断企业研发指数概览

2013~2023 年,中国体外诊断行业研发综合实力呈波动上升趋势,这在中国体外诊断企业研发指数及其成分指数——研发投入指数、研发成果指数和研发支持指数上均得到了充分体现,详见图1。中国体外诊断企业研发指数的平均值从 2013 年的 68.49 分增长至 2023 年的 69.95 分,增长了 1.46 分(增长率 2.13%)。在这积极进步的背后,研发支持指数的贡献尤为突出,其平均值从 2013 年的 60.00 分增长至 2023 年的 62.08 分,增长了 2.08 分(增长率 3.47%)。研发投入指数也做出了重要贡献,其平均值从 2013 年的 79.00 分增长至 2023 年的 81.65 分,增长了 2.65 分(增长率 3.35%)。研发成果指数也实现了增长,从 2013 年的 65.91 分增长至 2023 年的 67.21 分,增长了 1.30 分(增长率 1.97%)。然而,值得注意的是,中国体外诊断企业研发质量指数呈波动下降趋势,从 2013 年的 65.23 分下降至 2023 年的 64.83 分,下降了 0.40 分(下降率 0.61%)。

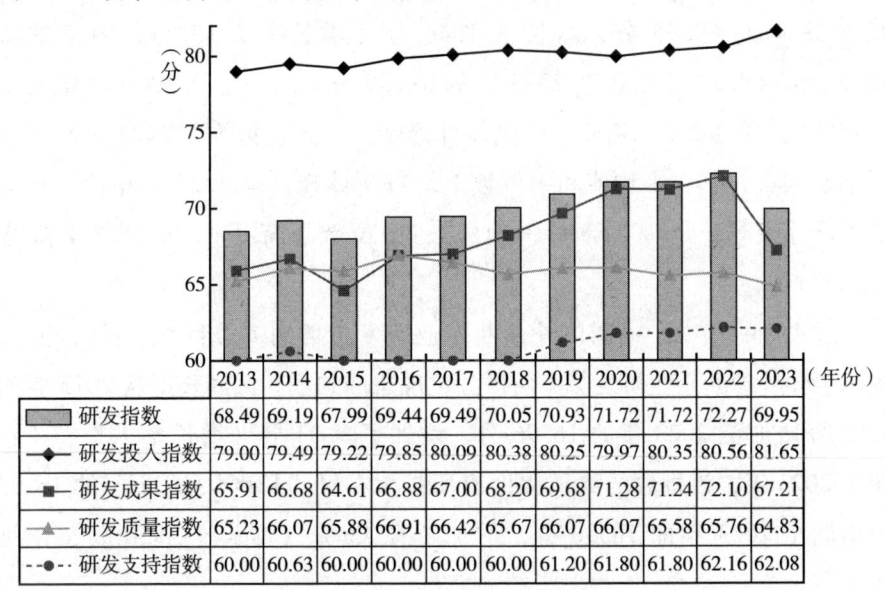

(年份)	2013	2014	2015	2016	2017	2018	2019	2020	2021	2022	2023
研发指数	68.49	69.19	67.99	69.44	69.49	70.05	70.93	71.72	71.72	72.27	69.95
研发投入指数	79.00	79.49	79.22	79.85	80.09	80.38	80.25	79.97	80.35	80.56	81.65
研发成果指数	65.91	66.68	64.61	66.88	67.00	68.20	69.68	71.28	71.24	72.10	67.21
研发质量指数	65.23	66.07	65.88	66.91	66.42	65.67	66.07	66.07	65.58	65.76	64.83
研发支持指数	60.00	60.63	60.00	60.00	60.00	60.00	61.20	61.80	61.80	62.16	62.08

图1 2013~2023 年中国体外诊断企业研发指数及其成分指数平均值

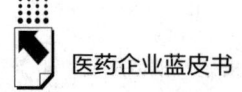

聚焦2023年，中国体外诊断企业研发指数呈下降趋势，其平均值从2022年的72.27分下降至2023年的69.95分，下降了2.32分（下降率3.21%），这主要是由研发成果指数、研发质量指数和研发支持指数的下降所致。其中，研发成果指数下降最为显著，其平均值从72.10分下降至67.21分，下降了4.89分（下降率6.78%）；然而，研发投入指数却出现了增长，从80.56分增长至81.65分，增长了1.09分（增长率1.35%）。

二 中国体外诊断企业研发指数分析

（一）时间序列分析

1. 概览

2013~2023年，中国体外诊断企业研发指数呈波动上升趋势，这在平均值和中位数上均有所体现。其中，平均值从2013年的68.49分增长至2023年的69.95分，增长了1.46分（增长率2.13%）；中位数从2013年的68.29分增长至2023年的68.59分，增长了0.30分（增长率0.44%），详见图2。然而，中国体外诊断企业研发指数在2023年却出现了小幅回调，其在平均值和中位数上均有所体现。与2022年相比，平均值下降了2.32分（下降率3.21%），中位数下降了2.30分（下降率3.24%）。

过去十一年中，中国体外诊断企业研发指数的离散程度呈扩大趋势，揭示了体外诊断企业研发能力两极分化现象的加剧，区间长度从2013年的7.93分增加至2023年的16.96分，增加了9.03分（增长率113.87%）。聚焦2023年，该指数的离散程度有所扩大，区间长度从2022年的16.23分增加至2023年的16.96分，增加了0.73分（增长率4.50%），详见表1。

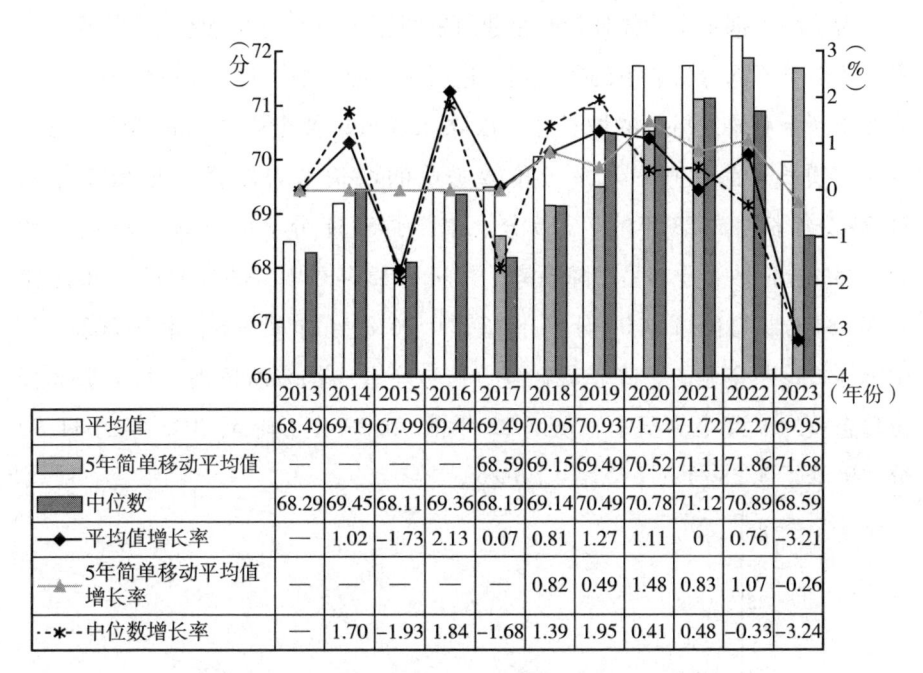

	2013	2014	2015	2016	2017	2018	2019	2020	2021	2022	2023
平均值	68.49	69.19	67.99	69.44	69.49	70.05	70.93	71.72	71.72	72.27	69.95
5年简单移动平均值	—	—	—	—	—	68.59	69.15	69.49	70.52	71.11	71.86	71.68
中位数	68.29	69.45	68.11	69.36	68.19	69.14	70.49	70.78	71.12	70.89	68.59
平均值增长率	—	1.02	-1.73	2.13	0.07	0.81	1.27	1.11	0	0.76	-3.21
5年简单移动平均值增长率	—	—	—	—	—	—	0.82	0.49	1.48	0.83	1.07	-0.26
中位数增长率	—	1.70	-1.93	1.84	-1.68	1.39	1.95	0.41	0.48	-0.33	-3.24

图 2 2013~2023 年中国体外诊断企业研发指数情况

表 1 2013~2023 年中国体外诊断企业研发指数分布区间

单位：分

年份	最大值	75%分位数	中位数	25%分位数	最小值	四分位距	区间长度
2013	72.91	68.62	68.29	67.88	64.98	0.74	7.93
2014	71.88	71.27	69.45	66.96	66.44	4.31	5.44
2015	69.91	69.20	68.11	66.82	65.65	2.38	4.26
2016	76.34	70.19	69.36	67.95	66.08	2.24	10.26
2017	78.60	71.82	68.19	66.99	65.75	4.83	12.85
2018	75.38	72.58	69.14	68.02	65.08	4.56	10.30
2019	79.91	72.95	70.49	68.56	64.80	4.39	15.11
2020	81.61	73.85	70.78	68.97	65.19	4.88	16.42
2021	83.03	73.64	71.12	68.61	66.98	5.03	16.05
2022	82.53	75.20	70.89	69.66	66.30	5.54	16.23
2023	82.24	71.92	68.59	67.84	65.28	4.08	16.96

为了深入揭示中国体外诊断企业研发指数平均值变动趋势的关键驱动因素，我们对不同分位数下的研发指数进行了细致分析。过去十一年中，中国体外诊断企业研发指数的增长主要由除25%分位数企业之外的其他分位数企业的增长所致，其中95%分位数企业的增长尤为显著，从2013年的71.85分增长至2023年的77.16分，增长了5.31分（增长率7.39%）。然而，25%分位数企业却呈微降趋势，其从2013年的67.88分下降至2023年的67.84分，微降了0.04分（下降率0.06%），详见图3。聚焦2023年，中国体外诊断企业的下降趋势在各分位数企业中均有所体现，其中75%分位数企业的下降最为显著，从2022年的75.20分下降至2023年的71.92分，下降了3.28分（下降率4.36%）。

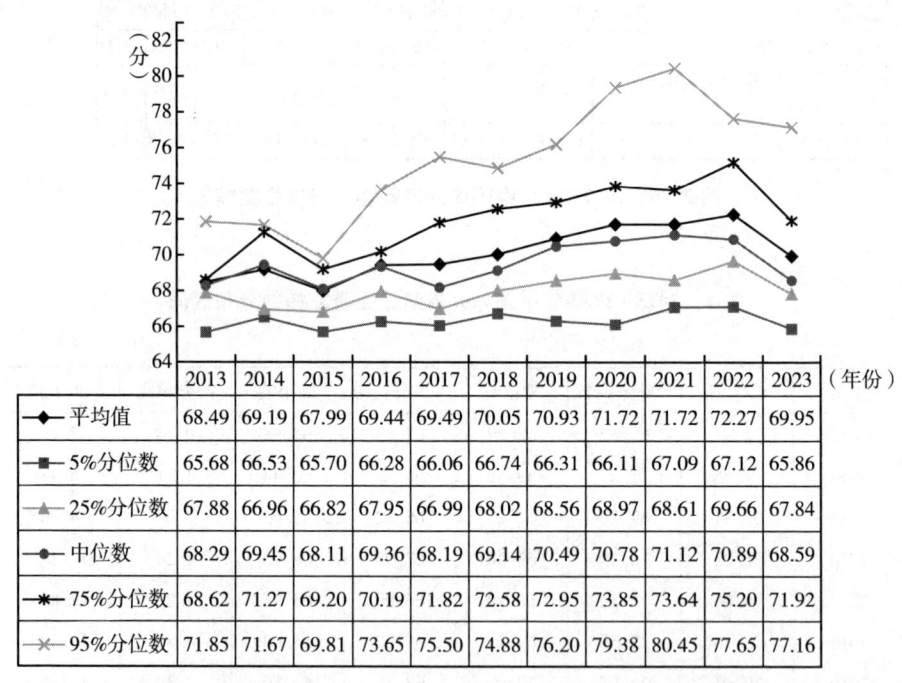

	2013	2014	2015	2016	2017	2018	2019	2020	2021	2022	2023
平均值	68.49	69.19	67.99	69.44	69.49	70.05	70.93	71.72	71.72	72.27	69.95
5%分位数	65.68	66.53	65.70	66.28	66.06	66.74	66.31	66.11	67.09	67.12	65.86
25%分位数	67.88	66.96	66.82	67.95	66.99	68.02	68.56	68.97	68.61	69.66	67.84
中位数	68.29	69.45	68.11	69.36	68.19	69.14	70.49	70.78	71.12	70.89	68.59
75%分位数	68.62	71.27	69.20	70.19	71.82	72.58	72.95	73.85	73.64	75.20	71.92
95%分位数	71.85	71.67	69.81	73.65	75.50	74.88	76.20	79.38	80.45	77.65	77.16

图3 2013~2023年中国体外诊断企业研发指数分位数情况

为了减缓短期波动的干扰，我们计算了中国体外诊断企业研发指数的5年简单移动平均值以洞察该行业研发的长期趋势，详见图4。2017~2023年，中国体外诊断企业研发指数5年简单移动平均值呈波动增长趋势，其平均值从2017年的68.59分增长至2023年的71.68分，增长了3.09分（增长率4.51%）。聚焦2023年，中国体外诊断企业研发指数5年简单移动平均值呈下降趋势，其平均值从2022年的71.86分下降至2023年的71.68分，下降了0.18分（下降率0.25%）。

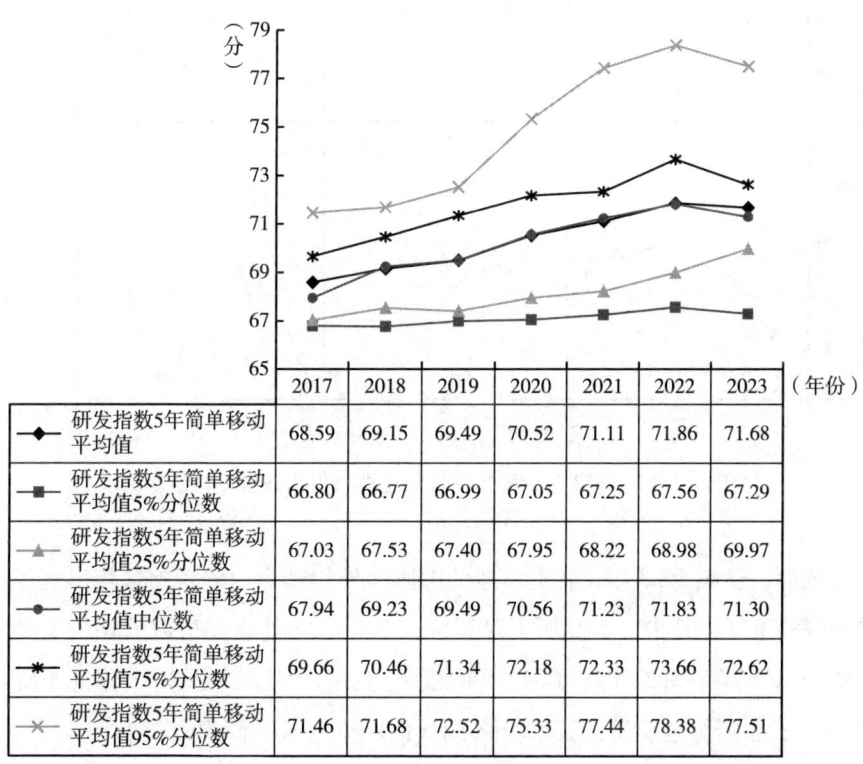

	2017	2018	2019	2020	2021	2022	2023
研发指数5年简单移动平均值	68.59	69.15	69.49	70.52	71.11	71.86	71.68
研发指数5年简单移动平均值5%分位数	66.80	66.77	66.99	67.05	67.25	67.56	67.29
研发指数5年简单移动平均值25%分位数	67.03	67.53	67.40	67.95	68.22	68.98	69.97
研发指数5年简单移动平均值中位数	67.94	69.23	69.49	70.56	71.23	71.83	71.30
研发指数5年简单移动平均值75%分位数	69.66	70.46	71.34	72.18	72.33	73.66	72.62
研发指数5年简单移动平均值95%分位数	71.46	71.68	72.52	75.33	77.44	78.38	77.51

图4 2017~2023年中国体外诊断企业研发指数5年简单移动平均值情况

2. 上市地分析

样本期间，各主要上市地的中国体外诊断企业研发指数整体呈波动增长趋势，详见图5。其中深交所表现最为突出，其研发指数平均值从2013年的69.44分增长至2023年的71.05分，增长了1.61分（增长率2.32%）。上交所位列第二，其平均值从68.17分增长至69.54分，增长了1.37分（增长率2.01%）。港交所增长率位列末位，其平均值从64.98分增长至65.98分，增长了1.00分（增长率1.54%）。

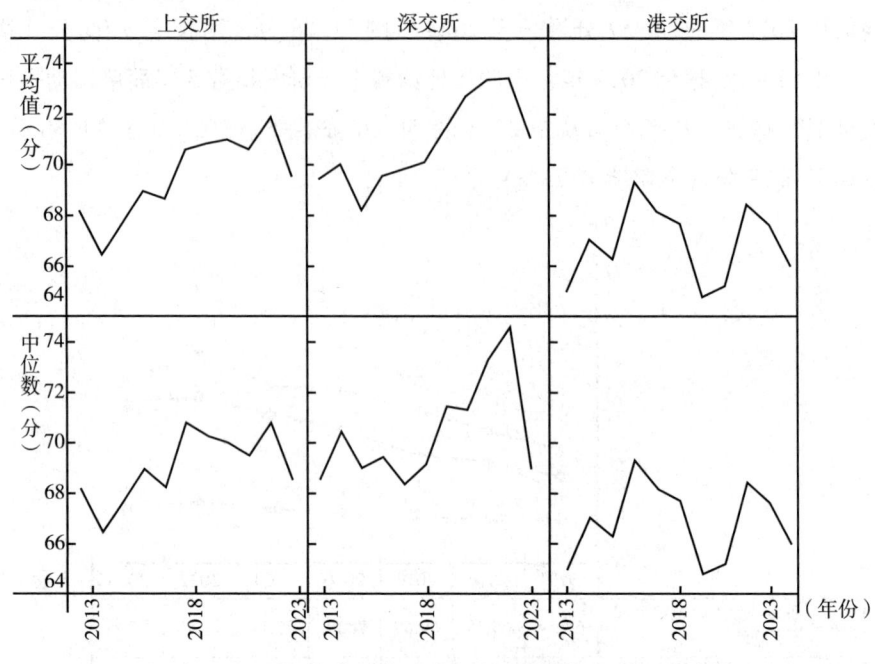

图5　2013~2023年中国体外诊断企业研发指数各上市地情况

然而，聚焦2023年，各上市地的中国体外诊断企业研发指数均出现了不同程度的下降，其中，上交所下降程度最为显著，其研发指数平均值下降了2.35分（下降率3.27%）；其次为深交所，其平均值下降了2.37分（下降率3.23%）；最后为港交所，其平均值下降了1.66分（下降率2.45%）。

3. 内地上市板块分析

样本期间，各内地上市板块的中国体外诊断企业研发指数均整体呈上升趋势，详见图6。创业板增长程度最为显著，其平均值从2013年的68.09分增长至2023年的70.88分，增长了2.79分（增长率4.10%）；主板位列第二，其平均值从69.92分增长至71.67分，增长了1.75分（增长率2.50%）；科创板位列末位，其平均值从2018年的68.98分增长至2023年的69.20分，增长了0.22分（增长率0.32%）。

然而，聚焦2023年，内地各上市板块的中国体外诊断企业研发指数均出现了不同程度的下降，其中，创业板下降程度最为显著，其平均值下降了

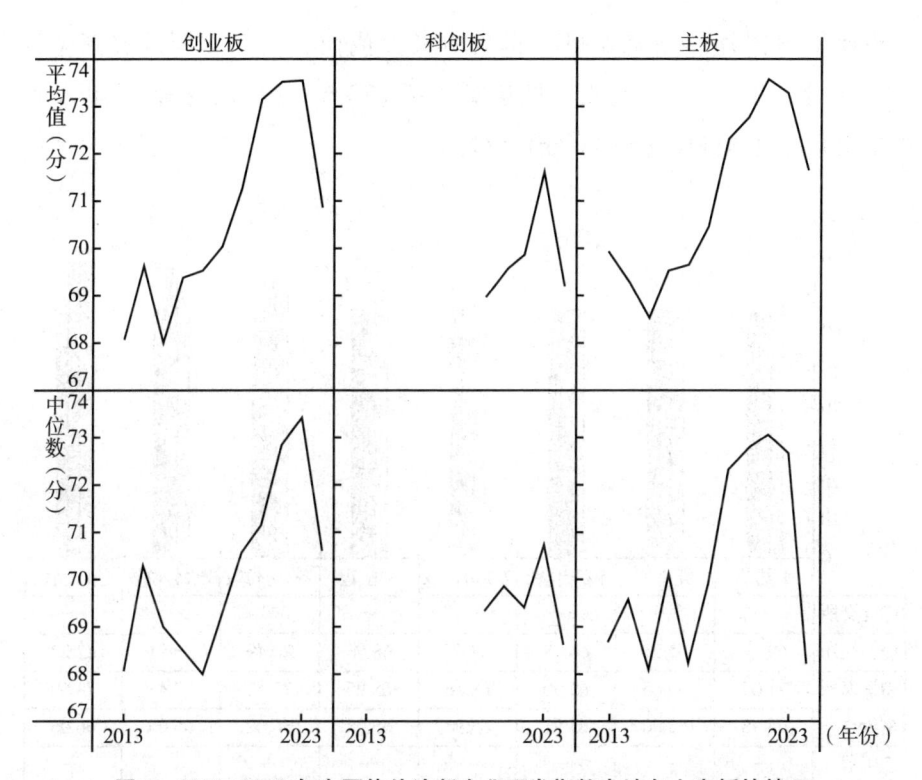

图6　2013~2023年中国体外诊断企业研发指数内地各上市板块情况

2.67分（下降率3.63%）；其次为科创板，其平均值下降了2.39分（下降率3.34%）；最后为主板，其平均值下降了1.62分（下降率2.21%）。

（二）横截面分析

1.上市地分析

2023年，各上市地中，深交所的中国体外诊断企业研发指数位列榜首，其平均值和中位数分别为71.05分和68.95分；上交所位列第二，其平均值和中位数分别为69.54分和68.56分；港交所位列末位，其平均值和中位数均为65.98分，详见图7。就各上市地中国体外诊断企业研发指数的离散程度而言，上交所离散程度最大，其区间长度为16.96分；深交所位列第二，其区间长度为13.04分；港交所位列末位，其区间长度仅为0.16分。就各

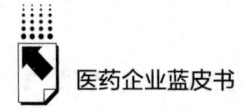

上市地中国体外诊断企业研发指数的最大值而言，上交所的安图生物（82.24 分）位列第一，深交所的达安基因（78.69 分）位列第二，港交所的中生北控生物科技（66.06 分）位列第三。

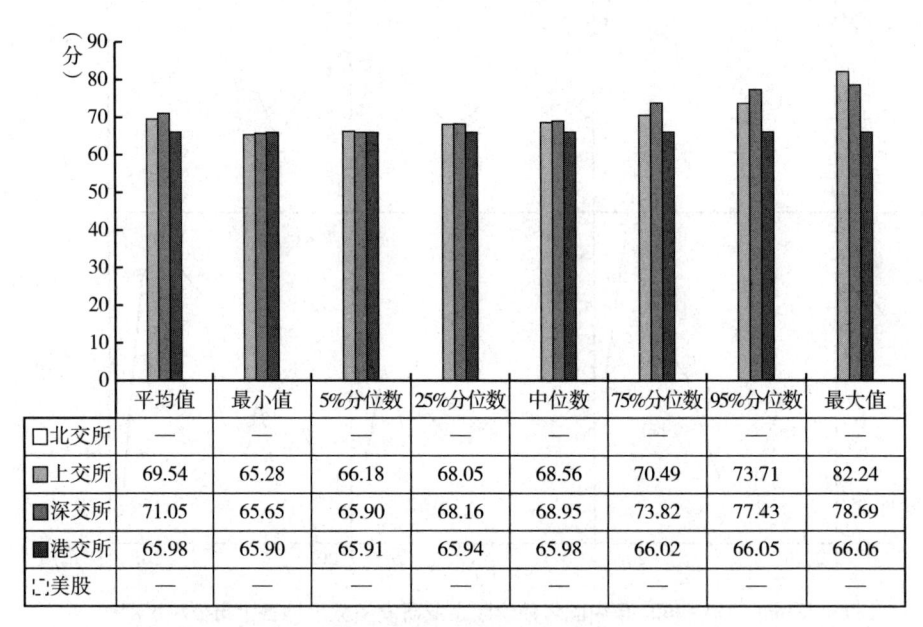

	平均值	最小值	5%分位数	25%分位数	中位数	75%分位数	95%分位数	最大值
北交所	—	—	—	—	—	—	—	—
上交所	69.54	65.28	66.18	68.05	68.56	70.49	73.71	82.24
深交所	71.05	65.65	65.90	68.16	68.95	73.82	77.43	78.69
港交所	65.98	65.90	65.91	65.94	65.98	66.02	66.05	66.06
美股	—	—	—	—	—	—	—	—

图 7　2023 年中国体外诊断企业研发指数各上市地情况

2. 内地上市板块分析

2023 年，内地各上市板块中，主板的中国体外诊断企业研发指数位列榜首，其平均值为 71.67 分；创业板位列第二，其平均值为 70.88 分；科创板位列末位，其平均值为 69.20 分，详见图 8。就内地各上市板块中国体外诊断企业研发指数的离散程度而言，主板离散程度最大，其区间长度为 16.06 分；创业板位列第二，其区间长度为 11.24 分；科创板位列末位，其区间长度为 8.43 分。就内地各上市板块中国体外诊断企业研发指数的最大值而言，主板的安图生物（82.24 分）位列第一，创业板的九强生物（76.89 分）位列第二；科创板的科美诊断（73.71 分）位列第三。

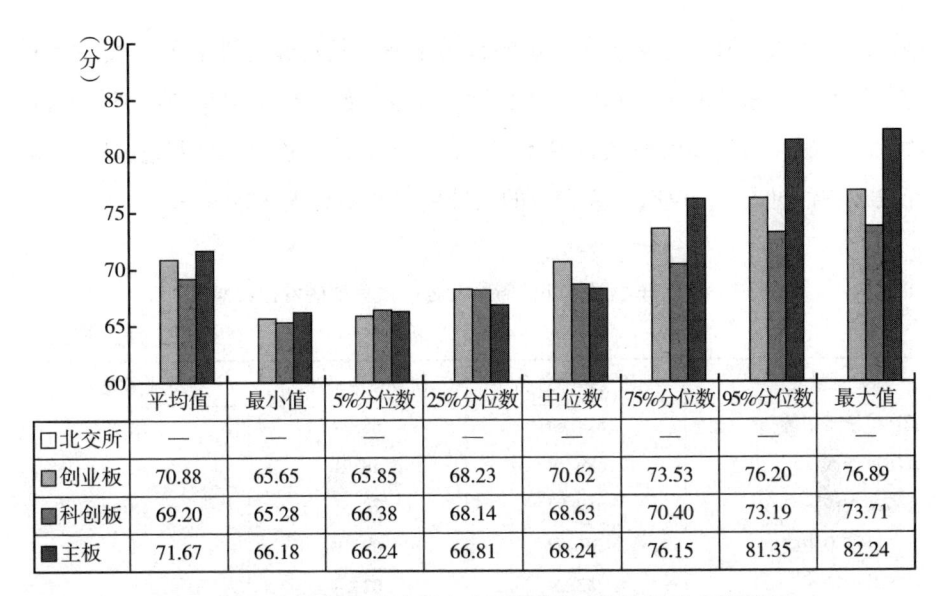

	平均值	最小值	5%分位数	25%分位数	中位数	75%分位数	95%分位数	最大值
北交所	—	—	—	—	—	—	—	—
创业板	70.88	65.65	65.85	68.23	70.62	73.53	76.20	76.89
科创板	69.20	65.28	66.38	68.14	68.63	70.40	73.19	73.71
主板	71.67	66.18	66.24	66.81	68.24	76.15	81.35	82.24

图8　2023年中国体外诊断企业研发指数内地各上市板块情况

3. 实际运营地分析

（1）区域分析

从区域层面对2023年中国体外诊断企业研发指数进行分析，无论是从研发指数总和还是从企业数量的视角来看，东部地区均表现优异，中部地区取得较好成绩，东北地区和西部地区有待进一步提升，详见表2。

表2　2023年中国体外诊断企业各区域研发指数情况

单位：分，家

区域	研发指数总和	研发指数平均值	企业数量
东部	2233.66	69.80	32
中部	289.81	72.45	4
东北	68.63	68.63	1
西部	66.00	66.00	1

（2）区域集群分析

从区域集群层面对2023年中国体外诊断企业研发指数进行分析，无论是从研发指数总和还是从企业数量的视角来看，长江经济带下游（长三角）均名列前茅，京津冀地区和粤港澳大湾区表现较好。但将视角切换至研发指数平均值时，粤港澳大湾区表现优异，长江经济带中游和京津冀地区取得较好成绩，详见表3，仅有1家企业的区域集群暂不纳入比较。

表3　2023年中国体外诊断企业各区域集群研发指数情况

单位：分，家

区域集群	研发指数总和	研发指数平均值	企业数量
长江经济带下游（长三角）	824.64	68.72	12
京津冀地区	689.10	68.91	10
粤港澳大湾区	650.97	72.33	9
长江经济带中游	207.57	69.19	3
中部其他地区	82.24	82.24	1
东部其他地区	68.95	68.95	1
东北地区	68.63	68.63	1
长江经济带上游	66.00	66.00	1
西部其他地区	—	—	—

三　中国体外诊断企业研发指数二十强企业概览与分析

（一）中国体外诊断企业研发指数二十强企业概览

1. 中国体外诊断企业研发指数二十强企业榜单

在2023年中国体外诊断企业研发指数二十强企业榜单中，排首位的企业是安图生物，达安基因和九强生物分别位列第二和第三。中国体外诊断企业研发指数二十强企业的进步前三名中，硕世生物进步名次位列第一，进步了27名，凯普生物位列第二，进步了20名，万孚生物以19名的进步紧随其后，详见表4。

表4　2023年中国体外诊断企业研发指数二十强企业榜单

企业名称	2023年排名	较2022年变动	
安图生物	1	—	—
达安基因	2	+4	↑
九强生物	3	+6	↑
易瑞生物	4	+6	↑
新产业	5	−1	↓
科美诊断	6	−1	↓
凯普生物	7	+20	↑
东方生物	8	—	—
万孚生物	9	+19	↑
美康生物	10	−7	↓
硕世生物	11	+27	↑
亚辉龙	12	+3	↑
圣湘生物	13	−6	↓
安必平	14	+4	↑
普门科技	15	−2	↓
安旭生物	16	+5	↑
艾德生物	17	—	—
仁度生物	18	+18	↑
迪瑞医疗	19	−17	↓
奥泰生物	20	+2	↑

2. 中国体外诊断企业研发指数二十强前三名企业分析

（1）安图生物

安图生物在2023年中国体外诊断企业研发指数排名中位列榜首，这主要得益于研发成果指数（位列第一）、研发质量指数（进步9名）和研发支持指数（进步2名）的出色表现。然而，其研发投入指数却有所下降，下降了8名。

（2）达安基因

达安基因在2023年中国体外诊断企业研发指数排名中位列第二，较上一年提升了4个名次，这主要得益于达安基因在各个成分指数上的出色表现。达安基因研发投入指数位列第一，进步了1名；其研发成果指数排名第二，进步了5名；其研发质量指数位列第七，进步了6名；其研发支持指数位列榜首，进步了9名。

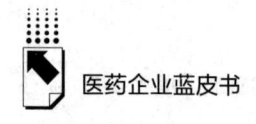

(3) 九强生物

九强生物在2023年中国体外诊断企业研发指数排名中位列第三,较上一年提升了6个名次,这主要得益于研发成果指数(进步4名)、研发质量指数(进步5名)和研发支持指数(进步9名)的出色表现。然而,其研发投入指数却有所下滑,退步了10个名次。

3. 中国体外诊断企业研发指数二十强进步前三名企业分析

2023年中国体外诊断企业研发指数二十强进步前三名企业中,硕世生物取得了27名的显著进步,这得益于其在研发投入指数(进步31名)和研发成果指数(进步27名)上的显著提升。凯普生物同样展现了强劲的发展势头,其研发指数排名取得了20名的进步,这主要得益于其在研发成果指数(进步22名)和研发质量指数(进步16名)上的显著提升。万孚生物研发指数排名取得了19名的进步,这主要得益于其在研发成果指数(进步14名)、研发质量指数(进步19名)和研发支持指数(进步9名)上的提升,详见表5。

表5 2023年中国体外诊断企业研发指数二十强企业进步前三名驱动因素分析

企业名称	指标	研发投入指数	研发成果指数	研发质量指数	研发支持指数	研发指数
硕世生物	变动	31	27	0	2	27
	2023年排名	2	11	34	8	11
凯普生物	变动	2	22	16	−5	20
	2023年排名	27	7	9	8	7
万孚生物	变动	−3	14	19	9	19
	2023年排名	15	10	11	1	9

(二)中国体外诊断企业研发指数二十强企业分析

1. 上市地分析

2023年,各上市地的中国体外诊断企业研发指数二十强企业中,从企业数量的视角来看,上交所位列榜首,深交所位列第二。从二十强入选率的视角来看,深交所位列榜首,其二十强入选率为60.00%;上交所位列第二,其入选率为52.38%;港交所无企业入选,详见表6。

表6 2023年中国体外诊断企业研发指数二十强企业所属上市地分析

单位：家，%

所属上市地	研发指数二十强		全部企业		上市地研发指数二十强企业数量占该上市地样本企业数量的比例（二十强入选率）
	数量	占比	数量	占比	
上交所	11	55.00	21	55.26	52.38
深交所	9	45.00	15	39.47	60.00
港交所	—	—	2	5.26	0.00

2. 内地上市板块分析

2023年，内地各上市板块的中国体外诊断企业研发指数二十强企业中，从企业数量的视角来看，科创板位列榜首，创业板位列第二，主板位居末位。从入选率的视角来看，创业板位列榜首，其入选率为66.67%；科创板（55.56%）和主板（33.33%）分别位列第二和第三，详见表7。

表7 2023年中国体外诊断企业研发指数二十强企业所属内地上市板块分析

单位：家，%

所属内地上市板块	研发指数二十强		全部企业		内地上市板块研发指数二十强企业数量占该上市板块样本企业数量的比例（二十强入选率）
	数量	占比	数量	占比	
创业板	8	40.00	12	31.58	66.67
科创板	10	50.00	18	47.37	55.56
主板	2	10.00	6	15.79	33.33

3. 实际运营地分析

（1）区域分析

从区域层面对2023年中国体外诊断企业研发指数二十强企业进行分析，无论是从研发指数平均值、研发指数总和还是从企业数量的视角来看，东部地区和中部地区均表现优异，东北地区有待进一步提升。但将视角切换至二十强入选率时，东北地区名列前茅，东部地区取得较好成绩，中部地区有待进一步提升，详见表8。

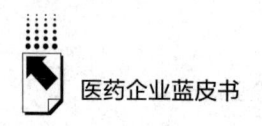

表8 2023年中国体外诊断企业研发指数二十强企业所属区域分析

企业所属区域	研发指数二十强				该区域全部样本企业数量（家）	占总样本比例（%）	区域研发指数二十强贡献比例与该区域样本企业数量比例差异（%）	区域研发指数二十强企业数量占该区域样本企业数量的比例（%）
	研发指数平均值（分）	研发指数总和（分）	企业数量（家）	占比（%）				
东部	72.18	1227.04	17	85.00	32	84.21	0.79	53.13
中部	76.36	152.73	2	10.00	4	10.53	−0.53	50.00
东北	68.63	68.63	1	5.00	1	2.63	2.37	100.00
西部	—	—	—	0.00	1	2.63	−2.63	0.00
合计	—	—	20	100	38	100	—	—

（2）区域集群分析

从区域集群层面对2023年中国体外诊断企业研发指数二十强企业进行分析，无论从研发指数总和还是从企业数量的视角来看，粤港澳大湾区均名列前茅，长江经济带下游（长三角）和京津冀地区表现较好。但将视角切换至研发指数平均值时，中部其他地区表现优异，京津冀地区取得较好成绩，详见表9。

表9 2023年中国体外诊断企业研发指数二十强企业所属区域集群分析

区域集群排名	区域集群	研发指数二十强				研发指数二十强企业数量占该区域集群样本企业数量的比例（二十强入选率）（%）
		研发指数平均值（分）	研发指数总和（分）	企业数量（家）	占比（%）	
1	粤港澳大湾区	73.13	585.06	8	40.00	88.89
2	长江经济带下游（长三角）	70.40	422.42	6	30.00	50.00
3	京津冀地区	75.30	150.60	2	10.00	20.00
4	中部其他地区	82.24	82.24	1	5.00	100.00
5	长江经济带中游	70.49	70.49	1	5.00	33.33
6	东部其他地区	68.95	68.95	1	5.00	100.00
7	东北地区	68.63	68.63	1	5.00	100.00
8	其他地区	—	—	—	—	0.00
	合计	—	—	20	100.00	—

案例篇

B.14
华润三九中医药传承与创新之路

章润菁 李西蒙 杨朝丹*

摘　要： 中医药发展已上升为国家战略，受到党和国家领导人的高度重视。国务院发布的《中医药发展战略规划纲要（2016—2030年）》提出中医药继承创新发展，并明确提出至2030年中医药服务领域实现全面覆盖。党的二十大报告提出促进中医药传承创新发展。华润三九在这一背景下，制定了未来九年的中医药发展蓝图。此外，本报告还进一步提出，应着力强化中药材品质与生态种植技术的革新，推动中成药"优质优价"机制的建立健全，加速中药经典名方的深度开发与全产业链的精准控制。同时，深入挖掘院内制剂的无限潜力，加强中药大品种的循证医学证据体系建设，提升关键核心技术的攻关能力与应用转化效率，并优化中药新药在医保及市场准入方面的政策环境，为中医药产业的蓬勃发展贡献坚实力量。

---

* 章润菁，医学博士，华润三九医药股份有限公司中医中药研究院药理毒理研究主任；李西蒙，医学博士，华润三九医药股份有限公司在站博士后；杨朝丹，华润三九医药股份有限公司中医中药研究院药理药效专员。

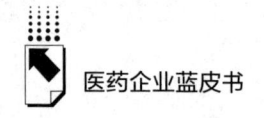

关键词： 经典名方　院内制剂　中药大品种　中药材种植

引　言

中医药的振兴和发展受到了党和国家领导人的高度重视，已经上升到国家战略高度。2016年2月22日，国务院发布的《中医药发展战略规划纲要（2016—2030年）》提出，到2030年，中医药服务领域实现全覆盖，在治未病中的主导作用、在重大疾病治疗中的协同作用、在疾病康复中的核心作用得到充分发挥。此外，党的二十大报告进一步明确了推进健康中国建设的重要性，提出把保障人民健康放在优先发展的战略位置，建立生育支持政策体系，实施积极应对人口老龄化国家战略，促进中医药传承创新发展，健全公共卫生体系，加强重大疫情防控救治体系和应急能力建设，有效遏制重大传染性疾病传播。

虽然宏观政策有利于中医药的发展，但是中医药企业却面临严峻的发展难题。与化药企业与生物药企业相比，中医药企业应明确国内与全球中成药小众市场的定位，以价值立足、以创新为引擎，打造中药精品传承经典的发展路径，未来中医药市场必将由临床价值大、市场价值高、科学价值强的大品类产品引领。

一　华润三九中医药研发情况介绍

华润三九在王永炎院士、黄璐琦院士及中医药界各位领导、专家的指导下，通过详尽调研中医药产业的宏观环境与潜在机遇，紧密融合企业自身战略愿景，精心绘制了华润三九中医药未来九年的宏伟蓝图——中医药九年发展规划。此规划不仅前瞻性地布局了经典名方与院内制剂的创新发展策略，为中药领域的创新探索开辟了可行之路，还深入挖掘了已上市中药制剂二次开发的潜力，明确将其作为培育中药大品种的核心路径。

具体而言，该规划聚焦经典名方的现代化研究与开发，旨在传承中医药精髓，同时融合现代科技手段，焕发古方新活力；另外，针对院内制剂，通过科学评估与临床验证，加速其向新药转化的进程，为中药创新注入源源不断的活力。对于已上市的中药制剂，该规划强调通过二次开发，深入挖掘其潜在价值，优化生产工艺，提升产品竞争力，从而打造出一批具有国际影响力的中药大品种。

此外，该规划还高度重视中药产业链的整合与优化，认识到中药产业链的完整性与中药材种植质量的紧密关系。因此，该规划明确提出构建高质量中药材种植一体化的战略布局，旨在从源头上保障中药材的品质与安全，为中药产业的可持续发展奠定坚实基础。这一举措不仅体现了华润三九对中医药传承与创新的深刻理解，也彰显了其在推动中药产业现代化、国际化进程中的责任与担当。

二 研发管理

为了支持公司的战略实现，落实国企改革科改示范行动，促进科技创新与科技成果的转化，华润三九加强科技创新，细化和规范新产品研发和现有品种产品力提升项目的论证流程，提高项目立项的科学性、严谨性，合理控制研发风险。根据国家相关药政法律法规及公司制度的要求，结合实际情况，华润三九制定了《华润三九科技创新项目立项管理办法》。为提高创新研发团队的凝聚力，激发研发人员的主观能动性和个人潜能，有效推动创新项目研发进程，公司制定了《华润三九创新体系研发项目激励办法》。为了加强知识产权管理，公司制定了《华润三九发表科技论文管理细则》。

三 研发现状

（一）中医药行业发展概况

随着医药行业的不断创新与变革，以及人民群众健康需求的日益增长，

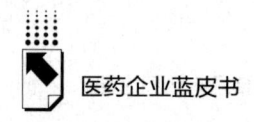

我国医药行业正迎来前所未有的发展机遇，医药工业已经形成了完整的产业链和较强的创新能力，进入高质量发展的关键阶段。

在中医药传承创新方面，传承创新发展中医药是中国特色社会主义事业的重要内容，国务院、国家药监局、国家医保局相继出台了一系列重要政策，建立健全适合中医药传承创新发展的体制机制，为推进中医药现代化提供了重要助力。2023年2月10日，国家药监局发布《中药注册管理专门规定》，与2019年修订的《药品管理办法》和2020年修订的《药品注册管理办法》有机衔接，进一步细化中药研制的相关要求，加强中药新药研制与注册管理。为发挥中医药的独特优势，我国陆续出台了加强中药资源保护与利用、加强道地药材生产管理、提升中药产业发展水平、加强中药安全监管等措施，旨在保障中药的质量和安全性，为中药产业链高质量发展带来系统性机会。

"十四五"时期，我国医药行业处于高质量发展新阶段，人口老龄化程度持续加深，消费者/患者对高品质、多样化产品和服务的需求日益增长，国内医疗健康领域仍存在较多未被满足的需求。同时，科技创新为医疗健康行业发展提供新的引擎。预计未来中国医药行业将继续呈现良好的发展态势，具有研发创新能力、品牌优势以及具备整合行业优质资源能力的企业将在竞争中占据优势地位，具有强大品牌力、高临床价值的产品将获得更大的市场空间，赢得行业和市场的认可。

（二）研发投入与成果

华润三九围绕"定战略、做聚焦、建能力"，坚持研发创新方向与战略及业务结构相匹配，进行创新药、改良创新药、仿制药、经典名方等的开发或引进，多维度丰富管线，加快完善创新体系和机制建设，增强创新实力，激发科技创新动能。2023年，公司研发投入8.89亿元，在研项目共计112项，主要围绕抗肿瘤、骨科、皮肤、呼吸、抗感染等治疗领域，在新产品立项、产品研发、产品力提升等领域取得积极进展。公司积极推动技术创新与保护，获得发明专利授权71项，实用新型专利64项。截至2023年12月31

日，公司研发人员达778人，占总人数的3.83%。[①]

在新品研发方面，聚焦核心治疗领域的创新价值，重点研究项目进展顺利。温经汤颗粒在2024年5月获得"药品注册证书"，尪痹胶囊朝向2.3类中药新药于2023年12月获得《药物临床试验批准通知书》。

在中药传承创新方面，公司深耕中药全流程开发体系，沉淀中药研发能力，重点关注中药经典名方、中药配方颗粒标准及药材资源的研究。公司秉承"传承精华、守正创新"的研究思路，经典名方覆盖呼吸、心脑、消化等治疗领域，开展"药材—饮片—基准样品—复方制剂"的系统研究，建设中药全产业链溯源体系。在中药配方颗粒标准研究方面，依据《中药配方颗粒质量控制与标准制定技术要求》，通过与国内多家知名科研院校合作，持续加大标准研究力度，开展国家和地方配方颗粒标准研究和申报，推动配方颗粒产品标准化。在中药材资源研究方面，围绕重点品种，积极布局上游药材种植基地，持续开展新品种选育、生态种植、产地加工等技术研究，2024年公司参与的"中药材生态种植理论和技术体系的构建及示范应用"项目获得国家科学技术进步奖二等奖。

在产品力提升方面，围绕999感冒灵颗粒、999感冒灵胶囊、血塞通三七软胶囊（理洫王）、999天和骨通贴膏、999气滞胃痛颗粒、999华蟾素片、999尪痹胶囊等多个产品，提升产品品质和竞争力。

在产学研方面，公司持续加大与高校、科研院所的合作力度，整合各方优势资源，推进创新合作，开展创新人才培养，补强自身研发实力。报告期内，浙江大学长三角智慧绿洲创新中心和华润三九共建的"创新递送技术联合研究院"顺利完成揭牌，打造高端制剂平台，助力提升华润三九源头创新能力。

（三）研发支持

在人才培养和平台建设方面，"十四五"以来，华润三九持续加强科技人才队伍建设，科技人员数量稳步增长，持续加强中高端人才的引进和培

[①]《华润三九2023年度报告》，https://www.999.com.cn/annualReport/2024-03-24/c5c384a0-a904-4cbb-8b35-26f0330d9b83.pdf。

养、优化人才结构，加强人才梯队建设，为研发战略目标落地提供人才支撑和资源保障。公司先后建有国家中成药工程技术研究中心、国家企业技术中心、经典名方现代中药创制全国重点实验室、国家药监局中药质量研究与评价重点实验室、博士后工作站、广东省岭南药材资源与现代中药制造创新中心等国家级、省级创新平台，加强关键共性技术攻关，整合行业资源，实现技术与成果孵化，培养创新人才。

公司持续开展药品全生命周期质量体系建设，推进各项质量保障举措，推动中药饮片、配方颗粒质量管理体系建设，同时促进质量管理体系向产业链前端延伸，建立健全中药材GAP（Good Agricultural Practice）种植基地质量体系并推广。2023年华润三九五个种植基地通过中药材GAP符合性延伸检查。另外，公司持续推进质量工作标准化，夯实QA（质量保证）/QC（质量控制）管理基础，继续推行标准化实验室管理，推进国家认可实验室建设，2023年共有十余家下属生产企业通过了CNAS（中国合格评定国家认可委员会）体系认可，进一步夯实了质量检验技术基础。

在知识产权保护方面，公司建立了快速维权机制，扩大主动维权的覆盖面，提高主动维权的频率，加大对专利工作的支持力度，为公司技术创新、品牌建设提供法律支持。同时，公司持续推进法治文化建设，不断提升法务数字化管理水平，加强法律团队专业能力建设，持续提升法律事务工作效率和服务质量。

四 经验总结与启示

一是经典名方的研制作为中药工业质量体系飞跃的核心驱动力，其加速推进对于引领中药产业转型升级至关重要。将经典名方研制中所蕴含的核心要素融入已上市产品的优化升级，不仅能够显著提升现有产品的品质，还将成为推动整个中药工业迈向高质量发展新阶段的强大引擎。

二是院内制剂以疗效确切、使用安全的特点，成为值得广泛推广与深度开发的宝贵资源。当务之急在于构建基于人用经验的中药新药研发质量标准,并以此作为桥梁,加速院内制剂向新药转化的进程。在开发过程中,确保临床研究的评价指标严格遵循业界公认的"金标准",是保障新药质量与安全的基石。

三是《中药注册分类及申报资料要求》《中药品种保护条例》等权威法律法规,为已上市中药产品循证证据的构建提供了清晰指南。药企应积极响应,依据这些规定开展高质量循证证据研究。这不仅能够强化产品的市场竞争力,更有助于全面提升中药产品的整体质量。

四是药材作为中药质量控制的基石与未来疗效稳定的保障,其重要性不言而喻。将标识"药材符合GAP要求"的中药产品监管延伸至原料药材环节,标志着中药产业在质量控制上的又一重大进步。这一举措不仅夯实了中药产业的基础,更为实现中药疗效的长期稳定提供了有力支撑。

五 对策建议

(一)强化中药材品质与生态种植技术创新

聚焦中药材品质育种关键技术及生态种植技术/模式研究,强化中药材道地性和品质评价特色指标,突出中药特色,综合应用生物育种、大数据信息技术等先进的现代育种技术开展中药材品质育种;构建以中药材生态种植体系为核心的中药材GAP示范应用体系,针对不同的中药材类型探索适宜的生态种植模式,提升药用品质与经济、生态效益,引入信息化系统和智慧农业技术,对生产过程实施信息化、智能化追溯管理,实现中药全产业链质量保障。

(二)推动中成药"优质优价"机制

药材不仅是中药质量控制的基础,也是未来疗效稳定的保证。标识"药材符合GAP要求"的中药产品延伸检查至原料药材,是中药产业的进步。建议对将GAP药材作为原料的中成药给予"优质优价",同时在医保

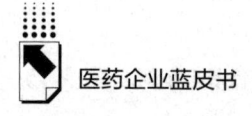

和基药准入方面放宽条件,给予和中药新药同等的待遇,实现自动医保和自动准入。在短期内,为促进中药材GAP的发展,可以先对GAP药材超过60%的中成药适当倾斜,再逐渐将GAP药材占比提升至85%或90%以上。过去,政府对GAP的支持力度很大,在此基础上,借助好医保这根指挥棒,可以将以往政府对GAP"补供方"的间断投入转变为"补需方"的企业持续性自主提升,从而促进中药材GAP建设的可持续发展。

(三)加速中药经典名方开发与全产业链控制

持续推进中药经典名方开发、上市工作,促进全产业链过程控制体系建设,实现中药高质量发展。鼓励药品企业(上市持有人)厘清产品量质传递关系,阐明关键质量属性的科学性、合理性,结合临床医案,深入研究药效物质基础及作用机制,开展"药效—指标—工艺"的相关性研究,建立、健全中药生产全产业链过程控制体系。全面评估产品质量,持续完善和提高中药质量标准及控制手段。同时支持"优劣评价""优质优价"政策落地,鼓励药品企业自主开展上市后产品的二次开发、产品力提升等工作。

(四)挖掘院内制剂潜力,加速新药转化

加强院内制剂挖掘,建立中药疗效评价体系及配套技术手段,促进新药转化。邀请高等院校、科研院所、医疗机构及相关管理部门的行业专家分析指导院内制剂的临床定位,结合CDE审评专家、统计分析专家整理的既往人用经验资料,同步开展前瞻性真实世界临床研究收集人用经验。以回顾性和前瞻性研究相结合的形式替代传统的新药临床试验,旨在将"中医药理论、人用经验、临床试验"三结合体系进行落地实践,为院内制剂的新药开发探索出一条科学可行的路径。

(五)强化中药大品种循证医学证据建设

用国际公认的循证医学方法和科学的语言阐释中医药的疗效及作用机

理。与科研院所、权威临床诊疗机构开展研究合作，系统进行中药大品种循证打造，最终产出一批高质量、中西医认可、具有完整循证证据的中药大品种，以促进中医药在临床的应用和推广。

（六）提升关键核心技术攻关与应用转化能力

进一步提升关键核心技术攻关能力，关注交叉学科科技成果的应用、转化，有力支撑中药产业高质量发展。勇于探索工艺、设备的转型升级，以关键共性技术、前沿引领技术、现代工程技术、颠覆性技术创新为突破口，发展中药新质生产力。在充分发挥中药饮片独有炮制理论和方法的基础上，按照"精选药材+遵古炮制+培养工匠"的工作思路，加强产学研合作，利用现代科技诠释中药饮片炮制工艺的科学内涵。持续优化已上市中药大品种的工艺路线及参数，解决中药提取、干燥、浓缩、挥发油包合、矫味等行业共性技术难题。

（七）优化中药新药医保与市场准入政策

目前，医保对中药新药支持力度较大，中药新药获批后当年即可进入医保目录，但在"药占比"政策下，综合性医疗机构首先选择控制中药使用比例，因此建议中药新药不纳入"药占比"，同时希望中药新药获批后可以自动进入医保目录，实现中药新药医保目录更新常态化发展。多数综合性医疗机构的中药进入几乎处于停滞状态，希望可以简化中药新药进入医疗机构的流程，最好实现自动进入。

参考文献

《大湾区生物医药公司研发实力稳步提升》，《经济参考报》2024年5月22日，http：//www.jjckb.cn/2024-05/22/c_1310775587.htm。

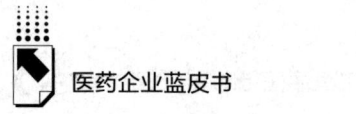

《中药注册管理专门规定》,《中国医药报》2023年2月11日,https://bk.cnpharm.com/zgyyb/2023/02/11/318231.html。

路遥等:《医疗机构制剂向中药创新药转化过程中临床关键问题思考》,《中国实验方剂学杂志》2023年第6期。

《加大研发投入 中药上市公司业绩向好》,《中国证券报》2024年3月27日,https://epaper.cs.com.cn/zgzqb/html/2024-03/27/nw.D110000zgzqb_20240327_4-A06.htm。

《中药配方颗粒标准化进程加快》,《中国证券报》2022年9月15日,https://epaper.cs.com.cn/zgzqb/html/2022-09/15/nw.D110000zgzqb_20220915_6-A06.htm。

B.15
复星医药创新研发与国际化之路

季媛媛　韩利明　易锦媛　刘明一*

摘　要： 复星医药成立30年来，始终坚守创新驱动的发展理念，不断巩固并提升全球化运营能力，其紧密围绕尚未满足的临床需求，通过持续探索与实践，积累了宝贵的经验：一是明确分工与聚焦，有效提升科研成果的转化数量与质量；二是精准选择创新研发策略，确保研发方向的正确性与高效性；三是充分利用各地差异化的政策优势，打造具有竞争力的创新集群；四是营造浓郁的创新文化氛围，培育肥沃的创新土壤，实现从"国内走向海外"的国际化跨越。基于上述经验，对于未来生物医药行业的持续发展，提出了以下建议：首先，应进一步提高科研成果的转化效率，并建立科学合理的容错机制，以鼓励更多的创新尝试；其次，要优化定价机制与支付体系，确保创新药物的可及性与可持续发展；再次，要重点关注创新药械"入院难"的问题，推动其更快更好地应用于临床实践；从次，要充分利用集聚效应，营造具有差异化特色的创新发展环境；最后，要积极融入全球生物医药创新体系，加强国际合作与交流，共同推动生物医药行业的繁荣发展。

关键词： 创新研发　定价与支付　产业集群　国际化

---

* 季媛媛，21世纪新健康研究院副院长，主要研究方向为大健康市场研究；韩利明，21世纪新健康研究院研究员，主要研究方向为大健康市场研究；易锦媛，复星医药品牌与公众传播部总经理，主要研究方向为医药健康领域品牌洞察及公关传播；刘明一，复星医药媒体公关高级总监，主要研究方向为医药健康领域品牌洞察及公关传播。

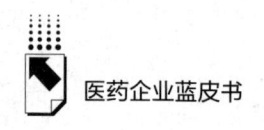

引 言

随着生命健康需求快速增长和生物技术加速演进，我国生物医药产业步入高质量发展的重要阶段，并上升到国家战略高度。2021年12月20日，经国务院批复同意，国家发展改革委印发了《"十四五"生物经济发展规划》，将"面向人民生命健康的生物医药"作为生物经济四大重点领域之一。

创新是生物医药产业稳健发展的核心驱动。2024年3月，国务院《政府工作报告》首次提及创新药，将创新药列为积极培育的新兴产业之一。党的二十届三中全会通过的《中共中央关于进一步全面深化改革、推进中国式现代化的决定》提出要完善推动生物医药等战略性产业发展政策和治理体系、健全支持创新药和医疗器械发展机制等。

在一系列利好政策下，我国生物医药产业驶入高质量发展的快车道。但创新药企尚面临一些发展难题，如产品以跟随创新为主、研发同质化严重、创新药品定价总体较低、缺乏支付支持等。

未来应持续加大生命科学基础研究的投入力度，激发科学家的创新活力，鼓励原创药物的研发，为原创性新药商业化成功创造必要的条件。同时，针对生物医药高风险、高投入、长周期的特点，在研发、准入、生产、使用、支付各环节给予全链条的支持，努力营造一个鼓励源头创新的制度环境以及创新生态。

一 复星医药介绍

上海复星医药（集团）股份有限公司（简称"复星医药"，股票代码：600196.SH，02196.HK）成立于1994年，是一家根植中国、创新驱动的全球化医药健康产业集团，直接运营的业务包括制药、医疗器械、医学诊断、医疗健康服务，并通过参股国药控股覆盖医药商业领域。

其中，制药业务为复星医药核心业务，包括创新药业务、成熟产品及制造业务、疫苗业务三大业务板块。创新药业务聚焦实体瘤、血液瘤、免疫炎症等核心治疗领域，重点强化抗体/ADC、细胞治疗、小分子等核心技术平台，打造开放式、全球化的创新研发体系，持续提升管线价值，推动重磅产品的研发及商业化。成熟产品及制造业务以整合式发展为目标，聚焦差异化、高技术壁垒、高毛利产品研发，加大首仿、高难度复杂制剂及改良型新药的比重，同时推动产线产能整合，持续降本增效。疫苗业务中，复星医药已搭建以细菌性疫苗、病毒性疫苗两大技术平台为核心的自主研发体系，未来将加速推进自研疫苗产品的上市进度，并通过合作开发进一步拓宽疫苗产品管线，提升疫苗产业化能力。

二 研发策略

成立30多年来，复星医药以创新驱动，不断提升全球化运营能力，围绕未被满足的临床需求，通过自主研发、合作开发、许可引进、产业投资等多元化、多层次的合作模式，持续丰富创新产品管线，并不断聚焦差异化、高技术壁垒的产品研发，持续提升管线价值。

药品从研发到上市须经历临床前研究、临床试验、申报注册、获准生产等过程，具有投入大、周期长、风险高等特点，容易受到不可预测因素的影响。此外，药品研发与未来市场需求不匹配或新药上市后竞争加剧等因素导致销售不畅，均可能影响前期投入的收回和经济效益的实现，进而对企业的盈利水平和发展造成不利影响。

因此，复星医药持续加强立项及早研能力建设，树立精益研发的流程与理念，科学执行Go/No-go决策，配合有效的奖惩机制，提高研发效率与产出；进一步加强商务拓展（Business Development，BD）与临床注册能力建设，引进开发临床价值高、创新属性强的产品管线，加快创新产品的获批上市；凭借包括自主孵化在内的多种模式，积极探索全新技术和新靶点的布局，拓展技术平台布局，持续打造长期的产品孵化能力。

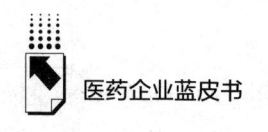

三 研发现状与国际化发展

（一）研发投入

近十余年来，创新成为我国生物医药行业的发展主线，国内药企亦逐渐重视创新药的研发与投入。创新也早已刻入复星医药的基因。2013~2023年，复星医药的研发投入迅速增长，从5.05亿元攀升至59.37亿元，占当年总营收比例从5.05%提升至14.34%。[①]

2024年上半年，复星医药研发投入27.37亿元，占总营收比例达13.38%。其中，制药业务研发投入达24.06亿元，占制药业务收入的16.39%。[②] 从研发费用来看，2024年上半年A股上市药企中，复星医药的研发费用排名第三，与百济神州和恒瑞医药同属创新药企第一梯队。

（二）研发成果

在全球生物医药领域，越来越多的颠覆式创新技术层出不穷，可及的创新更被市场认可。复星医药的创新研发始终围绕"未被满足的临床需求"，坚持科技驱动和产品驱动，在淋巴瘤、乳腺癌、肺癌等领域开创性推出多个从"0"到"1"的创新药品。

创新产品上市带来的产品结构优化和销售增长，成为驱动复星医药业绩稳健提升的主要因素。2023年，复星医药核心制药业务销售额过亿元的产品共50个，较2022年净增加3个。2024年上半年，制药业务中，创新药品实现收入超37亿元。复星医药也在持续推进创新转型和创新产品的开发落

[①] 《上海复星医药（集团）股份有限公司2013年度报告》，https://file.finance.sina.com.cn/211.154.219.97:9494/MRGG/CNSESH_STOCK；《复星医药2023年营收414亿元》，东方财富网，2024年3月26日，https://finance.eastmoney.com/a/202403263024788559.html。

[②] 《复星医药2024半年报：创新产品出海再获突破，全球化运营能力持续加强》，复星医药网站，2024年8月27日，https://www.fosunpharma.com/content/details37_12835.html。

地。2024年上半年，复星医药自主研发、合作开发及许可引进的4个创新药/生物类似药共9项适应证进入上市前审批/关键临床阶段；9项创新药/生物类似药项目（按适应证计算）获批开展临床试验。同时，复星医药积极推动技术创新与保护，截至2024年6月30日，制药板块专利申请达124项，其中包括美国专利申请2项、PCT申请8项；获得发明专利授权37项。

（三）研发支持

在研发人才培养方面，复星医药持续开展"研发经理人特训营"，针对专业领域，如创新研发等开设符合关键岗位专业化发展的培训项目。截至2023年末，复星医药研发人员超过3400人，其中超1800人拥有硕士及以上学位。

为高质量推进创新战略的实施、持续提升研发效率，复星医药设有以"外部智库"为主组成的科学顾问委员会（Scientific Advisory Board，SAB），协助复星医药管理层制定优化中长期创新战略，并提供策略性指导。在内部创新管理架构完善方面，通过引进资深科学家和高能级人才，全面升级早期研发、CMC（化学、生产和控制）、临床医学、临床运营等能力；通过建立由内部专家组成的管理委员会，加强协同效应，优化研发资源配置，推动提升创新研发的质量与成效；此外，还通过精益研发项目，借助INNOX数字化管理系统对研发立项、预算管理、重大节点决策机制等过程管理进行持续优化。

随着数字化与AI技术的进步与发展，复星医药也持续加强药物研发的数字化能力，全面优化研发项目管理流程，建设完成研发管理流程可视化看板，实现对研发过程的数据分析与实时监控，提升研发管理效率。复星医药携手由清华大学智能产业研究院孵化的水木分子，积极推进大模型在医药领域的布局，结合药物研发经验、最新AIGC（AI Generated Content，生成式人工智能）大语言模型技术，构建全球首创AI药物研发量化决策评估系统。同时，复星医药将ChatGPT LLM（大语言模型）集成到自研药物研发项目管理平台INNOX，为使用者提供研发NLP（Natural Language Processing，自然语言处理）问答服务，提高研发人员获取信息、解决问题的效率。

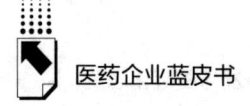

药品质量是生物医药企业核心竞争力之一,也是监管的重点。复星医药持续开展药品全生命周期质量体系建设,持续推进生产体系的国际质量标准认证,夯实制剂出海基础。通过专项培训、差距分析、整改提升等形式,按国内国际要求持续提升质量体系、持续增强全员质量风险意识及质量管理能力。截至2024年上半年,复星医药制药板块国内控股子公司所有商业化生产线均已通过国内GMP(药品生产质量管理规范)认证,并有10条生产线通过美国、欧盟等主流法规市场GMP认证;制药板块国内控股子公司接受国内外各类官方检查40余次,接受官方市场抽样超300批次,市场抽样批次检测结果均为合格。

(四)国际化方面

作为中国药企国际化的先驱,复星医药持续在创新研发、许可引进、生产运营及商业化等多维度践行国际化战略,成果逐步显现。2024年上半年,复星医药实现海外收入55.1亿元,同比提升15.13%,海外营收占比达26.93%。

值得注意的是,复星医药已经具备了全球双向许可的能力。控股子公司复宏汉霖先后与Accord、Abbott、Elea、Essex(亿胜生物)、FARMA DE COLOMBIA、Intas、KGbio、Organon等国际制药企业就多项产品订立商业合作协议,产品对外授权全面覆盖欧美主流生物药市场和众多新兴市场,触达100多个国家和地区。对外许可的落地,既是对复星医药创新研发实力的肯定,也有助于实现创新产品经济价值的最大化。而在许可引进方面,复星医药也显现出国际化的竞争力。

复星医药还积极将国际领先技术和产品引入中国市场,惠及更多患者、客户。联营公司直观复星总部产业基地于2024年6月在上海张江国际医学园区落成启用,该基地集研发、生产和培训于一体,该基地的启用将进一步加速达芬奇手术系统的国产化进程。截至2024年6月末,在中国,达芬奇手术机器人已为超54万名患者提供治疗,在300多家医院落户,累计装机量超过380台。

四 经验总结与启示

（一）分工与聚焦，提高科研成果转化数量和质量

药物研发从靶点发现、验证完成、化合物筛选、临床选择到注册及市场销售，链条之长，需要耗费大量时间、精力和资源，在每个阶段都具备强竞争力，非常具有挑战性，需要政府、企业、科研机构等多方的共同参与。

为打破创新研发的壁垒，复星医药加强与国际一流高校、科研院所开展产学研合作，在早期阶段捕获源头创新产品。其中，区别于与科研机构的传统合作方式，复星医药科研团队在科研机构早期研究时便深度参与合作，避免科研机构在花费大量时间将新产品或新机制做到领先水平后，企业进行商品化开发时因缺少必需的早期实验内容而返工耽误领先时机。同时，复星医药通过与高校的研究人员合作，推动科研成果向药物的转化，不仅加快了药物的转化速度，也培养了一批具有转化能力的科学家。

在探索创新之路的过程中，复星医药已与成熟科学家团队携手合作，打造了港股18A上市企业中第一个实现盈利的创新药企复宏汉霖，2023年全年实现净利润5.46亿元，已经上市了5款创新产品，其中3款已在欧美、东南亚等海外市场上市。现阶段，复星医药正在逐步整合战略性的创新资源，将更聚焦不同团队、技术平台和治疗领域。唯有聚焦，才能更高效地利用有限的资源，研发真正的高价值药物。

复星医药采用间接投资、合作开发的创新模式，实现低风险孵化，落地中国首款CAR-T细胞治疗产品奕凯达®（阿基仑赛注射液）。与此同时，成立中美孵化器、引入市场化创新基金、设立定投基金，整合资源成立TRC（Translational Research Center，转化研究中心）等，旨在加强与科研院所等研发机构的早期合作，促进源头创新转化，推动更多优质创新成果进入临床，推动复星医药逐步迈向创新深水区。

2024年9月，复星医药与徐州医科大学签署战略合作协议。复星医

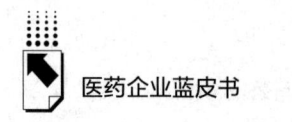

药将进一步加强与徐州医科大学全方位的"产学研"深度合作，聚焦源头创新，在科研技术联合攻关、高质量临床转化、复合型产业人才培养等方面纵深发力，加速实现"校企合作，产学互赢"的目标。

（二）选择合适的创新研发策略

如何选择适合自己的研发管线和研发方式，往往需要平衡所有的条件作出抉择，包括企业规模、强项、资源、能力、投资者接受度等。早期，复星医药在经验和资源有限的情况下，聚焦国内未被满足的临床需求，布局生物药和细胞治疗领域都是在得到海外同行认证过的路径后才进行布局，以降低研发失败风险。

在成熟产品及制造业务集采常态化、全球供应链重构等因素影响下，复星医药从2022年开始，加速推进了业务的"分线聚焦"战略，把核心的制药业务升级为创新药、成熟产品及制造和疫苗三个事业部，此外还有医疗器械、医学诊断以及医疗健康服务三个业务板块。

其中，创新药业务继续优化研发策略，聚焦优势资源，保障重点项目顺利推进，并加大国际BD合作扩充管线，巩固血液瘤、实体瘤等领域的优势地位。目前，复星医药研发投入八成聚焦在创新药上。

在抗肿瘤治疗领域，复星医药有多款自研小分子创新药、自研生物创新药在临床研发中，适应证涵盖血液系统恶性肿瘤、复发或难治性B细胞淋巴瘤、成人树突状细胞和组织细胞肿瘤等。

因肿瘤疾病高发，从新药开发到基础研究，在中国的药企，大约70%~80%的资源铺在肿瘤的研发上。与之相比，作为全球前十位死亡因素的心脑血管疾病，以及老龄化进程中影响逐步扩大的阿尔茨海默病等疾病，在中国的流行病数据同样呈现上升趋势，但在药物研发布局上仍有差距，存在极大的尚未被满足的临床需求，拥有巨大的市场增量空间。

在此背景下，复星医药持续在肿瘤板块发力，但也聚焦选择更多创新性强、价值大、风险高的产品开发。在非肿瘤领域的研发投入也将逐渐增加，未来占比有望达到50%左右。2024年上半年末，复星医药在湿性年龄相关性黄斑变性（wAMD）、治疗方案有限的成人需氧革兰氏阴性菌引起的感染、糖尿病等适应证的在研管线已处于Ⅲ期临床，并持续推进中枢神经系统领域的抗帕金森综合征的在研产品奥吡卡朋胶囊于中国上市。

复星医药坚持开放式创新策略，积极通过BD途径扩充产品管线。2024年上半年，复星医药许可引进的苏可欣®（马来酸阿伐曲泊帕）的第二项适应证［治疗既往治疗反应不佳的成人慢性原发免疫性血小板减少症（ITP）］于中国获批上市；倍稳®（盐酸凯普拉生片）、珮金®（拓培非格司亭注射液）等产品于2024年1月正式执行国家医保价格，可惠及更多的患者。

目前，复星医药也在扩建研发团队，一方面通过该团队进一步建设自主创新研发管线，另一方面在BD时对于潜在的产品标的进行科学与临床需求的评估。在自研和BD方面，复星医药在疾病领域与治疗技术平台的选择上将保持一致，主要选择立项或者引入的标准为是否具有治愈性潜力的产品。在复星医药看来，无论是技术平台创新还是产品创新，初心都是为病人服务，目的都是为让患者获得更健康、更高质量的长久生活提供医药保障。

（三）利用各地不同政策，打造创新集群

复星医药扎根上海发展，并逐步加强与各地方政府的合作，培育创新能力，扩大中国医药创新生态圈，惠及国内乃至全球更多患者。作为国内最早布局生物医药产业的城市之一，上海早在1993年就将现代生物与医药产业列为重点发展的高新技术产业。生物医药产业是上海市重点发展的三大先导产业之一，复星医药在上海的产业布局集中于抗体药物、细胞治疗、高端医疗器械等高新技术领域，根据各区资源禀赋差异，研发重心在浦东、徐汇，生产坐落于松江、宝山、金山、浦东等。

深圳作为粤港澳大湾区的核心城市，是创新、开放的沃土。深圳出台了一系列推进生物医药与大健康产业发展的措施，不断健全产业政策。复星医药积极利用粤港澳大湾区区位优势，加快粤港澳大湾区以及国际化创新发展布局。2023年，复星医药和深圳市坪山区人民政府签署战略合作框架协议；同年9月，由复星医药作为控股股东发起设立的复健资本被选为深圳市生物

医药产业基金管理机构；2024年3月，复星医药、复健资本与深圳市引导基金等其他7方投资人共同出资设立生物医药产业基金50亿元。2024年8月，成都天府国际生物城2024年第三季度"三个做优做强"重点项目现场推进活动暨复星医药创新疫苗总部及产业化基地项目启动仪式，在复星安特金（成都）生物制药有限公司研发生产二期基地隆重举行。

南宁具备得天独厚的区位优势，面向东盟十国市场，是中国—东盟自由贸易区的中心，也是中国与东盟国家间重要的沟通合作平台。凭借此优势，2024年9月，复星医药与广西梧州中恒集团股份有限公司、南宁产投统一投资管理有限责任公司共同签署战略合作框架协议，未来三方将共同出资设立平台公司，主要业务是开展东盟国家的成熟药产品的出海贸易，并针对不同的国家制定差异化的产品策略。

（四）营造创新文化，从"出海"走向国际化

近年来，国内研发实力增强、国内外监管体系逐步接轨、产品国内支付端压力增大等因素，持续驱动着中国生物医药企业积极"出海"，国际化将成为中国生物医药产业"从有到好"的重要驱动力。

过往很长一段时间，国内企业的国际化更聚焦售卖产品，如此便容易处于产业价值链的低端。近年来，不少MNC（Multi National Company）斥巨资从我国创新药企授权引进创新产品，但将创新半成品销售给MNC，最终获利的一定是将其销售到市场上的MNC，创新药企业因此也错失了实现利益最大化的机会。

这也是由创新药周期长带来的挑战，无论是资源、创业者还是系统，现阶段我国创新药企仍无法承受漫长的等待，并且在这一过程中还存在极高的失败率。但参考日本、韩国等目前发展较好的跨国公司，也都曾迈出过艰难的第一步，才成为今天的国际巨头。

复星医药立足上海，充分发挥全球化与生态协同能力，从1998年8月成为上海证券交易所挂牌上市的第一家民营企业，到2012年在港股上市，实现"A+H"两地上市，成为具备资本和产业"两条腿"都对接国际的企业。

在创新研发方面，复星医药采取自主研发、合作开发、许可引进、产业

投资等开放式创新模式，不断丰富创新产品管线。开放的创新生态和深厚的产业积累下，复星医药不仅是把产品卖出去，更是在产品创新、商业化、市场适应性等多个维度实现全方位的全球化。目前，复星医药在美国布局了全球研发中心、美国商业化运营团队，控股子公司 Tridem Pharma 和 Gland Pharma 已分别在非洲、印度建立营销队伍，旗下复锐医疗科技（Sisram）作为全球能量源医美器械领导者之一，营销网络已覆盖全球100多个国家和地区，直销收入占比进一步提升至86%。此外，复星医药还与欧美的一批创新企业和VC基金合作，足迹遍布北美、欧洲、非洲、印度等国家和地区。

复星医药作为一家全球化布局的医药企业，在整个全球化过程中秉承和推广ESG理念非常重要。在全球化过程中尊重员工的宗教信仰以及属地国（地区）的社区和文化，坚持属地经营，造福当地人民。同时，复星医药也严格地贯彻EHS（环境、健康和安全）要求，践行商业规则。以小见大，在复星医药持续营造创新文化的背景下，未来将会有更多优质产品扬帆"出海"，持续提高国际影响力。

五　对策建议

（一）提高科研成果转化效率，建立容错机制

药企创新转型已是大势所趋，但我国整体创新转化能力与全球先进国家相比仍有一定差距，科技成果转化率是主要掣肘之一。公开资料显示，从2019年开始，我国连续三年专利数量在全球范围内遥遥领先，但真正转化为产品、走到临床一线的非常少，转化率可能徘徊在2%~5%。总结诺华、辉瑞、罗氏等MNC的经验，科研成果的高效转化需要时间和科学的积累，也需要政策导向和支持。

我国生物医药领域，与全球先进国家一样，源头创新资源主要集中在高校/科研机构、医院，药企是行业发展壮大有力的推动者。在创新驱动下，加快建立科技成果转化全周期管理制度，保障医研产三方进行成果转化的全

链条制度协同，促进企业、社会资本等各类市场主体提早介入医疗卫生和生命健康领域科技成果转化活动，提高成果转化效率迫在眉睫。

一方面，应整合资源持续加大基础研究投入力度，加强国家战略科技力量的建设，围绕生命健康重大问题和前沿生物技术开展前瞻布局，争取在新一代生物技术、新的药物靶点和作用机制、生物技术和信息技术交叉融合等方面取得突破。另一方面，应进一步健全科技成果转化体系，完善激励机制，充分激活高校、科研院所、医院的创新资源，推动基础研究成果向产业端转移，以最有效率的方式转化应用。

推动创新涉及诸多方面，培育创新文化是重要基础。习近平总书记在全国科技大会、国家科学技术奖励大会、两院院士大会上强调："坚持培育创新文化，传承中华优秀传统文化的创新基因，营造鼓励探索、宽容失败的良好环境，使崇尚科学、追求创新在全社会蔚然成风。"①

新药研发需要科学判断和一定的机会，为原创性新药商业化成功创造必要的条件，努力营造鼓励源头创新的制度环境以及创新生态，健全容错机制非常必要。2024年8月，上海市有关部门已牵头成立总投资规模达225亿元的产业母基金，专门用于生物医药产业发展，并明确提出了投早、投小、投硬科技的方向。该项政策的实施预计可能带动近千亿元资金再投入生物医药行业。这项政策的落地无疑会极大地激发本市生物医药企业创新活力，带动企业产业规模进一步扩大、供应链韧性进一步提升。

（二）优化定价机制和支付体系

创新药的"价格管理、医保支付"，是创新药产业发展的重要环节。据艾昆纬公司（IQVIA）《2024年全球研发趋势报告》，中国开启的新药临床试验及上市数量已位居全球第二，但缺乏与之匹配的支付激励政策，约七成药企的新药临床试验仅在国内开展，且1/3的新药上市后仅在国内销售，企

---

① 《习近平：在全国科技大会、国家科学技术奖励大会、两院院士大会上的讲话》，中国政府网，2024年6月24日，https://www.gov.cn/yaowen/liebiao/202406/content_6959120.htm。

业和资本对创新投入的持续动力仍显疲弱。种种现实困境，均指向了创新药价值评估及其背后的价格形成机制亟须改良优化，产业急需一些政策利好。

创新药企往往依靠专利保护，高定价才能够支持高投入、高风险的创新活动。但从定价上看，我国创新药定价总体较低。2024年初，中共中央办公厅、国务院办公厅印发了《浦东新区综合改革试点实施方案（2023—2027年）》，创新性地提出依照有关规定允许生物医药新产品参照国际同类药品定价。但尚未有从国家层面落地的创新药定价体系和相关细则。

在医保支付方面，为了鼓励行业研发创新，国家层面建立了以新药为主体的医保准入和谈判续约机制，上市新药纳入医保目录的等待时间从过去的平均近5年缩短至不到2年。医保对新药的支出从2019年的59.49亿元增长到2022年的481.89亿元，增长了7.1倍。但创新药进入医保目录后平均降价幅度超过60%，创新药企承受着较大压力。

聚焦医药企业"加大基本医保支持力度"的诉求，需全面整合医保在价格、支付、服务方面的职能，加强对创新药械的支持。首先，突出创新导向，在医保支付方式中对创新药械予以倾斜。其次，在深化DRG（疾病诊断相关分组）支付方式改革中，对创新药械予以倾斜，提高新技术应用病例支付标准，新技术应用高倍率病例不设控制比例，成规模新技术应用可独立成组。最后，加大支付支持力度，稳步扩大创新医疗耗材医保支付范围。

此外，2024年6月3日国务院办公厅发布的《深化医药卫生体制改革2024年重点工作任务》也提出发展商业健康保险，推动商业健康保险产品扩大创新药支付范围。有数据指出，2023年中国直接医疗支出约为5.68万亿元，而商业健康险赔付仅占约6.7%。[①] 未来需要理顺基本医保与商业保险的合作机制，形成支持创新药械合力。

（三）聚焦创新药械"入院难"问题

"入院难"是摆在我国创新药面前的"最后一公里"难题。即使药品已

---

① 清华五道口保险中心和元保联合编撰的《中国互联网保险发展报告（2024）》。

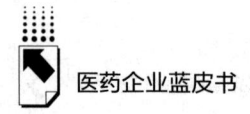

经获得了医保目录的准入，但医院的采购流程复杂、药品品种有限制以及医院对新药的审慎态度，使得新纳入医保目录的药品很难迅速进入医院的药品供应链。此外，医院的药事会议通常决定了哪些药品可以被医院采购。

另外，虽然有"双通道"政策，但是对企业而言，仍面临多重困难。在实际执行过程中，创新药进入"双通道"药店和进院，产品的市场推广效果差异明显。处方权在医院的医生手上，处方无法向药店流转，导致"双通道"不能正常运转。

据IQVIA 2022年底发布的报告，全国3300家三甲医院，近五年只有10%左右的医院采购了列入医保报销目录的创新药，其中采购2021年列入医保报销目录创新药的医院只有5.4%，2023年创新药进入医院的情况比2022年更差。

同时，要研究推进以药补医体制机制的改革，研究在控制总量，社会医药费负担不增加的情况下，理顺医疗服务价格，禁止用药品耗材价差收入和检查检验结余收入给医生发绩效工资的做法。

以上海为例，作为对创新药最友好的城市，上海多方协作畅通创新药械入院流程，要求在"新版医保药品目录"和本市生物医药"新优药械产品目录"公布一个月内召开药事会，不得以医保总额预算、用药目录限制、药/耗占比等为由影响创新药械的配备使用。自"新版医保药品目录"2024年执行以来，上海全市二级以上医院均在1月底前召开药事会，37家市级医院在1月20日前提前召开，126个新增国家医保谈判药品中有119个在820家医疗机构发生采购。

（四）利用聚集效应营造差异化创新发展环境

随着2024年国务院常务会议审议通过《全链条支持创新药发展实施方案》，各地方政府紧随其后出台相关政策支持创新药高质量发展。其中，北京市医疗保障局等多部门发布《北京市支持创新医药高质量发展若干措施（2024年）》，采取着力提升创新医药临床研究、助力加速新药械审评审批、大力促进医药贸易便利、加力促进创新医药临床应用、努力拓展创新医药支付渠道、鼓励医疗健康数据赋能创新、强化创新医药企业投融资支持、保障措施等八大方面的共32条措施支持创新药高质量发展。

广州、珠海等地陆续出台相关政策，给予创新药研发"真金白银"的支持。2024年4月4日，广州市公开发布的《广州开发区（黄埔区）促进生物医药产业高质量发展办法》中，对具备颠覆性技术创新突破、应用前景明确广阔的若干生物医药顶尖项目，给予的最高支持额度达到50亿元，支持期限最长5年。

《珠海市促进生物医药与健康产业高质量发展若干措施（征求意见稿）》指出，对于企业研发端的资金支持从原研创新拓展到改良式创新、原料药领域。其中，对创新药研发期间获得突破性疗法和附条件批准的，再给予100万元奖励。

但综观上述相关政策，在大力推进生物医药产业高质量发展时，容易出现"眉毛胡子一把抓"的情况，每个地方应该有自己的特色，发挥自己的优势产业，充分利用集聚效应打造差异性，在人才招聘、资源利用等方面也能相互借力。

北京、上海、苏州、杭州、广州、深圳等创新资源丰富的城市，集聚了大量研发型生物技术公司，引导创新资源向京津冀、长三角、粤港澳大湾区等具有良好产业和市场优势的区域集聚发展，促进城市间产业分工协作和要素有序流动，通过改革创新破除要素流动的制度障碍，推动构建统一大市场，加快提升产业链供应链现代化水平，打造具有全球竞争力和影响力的生物经济创新极和生物产业创新高地。

（五）积极融入全球生物医药创新体系

创新药全球化浪潮已然来袭。随着中国研发创新能力逐渐得到国际市场的认可，创新药融入全球创新大环境的趋势愈加明显，本土创新也逐渐走向国际化竞争平台，在不可逆的全球化趋势下，对于建设一个更符合国际化要求的产业生态链的要求愈加严苛。

近年来，国内崛起了长三角等一批代表性生物医药产业集群。然而，与全球领跑者，尤其是美国相比，我国生物医药产业仍存在短板。以美国为例，其生物医药产业集聚往往依附于世界顶级的研究机构。比如波士顿地区集聚了哈佛大学、麻省理工学院、波士顿大学等高校及科研院所。同时，据统计，美国九大集群涵盖了全美75%以上的生物医药公司，平均获得的研究经费是其他都市圈的8倍，而涉及生物医药风险投资的水平高出其他都市圈30倍。

在生物医药产业生态建设的过程中，龙头企业的强带动作用往往不可忽视。作为产业集聚的灵魂，龙头企业在集聚中充分发挥虹吸效果，吸引创新型企业在其周围集聚，形成较为完整的产业链。在美国生物医药产业园区，普遍存在龙头企业引领、创新型企业推动的态势，不仅能够加速科学和商业的融合，也可以提升生物医药产业化的速度。

2024年7月，上海市人民政府发布的《关于支持生物医药产业全链条创新发展的若干意见》，为生物医药产业的全链条创新发展提供了多方面的支持，对复星医药等根植于上海的创新企业而言，无疑是重大利好，但具体落实到企业方面，仍有不少难题待解。

在深化生物医药全球创新合作方面，一方面，立足国内医药大市场，吸引全球医药创新要素向国内集聚，促进各种类型的国外企业在华设立研发中心和创新药生产基地，支持海外高水平人才回国发展。引导国内企业通过合作开发、技术许可等方式引进国外先进技术，提高创新效率，缩小与国际先进水平的差距。支持国内临床研究机构和CRO/CMO机构承接国际合作项目，提升全产业链国际化水平。另一方面，大力推动国内创新药进入国际市场，开展创新药国外注册，开展面向发达国家市场的全球多中心临床研究，在更广阔的市场兑现创新药价值。鼓励有条件的企业开展产业链全球布局，在境外建立研发中心、生产基地和营销网络，提高国际市场运营能力。对通过美国食品药品监督管理局（FDA）、欧洲药品管理局（EMA）、日本药品医疗器械局（PMDA）或WHO等国际机构注册，并在海外实现销售的创新药，视情况给予相应的政策支持。

参考文献

《专访复星医药全球研发中心 CEO 王兴利：医药格局重塑时代，本土药企如何追赶 MNC?》，21 世纪经济网，2024 年 8 月 20 日，https：//www.21jingji.com/article/20240820/herald/eacfbdbc3a6a2d02d2a776224 d25bb77.html。

宋永和等：《内部价值链视角下医药制造业成本管理研究——以 F 医药公司为例》，《华东科技》2023 年第 10 期。

《复星医药党委：以患者为中心持续创新，提供更优质的产品和服务》，每日经济新闻网，2021 年 6 月 11 日，https：//www.nbd.com.cn/articles/2021-06-11/1788305.html。

陈明伟、刘厚佳、安伟：《上海生物医药产业人才现状及培养实践探讨》，《华东科技》2024 年第 8 期。

王学恭：《加快生物医药创新升级促进生物经济高质量发展》，《中国生物工程杂志》2022 年第 5 期。

《对这个超过 7000 亿元市场的产业 国常会"全链条支持"》，"中国战略新兴产业"网易号，2024 年 7 月 18 日，https：//www.163.com/dy/article/J7CLQN8C0550HKM7.html。

《新思想引领高质量发展（26）｜完善多元支付 促进医药产业创新发展》，上观新闻网站，2024 年 9 月 20 日，https：//www.whb.cn/commonDetail/949328。

B.16
为健康创新界：从"一剪一镊"到"大国重器"

——新华医疗八十余载创新路

巩报贤 成希革 张晓筠 孔令君 张志聪*

摘　要： 本报告从多个维度详细阐述了新华医疗研发管理的现状，包括但不限于研发管理体系的构建、研发项目管理的精细化、技术成果的激励机制、研发队伍的培育体系以及知识产权管理的规范化。基于此，本报告系统性地总结了新华医疗在研发管理实践、研发激励机制构建以及创新生态系统培育等方面的丰富经验。展望未来，新华医疗进一步提出了对行业发展的深刻见解与宝贵建议：一是加强高端医疗器械创新研发支持；二是积极培育多元化、协同共进的创新生态系统；三是精心培育并强化龙头企业的引领示范作用；四是制定并实施国产"新优"医疗器械的优先采购政策。

关键词： 医疗器械　研发管理　创新生态　新华医疗

在医疗健康领域，医疗器械是医疗服务体系的基石，其发展不仅关乎患者福祉，也是科技进步和产业升级的直接体现。随着人口老龄化的加速、疾

---

* 巩报贤，山东新华医疗器械股份有限公司总经理，主要研究方向为医疗器械行业战略规划；成希革，山东新华医疗器械股份有限公司副总工程师、技术中心主任，主要研究方向为医疗器械行业技术创新；张晓筠，山东新华医疗器械股份有限公司科研管理主管，主要研究方向为医疗器械研发管理；孔令君，山东新华医疗器械股份有限公司研发管理专员，主要研究方向为医疗器械研发管理；张志聪，山东新华医疗器械股份有限公司研发管理专员，主要研究方向为医疗器械研发管理。

病年轻化趋势的凸显,以及人均医疗保健支出的增长,人们对医疗器械的需求不断攀升。全球对医疗健康领域的政策支持、公众健康意识的增强,以及医疗消费的增长,都给医疗器械行业的发展带来了新的机遇。

当前,中国医疗器械行业正处于一个充满机遇与挑战的关键时期。未来,随着人口老龄化、政策支持和技术创新的推动,中国医疗器械行业将迎来更广阔的发展前景。

一 新华医疗基本情况介绍

新华医疗是我党我军创建的第一家医疗器械生产企业,诞生于抗日烽火之中,在新中国的阳光雨露下茁壮成长,于改革开放大潮中奋力搏击并不断壮大,在中国特色社会主义道路上实现跨越式发展,居全国医疗器械行业龙头企业之列。1943年11月1日,八路军胶东军区后勤部卫生部选派18名干部战士成立制药和器械组,自此,新华医疗开启了80余年的发展征程,从"一剪一镊"到"大国重器",留下了一串串闪耀的奋斗足迹。抗战时期,将缴获的铁路钢轨锻造成救治伤员的镊钳剪刀;孟良崮战役前夕,突击打造出36000把手术器械,满足了解放军火线救护需求;抗美援朝时期,专门制造出每套内装110件医疗器械的专用手术包,送往冰天雪地的野战医院;20世纪70年代,生产出72000多套"红医包"赠予农村赤脚医生。2003年"非典"、2008年汶川地震、2020年新冠肺炎疫情,新华医疗人拼搏奋斗的身影随处可见。①

新华医疗坚持"为健康创新界"的核心使命,已发展成为国内领先的集医疗器械和制药装备科研、生产、销售于一体,立足制造主业延伸医疗服务、医疗商贸链式发展,形成以制造业带动发展服务业、以服务业促进保障制造业"2+2"高质量发展新格局的健康产业集团。

---

① 新华医疗网站"发展历程",https://shinva.net/index.php?m=home&c=Lists&a=index&tid=5。

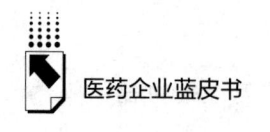

二 研发管理现状

（一）研发管理体系

研发管理体系是指导和优化研发活动的重要规范，有效的研发管理能够确保研发过程的高效率和高质量，带动企业持续创新，提升企业竞争力。新华医疗坚定不移地走技术创新之路，始终以技术创新驱动企业可持续发展。

一是建立层次清晰的三级研发体系。新华医疗构建"市场拉动、技术推动、战略驱动"的三级研发体系。一级研发面向产品线层，重点实施在售产品的迭代升级与工艺改进；二级研发面向经营单位层，重点实施所在领域相关的全新产品研发；三级研发面向公司层，重点实施公司级新领域、新赛道的技术攻关及产品预研。三级研发体系分工明确、职责清晰，兼顾当前业务和长期发展，持续为高质量发展提供创新动力。

二是构建高效的集成产品开发体系。基于IPD集成产品开发理念，建立以产品线为核心的组织架构，组建由市场经理、研发经理、运作支持经理组成的产品线管理铁三角，打通规划、市场、研发、生产等资源要素，建立"市场需求+核心技术"双轮驱动的产品开发管理模式，通过将产品开发和技术开发适当分离实现异步并行开发，建立高效低成本的集成式产品开发体系，实现市场成功和财务成功。

三是实施更加开放的对外合作创新体系。不断探索创新机制模式，通过联合建设产业创新中心、医工交叉融合创新研究院等创新平台，实施开放融合创新。不断加深与科研院所、行业专家、科技型企业的多方位协同创新与产业合作，强化"政产学研金服用"合作，汇聚创新资源、融合优势要素、聚焦主责主业，围绕技术难点、堵点，多措并举打造从技术研究、产品开发、中试转产、检测验证到成果推广的对外合作新模式、新机制。

（二）研发项目管理制度

为加强技术创新管理，规范产品设计和开发流程，提高研发质量和效率，基于《医疗器械生产质量管理规范》等法规要求和医疗器械行业特点，新华医疗制定了《技术创新项目管理指导办法》《新产品设计和开发流程管理规范》等管理制度。新华医疗坚持"以客户为中心，以市场为导向，做一个好产品，提升产品竞争力和技术竞争力"的指导原则，组织实施研发活动，并根据分类管理原则，针对不同产品特点和管理要求，梳理制定五大类产品设计和开发流程，为研发流程策划和新产品开发计划制定提供参考依据和流程指南，实现产品规划、研发项目管理和产品开发流程的有机结合。

同时，根据开发周期、研发投入等不同要素对研发项目进行分级管理，依据《新品（项目）部立项管理办法》《新品（项目）部过程管理办法》等管理制度，通过成立公司级新品（项目）部，对开发周期较长、研发投入较大、市场前景较好的全新产品研发进行提级管理，集中资源重点突破，加快新产品上市，目前已产出包括高能医用电子直线加速器等多款行业高精尖产品。

此外，新华医疗不断完善研发体系与开发流程，在原五大类产品设计和开发流程基础上，导入IPD研发管理思想和研发项目管理工具，制定《产品开发流程管理规定——医疗器械类》《CBB管理规定》《预研管理规定》等管理制度，将产品开发与技术研发分离，构建异步并行的集成式产品开发模式。

（三）技术成果激励制度

为表彰和奖励在推动公司技术创新和技术进步中作出突出贡献的集体和个人，激发研发人员的积极性和创新能力，加快技术成果向生产力转化，提高技术竞争力和市场竞争力，发挥技术创新的战略引领作用，新华医疗结合新时期高质量发展要求不断优化《技术创新奖励办法》，正向引导激发

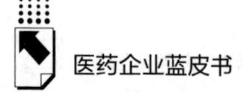

研发人员创新热情。一方面，表彰奖励增强研发人员荣誉感。设立技术创新成果类以及单位和个人类奖项，表彰在新产品开发、应用技术研究、技术管理等方面的技术创新成果以及有突出贡献的集体和个人，增强技术研发人员荣誉感。另一方面，绩效激励促进研发人员创造价值。设立重点项目的关键控制点（KCP）激励和新产品提成奖，针对新产品上市3~5年内取得的市场收益，按照一定比例对研发团队进行绩效激励，鼓励研发人员主动参与技术升级和产品迭代，深度参与市场推广和技术支持，加快新产品上市及推广。

（四）研发队伍建设制度

研发人才在推动技术创新、产品升级以及增强企业核心竞争力等方面具有不可替代的作用，是实现高质量可持续发展的核心力量。新华医疗始终高度重视研发人才队伍的建设与培养，确保研发团队的高效运作和持续创新。

一是优化研发人才薪酬管理制度，建立有竞争力的薪酬机制吸引人才、留住人才。结合增量绩效理念制定《技术研发人员薪酬管理办法》，形成以增量为导向的研发人员薪酬体系，有效发挥薪酬分配的保障作用和价值引导作用，充分调动广大技术研发人员积极性和创造性。二是加强研发人才梯度建设，为技术创新提供人才保障和智力支持。积极实施"人才强企"战略，结合高质量发展要求制定《高层次技术人才队伍建设方案》以及《产品专家评聘考核办法》，鼓励和引导技术人员钻研技术、开发产品，选拔各产品线及技术领域的高级人才，培养打造具有创新能力、发展潜力的技术队伍。三是实施研发人才培养工程，培养具有开拓创新精神的青年研发人才。不断强化研发人才队伍建设，制定《培训管理制度》，搭建三级研发人才培训管理模式，对核心骨干人才、关键岗位人员进行专业培训，加强研发人员技能培训和素质提升，同时建立创新工作室，深入开展"讲、比"活动，进一步完善研发人才培养体系。

（五）知识产权管理制度

知识产权是企业的核心竞争力之一，对企业的发展具有至关重要的作用，不仅是维护竞争优势、提升品牌价值、激励技术创新的重要手段，更是减少法律风险、促进合作与授权的关键因素。新华医疗高度重视知识产权的保护和管理，建立健全知识产权保护制度，充分发挥知识产权在公司发展中的重要作用，制定了《研发过程专利挖掘和布局工作的管理要求》以及《知识产权管理制度》，通过规范产品研发过程的专利检索、专利挖掘和布局，实现知识产权管理与研发工作的紧密融合，规避专利侵权和专利纠纷，强化高价值专利培育，提升公司知识产权管理水平。

三　研发能力水平

研发能力水平是衡量一个企业技术创新能力和市场竞争力的重要指标，涉及研发人才、研发投入、技术创新成果等多个方面，拥有强大的研发能力才能不断推出具有创新性的产品，在激烈的市场竞争中保持领先地位。

（一）研发投入"稳步提升"

新华医疗始终把技术创新摆在发展全局的核心地位，坚持把科技创新作为最紧迫的"头号工程"，充分发挥研发主体的创新作用，对标实施"研发倍增"计划，深入实施创新驱动发展战略，不断增强对公司高质量发展的引领支撑。

2021年新华医疗提出"研发倍增"计划，持续加大研发投入，2021~2023年研发投入分别达2.96亿元、4.01亿元、4.43亿元。新华医疗现有研发人员1107人，研发人员占比达13.5%，其中本科学历745人、硕士研究生及以上学历274人，在站博士后3人，拥有国家级人才6人、省级人才20人，在重点领域不断实现创新突破。近年来，新华医疗每年

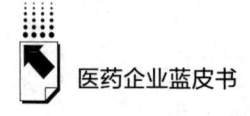

新增重点技术创新项目百余项，开展了包括智能化内镜中心整体解决方案、影像引导调强直线加速器、智能化预灌封设备等在内的多款全新产品开发，规划布局了康复器械、智慧医院等多个新领域新赛道，同时持续深化产学研合作，在输血免疫、生物安全蒸汽灭菌器、血栓弹力图等方面积极与各大科研院所协同创新。此外，新华医疗承担的科技部"十三五"国家重点研发计划项目顺利通过验收，承担的山东省重点研发计划、中央引导地方专项资金等多个项目有序开展，并再次获批科技部"十四五"国家重点研发计划项目。

（二）资质荣誉"屡创新高"

新华医疗拥有国家认定企业技术中心和CNAS国家认可实验室，设有博士后科研工作站、山东省高端医疗装备产业创新中心、先进医疗设备及器械山东省工程研究中心等多个省级技术研发平台，入选全国CAD应用工程示范企业、国家级制造业单项冠军企业、全国质量管理先进企业、国家高技术产业化示范工程、中国第一批医疗器械标准实施标杆企业、全国质量标杆、全国医疗器械行业质量领先品牌、山东省首台（套）技术装备企业、山东省关键核心技术知识产权品牌单位、山东省制造业高端品牌培育企业、山东省科技领军企业、山东省"品质鲁药"品牌建设示范企业等，成功入选国务院国资委"科改示范企业"名单、中国制造业企业500强、山东省"十强"产业集群领军企业、山东省制造业重点产业链（医疗器械产业链）"链主"企业等。

2023年，新华医疗在国务院国资委"科改示范企业"年度评估中获评优秀单位，连续三年入选中国企业专利实力500强榜单，并获得国家知识产权优势企业、山东省高质量发展奖励企业、山东省技术创新示范企业、山东省管理标杆企业等多项荣誉。

（三）创新成果"不断涌现"

截至2023年底，新华医疗已起草国家标准38项、行业标准94项，授权专利3580项、软件著作权登记274项，累计取得医疗器械注册证157项。

新华医疗研发的PSM系列水浴灭菌器、XHA600医用电子直线加速器等多款产品获批国家级重点新产品，产品技术水平均处于行业领先地位；放射治疗模拟机、智慧化CSSD整体解决方案等获得"中国外观设计奖""中国设计智造大奖"等多项国家级奖项。新华医疗凭借非PVC膜全自动制袋灌封机产品入选"山东省制造业单项冠军"，连续式塑料瓶吹灌封一体机、高能医用电子直线加速器、软式内镜清洗消毒器等入选山东省首台（套）技术装备产品名单，另有14项产品入选第九批"优秀国产医疗设备产品遴选目录"。此外，数字化放射治疗模拟机、全自动清洗消毒器、医用电子直线加速器等产品获评多项国家级、省市级科技进步奖项。

四　经验总结与启示

科技立则民族立，科技强则国家强。党的二十大报告对加快实施创新驱动发展战略作出重要部署，"坚持面向世界科技前沿、面向经济主战场、面向国家重大需求、面向人民生命健康，加快实现高水平科技自立自强"。新征程上，新华医疗将全面贯彻落实党的二十大精神，牢牢把握创新驱动发展战略要求，努力担当、奋发有为，在新时代科技事业发展实践中不断深化规律认识，积累宝贵创新经验，为以中国式现代化全面推进中华民族伟大复兴作出积极贡献。

（一）研发管理经验

结合医疗器械及制药装备行业的产品研发特点，新华医疗构建了"市场拉动、技术推动、战略驱动"的三级研发管理体系。一级研发面向产品线层，重点实施产品的迭代升级与工艺改进，直面市场需求提供技术支持；二级研发面向经营单位层，重点实施在售产品的迭代升级与工艺改进，目前已产出高能医用电子直线加速器等多款高精尖产品，是保持核心竞争力的重

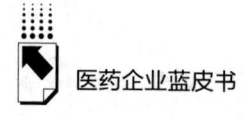

要"新产品孵化器";三级研发面向公司层,重点实施公司级新领域、新赛道的技术攻关及产品预研,为公司未来发展提供重要的技术和产品储备。三级研发体系分工明确、职责清晰,兼顾当前业务和长期发展,持续为公司高质量发展提供创新动力。

(二)研发激励经验

新华医疗通过研发项目激励激发价值创造,促进内生动力提升,构建了多维度的研发创新激励机制。一是实行重点项目KCP激励,对公司级新品(项目)部、中长期重点项目,设立重点项目专项绩效,按照里程碑和完成质量实行项目考核,鼓励技术人员攻坚克难、创新突破。二是建立市场收益分配机制,强调创新的市场导向,针对新产品上市3~5年内取得的市场收益,按照市场收益的一定比例对研发团队进行激励,鼓励研发人员主动参与技术升级和产品迭代,深度参与市场推广和技术支持。三是统筹股权激励提振动力,对核心技术人员实施上市公司限制性股票激励、权属子公司科技型企业股权激励,与员工成为利益和命运共同体,共享高质量发展红利。

(三)创新生态经验

多措并举探索开放式对外合作创新机制,构建开放融合创新生态。一是通过建设产业创新中心、医工交叉融合创新研究院等创新平台实施开放式创新。不断加深与科研院所、行业专家、科技型企业的多方位协同合作,强化"政产学研金服用"合作,通过企业主导、政府引导、院校协作,以及金融资本等要素的互补整合,汇聚创新资源、融合优势要素,多措并举打造从技术研究、产品开发、中试转产、检测验证到成果推广的创新链条。二是探索医疗器械研发外包服务合作模式,加快新产品研发。组织与国内外领先优质CDMO企业(医药合同研发生产机构)交流,依托CDMO提供研发、临床、注册等系列专业服务,降低研发成本、提高研发效率、降低研发风险,合理利用外部资源提升企业市场竞争力。三是坚持以"引进来、走出去"探索

"人才+项目"机制。紧抓人才政策机遇，加快推进高水平人才集聚、人才培育，实施项目、人才一体化柔性引进，全职引进并申报入选国家级人才，实现国家级人才申报突破，在体外诊断、肿瘤诊断、化学和生物指示剂等产品创新领域进行技术交流与合作，同时依托博士后科研工作站招收博士后工作人员，赋能公司核心竞争力提升。

五 对策建议

（一）加强高端医疗器械创新研发支持

首先，强化研发投入的激励效应。当前政策框架下，各行业对于未形成无形资产的研发费用已享受100%加计扣除的税收优惠，而对于形成无形资产的部分则实施200%税前摊销的激励措施。针对医疗器械研发周期长、投入大的特点，建议在高端及创新医疗器械的研发领域，进一步提升研发费用加计扣除的比例，以更为显著的税收杠杆激发企业的创新活力与投资热情。同时，优化财政支出结构，确保资源向医疗器械研发倾斜，集中力量支持企业在高端医疗装备、精准体外诊断、智能康复器械等核心科技领域实现突破，构建自主可控的技术体系。

其次，进一步革新与优化审评审批流程。通过引入先进的信息技术和智能化工具，实现审评审批流程的自动化与智能化升级。利用大数据、人工智能等技术对申报资料进行初步筛选、分类与风险评估。简化创新医疗器械和优先审批医疗器械的审评审批程序，适当降低申报门槛。针对原创性创新医疗器械，尝试建立"有条件放行制度"，优化临床试验样本量要求和随访周期，加速创新产品上市。

（二）积极培育多元化、协同共进的创新生态系统

一方面，深化产学研医的紧密融合。构建多维度高效运行的供需对接与研发互动平台，促进医疗机构、高等院校、科研机构与企业之间的无缝对接

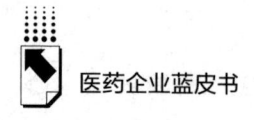

与深度合作。通过这一机制，形成"示范应用—临床评价—技术创新—辐射推广"的闭环生态，确保科研成果能够迅速转化为临床应用，同时临床需求也能有效反哺技术创新。鼓励研发活动深植于医院实践，确保从项目构思到落地的每一个环节都能充分吸纳医务工作者的意见与建议，以此提升科技成果的转化效率与产业化成功率。

另一方面，进一步完善面向医疗器械行业的全方位创新服务体系。建立集技术咨询、产品检验、注册认证等多功能于一体的公共服务平台，为企业提供一站式、便捷化的创新支持。通过高效整合行业内外资源，有效降低企业的创新门槛与成本，加速创新进程。同时，助力企业参与国际医疗器械标准的制定与修订工作，推动国内标准体系与国际接轨，提升中国医疗器械产业的国际竞争力。

此外，构建更加健全的知识产权保护网络，为医疗器械行业的创新活动保驾护航。通过加强专利导航、风险预警等机制建设，帮助企业有效规避知识产权风险，激发企业创新创造的内生动力。同时，加大对侵权行为的打击力度，营造公平竞争的市场环境，让每一份创新成果都能得到应有的尊重与回报。

（三）精心培育与强化龙头企业的引领作用

首要举措在于精心布局与引导产业集群的蓬勃发展。围绕龙头企业打造专业产业园区，并配套一系列优惠政策，以磁场效应吸引上下游配套企业向龙头企业周边汇聚，形成紧密的产业链集群。同时，鼓励中小企业精准对接龙头企业的产业链关键环节，通过精准施策，如资金注入、技术对接、联合研发项目等，加快科技成果从实验室走向市场的步伐。倡导龙头企业设立成果转化中心或创新孵化器，为中小企业提供全方位的支持，包括产品测试、市场试水、品牌背书等，有效降低企业创新探索的成本与风险，共同构筑"大企业领航、小企业协同、产业链共舞"的生态。

此外，强化品牌塑造与市场拓展的协同推进。政府充分发挥资源优势与平台效应，为龙头企业量身定制品牌推广计划，通过媒体发布、专业展会等多维度、立体化的方式，向国内外市场广泛展示龙头企业的卓越品牌形象与产品核心竞争力。同时，进一步助力龙头企业拓展海外市场，推动品牌国际化，提升产品全球影响力。

（四）制定并实施国产"新优"医疗器械优先采购政策

在政策支持方面，制定并实施国产"新优"医疗器械优先采购政策，明确医疗机构在采购决策中的国产优先原则，并持续优化政府采购目录，确保更多高质量、高性能的国产医疗器械能够脱颖而出，获得市场的青睐。通过设定国产医疗器械采购比例指标，为积极采购国产产品的医疗机构提供财政补贴或税收优惠等方式，构建政策激励机制，引导并鼓励医疗机构加大对国产医疗器械的支持力度，共同推动我国医疗器械行业的蓬勃发展。

参考文献

徐天宝、张衍钊、李士龙：《新华医疗：聚焦智能产品线　锻造新质生产力》，《山东国资》2024年第4期。

《科创基地｜新华医疗：探索全产业开放式创新》，"山东国资报道"百家号，2023年10月11日，https://baijiahao.baidu.com/s？id=1779419609607494738。

文兵：《加快实施创新驱动发展战略》，《红旗文稿》2023年第9期。

B.17
华大智造：长短读长测序技术"双剑合璧"，开启生命科学 6D 时代

霍世杰　陈梦菲*

摘　要： 面向人类对生命的 6D 探索，华大智造始终以"生命科技核心工具缔造者"为使命，以创新为驱动，跨越无人之境，引领时代变迁，旨在为生命科学领域开辟一条前所未有的全新发展路径。作为高技术壁垒的测序仪研发企业，华大智造深耕自主创新的土壤，坚持全球化战略布局，同时秉持开放合作的姿态，积极赋能下游生态链，与国内外创新型企业携手并进，共同推动技术的迭代升级、应用的广泛转化、资质标准的合规完善以及科普教育的深入人心，有力驱动测序成本的持续下降与下游应用场景的多元化拓展。为进一步促进行业发展，公司提出如下建议：首先，设立专项研发计划，聚焦核心技术突破与关键设备国产化，深度整合国内顶尖科研力量，形成协同创新的强大合力，确保测序仪核心组件的自主研发与供应链的自主可控，为生命科学的自主可控发展奠定坚实基础。其次，构建全面而严格的监管框架，确保进口测序仪在涉及人类遗传资源的采集、处理、存储及利用等各个环节得到有效监管。最后，为了加快国产基因测序技术的飞跃发展，提升其国际竞争力，迫切需要加快对国产同一厂商、基于相同技术原理推出的迭代产品的注册审批流程。

关键词： 华大智造　高通量测序　生命科学

---

* 霍世杰，深圳华大智造科技股份有限公司公共关系与品宣部总监，主要研究方向为公共关系；陈梦菲，深圳华大智造科技股份有限公司公共关系主管，主要研究方向为公共关系。

华大智造：长短读长测序技术"双剑合璧"，开启生命科学 6D 时代

一 华大智造发展现状

（一）植根生命科技工具领域，华大智造为全球用户提供更多选择的权利

面向人类对生命的 6D[①] 探索，华大智造始终以"生命科技核心工具缔造者"为使命，坚持创新、勇拓边界，期望为生命科学行业探索出全新的范式。围绕"读、写、算、用"，华大智造展示出生命科技核心工具的硬核力量，主要产品及服务涵盖基因测序仪业务、实验室自动化业务、新业务三大板块。紧跟基因测序仪"小型化"和"超高通量"的发展趋势，华大智造针对性开发了中小型桌面式测序仪及大型和超大型测序仪，建立了全系列多型号产品矩阵，满足用户不同应用场景的使用需求。

（二）坚持创新自主研发，提升全球化战略布局能力

近年来，华大智造测序相关产品陆续进入欧美市场，华大智造在澳大利亚、日本、拉脱维亚、英国、德国等地的海外生产基地和客户体验中心已相继投入使用。

华大智造坚持全球化战略布局，以领先的科技实力提供更多生命科技核心工具，满足超高通量测序、低成本以及从样本到报告全程自动化需求，已在全球范围内支撑多个国家级基因组项目落地，提供了核心技术和设备支撑，展现了我国基因测序设备制造领域的领先水平。

（三）技术储备充裕，国际竞争力凸显

作为国产基因测序设备龙头企业，华大智造成为全球少数几家具有自主研发并量产临床级高通量基因测序仪能力的企业之一。截至 2024 年 6 月 30

[①] 1~6D：基因（1D）、细胞（2D）、组织（3D）、器官（4D）、生命个体与内外环境（5D）、思维意识与脑科学（6D）。

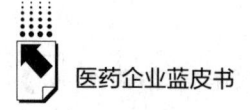

日,公司拥有国内有效授权专利数量496项,其中包括有效发明专利235项,产品影响力遍及海内外。

华大智造作为科技创新型企业,始终坚持高研发投入,构筑硬核技术体系。2023年,华大智造两项专利"一种用于基因测序仪的光学系统"(专利号:ZL201720333150.3)和"鼓泡状接头元件和使用其构建测序文库的方法"(专利号:ZL201480083528.8)分别获得第二十四届中国专利金奖及优秀奖,其中"一种用于基因测序仪的光学系统"为目前基因测序行业首个夺得金奖的专利。据悉,中国专利奖是我国知识产权领域的国家级最高奖项,由中国国家知识产权局和联合国世界知识产权组织(WIPO)共同主办。

此外,华大智造产品还获得政府层面的认可及推广。截至2024年6月30日,华大智造超高通量测序仪DNBSEQ-T20×2成功入选《广东省首台(套)重大技术装备推广应用指导目录(2024年版)》《深圳市首台(套)重大技术装备推广应用指导目录(2024年版)》《深圳市创新产品推广应用目录(2023年第三批)》等政府指导目录文件。这不仅有效提升了华大智造产品的社会认可度,也反映了政府对公司研发实力和创新成果的高度评价和支持。

(四)推动行业持续发展,深化产学研协同创新

随着基因测序成本的持续下降,基因测序技术在科学研究、临床诊断和公共卫生等场景的应用愈加广泛,渗透率的提升带来了市场规模的持续扩大。

作为中国基因测序行业上游的开拓者,华大智造坚持开放合作,赋能下游生态,一直倡导与国内外创新型企业通力合作,推动行业的技术革新、应用转化、资质合规及科普教育等。华大智造以三大核心产品线与产业链上下游建立良好和多元的产业生态合作关系,推动基因组学在多个领域的应用和成果转化。在科研、临床以及新兴领域持续赋能合作伙伴,推动基础科研突破、临床诊断新技术和产品开发以及新领域持续拓展。

未来,华大智造还将着眼海关实际应用场景需求,持续关注大规模平行测序技术(MPS)在病原微生物的鉴定、物种鉴定、转基因鉴定等方面的应用,持续为海关口岸生物安全防控提供强有力的工具;农业科研方面,华大智造构建了具有标杆意义的公共技术平台,有效推动了育种技术的革新和发展;在环境监测领域,华大智造携手易基诺共同致力于环境DNA生物监测技术创新和标准制定,开发生物多样性保护和生态环境治理多应用场景下的专业解决方案,推动基因测序仪等生命科技核心工具在生态环境监测领域的创新验证和应用前移;动物疫病领域,华大智造联合中国农业大学、华南农业大学、哈尔滨兽医研究所、中科基因、牧原、温氏等建立标准体系、发起专家共识,构建兽医高通量测序应用方案生态圈。华大智造推出的"智一汇"线上信息共享平台,是国内基因测序行业首个凝聚生态的信息共享平台,是智造打造数智化生态系统的又一坚实步伐,协同合作与打包应用将达到新的高度。

无尽前沿,无尽探索。在向生命科学高峰不断攀登的征程中,核心工具将继续发挥关键作用。秉持"给世界更好的选择"的理念,华大智造将进一步拥抱多组学浪潮,持续推出更灵活、更多元、更完整的生命解码工具,为解决生老病死、万物生长、生命起源、意识起源等终极问题持续提供先进"利器"。

二 全球生命科学行业面临的机遇和挑战

(一)政策支持力度加大,但存在地缘政治风险

近年来,全球生命科学和医疗产业领域创新活跃,科技与产业整体发展势头良好,各国政府不断提升对生命科学基础研究的重视程度,纷纷加大政策支持和资金投入。2021年,欧盟开启了预算高达955亿欧元的"地平线欧洲"(Horizon Europe)计划,旨在引导欧盟成员国2021~2027年的科研支出水平在现有基础上提升50%,其中与生物经济(包括卫生健康)直接

相关的领域预算达 77 亿欧元；同年英国政府颁布"生命科学愿景"政策文件，明确了生命健康领域的未来十年战略，以英国的科学和临床研究基础设施为基础，强化基因组和健康数据领域的发展，并将临床研究和创新嵌入英国国家医疗服务体系（NHS），使其成为全球研究和临床试验的平台。

伴随世界各国对生命科学及工程生物学的重视，各国对生物信息安全的监管趋严，国际科研合作和商业行为受到一定地缘政治压力。2024 年 2 月，美国总统签发关于保护美国人敏感个人数据的行政命令，以保护美国人民的敏感个人数据不被受关切国家滥用。基于此，当地时间 2024 年 3 月 6 日，美国参议院国土安全与政府事务委员会阶段性通过《生物安全法案》，禁止联邦机构向"受关注的生物技术公司"获取产品或服务及与上述公司签订或延长合同。当地时间 2024 年 5 月 15 日，美国众议院监督和问责委员会阶段性通过《生物安全法案》修订版，该修订版本延长了美国现有客户与"受关注的生物技术公司"之间的分离期限至 2032 年。目前上述法案均尚未生效，《生物安全法案》于 2024 年 9 月 9 日在众议院以 306 票对 81 票获得通过。目前，该法案已提交至参议院，参议院对参议院版本（编号 S 3558）或众议院版本（编号 HR 8333）进行全体投票是接下来的关键。

上述政策彰显了生命科学研究在引领未来经济社会发展中日益明显的战略地位，也提示地缘政治的不确定性会对企业的全球化运营带来风险。

近年来，我国出台了一系列有力政策支持基础科学研究和创新应用研究，鼓励和推动基因测序领域的技术创新和产品研发。从 2021 年开始，我国出台了《"十四五"医药工业发展规划》和《"十四五"生物经济发展规划》，提出开展前沿生物技术创新，加快发展高通量基因测序技术，不断提高基因测序效率、降低测序成本；鼓励高端医疗器械、基因检测、医药研发服务等产品和服务加快进入国际市场。2022 年 12 月，中共中央、国务院印发《扩大内需战略规划纲要（2022—2035 年）》，提出深入推进国家战略性新兴产业集群发展，建设国家级战略性新兴产业基地，加快生物医药、生物农业、生物制造、基因技术应用服务等产业化发展；上海、北京、杭州等多地发布政策，鼓励发展细胞基因治疗、合成生物学等新兴产业。

华大智造：长短读长测序技术"双剑合璧"，开启生命科学 6D 时代

2023年3月1日，全国首部细胞和基因产业专项立法《深圳经济特区细胞和基因产业促进条例》正式施行，明确支持企业和科研机构开展基因测序技术、生物信息分析技术的研究，开发具有核心知识产权的基因测序工具以及配套设备、软件和数据库等；鼓励企业和科研机构参与制定基因测序、生物信息分析相关的国际标准、国家标准、行业标准和团体标准。该条例将推动基因测序行业规范化、标准化，给予企业与机构技术创新动力，助力基因测序行业发展迈入新阶段。2024年国务院《政府工作报告》提出，培育新兴产业、未来产业，创新药首次被写入其中，并被纳入具有生产力跃迁意义的新质生产力范畴，足见产业未来快速发展的潜力。

2024年3月，国家疾控局综合司、国家卫生健康委办公厅和国家中医药局综合司联合印发《关于印发2024年国家随机监督抽查计划的通知》，提到了对院外送检进行严格监督。基因测序等样本外送检测面临的政府、医院层面检查监管力度加大。大部分地区规定医疗机构暂未开展的检验项目，样本可外送至符合标准的委托检测机构。国家药品监督管理局医疗器械技术审评中心发布《肿瘤筛查用体外诊断试剂临床评价注册审查指导原则（征求意见稿）》，针对已有公认筛查方法的肿瘤筛查、尚无公认筛查指南的肿瘤筛查和多癌种联合筛查共三大类早筛产品明确了体外诊断（IVD）注册申报中临床评价的基本要求。该指导原则将为下游肿瘤下一代测序技术（NGS）企业进行肿瘤早筛产品报证提供合规路径，也将为公司相关产品的市场应用带来更广阔的发展空间。基因检测类项目IVD审批路径的清晰和不合规外送监管的趋严，进一步说明基因测序技术已经从转化医学研究向临床应用跨越，虽然短期内测序诊断机构及医院能力建设承压，但临床审批路径的畅通会使市场进一步规范和扩大，推动相关检测惠及千家万户。

此外，公共卫生防控意识的提升增加了各级医疗机构和医学实验室对医疗基础设施的建设需求，以强化基础卫生体系建设。各地医疗卫生专项债券和财政贴息贷款计划，也为我国医疗新基建持续贡献动力。为响应《推动大规模设备更新和消费品以旧换新行动方案》，北京正式发布设备更新贴息

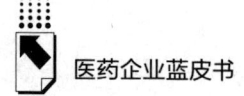

贷款方案，对符合条件的项目给予2.5%的贴息，期限2年；广东省印发《推进卫生健康领域设备设施迭代升级工作方案》，公布了大批医疗和教育领域设备更新项目的可行性研究报告，总预算87亿元。基因测序在病原微生物检测、肿瘤精准诊断等应用场景中的渗透率进一步提高，大样本大队列检测亦推动了实验室自动化行业的快速发展。

（二）新兴公司涌现，市场竞争加剧，推动测序成本下降和下游应用场景拓宽

随着基因测序技术持续发展，测序成本以超摩尔定律速度持续下降。根据美国国家卫生研究院数据，随着高通量测序技术的大规模使用，单个人类全基因组测序的成本快速降低，2009年降至约10万美元，2015年已降至约1000美元，而2023年华大智造的超高通量测序仪DNBSEQ-T20×2已实现单个人类全基因组测序成本降至约100美元。

精准医疗的发展使精准诊断服务需求大幅增加，使基因测序行业中下游对测序成本逐渐敏感。测序成本的持续下降将催生更多的行业中下游应用场景，未来基因测序技术在科学研究、临床诊断和公共卫生领域的应用将愈加广泛，渗透率的提升带来市场规模持续扩大。目前，基因测序技术已成熟运用在多组学研究、人群队列基因测序计划、新药研发与创新、微生物检测、无创产前基因检测、肿瘤诊断治疗、生育健康等场景，并在农林牧渔、食品安全、海关检验检疫、肿瘤早期筛查等其他应用场景有巨大的发展潜力，不断扩容的下游应用场景将为行业持续快速发展提供空间。此外，细胞组学和时空组学范畴的新技术也在不断涌现，时空组学技术Stereo-seq通过对组织切片进行整体检测，获知连续空间内的遗传分子信息，再通过对不同时间点的观测，可以构建时间上和空间上连续的、组织和细胞水平的分子表达图谱，用以揭示生命现象表达和调控的时空动态特征。因"纳米级分辨率"和"厘米级全景视场"技术优势，时空组学技术为发育生物学、复杂疾病、神经科学和植物学等的研究带来了全新的解决方案和解析视角，也将为测序应用下游的发展和产学研协同提供新的发

力点。

市场扩容和需求多样化为新兴测序仪公司带来机会。据不完全统计，目前全球不同技术路径的基因测序仪研发和制造商超过70家，其中绝大多数处于研发早期。2022~2023年，推出商业化量产测序仪的新兴测序仪公司包括Element Biosciences、Singular Genomics、真迈生物及赛陆生物等，其中大部分公司均推出日产数据量GB级的中通量测序仪，以满足中小型实验室科研需求，以及不断增长的院内检测需求；也有专注高通量科研及中心实验室交付的设备如Ultima UG-100，尚未大规模批量化交付。但整体来看，目前该类新兴测序仪公司尚未形成高、中、低通量测序仪的完整产品矩阵布局。同时，随着单分子测序仪公司的准确度及通量提升，RNA全长转录组、基因组结构变异检测、DNA修饰检测等层面预期也会有新的科学发现，带来新的市场增长点。

此外，下游应用场景的拓展对上游供应商提供综合解决方案的能力提出更高要求。上游供应商需要通过形成丰富的产品矩阵和专业的服务能力，在基因测序、实验室自动化等领域建立全流程贯穿的一站式解决方案，并且能够为精准医疗、精准农业和精准健康等行业提供实时、全景、全生命周期的系统解决方案，把握下游应用场景拓展带来的广阔市场空间。

（三）加强生物产业新质生产力基础建设，"以旧换新"推动设备市场发展

《中共中央关于进一步全面深化改革、推进中国式现代化的决定》将高端装备及生物医药纳入战略性产业、经济高质量发展方向之一。测序仪及配套实验室智能化设备，作为生命科学底层工具，其检测流程的效率提升、成本降低，以及国家标准的持续出台，会持续推动医疗健康、食品安全、公共卫生、农业生产等关联行业的生物经济产业链升级和可持续发展。全国已有29个省份将医药制造业、生物产业列为优势产业或优先发展产业；全国

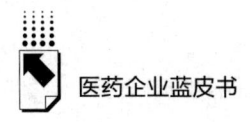

399 家国家级产业园区中，超过一半的产业园将生物医药作为重点发展方向。①

早在2022年9月，《国家卫健委开展财政贴息贷款更新改造医疗设备的通知》等系列政策支持已经先一步在医疗基建领域落地。近期，全国性的设备更新迭代已拉开序幕，2024年，国务院印发《推动大规模设备更新和消费品以旧换新行动方案》，统筹扩大内需和深化供给侧结构性改革，大力促进先进设备生产应用，推动先进产能占比持续提升。北京市、广东省、江苏省、山东省、河南省、湖北省、安徽省以及河北省相继出台新文件，摸排医疗机构、高校和企业先进设备及实验仪器三年内升级及采购需求，尤其是那些能够提供更高效率和更低运营成本的设备，预期将为一众国产医疗设备及科研仪器生产商带来新的发展机遇。企业及医院用户从粗放型向精准化的转变趋势，加速了以智慧实验室、数字医院为代表的生命科学和医疗创新数字化场景需求迭代，生命科学服务和医疗创新服务市场空间进一步扩大。

（四）兼顾高通量和小型化等需求的全矩阵产品布局为产品发展趋势

高通量测序技术通量高，在大幅降低测序成本的同时保持了较高的准确性，在较长时间内仍将保持主流测序技术的地位，而与之配套的大规模和小规模样本处理技术，可有效提高整体检测效率和降低检测成本。

在高通量测序技术的基础上，基因测序仪"超高通量"和"小型化"是发展趋势，可有效满足用户在不同应用场景下的使用需求。超高通量可满足国家基因组、消费者基因组、人群队列研究等大型基因测序应用场景，并能大幅降低成本，是基因测序未来重要的发展方向。基于场景适用性强、便

---

① 《黄金赛道上，定下千亿"小目标"》，福建省人民政府网，2023年6月19日，https：// www.fujian.gov.cn/zwgk/ztzl/sxzygwxsgzx/zx/202306/t20230619_6188997.htm。

携性好和易操作等特点，中小型和桌面式测序仪则可灵活满足多种特殊场景需求，有效拓展下游应用场景。

综上，高通量和小型化是基因测序和实验室自动化仪器设备的发展趋势，结合多样化和定制化的试剂耗材，可有效满足各类用户的需求，拓展并赋能各种应用场景。上述能力的全面发展，也对行业上游供应商提出了较高的综合要求。

三 对策建议

党的十八大以来，以习近平同志为核心的党中央站在党和国家事业发展的战略全局，站在新一轮科技革命和产业变革的潮头，始终高度重视生命科学尤其是"基因技术"的发展。

2014年6月3日，习近平主席出席2014年国际工程科技大会并发表题为《让工程科技造福人类、创造未来》的主旨演讲。他指出，生物学相关技术将创造新的经济增长点，基因技术、蛋白质工程、空间利用、海洋开发以及新能源、新材料发展将产生一系列重大创新成果，拓展生产和发展空间，提高人类生活水平和质量。[①]

基因测序仪作为探索生命奥秘与基因资源的核心利器，在揭示生命密码、驱动精准医学与大健康产业蓬勃发展的同时，也肩负维护国家基因资源安全的重大使命。发展自主可控的基因测序技术与仪器，不仅是保障国家生物安全的基石，更是推动我国医学与健康领域科研创新与产业升级的关键驱动力。

审视国内基因测序市场的现状，尽管国产高通量基因测序仪在过去十年取得了显著进步，在技术革新、成本控制与品质提升上实现了对国际品牌的超越，但在市场份额的争夺中仍面临严峻挑战。最新数据显示，截至2021

---

① 《习近平在2014年国际工程科技大会上的主旨演讲（全文）》，共产党员网，2014年6月3日，https：//news.12371.cn/2014/06/03/ARTI1401774030353244.shtml。

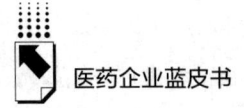

年，国内基因测序上游市场依旧由欧美企业主导，占据高达75%的份额，而国产测序仪则仅占25%的市场空间。这一现状迫切要求我们加快国产自主高通量基因测序仪的战略布局，以构建坚实的中国生物安全预警体系，守护我国宝贵的人类遗传资源，并促进生命科学研究的深入与产业的可持续发展。

（一）专项研制计划：聚焦上下游，力促100%国产化

建议设立专注于核心技术与关键设备研发的专项计划，旨在深度整合国内顶尖资源，形成合力，共同攻克难关，以实现测序仪核心组件的自主研发与供应链自主可控。当前，我国芯片设计与制造行业普遍聚焦高市场需求的手机与汽车芯片领域，而对于生物芯片——这一需求量虽较小，但产线改造复杂、达产周期较长的细分领域关注不足。这直接导致了测序仪关键芯片依赖进口的现状，迫使企业不得不跨越国界寻求合作，增加了不确定性风险。

此外，须正视基础研究薄弱与跨学科复合型人才供给不足的问题，这些问题限制了基因测序技术的飞跃发展。为此，建议通过国家层面的资金注入、政策扶持及人才资源的优化配置，为基因测序产业的全链条——从上游研发到中游制造再到下游应用，提供强有力的支持与创新动力，以推动高端医疗器械的全生命周期研发与制造，特别是在核心零部件领域，要加快技术突破，打破国外技术垄断，筑牢技术壁垒。

同时，倡导充分利用全国范围内的产业优势，特别是那些传统视野下易被忽视但潜力巨大的跨界资源与特殊领域资源。通过精准定位"链长"角色，即那些在产业链中起到关键连接与引领作用的企业或机构，有效协同解决"卡脖子"难题，激发产业活力，促进整体产业升级，最终确保国家关键领域的供应链安全与稳定。

（二）强化遗传资源安全领域的进口测序仪有效监管

基因资源，作为人类遗传资源的核心组成部分，其重要性不言而喻。依据《生物安全法》的明确界定，人类遗传资源涵盖了两大关键领域：一是

人类遗传资源材料，具体指的是蕴含人体基因组、基因等遗传信息的器官、组织、细胞等宝贵遗传载体；二是人类遗传资源信息，即指通过利用上述遗传资源材料所衍生的数据、资料等信息化成果。

在此背景下，政府相关部门承担重大责任，需严格遵循《生物安全法》，将工作重心转移至遗传资源安全领域进口测序仪的有效监管。这一举措不仅关乎国家生物安全的维护，更是对人民群众健康权益的深切保障。通过建立健全监管机制，确保进口测序仪在采集、处理、存储及利用人类遗传资源的过程中，严格遵守法律法规，防止遗传资源外流与不当使用，为我国的生物科技发展与生物安全保障筑起坚实的防线。

（三）加快推进国产基因测序仪与检测试剂盒的审批速度

为了促进国产基因测序技术的快速发展与国际竞争力的提升，亟须加快对国产同一厂家、基于相同技术原理所推出的迭代产品的注册审批速度。具体而言，应实施更为精简高效的验证与审批流程，重点聚焦迭代产品相较于上一代在安全性与有效性方面的差异评估。通过这一举措，减少不必要的重复验证，加快产品上市步伐，从而推动国内基因检测应用的广泛普及与规范化，确保我国在这一领域迅速达到并超越国际领先水平。

参考文献

刘启强、陈相：《华大智造：以创新智造引领生命科技》，《广东科技》2022年第2期。

《华大智造获基因测序行业首个中国专利金奖》，《深圳特区报》2023年10月29日。

《深圳华大智造科技股份有限公司2024年半年报告》，上海证券交易所，2024年8月23日。

《深圳华大智造科技股份有限公司2023年报告》，上海证券交易所，2023年12月31日。

B.18
春立医疗研发之路

史文玲 许奎雪 单毓 孙涛舰*

摘 要: 自创立以来,春立医疗始终致力于高端医疗器械的研发与创新,产品线广泛覆盖关节置换、脊柱治疗、运动医学、创伤修复等骨科领域,并不断拓展至齿科、富血小板血浆(PRP)制备系统、骨科手术机器人等新兴领域。凭借全面且精细的研发管理体系,春立医疗从项目论证到注册申请,深刻审视并提炼宝贵的研发实践经验,形成了三大核心经验:将创新驱动视为核心战略,建立高效且系统的研发管理体系,并依据研发周期的不同阶段特性,精心设计科学系统的研发制度与激励机制。基于这些经验,春立医疗提出以下建议:首先,应优化审批流程,强化标准一致性;其次,促进创新医疗器械临床普及与产品优化,深化产学研医融合;再次,加快国产医疗器械国际化步伐,拓展全球市场;最后,推动产学研医用深度融合,激发医疗技术创新活力。

关键词: 高端医疗器械 春立医疗 自主创新

在中国医疗改革的宏伟蓝图中,医疗器械纳入医疗保障体系,显著提升了骨科植入物的市场需求与社会接纳度。与此同时,人口老龄化趋势的加速、医疗开支的稳步增长以及公共医疗基础设施的不断完善,共同为中国骨

---

* 史文玲,春立医疗执行董事、董事长、法定代表人,主要研究方向为市场营销与运营管理;许奎雪,教授级高工,春立医疗研发总监,北京优秀青年工程师,工信部生物医用材料创新任务揭榜挂帅项目负责人,中国专利优秀奖获得者;单毓,春立医疗研发经理;孙涛舰,春立医疗研发经理。

科医疗行业的蓬勃发展奠定了坚实的基础。在此背景下，随着我国国民经济持续稳中向好，医疗需求与供给逐渐趋于平衡，为春立医疗及其附属公司提供了广阔的发展空间与稳定的经营环境。

春立医疗，紧跟国家政策导向，对国家带量采购政策进行了深入透彻地研究与精准高效地执行。公司不仅确保了中选产品的稳定供应，更在规范医疗机构采购与使用行为方面发挥了积极作用，有力推动了人工关节集采中选结果的平稳落地与实施。在骨科关节领域，春立医疗凭借卓越的产品质量与市场竞争力，实现了报量髋关节产品的全面中标，进一步彰显了公司的行业领先地位。

一　案例企业介绍

自1998年成立以来，春立医疗始终站在高端医疗器械研发与创新的前沿，产品线覆盖关节、脊柱、运动医学、创伤等多个骨科领域，并拓展至齿科、富血小板血浆（PRP）制备系统、骨科手术机器人等新兴领域，不断拓宽医疗健康的边界。

凭借深厚的研发实力与敏锐的市场洞察，春立医疗已累计获得124项医疗器械注册证及备案凭证，全面覆盖了骨科、齿科、PRP等多个关键医疗领域，体现了公司在产品多元化与技术创新上的显著成就。这一系列注册证的获取，不仅极大地丰富了公司的产品线，也显著增强了春立医疗在全球医疗市场的综合竞争力，持续满足并引领多元化的市场与临床需求。

在深耕国内市场并稳固行业领先地位的同时，春立医疗的全球化战略亦取得了显著成效，其优质产品已远销全球超过50个国家和地区，品牌影响力与市场份额同步提升。

二　企业研发介绍

（一）企业研发管理制度

公司研发工作严格遵循ISO 13485、GB/T 19001/ISO 9001等质量标准及

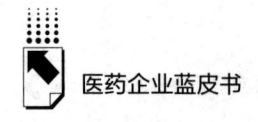

审查原则进行管理，具体流程如下。

1. 项目论证与立项

基于公司研发中心、市场部、销售部等相关部门的市场调研结果，公司制定年度产品开发项目计划。研发部结合该计划、市场需求、产品特性、技术要求等，制定年度产品开发/改进工作计划，并指定设计开发项目负责人。项目负责人须明确项目名称、项目目标、项目意义、简要可行性分析、项目计划时间表等。

2. 项目计划与评审

项目负责人根据方案实际情况，对项目可行性进行综合评估，包括研究和补充产品规范、技术方案、实施时间表、关键技术、风险分析等，并将方案整理汇总后提交部门领导审核。根据具体需求，项目负责人组建项目团队。

3. 设计开发与控制

项目负责人整体把控产品开发/改进项目进度，按照质量体系文件要求完成产品开发和产品设计变更，确保文件、流程、操作的规范化。设计开发文件应至少包含设计开发立项、策划、输入、输出、验证、确认、转换等环节。在此阶段，项目负责人编制设计和开发输入清单，并组织相关部门和人员对设计开发输入进行评审。

4. 验证评审与注册检验

项目团队根据测试计划进行力学及生物力学等方面的测试，并依据相关的国家标准、行业标准或公司要求进行产品验证。公司内部项目验证及评审通过后，项目组根据相关规定准备注册检验所需样品及技术要求文件，及时提交给国家药品监督管理局认可的医疗检测机构进行注册检验。

5. 临床评价与研究

项目组及公司其他相关部门共同制定临床评价方案，并根据产品特性确定是否进行临床试验。对于列入《免于进行临床试验的医疗器械目录》的产品或通过同品种医疗器械临床试验、使用数据进行评价的产品，公司按照《医疗器械临床评价技术指导原则》进行同产品比对试验并编制临床评价资料；对于需进行临床试验的产品，与合同外包服务机构等合作，完成临床试验方案及总结报告。

6. 提报与注册申请

项目组负责注册的人员编制相关注册资料，进行产品注册并获取批准。

（二）研发现状介绍

春立医疗，作为骨科植入性医疗器械领域的领军企业，始终聚焦研发、生产与销售的前沿，致力于通过技术创新引领行业发展。经过多年的积累与探索，公司已构建涵盖通用升级技术与独有技术的核心技术体系。这些技术不仅广泛应用于髋关节、膝关节、肩肘关节、关节骨缺损、脊柱、创伤、运动医学、PRP 及口腔等多个细分领域，还深度融合了对国人骨骼特征的理解、临床需求的精准对接及用户反馈的持续优化，确保了产品的卓越性能与工艺水平。

在 3D 打印技术兴起的浪潮中，春立医疗勇立潮头，引进了多种先进工艺的 3D 打印设备，并全力推进"定制个体化假体系列产品研发项目"。公司所拥有的电子束熔炼（EBM）、多射流熔融（MJF）、化学气相沉积（CVD）等尖端技术，不仅实现了钛合金多孔材料的精细打印和导板、假体试模等器械零件的精准制造，还通过表面涂覆技术为传统植入物披上了促进骨生长的多孔结构外衣。这一系列技术突破不仅拓宽了个性化医疗的边界，也为患者提供了更加精准、高效的治疗选择。

特别值得一提的是，春立医疗正依托中国国民骨骼数据库及 3D 重塑技术，研发先进定制个体化关节假体。这一创新产品将拥有更广泛的适用范围，能够更精准地满足患者的个性化需求。同时，公司还积极参与行业标准制定，担任中国医疗器械行业协会 3D 打印医疗器械专业委员会团体标准化技术委员会的起草单位，体现了在行业内的领导地位与责任感。

在新材料技术的探索上，春立医疗同样不遗余力。多孔钽材料以独特的骨结构相似性、高孔隙率促进骨生长、高摩擦系数保障初始稳定性等优势，

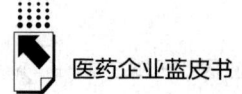

成为公司重点研发的对象。公司不仅成功申报了国家重点研发计划"生物医用材料研发与组织器官修复替代"重点专项,还在多孔钽骨修复材料及植入型产品的开发与临床应用上取得了显著成果。此外,生物医用镁合金作为新一代可降解材料的代表,其独特的可降解性、生物安全性及生物力学相容性也为公司研发新型植入物提供了广阔空间。

展望未来,春立医疗将继续秉持创新驱动的发展理念,紧跟生物医用材料行业规模化、精准化、个性化和智能化的发展趋势,不断向技术创新化、产品高端化、产业生态化和布局国际化的方向迈进,在推动自身高质量发展的同时,也为全球骨科医疗器械行业贡献更多的"中国智慧"与"中国方案"。

三 企业研发现状分析

(一)研发投入

春立医疗凭借前瞻性的战略布局,集中力量于新材料、新产品、新技术、新工艺的深度研发,持续为研发项目注入活力与资源。春立医疗已针对多孔钽、镁合金、聚醚醚酮(PEEK)等前沿新材料展开了系统性的研发布局,并同步完善了手术机器人、运动医学、PRP、口腔等新兴管线的产品矩阵。这一系列举措旨在全方位优化公司产品结构,巩固并提升公司在骨科高值耗材领域的市场竞争力,同时积极探索骨科相关领域的无限可能,持续提高市场渗透率与占有率,确保公司在医疗行业的长远发展与稳固地位。

在研发投入上,公司展现了坚定的决心与持续的努力。2022年,公司的研发费用高达1.62亿元,而2023年虽略有调整,但仍保持1.57亿元的显著水平。值得注意的是,即使在收入增长的情况下,公司依然保持了对研发的高投入,2023年研发费用占全年收入的比重稳定在13.03%(较2022年的13.51%略有下降,但绝对投入仍然可观),这充分显示了公司对技术创新的不懈追求与承诺。

为了进一步提升研发效能与成果质量，公司不断优化研发管理体系，确保每一分投入都能转化为推动行业进步的实际力量。公司的研发团队由406名精英组成，占公司总人数的32.98%，这一比例体现了公司对人才价值的深刻认识与高度重视。研发团队汇聚了本科、硕士、博士学历和拥有20年以上丰富经验的行业专家，形成了横跨机械设计、材料科学、生物力学、临床医学、计算机科学等多学科的复合型专业团队，为公司的持续创新与发展提供了强大的智力支持与人才保障。

（二）研发成果

春立医疗凭借卓越的科研实力与创新能力，再次彰显了在医疗科技领域的领先地位。公司取得中国合格评定国家认可委员会（CNAS）颁发的认可证书（注册号：CNASL14515），CNAS实验室成功完成增项工作，截至2023年底，已累计获得21项检测标准检测能力资质，并于同年3月顺利通过CNAS复评审，再次证明了公司在检测与认证领域的权威性与专业性。该实验室不仅承担国家及北京市重大研发项目的重任，还积极参与科普宣传，加速新品研发进程，确保每一款产品的安全性和科学性均达到行业顶尖水平。

在产品线拓展方面，春立医疗实现了显著的发展。截至2023年底，公司成功持有124项覆盖关节、脊柱、运动医学、齿科、PRP等多个领域的医疗器械注册证及备案凭证，其中包括Ⅱ类、Ⅲ类高端医疗器械注册证及Ⅰ类备案凭证，多款产品更是填补了国内空白，极大地提升了公司的核心竞争力和市场影响力。正畸托槽、正畸颊面管、颌面接骨板系统等注册证的取得，标志着公司正式进军口腔医疗领域，进一步丰富了产品矩阵，满足了市场多元化的需求。

在国家级重点项目上，春立医疗同样表现出色。公司主导的多孔钽骨修复材料及植入型产品项目中的两款产品，已成功获得国家药品监督管理局的注册受理，并顺利提交注册补正资料。此外，公司还连续获得国家重点研发计划的支持，包括"高品质医用金属粉体材料及增材制造金属植入体研发"项目，以及在工业和信息化部办公厅、国家药监局综合司联合发起的生物医

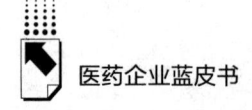

用材料创新任务揭榜挂帅项目中,斩获"可降解医用镁合金材料""医用增材制造用钽粉""双相磷酸钙"三项荣誉。

博士后科研工作站作为公司创新体系的重要组成部分,也取得了丰硕成果。多个国家级、市级科研项目顺利结题,并持续获得资金支持,如"医用锆合金表面陶瓷复合化改性""钽改性生物医用钛合金表面多层膜结构设计"等研究,均展现了公司在材料科学与生物医用技术融合领域的深厚实力。

在荣誉与资质方面,春立医疗更是硕果累累。公司不仅入选国家知识产权优势企业、国家企业技术中心、国家级专精特新"小巨人"企业等,还在北京市专精特新企业百强、高精尖企业百强、制造业企业百强等榜单中名列前茅,充分展现了公司在行业内的领先地位与卓越贡献。

同时,公司研发的多项产品也获得了北京市新技术新产品(服务)证书,这些产品凭借创新性与实用性,为临床治疗提供了更多选择,也为患者带来了更好的治疗效果与生活质量。春立医疗正以不懈的创新精神与卓越的产品品质,引领医疗科技的新一轮变革与发展。

(三)研发质量

2023年,春立医疗凭借卓越的研发实力与全球视野,成功获得多个国家的产品注册证,标志着髋、膝、脊柱三大核心系列产品均顺利通过了CE年度体系审核与监督审核的严苛考验,不仅彰显了公司在国际市场上的强劲竞争力,也为国际销售额的持续攀升奠定了坚实的基础。这一系列成就是公司国际化战略深入实施、产品质量与技术创新双重驱动下的必然结果,体现了公司在全球医疗科技领域的领先地位。

面对国家运动医学产品集采的机遇与挑战,公司展现出了高度的市场敏锐度与战略定力。通过深入的市场调研、高效的团队讨论与周密的策略部署,公司运动医学产品全线中标,这一佳绩不仅巩固了公司在该领域的市场地位,也为未来市占率的进一步提升铺设了坚实的道路,彰显了公司在复杂市场环境中灵活应变、稳健前行的能力。

截至 2023 年底，公司知识产权储备已达 577 项，其中发明专利授权 100 项、实用新型专利授权 463 项、外观设计专利 5 项以及软件著作权 9 项，这一庞大的专利矩阵是公司创新能力与核心竞争力的集中体现。值得一提的是，2022 年，"新轴心式膝关节假体"获中国专利奖优秀奖，这一国家级殊荣不仅是对公司专利技术先进性与创新高度的权威认可，也是对公司专利市场转化价值、专利保护体系及专利管理能力的全面肯定，进一步提升了公司在行业内的技术影响力与品牌美誉度。

（四）研发支持

春立医疗作为"十三五"期间 G20 创新引领的杰出代表，不仅入选了国家高新技术企业，还构建了北京市人工关节工程实验室与企业技术中心等高端资质平台，并设有博士后科研工作站，持续深化科研创新能力。公司积极参与并成功承担了科技部人才计划、国家自然科学基金及中国博士后科学基金等国家级科研项目，同时，频繁参与北京市科委、发展改革委等政府部门资助的科研项目，展现出强大的科研实力与社会贡献力。

在财务表现上，公司有效利用了政府补助，当期损益类补助达 633.66 万元，资产相关补贴则达 356.63 万元，为公司的持续发展注入了强劲动力。

四 经验总结与启示

（一）创新驱动的核心发展战略

春立医疗，作为植入性骨科医疗器械领域的领航者，始终坚守研发为先的核心理念，深耕产品的研发、制造及市场推广。历经多年不懈努力，公司不仅积累了深厚的行业经验，还在技术创新方面取得了显著突破，成功构建了包含通用升级技术与独有技术的多维度核心技术体系。通用升级技术基于全球通用标准，同时深度融合中国人体骨骼特征及临床实际需求，实现了产品性能与生产工艺的双重提升；独有技术则是公司研发智慧

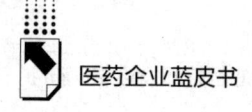

的结晶，依托前瞻性的研发规划与科研团队的持续努力，开创了行业技术的新篇章。

（二）严谨高效的研发管理体系

春立医疗的研发工作始终严格遵循 ISO 13485、GB/T 19001/ISO 9001 等质量标准体系，确保研发环节均达到国际领先水平。这一管理体系不仅为产品质量提供了可靠保障，也为公司的持续创新奠定了坚实基础。

（三）管理创新引领研发飞跃

面对行业日新月异的发展，春立医疗勇于探索，不断创新管理机制。公司根据研发阶段的特点，精心构建了一系列科学、系统的研发管理制度与激励机制，包括《研发晋升薪酬管理制度》和《研发专利管理制度》等。这些制度的实施极大地激发了研发人员的创造力和工作热情，促进了研发项目的自主立项与快速推进，加速了产品的迭代升级和技术创新。在此推动下，公司医疗器械注册证的获批速度加快，研发人员队伍迅速壮大，研发项目实现了跨越式增长，为公司的长远发展注入了强大动力。

五 建议与意见

（一）优化审评审批流程，强化标准一致性

为加速医疗器械市场准入，建议全面优化现有审批流程。首要措施是扩充审评专家团队，增加审评人员，以缩短审批周期，提高审评效率，并确保审批标准的统一性和严谨性。对于同企业相关联的多个审批项目，应探索并实施并行审评机制，有效减少企业等待时间，加速产品上市。此外，应建立审批流程定期评估与反馈机制，广泛收集申报企业及审评人员的意见和建议，持续优化审批流程，构建更高效、透明的审批环境。

（二）促进创新医疗器械临床普及，深化产学研医融合

鼓励国家药品监督管理局批准的创新医疗器械进入临床应用阶段，政府应为企业搭建桥梁，提供医院临床病例资源，促进与高校专家、临床医生的紧密合作与深入交流。通过构建产学研医一体化平台，收集临床反馈意见，持续优化创新医疗器械产品，推动产业高质量发展。此举不仅有助于提升医疗器械的临床效果与安全性，还能激发行业创新活力，促进医疗技术的整体进步。

（三）加快国产医疗器械国际化步伐，拓宽全球市场

针对国产医疗器械出海挑战，需深入分析目标市场，明确产品定位，制定精准的市场进入策略。加强国际认证体系建设，帮助企业获得 ISO 13485、CE 等国际认可的质量管理体系认证，提升产品国际竞争力。同时，充分利用政府出口扶持政策和金融机构融资支持，缓解企业海外拓展的资金压力。考虑在海外建立生产基地，优化供应链布局，提高响应速度和成本控制能力。与海外医疗机构、经销商及研究机构建立战略联盟，共同探索市场机遇，推动国产医疗器械在全球市场的深度布局与快速发展。

（四）推动产学研医用深度融合，激发医疗技术创新活力

构建产学研医用深度融合的生态系统是推动医疗技术创新与应用的关键。应搭建综合性平台，促进信息流通与资源共享，打破行业壁垒。设立技术转移办公室，加速高校科研成果向企业产品的转化，支持创新型企业的孵化与成长。定期举办交流会、研讨会等活动，促进知识交流与经验分享，激发新的合作灵感。设立专项科研基金，为产学研医用结合项目提供资金支持，减轻参与各方经济负担。政府应出台更多激励政策，如税收减免、资金补助等，鼓励企业、高校与医院之间的深度合作。同时，建立科学的评价体系，对合作项目进行定期评估与反馈，持续优化合作模式，确

保产学研医用深度融合的可持续发展,共同推动医疗技术的创新与医疗服务的升级。

参考文献

高海瑞:《激光熔融增材制造多孔钽骨植入物静态压缩力学行为的研究》,硕士学位论文,青岛理工大学,2022。

B.19 九强生物的中国IVD企业研发成长之路

邹左军 刘希 刘瑶*

摘 要： 九强生物是一家专注于体外诊断产品研发、生产和销售的国家级高新技术企业。本报告旨在通过多维度视角，首先对九强生物研发管理体系进行详尽剖析，涵盖管理制度的完善性、研发体制机制的创新性、研发能力的高水平以及研发深度的探索性，从而全面展现九强生物的研发管理现状。随后，本报告从研发投入、研发成果、研发质量以及研发支持四个维度，对九强生物的研发现状进行深入剖析。在此基础上，本报告提炼并总结了以下八个方面的宝贵经验：持续的学习与进取精神、标准化与质量提升的坚定追求、从模仿到创新的华丽转身、多元化的研发能力构建、深入临床实践的积极探索、研发管理与生产流程的紧密整合、降本增效与成本管理的精细实施，以及人才培养与激励机制的不断完善。基于上述分析，为推动体外诊断行业的进一步发展，九强生物提出了以下建议：首先，应强化国产创新医疗器械的应用推广，通过政策引导与市场激励，加速国产创新产品的市场普及；其次，深化产学研医合作机制，构建更加紧密的合作关系，促进科技成果的转化与应用；再次，进一步鼓励新技术与新产品的研发，加大对创新项目的投入与支持，激发企业的创新活力，优化招标采购与集中采购机制，确

---

* 邹左军，北京九强生物技术股份有限公司董事长，中国医疗器械行业协会体外诊断（IVD）分会理事长，2016年中国体外诊断领军人物，2017年蝉联终身成就奖，主要研究方向为体外诊断研究与研发管理；刘希，北京九强生物技术股份有限公司总经理，正高级工程师，军队科学技术进步奖一等奖获得者，国家科学技术进步奖二等奖获得者，主要研究方向为体外诊断研究与研发管理；刘瑶，九强生物技术股份有限公司研发经理，正高级工程师，北京市科学技术进步奖一等奖获得者，第八届"海英人才"——创新领军人才获得者，主要研究方向为体外诊断研究与研发管理。

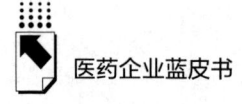

保采购活动的公开、公平、公正，促进市场竞争与产业升级；最后，进一步推动国产产品国际化布局，拓展海外市场，提升中国体外诊断产品的国际影响力与竞争力。

关键词： 体外诊断　九强生物　研发投入

　　体外诊断（IVD），被誉为"医生的眼睛"，是现代检验医学不可或缺的一部分。它通过分析人体样本（如血液、体液或组织等），为疾病的预防、诊断与治疗提供宝贵的临床信息。IVD技术覆盖了多个细分领域，包括生化诊断、免疫诊断、分子诊断、即时诊断（POCT）、血液与体液诊断以及微生物诊断等，每个领域都具有不同的技术特征和发展阶段。尽管全球IVD市场上已有罗氏、雅培、丹纳赫和西门子等大型企业占据主导地位，但该领域仍因技术不断进步、不同地区市场需求差异等因素保持活跃的发展态势。

　　在中国，IVD行业经历了从无到有、从弱到强的成长过程，并且随着市场规模从2016年的430亿元增长至2022年的1197亿元，显示出了强劲的增长潜力。中国不仅是亚太地区最大的临床实验室市场之一，还是全球十大IVD市场中增长速度最快的市场。此外，人口老龄化的趋势意味着对糖尿病、心脏病和癌症等慢性疾病的诊断和监测需求日益增加，而IVD产品在这些领域的应用至关重要。同时，随着中国民众医疗消费能力的提升，IVD市场的未来增长空间广阔。

　　为了进一步推动IVD行业的发展，我国各级政府出台了一系列政策措施。例如，2021年以来，北京市发布的《北京市"十四五"时期高精尖产业发展规划》和《北京经济技术开发区关于促进医药健康产业高质量发展的若干措施》等文件，旨在支持体外诊断试剂行业发展，优化产品注册流程，促进产品创新。面对医疗服务价格的调整，国家实施了药品和医用耗材的集中带量采购政策，以确保价格更加合理，同时保障降价后的产品质量、供应稳定性以及临床使用效果。

一 案例企业介绍

北京九强生物技术股份有限公司（以下简称"九强生物"）正式成立于2001年3月，于2014年10月30日在深交所成功上市，股票代码300406。作为中国领先的临床体外诊断产品上市公司，九强生物是国家级专精特新"小巨人"企业、国家认定企业技术中心。2020年7月，九强生物引入战略股东——国药集团所属中国医药投资有限公司，成为国药集团的成员企业。自2020年1月起至2023年6月，九强生物纳税额合计4.79亿元。

（一）主营业务

九强生物是一家专注于体外诊断产品的研发、生产和销售的国家级高新技术企业。作为国内体外诊断行业的领军企业之一，公司拥有一系列与国际先进水平同步的体外诊断产品。自2002年3月推出自有品牌"金斯尔"以来，该品牌已成为行业内的知名品牌，产品覆盖了广泛的体外生化诊断试剂。

除了在生化领域保持领先地位之外，九强生物还通过自主研发和外延式并购的方式，在其他细分市场积极扩展业务。目前，公司的产品组合已涵盖生化、病理、血凝、血型鉴定、化学发光、POCT以及循环肿瘤细胞（CTC）检测等多个领域，形成了全面的产品线，并建立了覆盖全球的营销和服务网络。

（二）主要业绩

九强生物一直致力于自主创新，逐年增加研发投入，已在体外诊断领域具备强大的创新能力。公司曾获多项重要奖项，包括国家科学技术进步奖二等奖、北京市科学技术进步奖一等奖、北京医学科技奖三等奖，并多次获得"创之星"杯中国体外诊断优秀创新产品金奖、北京市新技术新产品（服

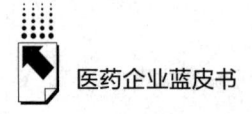

务）证书，获评北京市纳税信用 A 级企业、北京市信用企业，曾连续 9 年上榜"福布斯中国潜力企业"。

二 企业研发管理情况介绍

（一）管理制度

1. 企业技术中心管理体系构建

九强生物企业技术中心秉持严谨高效的原则，构建了全面而细致的管理框架，涵盖详尽的管理章程、清晰的部门目标设定、明确的岗位职责划分及权限界定。依托深入的市场调研和基础研究成果，技术委员会与专家委员会紧密合作，严格遵循 ISO13485 等国际及国内质量控制标准，精心规划新产品蓝图，并逐年编制详尽的新产品开发蓝图及产品优化策略。此外，企业技术中心还制定了《设计和开发程序》《生产过程控制程序》《产品防护控制程序》《反馈投诉管理程序》等一系列规章制度，全方位覆盖从研发创意到市场反馈的每一个环节，确保技术创新活动的顺畅进行与企业运营的稳健发展。

2. 研发项目高效组织管理

作为研发活动的核心驱动者，九强生物企业技术中心全面负责产品设计、开发全链条的组织、协调与实施工作。通过精心策划设计与开发流程，深入进行风险评估，明确界定技术接口，严格管理输入输出环节，实施多轮评审验证，灵活调整设计方案，确保每项改进与变更均经过严格确认。同时，对于外包设计项目，企业技术中心亦设定了严格的技术规范与要求，确保外部资源的有效整合与利用。

3. 研发经费精细化管理

九强生物深刻认识到研发资金投入对于技术创新的重要性，将强化资金管理视为构建现代企业制度的关键一环，并将此理念深植于企业内部各个职能部门，特别是企业技术中心。为此，公司建立了一套完善的财务管理制度体系，涵盖《往来账款财务管理制度》《发票管理财务制度》《成本核算财务制度》及专为新产品研发定制的《预算控制财务制度》，确保研发经费的专款专用及独立核算，为技术创新提供坚实的财务支撑。

4. 创新激励机制激发活力

为充分激发研发团队的潜能与创造力，加速项目成果转化，九强生物企业技术中心依据管理科学原理与研发活动特性，结合公司独特的"市场与客户导向"技术创新理念，精心设计了一套多元化的奖励机制。该机制根据项目难度、完成周期等因素，灵活采用项目奖金、个人绩效奖金及市场销售额提成等多种激励方式，不仅及时回馈研发人员的辛勤付出，更持续点燃他们追求技术突破与创新的热情，为公司长远发展注入不竭动力。

(二)研发管理体制机制

1. 人才价值引领创新生态，驱动制度革新与人才汇聚

九强生物秉持以人才价值驱动为核心的战略理念，勇于在人才管理的全链条——选聘、激励、评价、保障等关键环节开展制度创新，积极探索。通过实施人才引进战略、构建激励性的奖金制度及前瞻性的股权激励机制，有效打破了传统体制对人才自由流动的束缚，实现了跨领域、跨地域的高端科研人才及团队汇聚，为新型研发机构奠定了坚实的发展基础。

2. 前沿科研项目引领，产学研深度融合

依托前沿科研项目，九强生物与科研院校、基础科室合作构建了产学研用紧密结合的创新体系。在新产品研发中，公司特别重视与科研机构及临床科室的深度联合，以临床应用为核心，构建多种机制相辅相成的科研生态系统。相较于传统科研机构，公司在科研立项、研发模式及项目管理等方面展现出更高的灵活性与适应性，有效加速了科研进程。

3. 新型研发体系：市场需求导向，项目驱动高效

九强生物新型研发体系以市场需求为导向，通过项目牵引组建高效研发

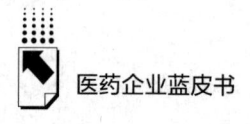

团队，并赋予项目负责人充分的自主权。这种管理方式极大地激发了团队的创造力与执行力，显著提升了科研成果的产出效率与质量。

4. 产学研深度融合，助力区域产业升级

新型研发机制紧密围绕区域产业升级的迫切需求，精准对接技术供需两侧，通过合作研发、人才共享培养、创新项目定向孵化等多元化手段，促进了科技创新成果的高效转化，为现实生产力注入了强劲动力。在此过程中，九强生物不断探索"高校—政府—企业"三者间的平衡与协同，开辟了政产学研合作的新篇章，为区域经济的跨越式发展提供了有力支撑。

5. 市场导向下的可持续运营模式

九强生物坚持以市场化为导向，致力于在科技服务的各个领域——技术转移、产品评价与检测、人才培训等，建立并优化良性运转模式。这一策略不仅保障了新型研发机构的财务健康与可持续发展，更促进了科技创新生态的持续优化与升级，为构建更加开放、协同、高效的创新体系奠定了坚实基础。

（三）研发能力水平

九强生物在IVD领域展现了卓越的研发实力，几乎涵盖了所有检测平台的研发设计，尤其在生化检测与血凝检测两大领域取得了标志性的成就。

1. 生化诊断领域

九强生物已全面掌握国内外领先的生化诊断检测技术，包括化学法、酶法（含循环酶法）、普通免疫比浊法、胶乳增强免疫比浊法以及高端的克隆酶供体酶免疫测定技术（CEDIA）和酶增强免疫测定技术（EMIT）等。这些生化研发技术平台的建立，标志着九强生物能够向市场提供适配全自动生化分析仪的全系列诊断试剂，满足国内外市场的需求。

2. 肿瘤病理诊断领域

九强生物在该领域取得了显著进展，几乎满足了医院病理科日常肿瘤病理诊断与鉴别诊断的所有试剂需求。公司自主研发了近百种拥有自主知识产权的免疫组化单克隆抗体，性能指标达到甚至超越了国际同类产品的先进水平。此外，九强生物还成功研发了单克隆抗体制备技术，并自主研发了国内首台全自动免疫组化染色系统（Titan），以及全自动化病理检测系统和荧光原位杂交等分子病理检测平台，为肿瘤病理诊断提供了全面解决方案。

3. 血凝检测领域

九强生物在该领域构建了基于发色底物法和凝固法的血凝检测试剂研发平台，并配套建立了仪器研发与生产平台。2022年，公司相继推出了MDC7500全自动凝血分析仪和GW series全自动凝血流水线，实现了国产凝血诊断技术的重大飞跃，有效提升了国内凝血诊断的自动化水平与精准度。

4. 血型检测领域

九强生物应用微柱凝胶法技术，建立了血型试剂及配套仪器的研发平台。公司研发了包括ABO正反定型及RhD血型检测卡（微柱凝胶法）、Rh血型分型卡（微柱凝胶法）、抗人球蛋白检测卡（微柱凝胶法）在内的血型检测试剂，同时配套红细胞产品和质控品，并配套SA-120血型仪，形成了一整套全自动血型检测系统解决方案。这些成果不仅提高了血型检测的准确性与效率，也为临床输血安全提供了有力保障。

5. 化学发光领域

九强生物在化学发光技术上同样取得了显著成就，已建成碱性磷酸酶发光平台，并在此平台上成功研发了110余项产品，其中50项产品已获得注册证，另有60余项产品正处于研发阶段。这些产品覆盖了免疫检测的所有主要菜单，不仅常规产品质量优越、成本更低，还包含了阿尔茨海默病血液检测、新型肿瘤标志物检测等创新产品，展现了九强生物在化学发光领域的深厚技术储备与创新能力。

综上，九强生物在IVD领域的科研成果已广泛转化应用于实际诊断，不仅提升了国内体外诊断行业的整体水平，也为全球医疗健康事业贡献了重要力量。同时，公司仍在不断探索与创新，致力于为更多疾病提供更为精准、更为高效的诊断解决方案。

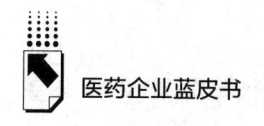

（四）研发现状的深度剖析

在临床体外诊断领域，国际品牌长期主导中高端市场，凭借具有尖端技术、卓越品质的试剂产品及高效精准的配套仪器，占据了超过50%的市场份额，尤其在国内顶级三甲医院的高端市场中形成垄断态势。面对这一格局，九强生物展现出强烈的自主创新意识与使命感，致力于通过不懈地自主研发，推出一系列拥有自主知识产权的创新产品与高品质国际竞品，全方位提升试剂、仪器、原辅料、检测及市场推广等环节的技术创新实力与国际竞争力，旨在进一步提升国产体外诊断产品在国内高端市场的份额。

1. 深耕重大疾病与多发性疾病领域

九强生物聚焦恶性肿瘤、心脑血管疾病、糖尿病、肝肾疾病等重大疾病，以及消化系统、呼吸系统等多发性疾病，构建完善的诊断试剂产品体系。公司不仅自主研发了核心工艺技术，还成功生产出一系列性能卓越、具备自主知识产权的新型诊断试剂。同时，不断优化现有产品的技术指标，持续降低原材料成本，并在产品溯源等方面积极与国际监管标准接轨。

2. 应对市场挑战，强化核心技术研发

针对体外诊断试剂领域存在的仿制、进口分装等问题，九强生物深入探索核心技术，建立健全量值溯源体系。在此基础上，构建生化及免疫诊断试剂研发创新平台，致力于开发高效、可靠、成本优化的试剂与仪器产品，进一步提升国产体外诊断产品在高端市场的份额。同时，公司积极参与国家及行业标准的制定工作，截至2022年底，已参与制定行业标准16项、国家标准1项，展现了行业领先地位与影响力。

3. 响应国家战略，整合创新资源

九强生物紧密围绕北京市增强自主创新能力、建设创新城市的战略部署，积极响应重点工程对技术进步的迫切需求，有效整合体外诊断试剂产业的创新资源，为行业提供坚实的技术与产品支撑。公司自2004年起便通过ISO13485质量管理体系认证，并于2006年通过"十万级洁净车间"检测，

彰显了九强生物在质量管理方面的严谨态度与卓越能力。2018年，九强生物质检中心更是获得中国合格评定国家认可委员会（CNAS）颁发的ISO17025证书，标志九强生物检测能力与质量管理体系达到国际标准，出具的成品放行报告数据获得国际广泛认可，为消除国际技术壁垒、促进检测结果在全球范围内的互认奠定了坚实基础。

三 企业研发情况介绍

（一）研发投入

1. 研发经费

近年来，九强生物在研发领域的投入持续展现出强劲的增长态势，不仅彰显了公司对技术创新的高度重视，也为公司持续发展注入了不竭动力。

2023年，公司主营业务收入稳步增长至174162.66万元，这一成绩的背后，是公司在研发方面的大力投入，全年研发投入高达12700.82万元，同比增长显著。同时，公司积极履行社会责任，上缴税金16719.55万元，为国家税收贡献了自己的力量。

公司在过去几年的发展中，不仅实现了主营业务的稳步增长和净利润的显著提升，更在研发投入上不断加大力度，为企业的长远发展注入了强大的创新动力。同时，公司也始终不忘回馈社会，积极履行纳税义务，展现了良好的企业形象和社会责任感。

2. 研发基地及人员配置

九强生物在怀柔区建立了23900余平方米的现代化生产基地，该基地按照GMP标准建设，集管理、研发、质控、生产于一体。根据公司战略规划及研发立项计划，公司设立了5个专门的研发部门，专注于生化试剂、凝血诊断试剂、化学发光诊断试剂、血型检测、原料、仪器设备及生产工艺研发，每个部门都建立了相应的研发实验室，并统一纳入企业技术中心管理体系。

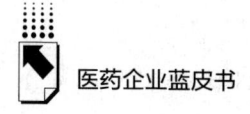

截至 2024 年 12 月 31 日，九强生物共拥有硕士及以上学历研发人员 107 人，其中博士学位研发人员 8 人。在研发团队中，高级职称人员 2 人、中级职称 7 人、初级职称 5 人，2 位研发人员拥有 20 年以上工作经验，20 位研发人员拥有 10 年以上工作经验。

企业技术中心设有主任 1 名、副主任 2 名，负责企业技术中心的运作及管理；设有技术委员会（成员 2 名），负责研究开发方向重大技术问题决策、项目进展管理；设有企业内部专家委员会（成员 2 名），负责确定产品研究开发方向，重点课题和经费预算决策。企业内部专家委员会下设法规部和质量部，技术委员会下设置研发事务办公室、知识产权工作组，研发事务办公室下辖分子生物学实验室、病理实验室、化学发光试剂研发实验室、生化诊断试剂研发实验室、仪器研发实验室、参考实验室、工艺转化团队和后勤保障组。各部门负责特定领域的研发工作及相关事务，共同推动公司的技术创新与发展。

（二）研发成果

经过多年的研发投入和技术积累，九强生物已构建七大核心技术平台，包括化学法检测技术、一般酶法技术、循环酶法技术、普通免疫比浊技术、胶乳增强免疫比浊技术、竞争法胶乳增强免疫比浊技术和改良的克隆酶供体免疫法检测技术。借助这些技术平台，公司完成了 200 多项生化检测试剂产品的研发与注册，这些产品能够适配多种类型的检测仪器。

在血凝诊断领域，公司依托核心技术平台，通过突破关键性技术如竞争法胶乳免疫比浊技术、直接法胶乳增强免疫比浊技术以及凝血酶技术等，成功研发出国产凝血诊断试剂及高端分析仪器。九强生物自主开发的全自动凝血分析仪 MDC3500 与 MDC7500，能够满足不同规模医疗机构的需求，为临床实验室提供全面的出血性疾病检测和血栓性疾病诊疗及药物监测解决方案，成为凝血实验室的理想选择。

在血型配血检测领域，2018 年，公司推出以微柱凝胶法为核心技术的血型检测产品，标志着九强生物正式进入该领域。随后，公司开发了多款血型检测卡、稀有血型试剂，并完成了全自动血型分析仪的研制，形成了一个完整的自动化血型检测系统。

在化学发光诊断领域，公司建立了磁微粒化学发光平台，已完成50种发光试剂盒及3款全自动化学发光免疫分析仪（Gi 9000、Gi 2000、Gi 1600）的研制，这些产品能够满足各级诊疗机构的不同需求。

依托这些先进的技术平台，九强生物已累计获得102项专利授权，并参与制定了20项国家/行业/团体标准。公司已获批296个医疗器械产品注册证，并已全部实现上市销售。所有的专利技术均与公司的体外诊断试剂及仪器产品紧密相关，并应用于大约160项产品的产业化环节，其中27项创新产品获得了国家重点新产品、北京市新技术新产品（服务）证书。

（三）研发质量

1. CE认证情况

在欧盟IVDD指令下，九强生物完成了八十余个项目的CE注册，在IVDR法规要求下，已有多项产品在注册过程中。

2. 专利申请、标准制定情况

截至2024年12月31日，九强生物依托公司技术平台，累计获得授权专利109项，其中发明专利89项、实用新型专利9项、外观设计专利11项；已受理专利72项；PCT申请专利18项（授权+受理）。参与制定国家标准1项；主持制定行业标准1项，参与制定行业标准7项；参与制定团体标准1项。

3. 研发技术开国际转化先河

九强生物基于"与巨人同行"的发展战略，自2013年起，与雅培、罗氏、日立、迈瑞等国内外知名企业陆续建立战略合作关系，与雅培签署的《技术许可和转让合作协议》更是开创了中国IVD企业技术输出的先河。

4. 获奖情况

九强生物始终秉持自主创新的核心理念，逐年加大研发投入力度，在该领域内构建了显著的创新能力与竞争优势。其成就不仅体现在获得国家科学技术进步奖二等奖、北京市科学技术进步奖一等奖及北京医学科技奖三等奖

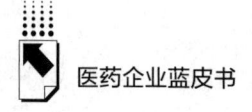

等重量级奖项上，还表现为多次摘得"创之星"杯中国体外诊断优秀创新产品金奖，并获得北京市新技术新产品（服务）证书，彰显了九强生物在技术创新与市场认可方面的双重实力。

此外，九强生物还以卓越的经营管理和诚信纳税行为，入选北京市纳税信用A级企业及北京市信用企业，连续9年跻身"福布斯中国潜力企业"榜单。

在资质认证与荣誉加冕方面，九强生物自2011年起便持续入选国家高新技术企业，彰显了其在高新技术领域的领先地位。随后，2013年、2014年九强生物分别被认定为北京市企业技术中心和北京市工程实验室，进一步巩固了其技术研发与创新平台的坚实基础。2018年与2020年，九强生物更是凭借卓越的实验室管理和质检能力，获得"中国合格评定国家认可委员会实验室认可证书"（参考实验室、质检中心），标志着其检测服务能力达到了国际认可的高标准。

进入新时代，九强生物再攀高峰，于2021年入选国家级专精特新"小巨人"企业，这是对其在专业化、精细化、特色化、新颖化方面卓越表现的最高肯定。2022年，公司更是入选国家企业技术中心，标志着其技术创新体系已迈入国家级行列，为未来的持续创新与发展奠定了更加坚实的基础。

（四）研发支持

九强生物积极参与"国家863计划"、国家科技支撑计划、国家发展改革委增强制造业核心竞争力专项"国产高端血凝分析系统研发及产业化"、中关村高精尖项目以及科技部国家重点研发计划等，累计获得相关资金支持5500余万元。

九强生物与全国500余家医院合作，支持各院建立临床研究实验室，并对项目开发的试剂进行临床评价，通过大规模临床研究实验室对所研发的试剂盒的方法和临床性能评价，进一步优化研发试剂盒的性能，验证并确认新开发产品的临床意义，以研制一批具有自主知识产权的、具有国际竞争力的创新产品。通过"国家863计划"及国家重点研发项目子课题的模式，九强生物增设一批临床研究实验室作为研发试剂的评价基地，临床评价经费由课题匹配的自筹经费支出，有效地提升了产学研用辐射效果，将临床应用与试剂开发紧密结合，提升了试剂的应用效果，服务我国的健康产业发展。

九强生物参与教育部产学合作协同育人项目并同教育部高等学校科学研究发展中心合作设立"中国高校产学研创新基金"，引入外部高校创新技术，为企业内部研发注入新的活力。九强生物与首都医科大学、复旦大学、浙江大学、同济大学、武汉大学等35家高校附属单位合作，共同探讨临床检验相关体外诊断指标的应用价值，共同推动检测平台和项目转化的落地和推广。

四　经验总结与启示

（一）持续学习与进取精神

九强公司自2004年成立以来，始终秉持"没有最好，只有更好"的理念，不断追求卓越。团队成员始终保持学习和进取的态度，紧跟行业发展和技术进步的步伐，致力于开发出更加精准、高效的产品。九强生物对研发人员年度培训进行学分管理，研发人员每年需要参加各类培训、国内外展会和学术会议。通过以上途径，研发人员深入了解市场，敏锐捕捉行业发展动态，扩展研发视角。

（二）标准化与质量提升

随着行业标准的不断完善，以及对产品质量的要求日益提高，研发团队深知只有不断学习和跟进市场趋势，才能研发出满足临床需求的高质量产品。九强生物研发团队持续学习国家标准，行业标准以及国际标准，完善研发流程，规范研发输出质量。

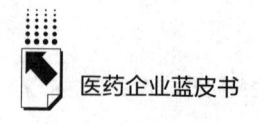

（三）从模仿到创新的转变

九强生物的研发模式逐步从模仿向自主创新转变。无论从常规产品性能的提升，还是从独特创新产品的角度看，九强生物都深耕IVD领域，成功推出了多项国际首创产品，如液体酶法钾钠试剂、同型半胱氨酸试剂及肌酸激酶同工酶质量法检测试剂盒等。这些创新成果成功上市，得到临床客户的认可，为九强生物带来了巨大经济效益。

（四）多元化的研发能力

九强生物研发人员不局限于单一产品线，而是通过内外培训和学习，具备了跨产品系统的研发能力。九强生物研发人员均具备两种或以上产品线的研发能力，这种多元化的能力使得团队能够更加灵活地应对市场变化和技术挑战。

（五）深入临床实践

九强生物研发团队积极参与国家课题和科技项目，深入理解临床实际需求，准确把握临床难点和痛点，确保研发的产品能够切实满足临床科室的实际需要。同时，团队通过不断学习医学和相关临床科学知识，增强了对新产品的预见性并提高对临床需求的敏感度。

（六）研发管理与生产整合

九强生物持续优化研发管理制度，强化立项调研工作，确保研发活动紧密围绕临床需求和市场导向展开。同时，通过完善研发输出管理，加强与生产、质量等部门的协同合作，创造一个高效的工作环境，进而提升产品质量和生产效率。九强生物加强研发转化生产环节的管理，严格控制产品生产中的关键工艺。生产转化团队成功地建立，成为研发和生产衔接的关键环节。九强生物重视产品的溯源和质量管理。基于中国合格评定国家认可委员会的ISO17025和ISO15195认证九强生物质检中心的检测能力和质量管理体系迈上新台阶，质检中心出具的成品放行报告数据能够得到国际认可。

（七）降本增效与成本管理

面对集采环境下利润空间的压缩，九强生物研发团队采取了降本增效的策略，通过合理规划实验、提高实验效率、控制实验耗材和原料采购成本等方式降本增效。九强生物组建上游原材料的研发团队，关键的核心原材料实现自研自产。原料国产化和自主研发，不仅有助于降低成本，还能有效解决供应链上的"卡脖子"问题。

（八）人才培养与激励

九强生物建立健全的人才培养机制，确保研发人员能够持续成长和进步，通过有效的激励机制，如绩效奖励、晋升机会等，激发员工的积极性和创造性，确保团队的稳定性和持续发展动力。与此同时，九强生物联合北京市和海淀区中关村等相关政府部门，协助办理应届毕业生和高级人才的人才引进，解决了研发人员的户口、子女上学等困难，为人才的专心研发工作铺平道路。

五 对策建议

为了进一步推动我国医疗器械行业的蓬勃发展，提高国产医疗器械的品质与全球竞争力，并促进该行业的健康、可持续成长，本报告提出以下相关建议与意见。

（一）强化国产创新医疗器械的应用

医疗设备是临床医疗服务中必不可少的工具，很长一段时间进口设备占据主流。近年来，我国出台了一系列支持国产医疗设备的政策，2023年8月25日国务院常务会议审议通过《医药工业高质量发展行动计划（2023—2025年）》《医疗装备产业高质量发展行动计划（2023—2025年）》，高度重视国产医疗装备的推广应用，完善相关支持政策，促进国产医疗装备迭代升级。此次常务会议还强调，要加大医工交叉复合型人才培养力度，支持高校与企业联合培养一批医疗装备领域领军人才。在确保政策合规性的基础上，建议优先扶持国产医疗器械的广泛应用，特别是创新产品，通过优化注册审批流程与临床评价环节，加速从研发到市场的转化，让创新成果更快惠及患者。与此同时，促进创新医疗技术的临床应用，建议积极倡导并推动创新医疗技术和产品在临床中的广泛应用，为患者提供更加高效、安全、个性化的治疗方案，提升医疗服务水平。

（二）深化产学研医合作

2024年国务院《政府工作报告》提出，强化企业科技创新主体地位，激励企业加大创新投入，深化产学研用结合，支持有实力的企业牵头重大攻关任务。产学研用紧密结合合作为提升自主创新能力的关键，在国家政策的持续推动下，向着更高层次、更广领域发展，并逐步成为IVD领域加快发展步伐，提升我国在全球IVD市场竞争力和影响力的重要推手。建议构建紧密的校企合作与临床协作网络，加强医院、科研院校与企业的深度合作。在产品的研发过程中，病人样本的使用、相关科研信息的共享，以及科研成果的产品转化建议给予大力支持，以期促进科研创新成果迅速转化为临床应用产品，加速科技成果的商业化步伐，形成产学研医深度融合的创新生态。建议各级政府积极引导，加强产学研结合，将科研方面的成果转化为可用的技术和产品，大力支持企业研发，集中资金、人力和物力，形成规模效应。

（三）鼓励新技术与新产品研发

建议政府加大对新技术、新产品研发的支持力度，制定科学合理的医疗服务收费政策，兼顾临床需求、产品功能与价值，而非单纯追求降价。对于具有重大临床意义的创新技术与产品，应给予合理的定价机制及医保支持。

（四）优化招标采购与集中采购机制

在招标采购与集中采购活动中，建议秉持公平、公正、合理的原则，避免单一追求低价而忽视产品质量与企业可持续发展。建议采取科学的采购策略，确保采购效益与产品质量的双重优化。

（五）推动国产产品国际化布局

在国际产品注册方面，国内企业与国际知名企业相比，依旧存在需要追赶的差距。我国本土的企业还要进一步加强产品全球化布局，其中首要任务就是加大产品的全球注册力度，在确保产品质量和符合出口目的地国法规的前提下，加大产品注册力度，为产品出海奠定基础。只有这样我国的IVD企业才能够真正做到"在中国为中国"到"在中国为世界"的重大转变。建议对于成功获得FDA、EMA、CE、PMDA、WHO、PIC/S等国际权威机构认证的国产医疗器械企业，在其相关产品进入国际市场并实现销售时，提供必要的资金补贴，以激励更多企业走出国门，参与国际竞争。

建议推动已获得国内认证的医疗器械进入共建"一带一路"国家和地区及全球其他市场，通过国际合作与交流，提升国产医疗器械的国际认知度与信誉。进一步为国产医疗器械企业搭建国际交流平台，通过举办或参与国际产品展览会、推介会等活动，分区域、有针对性地推广国产优质产品，提升品牌国际影响力，拓宽国际市场渠道，促进医疗器械行业的国际化进程与整体繁荣。

参考文献

索叶桦：《政府补助对九强生物绩效影响研究》，硕士学位论文，广西财经学院，2022。

《九强生物董事长邹左军：紧抓国产替代机遇"借船出海"深化海外市场发展战略》，《证券日报》2020年12月24日。

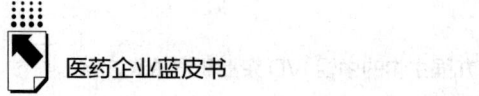

《医疗产业发展定调 药品器械创新提速》,《经济参考报》2023年8月30日。

《2023卫生健康与医药工业创新服务大会召开 探讨医药产业发展方向》,《证券日报》2023年9月4日。

《供应链本土化:解码跨国医械企业的"传、帮、带"生意经》,21世纪经济网,2021年10月19日,https://www.21jingji.com/article/20211020/f924e15e5ba06233453a80139c7f5b1e.html。

国际借鉴篇

B.20

GE 医疗：无界创新，
引领医疗设备高端研发

孙旭光　Jiang Hsieh　黄峰　陈菁*

摘　要： GE 医疗致力于成为全球领先的医疗科技、诊断药物和数字化解决方案创新者，通过提供一站式整合解决方案、卓越服务及深度数据分析，旨在推动医院运营效率跃升、临床诊断精确无误、治疗方案个性化定制，最终实现患者健康与福祉的最大化。在这一宏伟愿景的引领下，GE 医疗率先分享了在精准医疗领域的深耕细作，以及"无界创新"这一前瞻性研发战略理念。该理念强调跨越界限、融合多元，以开创性的思维引领医疗科技的未来。紧接着，GE 医疗详细阐述了独特的研发模式——"全球智慧+中国创新"，这一模式巧妙融合了全球领先的科技智慧与中国本土的创新活力，

---

* 孙旭光，GE 医疗中国首席技术官，中国医疗器械行业领军人物，深耕医疗器械行业二十余年，主要研究方向为医疗设备研发以及相关技术创新领域；Jiang Hsieh，博士，美国威斯康星大学麦迪逊分校医学物理系教授，GE 医疗中国首席科学家，主要研究方向为医学成像领域的创新；黄峰，美国佛罗里达大学数学博士，GE 医疗中国数字总经理，主要研究方向为数字化和磁共振方向的创新；陈菁，GE 医疗中国研发总监，主要研究方向为医疗设备领域的法规政策、质量体系管控和研发项目驱动。

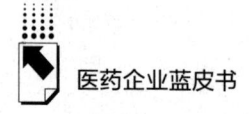

同时依托数字技术与实体产业的深度融合，以及产学研三位一体的紧密合作，构建了一个开放、协同的创新生态系统。在此基础上，GE 医疗深刻洞察并系统总结了未来研发创新的三大核心趋势：未来创新必将是根植于本土的创新，紧密贴合本地市场需求与特色；未来创新必须是高效且能产生实际影响的有效创新，能够迅速转化为医疗实践的改善与患者福祉的提升；未来创新也必然是跨越国界、打破壁垒的无界创新，通过全球合作与资源共享，共同推动医疗科技的飞跃发展。

关键词： 医疗设备 医疗器械 跨国企业 本土研发

健康是人民幸福生活的基础。如何应对重大疾病和慢性病的管理、提升医疗质量和可及性是全球医疗健康产业面临的共同问题。正如习近平总书记所说，"人类同疾病较量最有力的武器，就是科学技术"。① 科技创新是发展新质生产力的核心要素，也是解决疾病挑战的根本。

2016 年，中共中央、国务院印发了《"健康中国 2030"规划纲要》，明确提出促进医药产业发展，完善政产学研用协同创新体系，推动医药创新和转型升级，加强专利药、中药新药、新型制剂、高端医疗器械等创新能力建设，实施绿色和智能改造升级。

2021 年，工业和信息化部、国家卫生健康委、国家发展改革委、科技部、财政部、国务院国资委、国家市场监管总局、国家医保局、国家中医药局、国家药监局等十部门联合印发的《"十四五"医疗装备产业发展规划》明确指出：聚焦临床需求和健康保障，强化医工协同，推进技术创新、产品创新和服务模式创新，提升产业基础高级化和产业链现代化水平，推动医疗装备产业高质量发展，为保障人民群众生命安全和身体健康提供有力支撑。

2024 年，党的二十届三中全会对卫生健康领域改革做出全面系统的部

---

① 习近平：《为打赢疫情防控阻击战提供强大科技支撑》，《求是》2020 年第 6 期。

署。全会通过了《中共中央关于进一步全面深化改革、推进中国式现代化的决定》，进一步指出"实施健康优先发展战略"，大力发展卫生健康领域新质生产力，促进医工融合，推动医学科技领域前沿技术和未来产业的创新研发，为中国式现代化提供强大科技支撑。

在医疗装备领域，不断推动科技创新、构建和完善政产学研用协同创新体系、引领高端医疗设备产业升级、加速发展医疗新质生产力，将为提高人民健康水平提供有力支撑，也是实现"健康中国2030"目标的重要抓手。

一 GE 医疗企业介绍

GE 医疗致力于成为全球领先的医疗科技、诊断药物和数字化解决方案创新者，通过提供整合解决方案、数据分析服务，使医院运营更高效、临床诊断更有效、治疗方法更精准、患者更健康和幸福。在服务患者和医疗机构的过程中，GE 医疗持续推进个性化、互联互通和更富同理心的医疗关爱，同时简化患者诊疗流程。GE 医疗的医学影像、超声、生命关爱和诊断药物业务覆盖从诊断、治疗到监护各环节。GE 医疗于 2023 年 1 月在美国纳斯达克股票交易所上市。公司业务遍及 160 多个国家和地区，年营收超 196 亿美元，全球 51000 名员工同心共创无界的医疗关爱。

在中国，GE 医疗秉承"关爱每个中国人的生命重要时刻"之初心，持续深化"全面国产、无界创新、合作共赢"的战略。目前，GE 医疗已在中国构建从经济型到高端全覆盖的医疗设备研发和生产能力。GE 医疗秉承"无界创新"的全新战略和理念，充分发挥全球资源优势，全面推动融合全球智慧的中国创新，打通产学研用壁垒，"从临床中来，到临床中去"；与一流的医学中心合作，赋能临床需求，助力临床科研；与顶尖的科研院所合作，依托双方优势，强强联合，结合科研院所优秀的科研实力，充分发挥 GE 医疗的产业积淀优势，推动前沿科技的创新落地和成果转化。数字化是应对医疗资源挑战的重要解决手段，无界创新还需要聚焦数实融合、孵化创新，运用数字化和人工智能解决方案，赋能设备、赋能

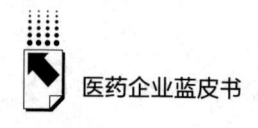

医生、赋能技师。GE医疗与国内一流的数字科技企业结为合作伙伴，打造数字化生态圈。

二 研发战略及布局

（一）研发战略

1. 致力精准医疗的发展

现代医学的飞速发展，尤其是精准医疗理念的提出和发展，让人们对疾病有了更深入地认识。随着对病因的探究与分类日益精细，医务工作者对技术的需求愈发迫切，他们渴望通过更多的技术手段获取更全面、更精确的信息，同时需要更便捷智能的手段综合海量的数据，为患者制定个体化的诊疗方案。在精准医疗的时代背景下，信息量级的增长和分工的细化对医疗设备和技术提出了更高的创新要求。传统的设备研发模式已无法满足这一需求，迫切需要以疾病临床路径为主线，进行研发规划和协同创新，打造更高效、更精准的医疗解决方案。

GE医疗致力于成为精准医疗市场的领导者，凭借在影像、超声、患者护理和诊断药物等领域的专业知识，不断拓展业务范围，实现从诊断到筛查和治疗的全面覆盖。GE医疗注重数据分析，将数据转化为可操作的建议，为患者提供更优质的个体化诊疗服务。

为了实现这一目标，GE医疗围绕疾病的临床路径调整组织、整合资源，将团队、工具和技术紧密结合，推动技术转型和全企业的创新。GE医疗致力于提供更清晰、更敏捷的产品和服务，覆盖疾病的诊疗全程，为医务工作者和患者提供更好的支持。GE医疗优先关注在世界范围内对人类健康造成重大威胁的疾病，聚焦肿瘤、心脏和神经三大领域。以肿瘤为例，在肿瘤诊疗的各个环节中，GE医疗深知每一个步骤都关乎患者的生命与健康，因此，仔细梳理筛查、诊断、治疗等各个环节的痛点，以丰富的产品线和持续的技术创新，实现个体化精准治疗。同时，GE医疗借助自动化和智能化的技术与流程设计，提升诊疗效率，确保更多患者得到及时、有效的治疗。

2. "无界创新"战略理念

2023年1月，GE医疗成为独立公司，在纳斯达克上市。2023年4月，GE医疗中国正式将战略升级为"全面国产、无界创新、合作共赢"，聚焦国产、创新、合作三大着力点，探索全民健康现代化路径，提升精准医疗和优质医疗资源可及性，共创无界的医疗关爱，推动健康中国建设。

在创新研发领域，GE医疗秉承"无界创新"的理念整合全球和中国智慧，让创新赋能健康需求。医疗是无界的，创新更是无界的。GE医疗通过融合全球和中国智慧的原始创新、产学研用、数实融合、孵化创新等方式实施无界创新的战略，推出更多针对中国医疗行业和临床需求的创新产品和解决方案，孵化和赋能创新成果转化与商业落地。未来，GE医疗将继续扩大在中国的研发投入，加速与中国顶尖高校、科研院所的合作，推动科研和创新成果的商业落地与人才培养。

（二）研发布局

GE医疗拥有非常完整的产品线，横跨影像、超声、生命关爱产品，并有数字化研发作为"智慧大脑"赋能设备。GE医疗中国已有1800多位研发工程师，拥有全球统一的研发人才体系，其中超过450名为全球专家，打造了一支中国本土的世界一流研发团队。与此同时，GE医疗拥有业内顶尖的研发环境，超过160间研发实验室支持中国研发。相比于2019年，2023年GE医疗在中国的研发投入翻了一倍，截至2024年超过130款本土创新产品走向世界。每天，有超过2000万名中国患者受益于GE医疗的产品和技术。

自2021年起，根据当地产业布局和自身资源优势，GE医疗分别针对供应链、影像链、数字链，先后在北京、无锡、上海打造了3个"创中心"，吸引更多大健康、智能制造、科技信息技术等领域的优秀合作伙伴，加速贯通产学研用链条，解决行业挑战和临床需求等，促进产业创新生态发展。

此外，GE医疗不断与全球一流的科研院所深度交流与融合，强强联

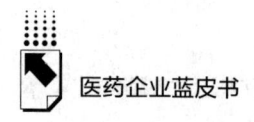

合，致力于攻克重大疾病和关键临床痛点问题，共同探索前沿科技在临床场景的应用可行性，打造行业人才高地。

（三）研发人才培养

GE医疗与医院、科研机构及合作伙伴共同搭建了医疗技术复合型人才培养平台，设立本科生实习基地和研究生专业学位实践基地。针对研究生进行双导师联合培养，建立博士后科研工作站等，为人才提供了宝贵的实践机会，促进了人才的专业成长和技能提升。建立学术交流机制，推动常态化学术交流互动。通过实习、培训、联合项目等方式，为人才提供宝贵的实践机会，促进人才的专业成长和技能提升。这种合作模式不仅有助于提升医疗行业的整体水平，也为医疗事业的可持续发展注入新的活力。

在内部研发人才培养方面，GE医疗持续开展爱迪生工程技术管理培训生项目（EEDP）。EEDP是为GE医疗培养未来的技术精英、技术领军者的培训生项目，迄今已开展超过100年，培养了1000余位中国科学家。通过两年在不同部门颇具挑战的轮岗和一系列丰富的技术和领导力培训课程，EEDP项目成员能够具备优秀工程技术人才的综合素质，并在职业早期加速提升技术研发工作核心技能，全方位锻炼领导力，为长远职业发展奠定坚实的基础。

三 研发模式及成果

创新是发展新质生产力的原动力，基于百年创新底蕴，GE医疗持续通过"全球平台+中国智慧"创新、产学研用协同创新、数实融合创新和孵化创新，推动重疾精准诊疗，赋能县域和基层医疗，推动诊疗一体化、智慧医院等领域的深度发展，激发高科技、高效能、高质量的医疗新质生产力，共创无界医疗，关爱每个中国人的生命重要时刻。

GE医疗中国研发团队作为全球研发团队的重要力量，秉承"全球智慧+中国创新"的理念，立足中国"全面国产、无界创新、合作共赢"的战略。GE医疗逐步推进高中低端全线产品的国产化，并覆盖产品、供应链、创新等多个方面，力争实现GE医疗全系列产品的全面国产，包括计算机断层扫描（CT）、磁共振成像（MR）、分子影像、女性健康、血管机、骨科机器人、超声、生命关爱、数字化产品等全栈产品。

GE医疗不断加大研发投入力度，2019~2023年，GE医疗在中国的研发投入翻了一番，未来三年预计还将再翻一番。结合中国临床需求的痛点和需求，GE医疗中国研发团队已经打造并推出130多款明星产品，不仅满足中国市场，还远销海外。

（一）全球智慧+中国创新

在中国，GE医疗面临独特的健康需求和行业挑战。如一台CT机，在美国一天只要扫查20~30位病人，在中国每天平均要扫查200多位病人，这对设备功能有着更高要求。此外，老龄化的加速、优质医疗资源分配不均、基层诊疗能力有待提升等，使得中国迫切需要更快速、更精准、更可及的医疗创新。因此，GE医疗不断在中国加大研发投入力度，把全球的研发积淀与中国的医疗实际需求结合起来，让中国创新走上世界舞台、赋能全球。

基于深度学习自动化定位技术的深度天眼CT，把AI与CT融合。深度天眼借助AI，实现真正的一键精准定位和零接触进床的自动化扫描，相较于传统扫描流程，缩短单个检查者30%的扫查时间，实现图像质量的同质化，并能避免医患交叉感染，这是一个非常典型的中国创造赋能全球的例子。新冠肺炎疫情期间，"雷神山"医院使用了配置深度天眼系统的GE医疗Revolution Maxima CT，其自动摆位以及快速迭代创新的隔室操作避免了病人和医护的交叉感染，获得临床的极大认可，应用于全国多家方舱医院、发热门诊。目前，深度天眼可应用于GE医疗全线的CT产品，遍布160多个国家和地区。

对于乳腺癌这一威胁女性健康的首要癌症，早发现、早治疗的重要性不言而喻，但筛查的开展往往受到技术和人力等因素的限制。国家癌症中心数

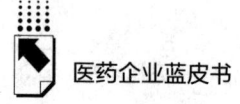

据显示，我国早期乳腺癌诊断率不足20%，其中筛查发现的病例仅为5%。出于经济和无辐射等因素的考虑，超声是筛查的首选工具。然而，超声对使用者的技术要求较高，经验丰富的超声医生的稀缺成为制约筛查普及的因素。为此，GE医疗积极应对挑战，研发出自动乳腺容积超声技术这一独家产品，开创性地使超声检查自动化，彻底转变了超声检查的模式，将扫描和判读分离，克服了人力不足对于筛查的束缚，不仅促进了筛查的普及，3D容积图像还有效提高了超声检查的准确性。

GE医疗深刻理解诊断复杂性带给医生的负担和困惑，也对由此带给患者的担忧和奔波感同身受，所以GE医疗持续致力于通过技术突破帮助医生更简便地发现病灶并做出更明确的诊断。钼靶检查是乳腺癌诊断中临床常用的方法，然而对于东方女性常见的致密型乳腺，常规钼靶检查往往难以区分腺体和隐藏在其中的癌灶，从而影响检查质量。为了解决这一问题，GE医疗创新性地研发出了对比增强能谱成像技术，通过高低能图像剪影来突出病灶，去除背景腺体的影像，使得隐匿性病灶、早期病灶的发现以及多灶性、多中心病变的精准检出变得更加简单和精准，增强了医生的诊断信心，为大量患者免除了多次检查的奔波和痛苦。

（二）数实融合

数字化是应对医疗资源挑战的重要解决手段。近年来，AI、云计算、机器学习、物联网等新兴技术加速发展，正在与医疗健康产业加速融合，一方面帮助医生更准确地判断病情、降低误诊漏诊风险、提升基层筛查诊疗能力；另一方面帮助医生工作和医院运营更高效，减少患者等待诊断和治疗的时间，提升医疗资源利用率。无界创新还需要聚焦数实融合、孵化创新，运用数字化和人工智能解决方案，赋能设备、赋能医生、赋能技师。GE医疗与国内一流的数字科技企业结为合作伙伴，打造数字化生态圈。

GE医疗在大数据和人工智能方面也早有布局，在全球已获72项AI医疗设备授权。2024年，GE医疗紧锣密鼓地收购了MIM Software、Intelligent

Ultrasound 两家公司，并携手英伟达、Volta Medical、MediView、亚马逊云科技等公司，开展前瞻性的研究与合作。

在中国，GE 医疗携手 40 多个本土创新伙伴，仅在人工智能方面就已引入 30 多款数字化产品/技术进行融合创新，并投入临床使用，这些成果和应用的 70%服务于区域医疗中心、县域和基层医疗能力提升。GE 医疗从智能设备、智能临床、智能管理三个维度推进数实融合，促进临床产出，已在 CT、MR、超声等医学影像领域采用 AI 技术。

（三）产学研合作

GE 医疗与国内医院和专家深度合作开展临床科研，开展合作研发并促进成果转化。GE 医疗与医院的合作，首先体现在科研创新上。双方共同开展前沿医疗技术研究，通过深度交流和合作，将 GE 医疗的先进技术与医院的实际需求相结合，不断推动医疗科技的进步。

技术应用方面的合作也取得了显著成果。GE 医疗为医院提供了先进的医疗设备和技术支持，而医院则通过实际应用，不断反馈和优化这些技术的使用效果，使医疗技术更加贴近临床需求，提升了医疗服务的质量和效率。

GE 医疗与高校科研机构及行业协会深度合作，签署产学研合作框架协议，共建联合创新基地、创新联合实验室、实践实习基地，充分发挥各方在人才、技术方面的优势，推进智慧医疗创新成果产业化落地。

2023~2024 年，GE 医疗先后与国内多家顶尖大学和实验室等研究机构签署了战略合作协议，围绕医学成像、重大疾病预防、诊断和治疗等方面开展深度合作，推动高端医疗设备、智能医疗仪器等前沿技术的研究，建立学术和人才的培养交流输送机制，促进国际化合作落地，并共同推动精准诊疗解决方案的落地和推广。

1. 前沿科技探索及原创性创新

作为全球化的企业，GE 医疗的产品在设计、研发和生产全程融合了全球技术和医务工作者的智慧。中国是 GE 医疗最重要的市场，中国客户的需

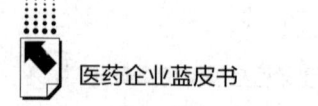

求对GE医疗尤为重要,因此GE医疗尤为重视中国客户的声音。GE医疗与中国客户开展了大量合作,将全球智慧与中国客户的需求相结合,对涵盖CT、分子影像、MR、血管机、超声等全系列产品线超过5种不同类型30余项新产品的样机进行了临床验证和评估,使得新产品更加贴近客户实际的临床需求。

例如,在GE医疗发起的1.5T Voyage的多中心临床研究中,有辽宁省与湖北省等地的医院共同参与。经过不同地区不同医院对同一产品的临床验证和评估,该产品在临床研究阶段获得来自不同医院临床实际应用的现场反馈,实现了及时迭代更新。同时,该研究为产品临床注册提供了相关数据的验证和评估机会。

在由GE医疗发起的、无锡市相关医院主导的关于超声产品POC LOGIQe R9的临床研究中,用户对新产品进行了严谨的临床验证和评估。该产品在上市前获得了来自客户的真实使用反馈,产品设计更贴近临床实际使用的需求,也为产品临床注册提供了可靠的数据支撑。

GE医疗尤为注重与中国客户开展原创性合作。GE医疗与国内顶级大学、实验室等科研单位开展了战略合作,围绕生物医学影像前沿和应用领域,在重疾预防和诊治等方面展开深度合作,推动高端医疗设备关键核心生物医学影像、智能医疗仪器等技术的研究,探索科技成果的临床应用可行性,并建立学术交流机制,推动双方常态化学术类交流互动,为行业培养、输送专业人才,并推动科研协同创新和精准诊疗一体化解决方案的落地,加速推进科研成果的孵化和转化。

GE医疗也与相关国家医学中心及国家实验室围绕传染性疾病开展了战略合作,三方将根据临床实际需求,通过技术创新探索更有效地覆盖肝炎患者全病程的筛查、诊断、治疗和随访模式,加速肝脏重疾早筛早诊创新诊疗路径落地。

2.临床应用合作及多中心研究

GE医疗重视检验新技术在中国临床实践中的应用价值。为此,GE医疗与大量中国客户就新技术的应用研究开展了广泛而深入的合作。GE医疗与四川某医院合作，实现了国内第一个15T转化医学平台的落地。15T转化医学平台包括新一代超高场磁共振SIGNA 7.0T，实现介观影像；5T的SPINlab"极T代谢磁共振"生成成像用的代谢探针，使磁共振信号强度提升10万倍，实现代谢成像；SIGNA Premier 3.0T磁共振承担临床相关的成像任务。15T转化医学平台也涵盖了转化医学"B to B"理念中所必需的，即基础研究、模型转化、临床研究、临床应用和临床推广等必要阶段。整套平台将磁共振的应用研究拓展到介观、代谢、分子等以前难以企及的高度，是目前全球顶级科研机构、医疗中心一致认可的影像平台，迄今已经在全球20多家顶级医学中心落地，研究成果逐步向临床转化。

2022年初始，GE医疗率先将磁共振成像领域的第一个深度学习技术AIR Recon DL技术引入中国，迅速得到国内专家的一致认可，在2022年和2023年的国际磁共振年会上，GE医疗磁共振产品部和中国客户合作的研究实现了100%的中稿率，AIR Recon DL技术实现了最快10个月时间完成装机、培训、数据收集、论文发表的全过程。

为了有效提升样本量，且使应用场景更加广泛和具有代表性，从而生成更有价值和权威性的结论，加速新技术在临床中的应用和推广，GE医疗也与专家合作开展多个多中心研究。

如两项基于多模态影像学评估缺血性卒中的多中心研究，涵盖了全国23家合作单位，建立了缺血性脑血管病影像和临床数据库，完善了侧支—血流—斑块评价标准，提出了多模态磁共振成像最佳扫描策略、量化低灌注新模式评价第三级侧支、无对比剂无辐射评价缺血半暗带最优成像方法等，并发展了临床适用的快速成像新技术以加快院内检查流程，通过一系列影像新指标构建了临床适用的智能诊断新模型以及疗效和预后预测模型。

由顶级肿瘤医院牵头的肿瘤介入放射剂量的全国多中心、回顾性、观察性研究，则是基于IGS平台低剂量的技术优势，由全国60多家医院参与，实现了1400+病例的剂量数据收集和数据库建立。在从事肿瘤介入的中国医生群体越来越注重放射剂量降低与放射防护的大趋势下，这是首次大范围收集全国相应领域的既往剂量数据，为中国介入医生更好地在放射医疗环境中保护自身、健康工作以及患者剂量的降低和保护提供了数据依据。而GE医疗与上海头部某医院合作的关于脊髓多模态影像融合（MIF）技术的创建及脊髓血管畸形复合手术项目挖掘了多模态影像融合技术，尤其是MR功能学序列与3D-DSA形态学序列的精准融合在临床应用中的优势，实现了术前、术中、术后协助复杂脊髓动静脉畸形诊疗；确定手术入路与工作角度、术中基于融合进行手术决策与选择术式、术后观察周围血管术后形态与神经纤维束的增长等应用，一站式全流程协助脊髓AVM疑难疾病的精准诊疗。

CT能谱成像评估胃癌的多中心研究，则有全国31家单位参与，建立了规范化胃癌能谱扫描方案和胃癌能谱标记数据库，利用基于能谱图像的深度学习放射组学完善胃癌诊断、疗效和生存分析模型。

基于PET/CT的Q.Clear平台的PETVCAR实体瘤疗效评估多中心项目有北京、天津、辽宁、广东、内蒙古等地8家医院参与。

基于对比增强乳腺X线摄影（CEM）的人工智能在乳腺癌诊断以及新辅助化疗疗效早期预测中的研究，则通过基于CEM图像进行分割和分类的非侵入性方法，在实现乳腺癌鉴别诊断的同时，可以在新辅助治疗时预测乳腺癌患者的病理治疗反应，有助于实现个体化治疗的计算机辅助管理在临床中的应用。

通过与中国客户一起开展原创性研究，围绕新技术开发、设备改进、临床验证等领域持续进行合作，2020年以来，GE医疗围绕130余种产品与130余家医院或高校机构一共开展了150余项临床研究或应用合作，这些研究和合作产生了丰硕的技术和学术成果，包括1400多篇SCI论文，总影响因子超过6800，以及近300篇中文文章和1500多篇北美放射学会（RSNA）和国际医学磁共振学会（ISMRM）摘要，支持客户申请国家级及地方级课题十几项和专利5项，上市放射性新药数十种。

3. 创新中心及成果转化

为了推动医疗产业新技术、新产品、新模式的创新成果转化和商业落地，GE医疗分别在北京、上海、无锡等地联合区域合作伙伴打造"创中心"医疗科技创新平台。GE医疗"创中心"是衔接全球创新要素，加速创新商业化的整合平台，是"全面国产、无界创新、合作共赢"中国战略纵深推进的重要举措。目前，GE 医疗"创中心"依托本土成熟的产业链基础，已经有超过 40 多个合作伙伴，投入临床使用数十款创新产品。GE 医疗"创中心"通过"全球+中国"原始创新、数实融合、产学研用、创新孵化四方面推动无界创新。

4. 临床试验基地及联合实验室

作为全球领先的医疗影像设备公司，GE 医疗始终高度重视中国市场的发展。为了更好地服务中国的广大患者和医疗机构，GE 医疗致力于与中国顶尖的医院、大学、医学院及科研机构开展深入合作，建立临床试验基地。通过这一合作平台，GE 医疗将推动医疗影像技术的创新与应用，提升诊疗水平，造福更多中国患者。

GE 医疗将与中国的医疗专家紧密合作，结合先进的技术和丰富的临床经验，共同进行医疗影像设备的临床试验和研究。通过真实环境中的数据反馈和使用体验，不断优化产品设计和功能，以更好地满足中国市场的需求。

GE 医疗已经与国内信息领域的头部研究院共建创新联合实验室，将汇集整合双方的优势资源，在资源共享、互利共赢的基础上，围绕人工智能医疗器械、远程医疗器械、医疗器械数据安全等重点方向，在技术合作、产业研究、平台建设、品牌活动合作、项目合作、政策咨询、生态联动、安全能力共建等方面开展全方位合作，共同探索 5G、人工智能、大数据、智能医疗设备等软硬件在医疗健康行业应用，共筑数字医疗的安全网底，推动医疗器械数字化、智能化、安全化发展，形成跨国企业深耕中国市场的示范效应。

GE 医疗还与国内医疗器械检验相关研究院共建了联合实验室，围绕医疗器械相关的标准、认证、检验检测、评审评价等领域开展深入研究，就产业发展趋势、场景应用情况、行业标准建设等议题定期举办研讨会，邀请有关领域专家、企业代表共同撰写、出版行业白皮书；进行项目合作并成立联合实验室，共同推动医疗器械检验检测的标准化，并深入开展技术创新、应用创新、场景建设等方面合作。

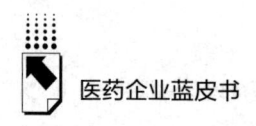

相信通过与中国合作伙伴的紧密协作，GE医疗能够实现资源共享、优势互补，推动智能医疗生态系统的建设。在未来，GE医疗将继续深化与中国各大医院、医学院及科研机构的合作，积极参与医疗科研项目，推动医学影像技术的不断进步。GE医疗期待与中国的合作伙伴携手共进，共同创造更加美好的未来。

四 经验总结与启示

未来创新一定是立足本土的创新。GE医疗在中国已有1900余位研发工程师，超过140款在中国研发的产品走向世界。自2021年起，GE医疗根据当地产业布局和自身资源优势，分别针对供应链、影像链、数字链，分别在北京、无锡、上海打造了3个"创中心"，开启了"全面国产、无界创新、合作共赢"中国战略深度推进的新篇章。

未来创新必须是有效创新。必须面向医患真实需求，从临床中来，到临床中去，服务好医生和病患。蓬勃发展的AI、云计算、机器学习等数字化技术，就是解决很多行业问题的有效手段——如帮助缩短基层医生的学习时间；让医生省去重复劳动，把医生的时间还给病患；辅助医生做出更有效的决策，为患者提供更个性化的治疗方案，以更好回应"全民健康"的时代命题。

未来创新也一定是无界创新。创新不能闭门造车，必须开放、合作、共享。GE医疗希望打造一个连接国际前沿技术和中国智慧的纽带，把GE医疗的全球创新积淀和中国科创智慧结合起来，并且打通产学研用壁垒，携手研究院、医疗机构、高校、数字医疗企业等各界合作伙伴，赋能"专精特新"企业，加速医疗成果转化。

展望未来，中国创新一定会像中国供应链一样，为全世界做出巨大的贡献。GE医疗期待与生态伙伴"共创无界的医疗关爱"，服务好更多的中国医生和患者，真正实现"关爱每个中国人的生命重要时刻"的初心。

参考文献

门雯雯：《GE 医疗北京创中心作为"创新孵化载体"获得授牌 GE 医疗中国战略升级》，《中国卫生》2023 年第 5 期。

《专访 GE 医疗中国掌门人张轶昊：很难再找到比中国更好的市场》，《中国经济周刊》2023 年第 10 期。

《智能制造机器人医疗装备产业"十四五"规划发布》，《中国工业报》2021 年 12 月 29 日。

《GE 医疗中国战略升级》，《华夏时报》2023 年 5 月 8 日。

附录一
2023年中国医药企业研发指数构建

一 2023年的主要变化

为更有效地驱动中国医药产业的创新发展进程，2023年本书对现有的指标体系进行了持续的优化与升级。此番优化的亮点体现在以下三个方面：一是新增特定指标，二是引入无量纲化的先进计算方法，三是行业聚焦在与创新密切相关的各细分行业。

考虑到国际化战略对中国医药企业的长远发展具有举足轻重的意义，本书在研发质量这一关键维度中，创新性地加入"海外授权"（license Out）这一指标，旨在助力中国医药企业加快国际化进程，构建更为宏大的全球战略布局。

与此同时，相较于2013~2022年采用的最小最大归一化方法（Min-Max Normalization），本年本书采纳了更为先进且广受认可的前沿距离法（Distance to Frontier，DTF），该方法已被世界经济论坛、联合国开发计划署及世界银行等国际权威机构广泛运用。这一转变的根源在于，各指标每年的最大值与最小值往往处于动态变化之中，采用最小最大归一化方法可能导致不同年份的指数失去可比性。为此，本书参考了世界银行于2017年发布的《2017年营商环境报告》，综合考虑历史数据与市场趋势，决定每5年更新一次各指标的预期前沿值与预期最差值。一旦更新完成，该指标在随后的5年预测期内，其预期前沿值与预期最差值将保持稳定，从而确保指数在5年间具有可比性。值得注意的是，尽管本书重点聚焦2023年，但为了更全面地把握历史发展趋势，本书对 2013~2022 年的相关数据进行了调整，以确保本书中涉及的指数在样本间内具备高度可比性。

此外，研发指数的构建初衷在于促进医药企业研发创新，直击医药企业研发的痛点和堵点，因此，研发指数倾向于关注那些对研发创新具有直接影响和更高要求的行业。相较之下，医药商业和医疗服务行业，尽管它们在供应链管理、市场覆盖、诊疗服务和患者护理等方面发挥着不可替代的作用，但它们与研发创新的直接关联度不如医药制造和医疗器械行业。因此，本书将聚焦在医药制造和医疗器械两大领域，并对其下辖的化学制药、中药、生物制品、医疗设备、医疗耗材和体外诊断进行了深入分析。

此外，在分析维度层面，为削弱短期波动的干扰，本书还特别计算了研发指数的 5 年简单移动平均值，以期更精准地反映指数的长期发展趋势。鉴于本书篇幅有限，正文部分主要呈现基于单年数据的分析结果，而将 5 年简单移动平均值的排名结果汇编于附录二中，以便读者进一步查阅与深入研究。

二　中国医药企业研发指数的构建方法

（一）数据预处理

首先，对部分原始数据开展必要的预处理工作。鉴于部分原始数据不可避免地会受到居民消费价格指数（CPI）波动的影响，为剔除这一外部因素的干扰，本书特别针对受 CPI 影响的研发投入总额以及人均研发投入数据采取预处理措施，具体计算公式如下：

$$x_{ijt} = \frac{x_{ijt原始}}{CPI_t}$$

其中，$x_{ijt原始}$ 为公司 i 的指标 j 在第 t 年的数据原始值，$i=1, 2\cdots n$；$j=1, 2\cdots m$；$t=2013, 2014, \cdots 2023$；$x_{ijt}$ 为公司 i 的指标 j 在第 t 年的剔除 CPI 影响后的数据值。

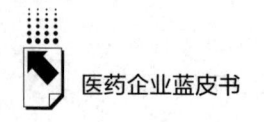

（二）异常值处理

1. 数据正态分布检验

参考世界知识产权组织发布的《全球创新指数报告》(Global Innovation Index，简称 GII)，首要步骤是对数据集进行正态分布检验。具体而言，若某一指标的偏度（Skewness）值不超过 2.25，或峰度（Kurtosis）值不高于 3.50，即判定该数据符合正态分布特征，并直接推进至第三步——数据异常值的缩尾处理阶段。反之，若数据不符合上述正态分布标准，则视为非正态分布数据，需转入下一环节，即数据的对数化处理过程，以进一步调整数据形态，确保分析的准确性和有效性。

2. 数据对数化处理

若数据未能满足正态分布的要求，则需进入数据对数化处理阶段。鉴于各指标的最小值普遍为 0，直接取对数会导致无意义（因为对 0 取对数不存在）。因此，本书采取如下方法：先将数据的原始值加 1，随后再对其取自然对数。具体公式如下：

$$x_{ijt\_log} = ln(x_{ijt} + 1)$$

其中，x_{ijt} 为公司 i 的指标 j 在第 t 年的取值，$x_{ijt_{log}}$ 为公司 i 的指标 j 在第 t 年经对数化处理后的取值。

3. 数据缩尾处理

本书在数据分析过程中发现，"研发投入占销售收入比例"这一关键指标存在部分值超过 1 的异常情况。经过深入核查，我们了解到这些异常情况主要源于部分公司的产品尚处于研发阶段，未实现销售收入或销售收入金额极低。出于实际经济意义的考量，本书决定对"研发投入占销售收入比例"大于 1 的指标，统一将其取值调整为 1。同时，为确保数据的准确性和可靠性，针对其他指标，本书充分考虑到异常值可能产生的不良影响，分年实施 1% 和 99% 分位数的缩尾处理。

（三）无量纲化方法

在参考世界经济论坛的全球竞争力指数（The Global Competitiveness Index，GCI）和联合国开发计划署的人类发展指数（Human Development Index，HDI）的基础上，本年本书采用前沿距离法（Distance to Frontier，DTF）对最末级指标进行无量纲化处理。前沿距离法通过计算测评对象与"最优前沿"之间的距离来衡量其绩效。距离越小，表示测评对象的表现越接近最优水平；反之，则表示其表现与最优水平存在较大差距。

此方法作为一种有效的无量纲化手段，不仅能够消除不同指标间存在的量纲差异，还能确保研发指数在样本期间内的可比性，从而支持研究人员进行长期的时间趋势分析。此外，通过前沿距离法得出的结果，能够直观反映某公司在特定指标上与"最前沿公司"之间的差距，为公司的对标分析提供指导。

相较于更新频率较低的预期前沿值/最差值（如每50年更新一次），本书选择了每5年更新一次预期前沿值/预期最差值的策略。这一做法旨在避免由于对未来50年的预期前沿值设定过高，各公司研发指数区分度降低的问题。为此，本书对每个指标的预期前沿值和预期最差值均采取了每5年更新一次的策略，并对历史数据进行追溯调整，以确保历史数据的可比性。前沿距离法的具体计算公式如下：

$$x_{ijt_{dtf}} = \frac{x_{ijt_w} - worst_j}{frontier_j - worst_j} \times 100$$

其中，x_{ijt_w}为经过第三步异常值缩尾处理后的数据；$worst_j$为指标j的预期最差值，即在可以预见的将来指标j的预期最差表现值；$frontier_j$为指标j的预期前沿值，即在可以预见的将来指标j的预期最佳表现值；$x_{ijt_{dtf}}$为公司i的指标j在第t年经过前沿距离法处理后的最末级指标值，其取值范围为$[0, 100]$，其值越大，代表其表现越好。

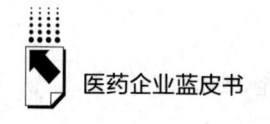

（四）数据来源

中国医药企业研发指数的构建，其数据来源融合了多种渠道。具体而言，针对国际资质认证、研发成果以及研发支持等方面的核心数据，本书主要通过对公司公告进行深入分析与提炼获取。而财务指标相关数据，来自同花顺和 CSMAR 数据库。

（五）权重确定和指数计算方法

权重的确定对构建整个研发指数至关重要。鉴于本书构建中国医药企业研发指数的初衷是评选出那些真正致力于创新、创新产出成果丰富且创新质量较高的企业，因此，在综合采用德尔菲法与层次分析法的基础上，本书最终确定了各项指标的权重。

在指数计算环节，本书选择了加权算术平均法。之所以采用加权算术平均法而非简单的算术平均，是因为加权算术平均能够充分考虑并体现每个个体在总体中的相对重要性，即权重对最终结果产生的实质性影响，从而确保计算结果的科学性和合理性。具体的计算公式如下：

$$Z_j = \sum_i \alpha_i w_{ij}$$

其中，w_{ij} 为第 i 个指标第 j 年的经过预处理和无量纲化后的指标值，α_i 为 w_{ij} 对应的权重，Z_j 是研发指数合成值，其取值范围为 [0，100]。接下来，将取值范围为 [0，100] 的研发指数合成值进行二次无量纲化处理，得到取值范围为 [60，100] 的研发指数。具体地，本书采用广义线性变换法将研发指数合成值变换为最终的研发指数，具体计算公式如下：

$$Y_j = Z_j \times a + b$$

其中，Y_j 是第 j 年的中国医药企业研发指数，Z_j 是研发指数合成值，a 和 b 分别取值 0.4 和 60。

附录二
2023年中国医药企业研发指数的企业排名

附表1 2023年中国医药企业研发指数的企业排名

单位：分

研发指数排名	公司名称	股票代码	研发指数
1	恒瑞医药	600276	87.75
2	安图生物	603658	82.24
3	信达生物	01801	81.70
4	春立医疗	01858	80.79
5	信立泰	002294	80.35
6	贝达药业	300558	79.58
7	恩华药业	002262	79.32
8	白云山	600332	79.01
9	达安基因	002030	78.69
10	迪哲医药	688192	78.54
11	百济神州	06160	77.89
12	九强生物	300406	76.89
13	新华医疗	600587	76.82
14	以岭药业	002603	76.80
15	四环医药	00460	76.15
16	复星医药	600196	75.78
17	百奥泰	688177	75.73
18	易瑞生物	300942	75.64
19	启明医疗-B	02500	75.60
20	石药集团	01093	75.58
21	迈瑞医疗	300760	75.48
22	迈普医学	301033	75.36
23	特宝生物	688278	75.29
24	华海药业	600521	75.16

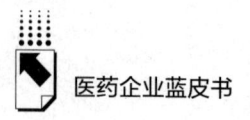

续表

研发指数排名	公司名称	股票代码	研发指数
25	人福医药	600079	74.91
26	我武生物	300357	74.81
27	科伦药业	002422	74.79
28	君实生物	688180	74.72
29	天智航	688277	74.57
30	华大智造	688114	74.49
31	健民集团	600976	74.46
32	新产业	300832	74.39
33	微电生理	688351	74.30
34	海思科	002653	74.10
35	亚盛医药-B	06855	73.97
36	宝莱特	300246	73.95
37	微创医疗	00853	73.86
38	苑东生物	688513	73.82
39	联影医疗	688271	73.78
40	东阳光	600673	73.74
41	科美诊断	688468	73.71
42	乐心医疗	300562	73.65
43	康缘药业	600557	73.59
44	赛诺医疗	688108	73.58
45	东阳光药	01558	73.48
46	舒泰神	300204	73.30
47	天士力	600535	73.27
48	凯普生物	300639	73.24
49	迈威生物	688062	73.24
50	翰森制药	03692	73.11
51	仙琚制药	002332	73.10
52	东方生物	688298	73.09
53	众生药业	002317	73.07
54	鱼跃医疗	002223	73.01
55	荣昌生物	688331	73.00
56	泽璟制药	688266	72.98
57	新华制药	000756	72.79
58	先健科技	01302	72.77

附录二 2023年中国医药企业研发指数的企业排名

续表

研发指数排名	公司名称	股票代码	研发指数
59	三诺生物	300298	72.72
60	万孚生物	300482	72.68
61	绿叶制药	02186	72.46
62	双鹭药业	002038	72.41
63	歌礼制药-B	01672	72.35
64	美康生物	300439	72.29
65	再鼎医药-SB	09688	72.24
66	微创机器人-B	02252	72.19
67	新和成	002001	72.13
68	长春高新	000661	72.11
69	通化东宝	600867	72.08
70	天境生物	IMAB	72.08
71	维力医疗	603309	72.05
72	益方生物	688382	72.01
73	广生堂	300436	71.88
74	微芯生物	688321	71.84
75	海正药业	600267	71.84
76	华东医药	000963	71.81
77	百奥赛图-B	02315	71.80
78	诺诚健华-B	09969	71.71
79	亚虹医药	688176	71.70
80	福元医药	601089	71.69
81	楚天科技	300358	71.59
82	博瑞医药	688166	71.58
83	先声药业	02096	71.57
84	汇宇制药	688553	71.56
85	浙江医药	600216	71.55
86	加科思-B	01167	71.54
87	科伦博泰生物-B	06990	71.50
88	珍宝岛	603567	71.46
89	基石药业-B	02616	71.46
90	辰欣药业	603367	71.42
91	东富龙	300171	71.40
92	爱康医疗	01789	71.39

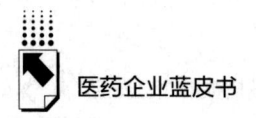

续表

研发指数排名	公司名称	股票代码	研发指数
93	祥生医疗	688358	71.33
94	东诚药业	002675	71.28
95	乐普生物-B	02157	71.27
96	开立医疗	300633	71.24
97	西山科技	688576	71.17
98	华润双鹤	600062	71.14
99	山外山	688410	71.07
100	三鑫医疗	300453	71.07

Abstract

In the report of the 19th National Congress of the Communist Party of China, the "Healthy China" initiative was elevated to the status of a national development strategy, outlining a grand vision for public health. Subsequently, the promulgation of the "Healthy China 2030" Planning Outline and Healthy China Action (2019 – 2030) laid a solid policy foundation for its implementation. Entering the new journey of the 14th Five-Year Plan, the "14th Five-Year Plan" for the Pharmaceutical Industry reaffirmed that the pharmaceutical sector must adhere to the people-first principle, uphold innovation-driven development, deepen international cooperation, and lead the industry toward higher-level advancement. Under the era of high-quality development, promoting R&D innovation in China's pharmaceutical enterprises has become a strategic priority of overarching importance. To this end, we urgently need to establish a comprehensive institutional framework aimed at optimizing R&D innovation systems and environments, providing robust support for the high-quality development of China's pharmaceutical industry. Within this framework, constructing a scientific evaluation mechanism is particularly crucial. Against this backdrop, the China Pharmaceutical Enterprise R&D Index emerged. This index is constructed across four dimensions: R&D Input, R&D Output, R&D Quality, and R&D Support. It not only fills a gap in China's pharmaceutical R&D evaluation system but also breaks the limitations of traditional assessment models. By holistically addressing R&D input, output, quantity, and quality, it provides enterprises with a more scientific and comprehensive evaluation framework. By assigning higher weights to R&D output and quality, the index highlights enterprises genuinely committed to innovation with substantial, high-quality outcomes, thereby driving high-quality development in China's pharmaceutical industry. Centering on this index, we have structured this book into five parts comprising 20 reports, aiming to analyze—from macro to micro, domestic to international—the current status and future trends of pharmaceutical R&D in China. Our analysis of the index from 2013 to 2023 reveals an overall fluctuating growth trend, primarily driven by significant improvements in R&D Input and Output indices, as well as R&D outcomes. While the R&D Quality and Support indices also improved, their growth was relatively modest, with this momentum largely driven by top-tier enterprises.

However, in 2023, the index declined, mainly due to a drop in the R&D Output Index. The decreases in R&D Input and Support indices were relatively smaller, while the R&D Quality Index saw an increase, demonstrating our pharmaceutical enterprises' relentless efforts to enhance R&D quality. Furthermore, this book provides a comprehensive analysis of two critical sectors—Pharmaceutical Manufacturing and Medical Devices—and six sub-sectors: Chemical Pharmaceuticals, Traditional Chinese Medicine, Biological Products, Medical Equipment, Medical Consumables, and In Vitro Diagnostics. We also include insights from leading domestic enterprises and international pharmaceutical companies, delving into R&D innovation management practices and addressing pain points, challenges, and bottlenecks in sub-sector R&D processes. This aims to offer new perspectives and insights for advancing R&D innovation in China's pharmaceutical industry.

Keywords: Pharmaceutical Enterprises; R&D Assessment; Pharmaceutical Manufacturing; Medical Devices

Contents

I General Report

B.1 2023 Annual Report on the R&D Index of Chinese Pharmaceutical and Medical Device Enterprises
Yao Lijie, Ye Linqing / 001

Abstract: This report provides a systematic investigation of the overall pattern and evolutionary trends of the research and development (R&D) index of Chinese pharmaceutical and medical device enterprises over the period from 2013 to 2023, with a detailed dissection of the specific conditions in the year 2023. The study reveals that over the past eleven years, the R&D index of Chinese pharmaceutical and medical device enterprises has shown an overall trend of fluctuating growth, primarily attributed to the significant increase in R&D investment and the continuous accumulation of R&D achievements. Although R&D quality and R&D support have also seen improvements, their growth rates have been relatively moderate. During this period, the growth momentum of the R&D index of Chinese pharmaceutical and medical device enterprises has primarily stemmed from the outstanding performance of the leading enterprise group. The rapid development of these industry leaders not only vividly reflects the robust internal innovation vitality but also underscores their central role and substantial contribution in propelling the entire industry forward. However, it is noteworthy that in 2023, the R&D index of Chinese pharmaceutical and medical device enterprises faced a challenge of decline, mainly due to the significant decrease in the R&D achievements index. Although the R&D investment index and R&D support index also experienced a decline, their rate of decrease was relatively mild. In contrast, the R&D quality index stood out by achieving a counter-trend increase, which fully demonstrates the unwavering commitment and relentless efforts of Chinese pharmaceutical and medical device enterprises in enhancing R&D quality. Further analysis reveals that the decline in the R&D index of Chinese pharmaceutical and medical device enterprises in 2023 was primarily due to the significant decrease in the R&D index of leading enterprises, indicating that China's top pharmaceutical and medical device enterprises are confronting severe challenges and pressures for adjustment, and are in urgent need of identifying new growth drivers and breakthroughs. This report also conducts an in-depth analysis of the R&D index of Chinese pharmaceutical and medical device enterprises and its top 100 enterprises from multiple dimensions, including industry, listing location, and domestic listing segments, for the year 2023, with the aim of providing valuable references and insights for the innovative development of China's pharmaceutical industry.

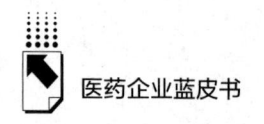

Keywords: Pharmaceutical and Medical Device Enterprises; Research and Development Index; Technological Innovation

Ⅱ Component Index Reports

B.2 2023 Annual Report on the R&D Index of Chinese Pharmaceutical Manufacturing Enterprises

Yao Lijie, Zhu Xinyue / 047

Abstract: This report provides a comprehensive and in-depth examination of the overall development trajectory of the R&D index of Chinese pharmaceutical manufacturing enterprises from 2013 to 2023, with a meticulous analysis of the specific conditions in the year 2023. The study reveals that over the past eleven years, the R&D index of Chinese pharmaceutical manufacturing enterprises has shown an overall trend of fluctuating upward growth, with the outstanding performance of industry-leading enterprises being particularly noteworthy. This significant growth trend is primarily attributed to the marked enhancement in R&D investment intensity, followed by the substantial accumulation of final R&D achievements. Although interim achievements, R&D quality, and R&D support also exhibit positive growth trends, their rates of increase are somewhat lagging compared to the aforementioned factors. Focusing on the year 2023, the study finds that the R&D index of Chinese pharmaceutical manufacturing enterprises achieved moderate growth, mainly due to the significant enhancement of the final achievements index and the R&D quality index. However, it is noteworthy that the R&D investment index, interim achievements index, and R&D support index have experienced a slight decline, with the most pronounced decrease observed in the interim achievements index. Additionally, this report conducts an in-depth analysis of the R&D index of Chinese pharmaceutical manufacturing enterprises and its top twenty enterprises for the year 2023 from multiple dimensions, including the location of listing, domestic listing segments, and the actual operational sites of enterprises.

Keywords: Pharmaceutical Manufacturing; R&D Investment; R&D Achievements; R&D Quality; R&D Support

B.3 2023 Annual Report on the R&D Index of Chinese Medical Device Enterprises

Yao Lijie, Hu Zehua / 064

Abstract: This scholarly report offers an in-depth analysis of the overall evolutionary trends of the R&D index of Chinese medical device enterprises from 2013 to 2023, while providing a comprehensive dissection and interpretation of the specific circumstances in the year 2023. The study reveals that over the past eleven years, the R&D index of Chinese medical device enterprises has shown an overall trend of fluctuating upward growth, with the outstanding performance of industry-leading enterprises being particularly striking. The fundamental driver of this positive change originates from a substantial increase in R&D investment, although the R&D achievements index, R&D quality index, and R&D support index have also seen improvements during this period, their growth rates have been relatively moderate. Focusing on the year 2023, the R&D index of Chinese medical device enterprises experienced a decline, primarily driven by the combined decrease in the R&D achievements index, R&D quality index, and R&D support index, with the significant downturn in the R&D achievements index being the most prominent. This reflects, to some extent, the severe challenges and trials faced by Chinese medical device enterprises in the effective transformation of R&D achievements. However, it is noteworthy that against this backdrop, the R&D investment index has defied the trend, achieving a small but positive increase. This not only highlights the unwavering belief and determination of Chinese medical device enterprises for future development but also reveals the industry's tenacious spirit in seeking breakthroughs and moving forward amidst adversity. The report also conducts an in-depth analysis of the R&D index of Chinese medical device enterprises and its top twenty enterprises for the year 2023 from multiple dimensions, including the location of listing, domestic listing segments, and the actual operational sites of enterprises.

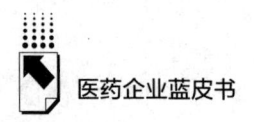

Keywords: Medical Devices; R&D Investment; R&D Achievements; R&D Quality; R&D Support

B.4 2023 Annual Report on the R&D Investment Index of Chinese Pharmaceutical and Medical Device Enterprises

Yao Lijie, Kong Lujia / 080

Abstract: This report provides an in-depth analysis of the evolution of the

R&D investment index of Chinese pharmaceutical and medical device enterprises from 2013 to 2023, and offers an extensive interpretation of the specific circumstances in the year 2023. The study finds that over the past eleven years, the R&D investment index of Chinese pharmaceutical and medical device enterprises has shown an overall upward trend, with industry-leading enterprises demonstrating particularly notable growth in R&D investment. This growth trend is evident in both the pharmaceutical manufacturing and medical device sectors, with the R&D investment index in the pharmaceutical manufacturing sector outpacing that of the medical device sector. When examining sub-industries, the biopharmaceuticals, chemical pharmaceuticals, and in vitro diagnostics sub-industries are at the forefront in terms of growth in the R&D investment index. Looking at the year 2023, the study reveals a slight correction in the R&D investment index of Chinese pharmaceutical and medical device enterprises, with enterprises at the lower end of the industry spectrum experiencing a more pronounced decline in R&D investment. This downward trend is primarily attributed to the reduction in R&D investment in the pharmaceutical manufacturing sector, particularly due to a significant decrease in R&D investment in the biopharmaceuticals industry. In contrast, the R&D investment in the medical device sector shows a growth trend, demonstrating sustained investment and a positive posture in R&D activities within this domain.

Keywords: R&D Investment; Medical Industry; Listing Venue; Listing Board

B.5 2023 Annual Report on the R&D Achievements Index of
Chinese Pharmaceutical and Medical Device Enterprises
Yao Lijie, Liu Qing / 100

Abstract: This report provides a systematic dissection of the trajectory of the R&D achievements index of Chinese pharmaceutical and medical device enterprises from 2013 to 2023, and conducts an in-depth and comprehensive analysis of the detailed conditions in the year 2023. The study reveals that over the past eleven years, the R&D achievements index of Chinese pharmaceutical and medical device enterprises has generally shown a positive upward trend, with leading enterprises within the industry demonstrating particularly impressive growth in R&D achievements. This growth trend is evident in both the pharmaceutical manufacturing and medical device sectors, with the R&D achievements index in the pharmaceutical manufacturing sector showing a more pronounced increase compared to the medical device sector. Delving further into the sub-industry level, it is observed that the in medical devices, chemical pharmaceuticals, and traditional Chinese medicine sub-industries have experienced particularly significant growth in the R&D achievements index, ranking at the forefront among sub-industries. Focusing on the year 2023, the study finds that the R&D achievements index of Chinese pharmaceutical and medical device enterprises experienced a slight correction, with the decline in R&D achievements of leading enterprises being particularly noteworthy. This downward trend is primarily attributed to the slump in R&D achievements in the medical device sector, especially a considerable reduction in R&D achievements in the in vitro diagnostics industry. In stark contrast, the R&D achievements in the pharmaceutical manufacturing sector continued to maintain a growth trend in 2023.

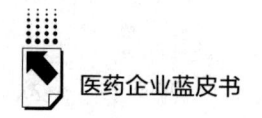

Keywords: R&D Achievements; Medical Industry; Listing Venue; Listing Board

B.6 2023 Annual Report on the R&D Quality Index of Chinese Pharmaceutical and Medical Device Enterprises

Yao Lijie, Wang Yishu / 123

Abstract: This report offers an in-depth analysis of the trajectory of the R&D quality index of Chinese pharmaceutical and medical device enterprises from 2013 to 2023, and provides a detailed dissection of the specific trends in the year 2023. The study reveals that over the past eleven years, the R&D quality index of

Chinese pharmaceutical and medical device enterprises has generally exhibited a fluctuating upward trend, with this positive trend being evident in both the pharmaceutical manufacturing and medical device sectors. Industry-leading enterprises have demonstrated particularly impressive growth in R&D quality, driving the progress of the entire industry's R&D quality. When examining sub-industries, medical equipment, chemical pharmaceuticals, biopharmaceuticals, and medical consumables have all shown an overall upward trend in R&D quality, with medical equipment experiencing particularly significant improvements. However, traditional Chinese medicine and in vitro diagnostics have exhibited a downward trend in R&D quality. Focusing on the year 2023, the R&D quality index of Chinese pharmaceutical and medical device enterprises continues to maintain an upward momentum, with leading enterprises' R&D quality improvements being particularly prominent, serving as a significant force in advancing the industry's R&D quality. This enhancement is primarily attributed to contributions from the pharmaceutical manufacturing sector, especially the notable improvement in R&D quality within the traditional Chinese medicine industry. In contrast to this positive trend, however, the R&D quality in the medical device sector has experienced a certain degree of decline, with the in vitro diagnostics industry showing a more pronounced downward trend.

Keywords: R&D Quality; Medical Industry; Listing Venue; Listing Board

B.7 2023 Annual Report on the R&D Support Index of Chinese Pharmaceutical and Medical Device Enterprises

Yao Lijie, Wang Yishu / 145

Abstract: This report provides a systematic analysis of the evolution of the R&D support index of Chinese pharmaceutical and medical device enterprises from 2013 to 2023, and offers an exhaustive dissection of the specific trends in the year 2023. The study reveals that over the past eleven years, the R&D support index of

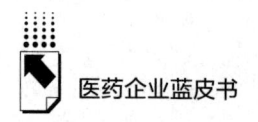

Chinese pharmaceutical and medical device enterprises has shown an overall upward trend, with this positive trend being evident in both the pharmaceutical manufacturing and medical device sectors, and the medical device sector's R&D support index exhibiting a more pronounced increase in growth amplitude. Upon further exploration at the sub-industry level, it is observed that the in vitro diagnostics, traditional Chinese medicine, and medical equipment sub-industries have particularly stood out in terms of growth in the R&D support index. Focusing on the year 2023, the study finds that the R&D support index of Chinese pharmaceutical and medical device enterprises experienced a slight correction, with this downward trend reflected in both the pharmaceutical manufacturing and medical device sectors. Specific to the sub-industries, aside from the chemical pharmaceutical industry which saw an increase in the R&D support index, other sub-industries exhibited varying degrees of decline in 2023, with the medical consumables and traditional Chinese medicine industries showing relatively larger decreases.

Keywords: R&D Support; Medical Industry; Listing Venue; Listing Board

Ⅲ Industry Reports

B.8 2023 Annual Report on the R&D Index of China's Chemical Pharmaceutical Enterprises

Yao Lijie, Feng Wei / 163

Abstract: This report provides a comprehensive and in-depth exploration of the developmental trajectory of the R&D index of Chinese chemical pharmaceutical enterprises from 2013 to 2023, with a meticulous analysis of the specific conditions in the year 2023. The study reveals that over the past eleven years, the R&D index of Chinese chemical pharmaceutical enterprises has shown an overall trend of fluctuating upward growth, with industry-leading enterprises demonstrating particularly outstanding performance. This positive ascending trend is reflected across its four constituent indices—R&D investment index, R&D achievement index, R&D quality index, and R&D support index, with the R&D investment index making a particularly significant contribution, highlighting the sustained high investment of chemical pharmaceutical enterprises in R&D activities. Focusing on the year 2023, the R&D index of Chinese chemical pharmaceutical enterprises experienced growth, with the performance of leading enterprises remaining remarkable. This increase is primarily attributed to the growth in the R&D achievement index, R&D quality index, and R&D support index, with the R&D achievement index showing the most prominent increase. However, it is noteworthy that the R&D investment index of Chinese chemical pharmaceutical enterprises experienced a slight decline in 2023. Additionally, this report conducts an in-depth analysis and discussion of the R&D index of Chinese chemical pharmaceutical enterprises and its top twenty enterprises for the year 2023 from multiple dimensions, including the location of listing, domestic listing segments, and the actual operational sites of enterprises. The aim is to provide more comprehensive and profound insights and references for the future development of China's chemical pharmaceutical industry.

Keywords: Chemical Pharmaceuticals; R&D Investment; R&D Achievements; R&D Quality; R&D Support

B.9 2023 Annual Report on the R&D Index of China's Traditional Chinese Medicine Enterprises

Yao Lijie, Yang Yi / 178

Abstract: This report provides an in-depth analysis of the overall development trajectory of the R&D index of Chinese traditional Chinese medicine (TCM) enterprises from 2013 to 2023, with a detailed examination of the specific conditions in the year 2023. The study reveals that over the past eleven years, the R&D index of Chinese TCM enterprises has shown an overall trend of fluctuating upward growth, with leading enterprises making particularly dazzling contributions. This positive ascending trend is reflected in the three constituent indices: the R&D investment index, the R&D achievement index, and the R&D support index. Notably, the growth of the R&D achievement index is particularly prominent, highlighting the significant achievements made in the field of TCM research and development. However, concurrently, we observe a certain downward trend in the R&D quality index of Chinese TCM enterprises, a finding that warrants industry contemplation. Focusing on the year 2023, the R&D index of Chinese TCM enterprises continues to maintain an upward trend, with leading enterprises still showing strong performance. This positive change is primarily attributed to the enhancement of the R&D achievement index and the R&D quality index, with the growth of the R&D achievement index being particularly significant, becoming the key factor driving the overall index upward. In contrast, the R&D investment index and the R&D support index show a slight downward trend. Furthermore, this report conducts a comprehensive and in-depth analysis and discussion of the R&D index of Chinese TCM enterprises and its top twenty enterprises for the year 2023 from multiple dimensions, including the location of listing, domestic listing segments, and the actual operational sites of enterprises. The aim is to provide a richer array of reference perspectives and insights for the future development of the TCM industry.

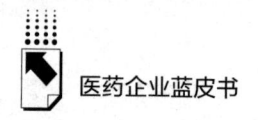

Keywords: Traditional Chinese Medicine Enterprises; R&D Investment; R&D Achievements; R&D Quality; R&D Support

B.10 2023 Annual Report on the R&D Index of China's Biopharmaceutical Enterprises

Yao Lijie, Zhu Yuchen / 192

Abstract: This report provides an in-depth analysis of the overall development trends of the R&D index of Chinese biopharmaceutical enterprises from 2013 to 2023, and offers a detailed explanation of the specific performance in the year 2023. The study reveals that over the past eleven years, the R&D index of Chinese biopharmaceutical enterprises has shown an overall trend of fluctuating upward growth, with the performance of leading enterprises being particularly remarkable. This positive ascending trend is reflected in the three constituent indices: the R&D investment index, the R&D achievement index, and the R&D quality index, among which the contribution of the R&D investment index is the most significant. However, during this period, the R&D support index of Chinese biopharmaceutical enterprises experienced a slight decline. Focusing on the year 2023, the R&D index of Chinese biopharmaceutical enterprises showed a slight decrease, which was reflected to varying degrees in the R&D investment index, the R&D quality index, and the R&D support index, with the decline in the R&D quality index being particularly evident. Despite this, the R&D achievement index managed to achieve a slight but positive increase against this backdrop, demonstrating a certain degree of resilience and potential in the R&D achievements of Chinese biopharmaceutical enterprises. Furthermore, this report conducts a comprehensive and in-depth analysis and discussion of the R&D index of Chinese biopharmaceutical enterprises and its top twenty enterprises for the year 2023 from multiple dimensions, including the location of listing, domestic listing segments, and the actual operational sites of enterprises. The aim is to provide a more diversified reference perspective and profound insights for the future development of the biopharmaceutical industry, contributing wisdom and strength to the continued prosperity and progress of the sector.

Keywords: Biopharmaceuticals; R&D Investment; R&D Achievements; R&D Quality; R&D Support

B.11 2023 Annual Report on the R&D Index of China's Medical Equipment Enterprises

Yao Lijie, Su Yanqi / 207

Abstract: This report provides a comprehensive and in-depth exploration of the overall development trends of the R&D index of Chinese medical device enterprises from 2013 to 2023, and offers a detailed analysis of the specific conditions in the year 2023. The study reveals that over the past eleven years, the R&D index of Chinese medical device enterprises has shown an overall trend of fluctuating upward growth. This positive growth trend is primarily attributed to the collective enhancement of the R&D investment index, the R&D achievement index, the R&D quality index, and the R&D support index, with the growth of the R&D investment index being particularly prominent, serving as a significant force driving overall progress. Focusing on the year 2023, the R&D index of Chinese medical device enterprises experienced a decline, which was mainly caused by the simultaneous downturn in the R&D achievement index, the R&D quality index, and the R&D support index, with the decline in the R&D achievement index being particularly evident, constituting the main driver of the overall decline. However, against this backdrop, the R&D investment index demonstrated a counter-trend growth, highlighting the sustained investment and steadfast determination of medical device enterprises in R&D. Furthermore, this report conducts an in-depth analysis and discussion of the R&D index of Chinese medical device enterprises and its top twenty enterprises for the year 2023 from multiple dimensions, including the location of listing, domestic listing segments, and the actual operational sites of enterprises.

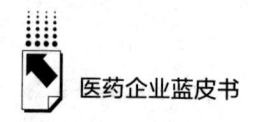

Keywords: Medical Equipment; R&D Investment; R&D Achievements; R&D Quality; R&D Support

B.12 2023 Annual Report on the R&D Index of China's Medical Consumables Enterprises

Yao Lijie, Zhu Yuchen / 221

Abstract: This report provides an in-depth analysis of the overall evolutionary trajectory of the R&D index of Chinese medical consumables enterprises from 2013

to 2023, and conducts a meticulous examination of the specific conditions in the year 2023. The study reveals that over the past eleven years, the R&D index of Chinese medical consumables enterprises has shown an overall trend of fluctuating upward growth, with leading enterprises in the industry making particularly remarkable contributions, becoming a significant force driving overall progress. This positive growth trend is rooted in the synergistic increase of the R&D investment index, the R&D achievement index, the R&D quality index, and the R&D support index, with the growth of the R&D quality index and the R&D investment index being particularly prominent. Focusing on the year 2023, the R&D index of Chinese medical consumables enterprises experienced a slight downturn. This change is mainly attributed to the simultaneous decline in the R&D investment index, the R&D achievement index, and the R&D support index, with the decrease in the R&D achievement index being more significant, reflecting certain challenges faced by the medical consumables industry in terms of innovation output within the year. However, it is noteworthy that against this backdrop, the R&D quality index achieved a slight upward trend, demonstrating the relentless efforts of medical consumables enterprises in enhancing R&D quality. Furthermore, this report conducts an in-depth analysis and discussion of the R&D index of Chinese medical consumables enterprises and its top twenty enterprises for the year 2023 from multiple dimensions, including the location of listing, domestic listing segments, and the actual operational sites of enterprises. The aim is to assist all stakeholders in better understanding the current development trends and future prospects of the Chinese medical consumables industry.

Keywords: Medical Consumables; R&D Investment; R&D Achievements; R&D Quality; R&D Support

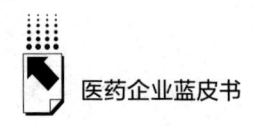

B.13 2023 Annual Report on the R&D Index of China's In Vitro Diagnostic Enterprises

Yao Lijie，KongLujia / 236

Abstract: This report provides an in-depth analysis of the overall evolutionary trajectory of the R&D index of Chinese in vitro diagnostic (IVD) enterprises from 2013 to 2023, and conducts a meticulous examination of the specific conditions in the year 2023. The study reveals that over the past eleven years, the R&D index of Chinese IVD enterprises has shown an overall trend of fluctuating upward growth, with leading enterprises in the industry making particularly remarkable contributions, becoming a significant force driving overall progress. This positive growth trend is the result of the synergistic increase in the R&D investment index, the R&D achievement index, and the R&D support index, with the growth contribution of the R&D support index being particularly significant. However, it should not be overlooked that, despite the overall positive trend, the R&D quality index of Chinese IVD enterprises has shown a slight downward trend. Focusing on the year 2023, the R&D index of Chinese IVD enterprises experienced a slight decline. This change is mainly attributed to the simultaneous decline in the R&D achievement index, the R&D quality index, and the R&D support index, with the decrease in the R&D achievement index being the most pronounced, reflecting certain challenges faced by the IVD industry in terms of innovation output within the year. However, it is noteworthy that against this backdrop, the R&D investment index demonstrated a counter-trend growth, highlighting the sustained investment and determination of the IVD industry in the field of R&D. Furthermore, this report conducts an in-depth analysis and discussion of the R&D index of Chinese IVD enterprises and its top twenty enterprises for the year 2023 from multiple dimensions, including the location of listing, domestic listing segments, and the actual operational sites of enterprises. The aim is to provide readers with a more comprehensive and detailed industry insight.

Keywords: In Vitro Diagnostics; R&D Investment; R&D Achievements; R&D Quality; R&D Support

IV   Case Studies

B.14 The Path of Inheritance and Innovation in Traditional Chinese Medicine of CR Sanjiu

Zhang Runjing, Li Ximeng and Yang Chaodan / 251

Abstract: The revitalization and development of Traditional Chinese Medicine (TCM) have been elevated to the national strategic level, receiving profound care and high attention from the party and national leaders. The State Council's "Outline of the Development Plan for Traditional Chinese Medicine (2016 – 2030)" and the report of the 20th National Congress of the Communist Party of China both emphasize the extraordinary value of TCM and clearly outline the ambitious blueprint to achieve comprehensive coverage of TCM services by 2030. Against this backdrop, China Resources Sanjiu has formulated a nine-year development blueprint for TCM. Furthermore, the study also proposes that efforts should be made to strengthen the innovation of TCM material quality and ecological cultivation techniques, promote the establishment and improvement of the "high quality, high price" mechanism for prepared TCM, accelerate the in-depth development of TCM classical prescriptions and precise control of the entire industry chain. At the same time, it is crucial to deeply explore the unlimited potential of hospital preparations, strengthen the evidence-based medical evidence system construction of major TCM varieties, enhance the ability to tackle key core technologies and the efficiency of application transformation, and optimize the policy environment for the medical insurance and market access of new TCM drugs, contributing solid strength to the vigorous development of the TCM industry.

Keywords: Classic Prescription; Hospital Preparation; Major Variety of TCM; TCM Material Planting

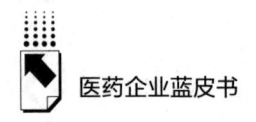

B.15 The Path of Fosun Pharma's Innovative R&D and Internationalization

Ji Yuanyuan, Han Liming, Yi Jinyuan and Liu Mingyi / 261

Abstract: Shanghai Fosun Pharmaceutical Group Co., Ltd. (Fosun Pharma), after three decades of establishment, has steadfastly adhered to an innovation-driven development philosophy, continuously fortifying and enhancing its global operational capabilities. Concentrating on unmet clinical needs, the company has accumulated valuable experience through persistent exploration and practice, which can be summarized as follows: clarifying division of labor and focus to effectively improve the conversion of scientific research outcomes in both quantity and quality; precisely selecting innovative R&D strategies to ensure the correctness and efficiency of research directions; fully utilizing the differentiated policy advantages of various regions to create competitive innovation clusters; and fostering a rich innovative culture to cultivate fertile ground for innovation, enabling an international transition from domestic to global reach. Based on these experiences, recommendations for the future sustainable development of the biopharmaceutical industry include: further increasing the efficiency of scientific research outcomes transformation and establishing a scientifically sound tolerance mechanism to encourage more innovative endeavors; optimizing pricing mechanisms and payment systems to ensure the accessibility and sustainable development of innovative drugs; focusing on the issue of innovative drugs and devices' difficulty in entering hospitals, promoting their faster and better application in clinical practice; leveraging the agglomeration effect to create an innovative development environment with differentiated characteristics; and actively integrating into the global biopharmaceutical innovation system, strengthening international cooperation and exchange, to jointly drive the prosperity and development of the biopharmaceutical industry.

Keywords: Innovative R&D; Pricing and Payment; Industrial Cluster; Internationalization

B.16 For the Health Innovation Frontier: From "Scissors and Forceps" to "Pillars of a Great Nation"
—The 80-Year Innovation Journey of Shinva Medical Instrument

Gong Baoxian, Cheng Xige, Zhang Xiaojun,
Kong Lingjun and Zhang Zhicong / 278

Abstract: This report elaborates on the current situation of Shinva Medical's R&D management from multiple dimensions, including but not limited to the construction of R&D management system, refinement of R&D project management, incentive mechanism for technological achievements, cultivation system for R&D team, and standardization of intellectual property management. Based on this, this report systematically summarizes Shinva Medical's rich experience in research and development management practices, construction of research and development incentive mechanisms, and cultivation of innovative ecosystems. Looking forward, Shinva Medical has further proposed profound insights and valuable suggestions for the development of the industry: first, to increase support for the innovative R&D of high-end medical devices; second, to actively create a diversified and collaborative innovation ecosystem; third, to carefully cultivate and strengthen the leading and exemplary role of leading enterprises; and fourth, to formulate and implement priority procurement policies for domestically produced "new and superior" medical devices.

Keywords: Medical Devices; R&D Management; Innovation Ecosystem; Shinva Medical

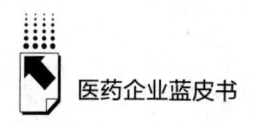

B.17 MGI Tech: The "Dual-Pronged Approach" of Short and Long Read Sequencing Technology Ushers in the 6D Era of Life Sciences　　*Huo Shijie, Chen Mengfei* / 290

Abstract: In response to the exploration of the 6D dimensions of life, MGI Tech Co., Ltd. (MGI Tech) has always embraced the mission of being the "Creator of Core Tools in Life Science," leveraging innovation as a driving force to bravely cross the boundaries of the unknown, with the aim of forging an unprecedented new path of development in the field of life sciences. The company is deeply rooted in the soil of independent innovation, meticulously constructing a solid technological barrier, continuously strengthening its global strategic deployment capabilities, and at the same time, maintaining an open cooperative posture. It actively empowers the downstream ecological chain, striving to move forward hand in hand with domestic and international innovative enterprises to jointly promote the iterative upgrading of technology, the widespread transformation of applications, the compliance improvement of qualification standards, and the deep penetration of science popularization education. This has effectively driven the continuous reduction of sequencing costs and the diversified expansion of downstream application scenarios. To further promote industry development, the company puts forward the following suggestions: First and foremost, we advocate for the establishment of a special research and development plan, focusing on the breakthrough of core technologies and the localization of key equipment. This aims to deeply integrate top domestic scientific research strengths to form a powerful synergy of collaborative innovation, jointly overcoming technological difficulties, ensuring the independent research and development of sequencing instrument core components, and the autonomy and controllability of the supply chain, laying a solid foundation for the independent and controllable development of life sciences. Secondly, it is crucial to construct a comprehensive and strict regulatory framework to ensure that imported sequencing instruments strictly comply with national laws and regulations in all aspects involving the collection, processing, storage, and utilization of human genetic resources. This effectively prevents the illegal outflow and misuse of genetic resources, building a strong defense for the vigorous development of our country's biotechnology and the stability of the biosafety system. Lastly, to accelerate the leapfrog development of domestic gene sequencing technology and enhance its international competitiveness, there is an urgent need to expedite the registration and approval process for iterative products launched by the same domestic manufacturer based on the same technological principles.

Keywords: MGI Tech; High-Throughput Sequencing; Life Sciences

B.18 The Path of Research and Development at Chun Li Zheng Da Medical Instruments

Shi Wenling, Xu Kuixue, Shan Yu and Sun Taojian / 302

Abstract: Since its inception, Beijing Chun Li Zheng Da Medical Instruments Co., Ltd. (Chunli Medical) has been committed to the forefront of high-end medical device research and innovation, with its product line covering key areas of orthopedics such as joint replacement, spinal treatment, sports medicine, and trauma repair. The company continuously breaks boundaries and extends into cutting-edge emerging fields such as dental medicine, platelet-rich plasma (PRP) preparation systems, and orthopedic surgical robots, persistently expanding the boundaries and depth of medical health services. Relying on a comprehensive and refined R&D management system that encompasses every aspect from project justification and establishment, planning review, design and development, and quality control, to validation review, registration inspection, clinical evaluation and research, and ultimately submission and registration application, Chun Li Medical has conducted a profound self-examination of its R&D practices. Based on this, the company has distilled three valuable experiences: firstly, innovation is regarded as the core strategy for enterprise development; secondly, a rigorous and efficient R&D management system has been established; and thirdly, a series of scientific and systematic R&D management systems and incentive mechanisms have been carefully crafted according to the characteristics of different stages of the R&D cycle, providing a solid guarantee for continuous innovation. To promote the overall progress and development of the industry, Chun Li Medical proposes the following recommendations: firstly, there should be an acceleration of the review and approval process, ensuring consistency in standards and establishing a regular assessment and feedback mechanism for the approval process, widely incorporating the insights of applicants and reviewers, to continuously optimize the approval process and build a more efficient and transparent approval environment. Secondly, it is necessary to promote the clinical popularization of innovative medical devices and deepen the integration of industry, academia, research, and medical practices. By building an integrated platform of industry, academia, research, and medicine, effectively collecting and analyzing clinical feedback, this foundation can continuously optimize innovative medical device products, leading the industry towards a higher quality stage of development. Additionally, accelerating the internationalization process of domestic medical devices and actively expanding into the global market to enhance international competitiveness is crucial. Furthermore, strengthening the deep integration of industry, academia, research, and medical practices to stimulate the unlimited vitality of medical technology innovation is essential.

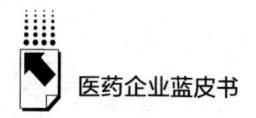

Keywords: High end Medical Equipment; Chunli Medical; Independent Innovation

B.19 The Path of R&D Growth for Beijing Strong Biotechnologies, Inc. as a Chinese IVD Enterprise

Zou Zuojun, Liu Xi and Liu Yao / 313

Abstract: Beijing Strong Biotech is a national high-tech enterprise dedicated to the research and development, production, and sales of in vitro diagnostic (IVD) products. This article aims to provide a comprehensive analysis of the company's R&D management system from multiple perspectives, including the completeness of management systems, the innovation of R&D mechanisms, the high level of R&D capabilities, and the exploratory depth of R&D, thereby fully presenting the current state of R&D management at Beijing Strong Biotechnologies, Inc. (Strong Biotechnologies). Subsequently, the article conducts an in-depth analysis of Strong Biotechnologies' R&D status from four dimensions: R&D investment, R&D achievements, R&D quality, and R&D support. On this basis, the article distills and summarizes valuable experiences in the following eight areas: continuous learning and enterprising spirit, steadfast pursuit of standardization and quality improvement, a splendid transformation from imitation to innovation, construction of diversified R&D capabilities, active exploration in clinical practice, tight integration of R&D management and production processes, meticulous implementation of cost reduction and efficiency enhancement, and continuous improvement of talent training and incentive mechanisms. Based on the above analysis, to promote further development of the IVD industry, Strong Biotechnologies proposes the following recommendations: firstly, to strengthen the application and promotion of domestically produced innovative medical devices, accelerate the market penetration of domestic innovative products through policy guidance and market incentives; secondly, to deepen the cooperation mechanism between industry, academia, research, and medical practices, build closer cooperative relationships, and promote the transformation and application of scientific and technological achievements; furthermore, to further encourage the R&D of new technologies and products, increase investment and support for innovative projects, and stimulate corporate innovation vitality; at the same time, to optimize the bidding and centralized procurement mechanisms, ensure the openness, fairness, and justice of procurement activities, and promote market competition and industrial upgrading; finally, to further promote the international layout of domestic products, expand overseas markets, and enhance the international influence and competitiveness of

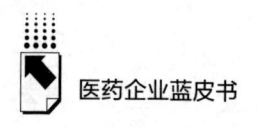

Chinese IVD products.

Keywords: In Vitro Diagnostics; Beijing Strong Biotech; R&D Investment

V International Experience and Lesson

B.20 GE Healthcare: Boundaryless Innovation Leading High-End R&D in Medical Equipment

Sun Xuguang, Jiang Hsieh, Huang Feng and Chen Jing / 331

Abstract: GE Healthcare Technologies Inc. (GE Healthcare) is dedicated to becoming a global leader in medical technology, diagnostic pharmaceuticals, and digital solutions. By providing integrated solutions, exceptional services, and in-depth data analysis, it aims to significantly enhance hospital operational efficiency, ensure the precision of clinical diagnostics, and customize treatment plans to maximize patient health and well-being. Guided by this ambitious vision, GE Healthcare has been a pioneer in sharing its deep expertise in precision medicine and its forward-looking R&D strategic concept of "boundless innovation." This concept emphasizes thinking beyond conventional limits and integrating diverse elements to steer the future of medical technology with innovative thinking. Subsequently, GE Healthcare has elaborated on its unique R&D model— "Global Intelligence + China Innovation." This model skillfully blends global leading technological insights with the innovative dynamism of the Chinese market, leveraging the deep integration of digital technology with the physical industry and the close collaboration among industry, academia, and research to establish an open and collaborative innovation ecosystem. On this basis, GE Healthcare has keenly identified and systematically summarized three core trends for future R&D innovation: Innovation in the future must be rooted in local innovation, closely aligned with local market demands and characteristics; innovation must be efficient and impactful, capable of swiftly translating into improvements in medical practice and enhancements in patient welfare; and innovation will inevitably be borderless, breaking down barriers through global cooperation and resource sharing to collectively drive the leapfrog development of medical technology.

Keywords: Medical Equipment; Medical Device; Multinational Corporation; Local R&D

社会科学文献出版社

皮 书
智库成果出版与传播平台

❖ 皮书定义 ❖

皮书是对中国与世界发展状况和热点问题进行年度监测，以专业的角度、专家的视野和实证研究方法，针对某一领域或区域现状与发展态势展开分析和预测，具备前沿性、原创性、实证性、连续性、时效性等特点的公开出版物，由一系列权威研究报告组成。

❖ 皮书作者 ❖

皮书系列报告作者以国内外一流研究机构、知名高校等重点智库的研究人员为主，多为相关领域一流专家学者，他们的观点代表了当下学界对中国与世界的现实和未来最高水平的解读与分析。

❖ 皮书荣誉 ❖

皮书作为中国社会科学院基础理论研究与应用对策研究融合发展的代表性成果，不仅是哲学社会科学工作者服务中国特色社会主义现代化建设的重要成果，更是助力中国特色新型智库建设、构建中国特色哲学社会科学"三大体系"的重要平台。皮书系列先后被列入"十二五""十三五""十四五"时期国家重点出版物出版专项规划项目；自2013年起，重点皮书被列入中国社会科学院国家哲学社会科学创新工程项目。

权威报告·连续出版·独家资源

皮书数据库
ANNUAL REPORT(YEARBOOK) DATABASE

分析解读当下中国发展变迁的高端智库平台

所获荣誉

- 2022年，入选技术赋能"新闻+"推荐案例
- 2020年，入选全国新闻出版深度融合发展创新案例
- 2019年，入选国家新闻出版署数字出版精品遴选推荐计划
- 2016年，入选"十三五"国家重点电子出版物出版规划骨干工程
- 2013年，荣获"中国出版政府奖·网络出版物奖"提名奖

皮书数据库　　"社科数托邦"微信公众号

成为用户

登录网址www.pishu.com.cn访问皮书数据库网站或下载皮书数据库APP，通过手机号验证或邮箱验证即可成为皮书数据库用户。

用户福利

- 已注册用户购书后可免费获赠100元皮书数据库充值卡。刮开充值卡涂层获取充值密码，登录并进入"会员中心"—"在线充值"—"充值卡充值"，充值成功即可购买和查看数据库内容。
- 用户福利最终解释权归社会科学文献出版社所有。

数据库服务热线：010-59367265
数据库服务QQ：2475522410
数据库服务邮箱：database@ssap.cn
图书销售热线：010-59367070/7028
图书服务QQ：1265056568
图书服务邮箱：duzhe@ssap.cn

社会科学文献出版社 皮书系列
卡号：591686121753
密码：

S 基本子库
SUB DATABASE

中国社会发展数据库（下设 12 个专题子库）

紧扣人口、政治、外交、法律、教育、医疗卫生、资源环境等 12 个社会发展领域的前沿和热点，全面整合专业著作、智库报告、学术资讯、调研数据等类型资源，帮助用户追踪中国社会发展动态、研究社会发展战略与政策、了解社会热点问题、分析社会发展趋势。

中国经济发展数据库（下设 12 专题子库）

内容涵盖宏观经济、产业经济、工业经济、农业经济、财政金融、房地产经济、城市经济、商业贸易等 12 个重点经济领域，为把握经济运行态势、洞察经济发展规律、研判经济发展趋势、进行经济调控决策提供参考和依据。

中国行业发展数据库（下设 17 个专题子库）

以中国国民经济行业分类为依据，覆盖金融业、旅游业、交通运输业、能源矿产业、制造业等 100 多个行业，跟踪分析国民经济相关行业市场运行状况和政策导向，汇集行业发展前沿资讯，为投资、从业及各种经济决策提供理论支撑和实践指导。

中国区域发展数据库（下设 4 个专题子库）

对中国特定区域内的经济、社会、文化等领域现状与发展情况进行深度分析和预测，涉及省级行政区、城市群、城市、农村等不同维度，研究层级至县及县以下行政区，为学者研究地方经济社会宏观态势、经验模式、发展案例提供支撑，为地方政府决策提供参考。

中国文化传媒数据库（下设 18 个专题子库）

内容覆盖文化产业、新闻传播、电影娱乐、文学艺术、群众文化、图书情报等 18 个重点研究领域，聚焦文化传媒领域发展前沿、热点话题、行业实践，服务用户的教学科研、文化投资、企业规划等需要。

世界经济与国际关系数据库（下设 6 个专题子库）

整合世界经济、国际政治、世界文化与科技、全球性问题、国际组织与国际法、区域研究 6 大领域研究成果，对世界经济形势、国际形势进行连续性深度分析，对年度热点问题进行专题解读，为研判全球发展趋势提供事实和数据支持。

法律声明

"皮书系列"（含蓝皮书、绿皮书、黄皮书）之品牌由社会科学文献出版社最早使用并持续至今，现已被中国图书行业所熟知。"皮书系列"的相关商标已在国家商标管理部门商标局注册，包括但不限于LOGO（ ）、皮书、Pishu、经济蓝皮书、社会蓝皮书等。"皮书系列"图书的注册商标专用权及封面设计、版式设计的著作权均为社会科学文献出版社所有。未经社会科学文献出版社书面授权许可，任何使用与"皮书系列"图书注册商标、封面设计、版式设计相同或者近似的文字、图形或其组合的行为均系侵权行为。

经作者授权，本书的专有出版权及信息网络传播权等为社会科学文献出版社享有。未经社会科学文献出版社书面授权许可，任何就本书内容的复制、发行或以数字形式进行网络传播的行为均系侵权行为。

社会科学文献出版社将通过法律途径追究上述侵权行为的法律责任，维护自身合法权益。

欢迎社会各界人士对侵犯社会科学文献出版社上述权利的侵权行为进行举报。电话：010-59367121，电子邮箱：fawubu@ssap.cn。

社会科学文献出版社